日本語名詞要説

崔春吉

제이앤씨
Publishing Company

머리말

우리나라와 일본은 한자를 사용하는 한자권 국가이다. 양국이 한자를 사용하고 있기 때문에 동일한 어휘를 같은 뜻으로 사용하는 것이 많고, 동일한 한자 어휘 중에서 뉘앙스가 약간 다른 것도 있다. 한자어 어휘에서 보면 양국 간의 소통에 어려움이 없을 것 같지만 의미상 한자어 표기와 다소 상이한 어휘도 상당수 있다.

이러한 불편을 해결하고자 하는 것이 이 책의 주안점이다. 일본어 한자어의 유의어를 비교 분석하여 정확한 의미를 설명하고, 예문을 통하여 어휘 뜻을 쉽게 이해할 수 있도록 엮었다. 일본어에서 한자의 사용은 읽는 법과 표기 면에서 우리말보다 복잡하다. 일본어 한자는 音訓讀, 借字, 取音字, 國字, 略字 등 우리말과는 용법에서 다른 점이 있다. 일본어의 7, 8할이 한자어 어휘인데 그 중에서 사용 빈도가 높은 어휘를 선택하여 일본어를 배울 때 혼동이 되지 않도록 배려하였다.

일제 강점기에 우리나라 언어생활에 영향을 미친 일본식 한자어로 인하여 흐트러진 한자어의 표기와 용법을 바로잡는 것도 이 책의 한 역할이다. 일본어를 배우려는 모든 학습자에게 한자어 사용에 조금이나마 보탬이 되기를 바랄 뿐이다. 이 책의 발행을 위하여 도움을 주신 제이앤씨 사장님과 직원 여러분에게 감사를 드린다.

2013년 1월 16일 저자 씀

일러두기

① 이 책의 표제어는 국내에서 발간된 日韓사전에서 사용 빈도가 높은 *표시의 名詞 중에서 선택하였다.
② 각 표제어와 관련된 유의어는 민중 서간의 한일사전과 일본의 岩波 출판사가 발간한 국어사전 제3판에서 인용하였다.
③ 모든 유의어 해설은 小学館에서 발간한 일본 국어 대사전 [제10권]의 주석을 인용하였다.
④ 외래어는 楳坦実의 편저 외래어 사전을 인용하였다.
⑤ 한자의 음훈 설명은 角川書店에서 발간한 漢和사전을 참고하였다.
⑥ 표제어의 유의어 배열은 조사 과정에서 찾은 순서대로 표기하여, 히라가나 순서와는 무관하다.
⑦ 각 항의 예문은 대부분 필자의 구문이고 속담이나 특수 구문은 소장하고 있는 서적에서 발췌하였다.
⑧ 비유어, 은어, 속어 등 특수한 의미를 띤 어휘도 설명, 수록하였다.
⑨ 이 책의 설명과 타 서적의 해설이 다른 경우는 학습자의 연구 과제로 남기고 싶다.
⑩ 이 책에서 사용한 부호 의미는 다음과 같다.

부호	설명
★	유의어
◎	예문
※	관련 어휘 풀이

목차

〈き〉

日本語名詞要説

愛(あい)

愛情。恋愛。恋。情け。初恋。片恋。親愛。思慕。欽慕。敬愛。愛慕。恋心。恋情。ラブ。

사랑, 애정, 연정, 사모, 흠모, 애모, 연모, 러브, 친애, 첫사랑, 짝사랑

★ 愛 : 타인이나 이성을 사모하는 마음. 가치 있는 것을 소중히 하고 싶어
하는 마음. 기독교의 무한한 사랑이나 불교의 집착심을 뜻하며, 造
語에서 사용되어 사랑·소중함·좋아함·애석함 등을 나타낸다.

◎ 郷土愛。 향토애   ◎ 愛を告白する。 사랑을 고백하다.
◎ 愛好 :   애호   ◎ 愛惜 :   애석

★ 愛情 : 사람이나 물건에 쏟는 온정·자애나 남녀가 서로 사모하는 마음
으로, 연애의 정을 나타낸다.

◎ 子女に愛情を注ぐ。   자녀에게 애정을 쏟다.
◎ 彼女に愛情を打ち明ける。   그녀에게 애정을 고백하다.

★ 恋愛 : 남녀가 상호간에 그리워하며 사모하는 마음이나 그 감정을 나타낸다.

◎ 恋愛中です。   연애 중입니다.
◎ 恋愛結婚はお金が要る。   연애결혼은 돈이 필요하다.

★ 恋(こい) : 특정 이성을 강하게 사모하는 것이나 좋아서 견딜 수 없는 심정을
표현하는 말이다.

　　◎ 恋に落(お)ちる。　　　　　　사랑에 빠지다.
　　◎ 恋に破(やぶ)れる。　　　　　실연당하다.

★ 情(なさ)け : 남녀의 情愛, 恋心이나 남을 동정하는 마음을 뜻한다.

　　◎ 情け文(ふみ)。　　　　　　　애정을 교환하는 편지(연애편지)
　　◎ 情が仇(あだ)。　　　　　　　동정이 원수.
　　(호의를 가지고 한 일이 오히려 상대방에게 좋지 않은 결과를 가져 왔다는 뜻)

★ 初恋(はつこい) : 첫사랑, 즉 처음으로 이성에게 연정을 일으킨 것을 뜻한다.

　　◎ 初恋は成功(せいこう)する率(りつ)が低(ひく)い。　첫사랑은 성공할 확률이 낮다.
　　◎ 初恋は人生(じんせい)の小説(しょうせつ)。　　첫사랑은 인생의 소설.

★ 片恋(かたこい) : 일방적으로 이성을 그리워하며 사랑하는 것이나 자신을 사랑하
지 않는 사람을 그리워하는 짝사랑을 말한다.

　　◎ 片恋に悩(なや)む。　　　　　짝사랑에 괴로워하다.
　　◎ 隣(となり)の娘(むすめ)を片恋する。　　이웃집 처녀를 짝사랑하다.

※ 片恋의 대칭이 되는 말은 諸恋(もろごい)로, 서로 사랑하는 것을 뜻한다.

★ 親愛(しんあい) : 남에게 친절한 마음과 애정이 있음을 나타낸다.

　　◎ 親愛なる友(とも)よ。　　　　친애하는 친구여!

◎ 親愛なる国民の皆様。　　　친애하는 국민 여러분.

★ 思慕 : 그리워 생각하며 애틋하게 느끼는 감정을 나타낸다.

◎ 思慕の念が募る。　　　사모의 마음이 자꾸 더해지다.
◎ 崔先生を思慕する。　　최 선생님을 사모하다.

★ 欽慕 : 예스러운 말씨로, 존경하는 마음으로 사모하는 것을 나타낸다.

◎ 国民の欽慕を受ける大統領はない。 국민의 흠모를 받는 대통령은 없다.
◎ 欽慕の念。　　　　　흠모하는 마음

★ 敬愛 : 존경과 친절한 마음으로 사랑히는 것이다.

◎ 敬愛する同士。　　　경애하는 동지
◎ 敬愛の念を抱く。　　경애하는 마음을 품다.

★ 愛慕 : 사랑하고 그리워하는 것을 나타낸다.

◎ 愛慕の情が募る。　　애모의 정이 더해가다.

★ 恋心 : 이성을 그리워하는 마음을 나타낸다.

◎ 恋心が芽生える。　　연심이 싹트다.

★ 恋情 : 이성을 그리워하는 마음을 나타낸다. 恋心와 비슷한 뜻이다.

◎ 恋情を恋文に載せて出す。　연정을 연애편지에 실어 보내다.

★ ラブ : 영어의 LOVE에서 온 외래어로, 사랑·연애·애인(여성)을 나타
내며 明治 시대부터 사용하였다.

◎ ラブホテルは何をする所ですか。 러브호텔을 무엇을 하는 곳입니까?
◎ ラブレターは恋文だ。　　　러브레터는 연애편지다.

挨拶(あいさつ)

会釈。お辞儀。敬礼。礼。年始回り。拝礼。ウインク。黙礼。敬
拝。作礼。礼拝。目礼。

인사, 절, 경례, 세배, 배례, 윙크, 묵례, 눈인사, 목례, 곡배, 경배,
작례

★ 挨拶 : 교제를 유지하기 위한 사교적 모임에서 사람과 만났을 때, 헤어질
때 서로 교환하는 의례적 행동과 말을 나타낸다. 또는 의식·취
임·해임 등에서 하는 말을 뜻한다.

◎ 挨拶より円札。　　　　인사말보다 돈을 받는 쪽이 좋다.
◎ あいさつを交わす。　　　인사를 나누다.
◎ 笑顔であいさつする。　　웃는 얼굴로 인사하다.

★ 会釈 : えさく라고도 발음하며 머리를 조금 숙여 예의를 나타내는 가벼
운 인사로, 호의를 표시한다.

◎ 会釈は目でするあいさつだ。 会釈는 눈으로 하는 인사이다.

◎ 会釈して通りすぎる。　　　눈인사하고 지나가다.

★ **お辞儀** : 머리를 숙여 예의를 표하는 인사로, おは 접두어이다.

◎ 腰をかがめてお辞儀をする。　　허리를 굽혀 인사하다.
◎ お辞儀もさせるし、お酒も呑む。인사도 시키고 술도 마시다.

★ **敬礼** : 경의를 표하는 예로, 대개 군인 등이 행하는 거수 인사를 나타내는 말이다

◎ 上官に敬礼する。　　　　상관에게 경례하다.
◎ 気を付け。敬礼。　　　　차려, 경례.

★ **礼** : 경의를 나타내기 위하여 머리 숙여 인사하는 것이다.

◎ 起立して礼をする。　　　일어나서 인사를 하다.
◎ 帽子を取って礼をする。　　모자를 벗고 인사를 하다.

★ **お年始まわり** : 새해 인사를 나타낸다.

◎ お年始まわりに行く。　　　세배하러 가다.

※ 年始回りは 세배하러 다니는 것을 나타내는 말이다.

★ **拝礼** : 머리를 숙여 예의를 표하는 인사로, 공손하게 두 손을 모아 절하는 것을 비롯하여 설날의 아침 인사도 나타낸다.

◎ 本堂の仏に拝礼する。　　　본당 부처님에게 배례하다.

◎ 元旦の朝、神社で拝礼する。　　설날 아침, 신사에서 배례하다.

★ ウィンク : 영어의 wink에서 온 외래어로, 눈짓으로 하는 추파를 나타내며
　　　　　　昭和 시대부터 사용한 말이다.

◎ 彼女は私にウィンクしてくれた。　그녀는 나에게 윙크해 주었다.

★ 黙礼 : 아무 말 없이 고개를 숙여 예의를 표하는 인사를 말한다.

◎ 黙礼を交わす。　　　　　　묵례를 나누다.
◎ 無言のあいさつは黙礼がある。　무언의 인사는 묵례가 있다.

★ 目礼 : 눈짓으로 가볍게 인사하는 것 또는 경례하는 것을 나타낸다.

◎ 目礼は目つきで会釈することだ。 목례는 눈짓으로 하는 가벼운 인사다.

★ 敬拝 : 신령이나 부처 등에게 공손히 절하는 것을 말한다.

※ 또는 편지 말미의 발신인 이름 밑에 써서 상대방에 대한 존경의 뜻을 나타낸다.

◎ 仏様に敬拝する。　　　　　부처님에게 경배하다.

★ 作礼 : 불보살이나 윗사람 또는 사탑을 향하여 예배하는 행위를 나타낸
　　　　　다.

◎ 仏様に作礼する。　　　　　부처님에게 경배하다.

※ 礼의 らい는 呉音이고, れい는 漢音이다.

★ 礼拝（らいはい） : 신불을 공경하여 절하는 것을 나타낸다.

　　◎ 仏教では礼拝（らいはい）という。　　불교에서는 예배라고 한다.
　　◎ キリスト教では礼拝（れいはい）という。기독교에서는 예배라고 한다.

　　　　　　　　　　　　　　　　　（기독교에서는 れいはい라고 한다）

青色(あおいろ)

緑（みどり）。緑色（みどりいろ）。真っ青（まっさお）。草色（くさいろ）。もえぎ。グリーン。菁藍（あおあい）。インジゴ。
空色（そらいろ）。ブルー。

> 청색, 녹색, 그린, 파랑, 파란색, 남빛, 짙은 파랑, 쪽빛, 하늘색, 바다
> 색, 옥색, 초록색

★ 青色 : 본래는 흑색과 백색의 중간 범위를 나타내는 폭넓은 색깔 명칭이
　　　　며 주로 파랑·녹색·남색을 말한다.

※ せいしょく、せいしきで도 발음하며, 青의 せい는 漢音이고, しょう는 呉音이다.
※ 色의 しょく는 漢音이고, しき는 呉音이다.

　　◎ 空（そら）は青色だし、海（うみ）も青色だね。

　　　하늘은 파란색이고, 바다도 파란색이라네.

　　◎ 青色のバスは市内（しない）の幹線（かんせん）を運行（うんこう）する。

　　　청색 버스는 시내 간선을 운행한다.

★ **緑** : 청색과 황색의 중간색으로, 칠색(七色)의 하나이며 초목의 잎과 같
은 색을 말한다.

◎ 緑の週間。 　　　　　　　녹색 주간(4월 1일부터 7일까지의 기간)

◎ 緑の季節は初夏のころだ。 　녹색 계절은 초여름경이다.

※ 新緑の季節。신록의 계절

★ **真っ青** : 대단히 짙은 파란색으로, 순수하게 진한 파랑을 나타낸다.

◎ 恐怖で顔が真っ青だ。 　　공포로 얼굴이 새파랗다.

◎ 秋空は真っ青だ。 　　　　가을 하늘은 새파랗다.

★ **草色** : 풀잎 색으로, 푸른색이라 일컫는 초록색·녹색을 말한다.

※비슷한 말 もえぎ色(노란색을 띤 파란색·연둣빛) 또는 草葉色(풀잎 색)이 있다.

◎ 草色それぞれの色感が違う。풀색은 제각각 색감이 다르다.

★ **グリーン** : 영어의 green에서 온 외래어로, 緑色와 같다. 한편으로 풀밭
이나 잔디밭을 가리키는 의미도 있다. 大正 시대부터 사용한
말이다.

◎ 交通信号でグリーンの信号灯。교통신호에서 녹색 신호등.

◎ グリーンティー。 　　　　　녹차(日本의 茶)

★ **青** : 삼원색 중의 하나로, 파란 하늘·파란 바다의 색을 말한다. 영어의

blue(ブルー)와 같고, 비유적으로는 젊고 미숙함을 의미한다.

◎ 青鉛筆。 파란 연필 　　　　◎ 青二歳。 풋내기

★ 藍 : 진한 청색을 뜻하며 남빛을 나타낸다.

◎ 青は藍よりいでて藍より青し。 → 青出於藍。
'쪽에서 나온 물감이 쪽보다도 더 푸르다'는 말로, 제자가 스승보다 뛰어나다는 뜻.

★ インジゴ : 검은 남빛을 나타내며, 인디고 또는 양람(洋藍)이라고도 한
　　　　　다. 표기는 インジゴ(indigo)로, 明治시대부터 사용하였고, 원
　　　　　래의 뜻은 '인도 염료'이다.

◎ インジゴは藍色の染料だ。　인디고는 남색 염료이다.

芥(あくた)

塵。生塵。屑。塵。埃。おしゃか。滓。残債。残飯。垢。端くれ。
渣滓。皺。傷物。がらくた。

쓰레기, 찌꺼기, 찌끼, 부스러기, 먼지, 나부랭이, 끄트러기, 티끌, 앙
금, 파치, 불량품, 잡동사니, 때

★ 芥 : 고풍스러운 말씨로, 썩어서 버리게 되는 것, 먼지와 쓰레기를 나타
　　　낸다.

※ 雨に腐す에서 발생한 말로 '비에 썩는다'의 뜻이 있다는 설과
  あ는 접두어, くた는 くたる(腐)의 어근에서 생긴 말이라는 설도 있다.

◎ 芥になる花を思うと寂しい。　쓰레기가 될 꽃을 생각하니 쓸쓸하다.
◎ 芥のごとく扱う。　　　　　쓰레기와 같이 취급하다.

★ 塵 : 물속에 떠다니거나 물 밑에 침전되어 있는 진흙 또는 흙먼지를 나타
  내며, 쓸모없는 종이, 휴지, 음식물 찌꺼기 등 폐기물을 뜻하기도
  한다.

※ ゴミ와 같이 가타카나로 표기하는 경우가 많다.

◎ ゴミ箱。　　　　　　　　쓰레기통
◎ ゴミ処理は環境の汚染と関係が深い。
  쓰레기 처리는 환경오염과 관계가 깊다.

★ 生塵 : 생선·야채 등의 찌꺼기나 부스러기 또는 먹다 남은 음식물 등
  부엌에서 발생하는 물기 많은 쓰레기를 말한다.

◎ 生塵は別にして捨てる。　부엌 쓰레기는 따로 구별해서 버린다.
◎ 生塵は肥料の原料になる。　부엌 쓰레기는 비료의 원료가 된다.

★ 屑 : 찢어지거나 분쇄되어 쓸모없게 된 것으로, 필요한 부분을 제외한 나
  머지 것을 말한다.

◎ 紙くず。　휴지 조각　　　◎ 鉋くず。　대팻밥(나무 쪼가리)

★ 塵 : 공기 중의 먼지와 같이 분말 상태나 입자 상태로 되어 있는 것을 말하며 사방에 흩날리는 쓰레기를 뜻한다.

◎ 本棚のちりを払う。　　　책장의 먼지를 털다.
◎ ちりも積もれば山となる。　먼지도 쌓이면 산이 된다.

★ 埃 : 공중에 떠다니거나 물체에 붙어 있는 미세 먼지, 가루 같은 먼지를 나타낸다.

◎ ほこりが立つ。　　　　먼지가 일다.
◎ ほこりだらけになる。　　먼지투성이가 된다.

★ おしゃか : 속된 말씨로, 파치·불량품 등을 나타낸다.

※ 이 말은 원래 수불 공방에서 부처상을 만들다가 잘못되어 다시 제작하는 과정에서 나온 말로, 주물 장인들의 은어에 속한다.

◎ お釈迦になった。　　　못쓰게 되었다.
◎ おしゃかにする。　　　잘못 만들다.

★ 滓 : 액체를 짜고 걸러서 남은 불순물이나 찌꺼기 또는 밑에 가라앉은 침전물을 나타낸다.

◎ 滓が溜る。　　　　　앙금이 가라앉다.
◎ しぼり滓。　　　　　짜고 남은 찌꺼기.

※ 粕·糟도 かす라 발음하지만 이는 술지게미의 뜻이다.

★ **残滓** : 뒤에 남은 찌꺼기를 말하며 발음은 ざんさい、ざんし 라고 한다.

　◎ 封建制度の残滓だ。　　　　　봉건제도의 잔재이다.
　◎ 国民学校は日帝の残滓ことばだ。 국민학교는 일제 잔재의 말이다.

★ **残飯** : 먹다 남은 밥이나 요리를 말한다.

　◎ 野良犬が残飯を漁っている。 들개가 잔반을 찾아다니고 있다.
　◎ 豚が残飯を食う。　　　　　돼지가 잔반을 먹다.

★ **端くれ** : 재목의 토막이나 끄트러기를 나타낸다.

　◎ 松の木の端くれはよい燃料として使う。

　　소나무의 토막은 좋은 연료로 사용된다.

★ **渣滓** : 액체의 밑에 가라앉은 찌꺼기. 침전물・앙금을 말한다.

　◎ 渣滓も残らず飲む。　　　　찌꺼기도 남김없이 마시다.

★ **おり** : 액체의 밑에 가라앉은 찌꺼기를 말한다.

※ 한자는 澱나 滓로 표기하기도 한다.

　◎ ワインのおり。　　　　　　포도주의 앙금

★ **傷物** : 흠집이나 상처가 있는 불완전한 물건을 나타낸다.

　◎ このりんごは傷物だ。　　　이 사과는 파치이다.

★ がらくた : 쓸모없는 오래된 물건이나 가치 없는 물건·잡동사니를 나타
낸다.

◎ がらくた古道具。　　　　　쓸모없는 옛 도구

★ 垢 : 몸이나 물체에 생긴 더러움 또는 때를 말하며, 수중의 불순물이 침전
되어 생긴 물때를 나타내기도 한다.

◎ 垢を抜く。 → 垢を落とす。 때를 씻다.
◎ 水中の不純物が底に沈むのは水垢、湯垢という。
　　물속의 불순물이 밑에 가라앉은 것을 물때라고 한다.

飽き(あき)

倦怠。怠惰。無精。ものぐさ。無聊。つれづれ。退屈。嫌気。
無気力。弛み。

싫증, 권태, 무료, 나태, 염증, 무기력, 해이, 포기, 체념

★ 飽き : 흥미가 없어지거나 따분하고 물려서 싫어지게 된 생각이나 느낌
을 나타낸다.

◎ この料理はもう飽きだ。　　이 요리는 이젠 싫다.

◎ 飽きが来る。　　싫증이 나다.

　　　　　　　　(처음에는 만족하였던 것이 점점 싫어지는 것을 나타낸다)

★ **倦怠** : 싫어지거나 심신이 피곤하여 지루하게 느껴지는 상태를 말한다.

　◎ 倦怠期はだれかれを問わず感じる。

　　권태기는 누구를 막론하고 온다.

　◎ 人生の50歳ごろは倦怠期にさしかかる。

　　인생 50세 무렵에는 권태기가 찾아온다.

★ **怠惰** : 게으름을 부리거나 단정하고 야무진 면 없이 행동하는 것을 나타
　　　　　낸다.

　◎ 休みになると怠惰になる。　　방학이 되면 나태해지게 된다.

　◎ 怠惰な生活をするな。　　　나태한 생활을 하지 마라.

★ **無精** : 조그마한 일도 귀찮아서 좀처럼 하려고 하지 않는 상태를 말한다.

　◎ 無精してひげをそらない。　　게을러서 수염을 깎지 않는다.

※ 無精卵의 無精과 구별하여 발음하도록 한다.

※ 無의 ぶ는 漢音이고, む는 呉音이다.

※ 不精으로 표기하기도 한다.

★ **ものぐさ** : 무언가 하는 것을 귀찮아하는 것을 나타낸다.

　◎ ものぐさな人は成功ができない。 게으른 사람은 성공할 수 없다.

　◎ ものぐさ太郎。　　　　　　　게으름뱅이

★ **無聊** : 걱정거리가 있어서 마음이 무겁거나 할 일이 없어서 따분한 상태
　　　　　를 말한다.

◎ 若者なのに無聊の日々を送る。 젊은이인데 무료한 나날을 보내다.
◎ 読書で無聊を慰める。 독서로 무료함을 달래다.

★ **つれづれ** : 아무것도 할 일이 없어 심심하고 따분한 상태를 나타낸다.

◎ 筆を執って病床のつれづれを慰める。
붓을 잡고 병상에서의 심심함을 달래다.

★ **退屈** : 현재 당면한 일이 없어서 시간을 보내기가 힘겹고 주체스러운 상태, 또는 싫증이 나거나 단조로워서 흥미를 가질 수 없는 상황을 말한다.

◎ 漫画を見て退屈をまぎらす。 만화를 보며 심심함을 달래다.
◎ 冬休みは退屈で仕方がない。 겨울방학은 따분해서 견딜 수가 없다.

★ **嫌気** : 싫은 생각·기분을 나타낸다.

◎ 宿題で嫌気が差す。 숙제가 싫증이 나다.
◎ お説教に嫌気を起こす。 잔소리에 싫증을 내다.

★ **無気力** : 더 이상 일할 만한 기력이 없거나 어떤 일을 감당할 자신감과 능력이 없는 상태를 나타낸다.

◎ 無気力な日々が続く。 무기력한 나날이 계속되다.
◎ 無気力に陥る。 무기력에 빠지다.

★ **弛み** : 마음에 긴장감이 없이 흐트러지고 풀린 상태를 말한다.

◎ 精神の弛みは失策を犯す。　정신이 해이해지면 실책을 범한다.
◎ 連休で気が弛みになる。　연휴로 마음이 느슨해졌다.

悪人(あくにん)

悪漢。悪党。悪魔。やくざ。悪者。魔女。ごろつき。浮浪者。
不良者。ぐれんたい。強盗。かっぱらい。すり。

악인, 악당, 악한, 깡패, 불량배, 부랑자, 폭력배, 악자, 마귀, 마녀,
건달, 무뢰한, 흉인, 강도, 치한, 날치기, 소매치기

★ **悪人** : 마음이 좋지 않은 사람이나 나쁜 일을 저지르는 사람을 나타낸다.
'悪い人', '罪人'를 가리키며 대개 남자를 지칭하는 말이다. 여자의
경우에는 '悪女'라고 한다.

◎ 悪人には友多し。　악인에게는 친구가 많다.

(악인은 이익을 도모하여 사람을 유혹하기 때문에 패거리가 많다는 뜻)

◎ 悪人は善人の仇。　악인은 선인의 적.

★ **悪漢** : 나쁜 일을 행하는 남자를 나타내는 말이다.

◎ 彼は有名な悪漢だ。　그는 유명한 악한이다.
◎ 悪漢は必ず罰を受ける。　악한은 반드시 벌을 받는다.

★ **悪党** : 나쁜 일을 행하는 이들의 집단이나 무리를 말하지만 한 사람을

　가리키는 경우도 있다.

◎ 北朝鮮の金氏一家の悪党。　북조선 김 씨 일가의 악당

★ **悪魔** : 매우 악독한 짓을 행하는 사람을 나타내나 때로는 수행을 방해하
　　　　는 나쁜 귀신, 종교에서 신의 반대개념인 악마, 지옥에 떨어진 천
　　　　사 또는 각종 재앙을 일으키는 사탄 등을 가리키는 경우도 있다.

◎ 悪魔は人に災いを与える。　악마는 사람에게 재앙을 준다.

★ **やくざ** : 건달·도박꾼·깡패·불량배를 칭하는 말로, 생활 태도가 성실
　　　　하지 못하거나 정상적이지 못한 사람을 뜻한다.

◎ やくざは日本のよたものだ。　야쿠자는 일본 불량배이다.
◎ やくざから足を洗う。　　　야쿠자 생활에서 벗어나다.

★ **悪者** : 악독한 행위를 저지르는 사람을 말하며, 미숙하거나 조금 모자란
　　　　사람을 일컫는 경우도 있다.

◎ いつも悪い行いをする者を悪者と言う。
　　항상 나쁜 짓을 하는 사람을 '悪者(나쁜 놈)'라고 한다.
◎ 本当の親切な方が悪者あつかいされる。
　　정말로 친절한 분이 나쁜 사람 취급을 당하다.

★ **魔女** : 불가사의한 힘과 괴이한 매력을 지닌 여성을 나타내며, 인간에게
　　　　해악을 저지르는 요녀·기녀를 말한다.

◎ ヨーロッパの童話でよく登場する魔女。

유럽 동화에 자주 등장하는 마녀.

◎ ミス張は魔女らしい。

미스 장은 마녀 같다.

★ **ごろつき** : 일정한 주소나 직업 없이 번화가나 유흥가를 배회하면서 못된 짓을 하는 깡패·건달을 말한다.

◎ ごろつきにゆすられる。　　불량배에게 금품을 빼앗기다.

★ **浮浪者** : 정해진 직업이나 주소 없이 이곳저곳을 떠돌아다니는 부랑자를 말한다.

◎ 市内を浮浪者が徘徊する。　　부랑자가 시내를 배회하다.

★ **不良者** : 품행이 좋지 않은 사람, 즉 불량배를 나타내며, 비슷한 말로는 よた者、ならずもの、やくざ、ごろつき 등이 있다.

◎ 不良者にたかられる。　　불량배에게 금품을 빼앗기다.

★ **ぐれんたい** : 유흥가·번화가를 중심으로 행패를 일삼는 무리, 즉 깡패·불량배·폭력단을 말한다.

◎ ぐれんたいがビヤホールに飛び込む。

폭력단이 맥주홀에 뛰어 들어오다.

★ **すり** : 다른 사람에게 은밀히 접근하여 금품을 절취하는 소매치기를 나타내는 말이다.

◎ すりご用心。　　　　　　　소매치기 조심.

※ 소매치기를 나타내는 말로 ちぼ、きんちゃくきり、はこし 등이 있다.

朝(あさ)

朝。暁。夜明け。曙。明け方。しののめ。朝。モーニング。黎明。有り明け。あさぼらけ。

아침, 새벽, 조조, 여명, 갓밝이, 동틀 녘

★ 朝 : 날이 밝은 직후 잠시 동안의 사이. 넓게는 정오까지의 오전 시간을 나타내기도 한다.

◎ 朝の御食。　　　　　　　아침 수라(神 또는 천황의 아침 식사를 말함)
◎ 朝が来る。　　　　　　　아침이 온다.

★ 朝 : 아침의 雅語로, 詩 등에서 사용되는 말이며, 날이 밝아서 환하게 된 무렵을 표현하는 말이다.

◎ 朝露が置く。　　　　　　아침 이슬이 맺히다

★ 暁 : あかとき에서 변화된 말로, 한밤중을 지나서 새벽녘이나 동이 틀 무렵의 어스름한 시각을 나타낸다.

◎ 暁は暁起きの略語である。　　새벽은 새벽 동트기의 약어이다.

★ **夜明け** : 밤이 샐 무렵의 새벽녘을 가리키며, 좀 더 훤해진 때를 말한다.

◎ 夜明けを待つ。　　　　　　날이 새기를 기다리다

★ **あけぼの** : 밤이 어렴풋이 샐 무렵의 새벽녘으로, 暁보다는 늦은 시간이
나 먼동이 트기 시작하는 이른 시간을 나타내는 말이다.

◎ あけぼのの空に積雲が見える。 새벽녘 하늘에 뭉게구름이 보인다.

★ **明け方** : 날이 막 밝아질 때, 즉 동이 틀 무렵을 나타내는 말이다.

◎ 明け方に山寺の金の音。　　새벽녘 산사의 종소리.

★ **しののめ** : 동쪽 하늘이 조금씩 하얗게 밝아 오는 것이나 구름이 길게
뻗치는 모양을 나타내는 말이며 東雲라고 한자 표기하기도
한다.

◎ しののめの路。 새벽 길

(옛날 남자가 여자 집에서 돌아오는 길을 나타내기도 하였다)

★ **朝** : 아침을 나타내는 뜻으로 造語에서 사용되며 朝鮮의 약자이다.

◎ 朝食。 아침 식사　　　◎ 早朝。 이른 아침

◎ 日朝修好条規　일본 조선 수호 조규(江華島條約을 말한다)

★ **黎明** : 날이 희미하게 밝아오는 무렵을 나타내는 말로, あけがた、よあ
け와 같은 의미로 사용하며, 새로운 시대, 새로운 문학·예술 운
동 등이 시작하는 것을 비유하는 말로도 쓰인다.

◎ 独立国家の黎明期に立つ国民。 독립국가의 여명기에 선 국민.

★ **有り明け** : 음력 16일 이후, 달이 서쪽 하늘에 떠있는 상태로 날이 밝아
오는 새벽녘을 말한다.

◎ 有り明けの影に出でて行く。 새벽 달빛에 떠나가다.

★ **あさぼらけ** : 한자 표기는 朝朗이며, 雅語로, 하늘이 어슴푸레하게 밝아
오는 새벽을 니다낸다.

◎ あさぼらけの空気をはすがすがしいです。
새벽녘 공기는 신선합니다.

★ **モーニング** : 아침을 나타내는 외래어로, 明治 시대부터 사용하였다.

◎ モーニングコート。　　　모닝코트
◎ モーニングコーヒー。　　모닝커피

葦(あし)

葦

갈대, 갈

★ 葦 : 물가에 군생하는 볏과의 다년초를 나타낸다. あし가 悪し와 발음이 같기 때문에 善し(よし)라고 하지만 이는 あし의 별칭이라고 할 수 있다. 모양은 참억새와 비슷하다.

◎ 女心はあしのようだ。　　여자의 마음은 갈대와 같다.
◎ あしは風に折れない。　　갈대는 바람에 꺾이지 않는다.

★ 葦 : あし가 悪し와 발음이 같아 이를 대신하여 善し로 바꿔 발음한 데서 よし가 된 말이다.

◎ 葦の管から天井を見る。
　　갈대 관으로 천장을 보다.
　　(자신의 좁은 생각으로 광대한 것을 멋대로 판단하는 것을 비유한 말이다)
◎ 葦は沼地や水べに生えるいね科の多年草である。
　　갈대는 습지나 물가에 돋아나는 볏과의 다년초이다.

※ 葦原の瑞穂の国。일본의 美称, 또는 옛 호칭이다.

味(あじ)

味わい。味覚。

 맛, 미각, 흥미, 취미, 맛대가리, 멋, 재미, 운치, 정취

★ 味 : 혀로 음식물의 간을 느끼는 것이나 체험에서 얻은 느낌 등을 나타낸다.

◎ 味が薄い。　　　　　　맛이 연하다.
◎ 甘い味が好きだ。　　　단맛을 좋아한다.

★ 味わい : 음식물 맛의 깊이 또는 체험에서 얻은 사항에 대한 재미나 정취를 나타낸다.

◎ 豊かな香りと味わいがある。풍부한 향기와 맛이 있다.
◎ 味わいがある。　　　　　　깊은 감칠맛이 있다.

★ 味覚 : 혀로 느끼는 맛의 감각적 기능으로, 단맛・짠맛・매운맛・신맛 등의 맛을 감지하는 것을 말한다.

◎ 味覚をそそる春菜。　　　미각을 돋우는 봄나물
◎ 味覚が発達している現代人。미각이 발달한 현대인

※ 味がいい。맛이 좋다(약・술 등에서 사용함)

◎ おいしい。(음식물) ← 女性的인 말
◎ うまい。　(음식물) ← 男性的인 말

頭(あたま)

頭。頭。頭。頭。頭。おつむ。がんくび。頭。頭。頭。

머리, 두부, 대가리, 두상, 골통

★ 頭 : 사람이나 동물의 신체나 몸에서 가장 윗부분을 말하며, 표면의 얼굴에는 눈·코·입·귀 등이 있다. 그러나 보통은 얼굴 위쪽을 가리키고 내부에는 뇌가 있다.

◎ 頭を上げる。　　　　머리를 들다.
◎ 頭を搔く。　　　　　머리를 긁다.

★ 頭 : 목의 윗부분을 나타내며 군대에서 경례의 명령으로 사용한다. 文語에 속한다.

◎ かしら、右。　　　　우로 봐.
◎ 頭に霜をいただく。　　머리에 서리가 내리다(머리가 백발이 되었다는 뜻).

★ 頭 : 머리를 나타내는 말로, 老人층의 말이며 呉音이다.

◎ 頭痛。　두통　　　◎ 頭巾。　두건

※ 頭巾이라고 읽으면 修験者가 쓰는 검은색의 두건을 나타낸다.

★ 頭 : 인체에서 목의 윗부분인 머리와 목을 나타내는 古語風의 말씨이다.

◎ 頭を垂れる。　　　　　머리를 숙이다.
◎ 頭をめぐらす。　　　　머리를 돌리다(뒤를 돌아보다).

★ 頭 : 머리를 나타내며 대개 노인들이 사용하는 말이다. 머리카락의 뜻도 있다.

◎ 頭をなでる。　　　　　머리를 어루만지디.
◎ 雪より白き頭。　　　　눈보다 하얀 머리.

★ 頭 : 예스러운 말씨로, 머리의 뜻이다.

◎ 頭を振る。　머리를 흔들다.(승낙하지 않음, 반대·불찬성의 뜻을 나타낸다)

★ おつむ : 어린이나 여성에게 사용되는 경우가 많다. 御頭의 약어이다.

◎ お頭がいい。　　　　　머리가 좋다
◎ おつむが弱い。　　　　머리가 둔하다.

★ がんくび : 속어로, 사람의 머리를 나타내는 말이다.

◎ がんくびをそろえてあいさつに来る。머리를 다듬고 인사하러 오다.

★ 頭(とう) : 머리・두부 등을 나타내는 뜻으로, 造語에서 사용되며 발음은 漢音
에 속한다.

◎ 頭角(とうかく)。 두각　　　　◎ 年頭(ねんとう)。 연두(연초)

※ 동물을 셀 때 사용한다.
· 馬五頭(うまごとう)。 말 다섯 마리.

★ 頭(つぶり) : 머리를 나타내며 원통(円筒), 즉 '둥근 통'을 뜻하는 つぶら가 어원
이다.

◎ まるい頭(つぶり)の人相(にんそう)。　　　둥근 머리의 인상

★ つぼり : 頭(つぶり)가 변화한 말로 보며, 머리를 나타낸다.

◎ つぼりの上(うえ)に帽子(ぼうし)。　　　머리 위의 모자.

後(あと)

| 後程(のちほど)。 | 後(うし)ろ。 | 裏(うら)。 | 後方(こうほう)。 | 後(のち)。 | 後刻(ごこく)。 | 今後(こんご)。 | 向後(こうご)。 | 後(ご)。 | 後方(しりえ) |

뒤, 나중, 다음, 후방, 뒷면, 배후, 장래, 미래

★ 後 : 공간적으로 뒤・시간적으로 다음・어떤 일이 발생한 이후・현재로
부터 뒤돌아본 과거의 한 시점인 이전・행위나 사건의 결과로서 남

은 사항이나 상태를 나타내는 말이다.

◎ 後に残る。　　　　　　　　뒤에 남다.(위치)
◎ 食事は後でするよ。　　　　식사는 나중에 하겠어요.(시간)

※ 私の後に猫がいる。　　　　(×)
　　私の後ろに猫がいる。　　　(○)
　　내 뒤에 고양이가 있다　　(정지 상태)

★ **後程** : '짧은 시간이 지난 다음'이라는 간격을 나타내는 말로, 少しあと의
　　　　뜻이다.

◎ 後程うかがいます。　　　　삼시 후 찾아뵙겠습니다.
◎ 後程お目にかかります。　　잠시 후 찾아뵙겠습니다.

★ **後ろ** : 사람의 경우에는 얼굴이 향하고 있는 방향의 반대 방향을 말하고,
　　　　물체의 경우에는 정면에서 역방향의 장소나 뒤쪽・배후를 나타내
　　　　며, 보이지 않는 부분이나 물체 뒷부분을 가리키는 말이기도 하다.

◎ 壁の後ろに隠れる。　　　　벽 뒤에 숨다.
◎ 後ろの3人は帰ってよい。　뒤쪽 세 사람은 집에 돌아가도 좋다.

★ **裏** : 물체의 정면과 반대되는 방향을 나타내며 보이지 않는 부분・표면
　　　　에 상대되는 안쪽 면, 내부를 가리킨다. 건물의 경우에는 뒤편, 뒤쪽
　　　　을 말하고, 의복의 경우에는 겉에서 보이지 않는 안쪽 부분을 말한다.

◎ 足の裏。　　　　　　　　　발바닥

◎ 裏の庭。　　　　　　　　　　뒤쪽에 있는 뜰(정원)

◎ 洋服の裏はナイロンです。　　양복 안감은 나일론입니다.

※ 野球 경기 중 前後 공격의 후반
　・2回裏(2회말) ↔ 2回表(2회초)

★ **後方** : 뒤쪽 방향을 나타내며, 前方의 반대말로, 일선에 보급・보충 및
　　　　 수비 등의 일을 맡은 지역을 나타낸다.

◎ 後方勤務。　　　　　　　　후방 근무
◎ 後方に退く。　　　　　　　뒤쪽으로 물러서다

※ 後方을 しりえ라고도 하는데 이는 고풍스러운 말씨이다.

★ **後** : 시간적으로 어느 때 이후, 어느 사건이 발생한 다음 또는 현 시점에
　　　 서 앞으로, 즉 장래나 죽은 후를 나타낸다.

◎ 大学を卒業したのち、会社に入った。　대학을 졸업한 후 회사에 들어갔다.
◎ 晴れのち曇り。　　　　　　　　　　　개었다가 흐림.

★ **後刻** : 고풍스러운 말로, '지금부터 얼마 후'라는 시간의 경과를 나타내
　　　　 는 말이다.

◎ それではいずれ後刻お目にかかって、お礼を申し上げます。
　　그러면 근간에 찾아뵙고 말씀드리겠습니다.

★ **後** : 시간적으로는 '다음에・나중에・뒤에'라는 뜻이고, 공간적으로는

'뒤쪽에・뒤떨어져서'라는 뜻이 있다.

◎ 放課後。 　　　　　　　　방과 후　　(시간적)
◎ 3年後。 　　　　　　　　3년 후　　(시간적)
◎ 背後。 　　　　　　　　배후　　(공간적)
◎ その後、いかがですか。 　그동안 안녕하셨습니까? (○)
◎ その間、いかがですか。 　그동안 안녕하셨습니까? (✕)

貴方(あなた)

お前。おのれ。おれ。汝。署。貴様。貴下。貴殿。あんた。手前。
御主。そなた。おのし。御身。其方。汝。お宅様。ユー。

당신, 너, 자네, 귀하, 그대

★ **あなた**：対称의 말로, 듣는 사람과 말하는 사람의 관계가 대등한 경우
　　또는 上位者에게 사용하는 2인칭 대명사이다. 그러나 현재는
　　서먹서먹한 어감이 있어 대등한 사이에서는 잘 사용하지 않는
　　경향이 있다. 또한 경어이기는 하지만 동등한 관계 이하의 상대
　　에게 많이 쓰는 편이고, 부부 사이나 이름・신분을 모르는 상대
　　방에게 주로 사용한다. 공공 문서에서는 貴下、貴殿을 사용하
　　고 상대방이 남자일 경우에는 貴男, 여자일 경우에는 貴女라고
　　표기한다. 대개 代名詞 貴方는 「あなた」와 같이 かな 표기가
　　일반적이다.

※ 彼方(あなた)は 遠称의 지시대명사로, 말하는 사람과 듣는 사람의 거리가 먼 방향이나 장소를 가리 키는 말이다. 비슷한 말로는 むこう、あちら、かなた 등이 있다.

◎ あなた(貴方)はどうなさいますか。　당신께서는 어떻게 하시겠습니까?
◎ あなた、電話(でんわ)ですよ。　　　　여보, 전화 왔어요.

※ 山(やま)の彼方(あなた)は春(はる)がやってきた。산 저쪽은 봄이 왔다.

★ **お前** : 対称의 2인칭 대명사로, 대등한 관계 이하의 상대방에게 친밀감 과 막역함을 나타낸다. 남녀 모두에게 사용할 수 있고, 남녀 모두 사용한다. 원래는 貴人의 앞을 나타내는 존경의 말씨였다.

◎ お前にこの本をやるよ。　　자네에게 이 책을 주겠어.
◎ 今度はお前の番(ばん)だね。　이번은 네 차례다.

★ **おのれ** : 対称인 2인칭 대명사로, 손아랫사람이나 상대방을 무시하는 말 을 건넬 때 사용하는 말이다. 한편 自称인 1인칭 대명사로 사용 할 경우에는 비하의 뜻을 나타낼 때 사용하는 경우가 많다.

◎ おのれの態度(たいど)はなんだ。　너의 태도는 뭐야.
◎ おのれ、今に見ていろ。　　　너 어디 두고 보자.

※ 敵(てき)を知(し)りおのれを知(し)る。(1인칭) 적을 알고 나를 알다.

★ **貴様**(きさま) : 2인칭 대명사로, 원래는 존칭어였지만, 구두어로 일반화하여 江戸
　　　　 시대 말기 이후에는 동등한 관계나 손아랫사람에게 사용하였다.

　　◎ 貴様は口(くち)を出(だ)すな。
　　　　자네는 입 다물어
　　◎ 「貴様」は上流社会では用いられなくなる。
　　　　貴様는 상류 사회에서는 사용할 수 없게 되었다.

★ **貴下**(きか) : 2인칭 대명사로, 동등한 관계 이하의 상대에게 경의를 나타낼 때
　　　　 사용하는 말이다. 편지 등에서 자주 쓰이지만 우리말과는 뉘앙스
　　　　 면에서 거리가 있다.

　　◎ 貴下のお手紙拝見(はいけん)いたしました。　　귀하의 편시 살 받아 보았습니다.

★ **おれ** : 対称(たいしょう)인 2인칭 대명사로, 아랫사람인 상대방을 비하・경멸할 때
　　　　 사용한다. 2인칭인 경우에는 한자가 爾이고, 1인칭은 俺이다. 1・2
　　　　 인칭의 かな 표기가 동일하기에 유의해야 할 대명사이다. 2인칭
　　　　 대명사는 조금 예스러운 말로, 현재는 그다지 사용하지 않는다.

　　◎ おれは何事(なにごと)いふぞ。　　　　자네는 무슨 말을 하는 거야.

※ いふ는 いう(言う)의 옛날 표기이다.

★ **なんじ** : 2인칭 대명사로, 동등한 관계 이하의 상대를 가리키는 말이다.
　　　　 이 말은 なむち에서 그 뜻이 비롯되었다. 上代에는 상대를 존경
　　　　 하던 말로 추측되고, 奈良 시대에는 대등한 관계나 그 이하의
　　　　 경우에 사용한 것이 中世 이후에는 손아랫사람에게 사용하는

말로 변천하였다.

◎ なんじ自(みずか)らを知(し)れ。　　너 자신을 알라.
◎ なんじの敵(てき)を愛(あい)せよ。　　너의 적을 사랑하라.

★ **きみ** : 2인칭 대명사로 사용하며, 경애의 뜻을 가지고 상대방을 가리키던
　　　말이다. 上代에는 여성이 남성보다 많이 사용하였고, 간혹 여성끼
　　　리 또는 남성끼리 사용한 예도 있지만 中古 이후에는 남녀가 같이
　　　사용하였다. 현재는 동등한 사이나 손아래 사람을 가리키는 남성
　　　어로 쓰이고 있다.

◎ 君も一杯(いっぱい)飲(の)もう。　　　　자네도 한 잔 마시지.

※ あなた보다는 낮은 경칭이고, おまえ보다는 정중한 말씨이다.
※ 君가 접미사로 쓰일 때는 대등한 관계나 아랫사람의 성(姓) 또는 이름에 붙여 친밀감과
경의를 나타낸다.
·山中君。　야마나카 군.
※ 造語의 경우에는 나라를 다스리는 사람, 훌륭한 사람을 나타낸다.
·君主(くんしゅ) : 군주　　　·君子(くんし) : 군자

★ **貴殿** : 2인칭 대명사로, 동등한 관계 또는 손윗사람에게 경의를 나타내
　　　는 말로, 대개 남성끼리 사용하고 편지글에서도 사용한다.

◎ 貴殿のご忠告(ちゅうこく)に心より感謝申(かんしゃもう)し上(あ)げなす。
　　귀하의 충고에 진심으로 감사드립니다.

★ **あんた** : 2인칭 대명사로, 「あなた」보다는 조금 거친 말씨이며 현재는
　　　아랫사람에게 사용한다. 東京 지방에서는 비속한 어투로 사용

되지만 関西 지방에서는 친밀한 어투로 사용된다.

◎ あんた何いってるの。　　　당신 뭐라고 하는 거야.

★ **てまえ** : 1·2인칭 대명사로, 1인칭에서는 상대방을 자신보다 약간 열등
하게 보거나 경멸하는 말씨로 사용된다.

　◎ てまえの名は。　　　　자네 이름은. (2인칭)
　◎ てまえの名前は。　　　저의 이름은. (1인칭)

★ **おぬし** : 対称의 2인칭 대명사로, 室町 시대 이후에 사용되었다. 대등한
관계 또는 약간 아랫사람에게 쓰던 고풍스러운 말로, 남녀 모두
사용하였다. 한편 おのし 는 이 말에서 변화된 것으로, 용법과
이미가 기의 동일하다. 그러나 남녀 공용어에서 벗어나 여성 쪽
에서 더 많이 사용한 말이다.

　◎ おぬしもそろそろ嫁をもらわにゃ。　너도 이제 아내를 봐야지.

★ **そなた** : 2인칭 대명사로 쓰일 때는 대등한 관계 이하의 상대에게 사용한
다. 그러나 [そち] 보다는 우대하는 느낌이 있는 말이다. 한자
표기는 둘 다 其方이다.

　◎ そなたの考えを聞かせてくれ。　너의 생각을 들려줘.
　◎ そちの名は何と言う。　　　　네 이름은 뭐지?

★ **おみ** : 2인칭 대명사로, 동등한 관계나 그 이하의 사람에게 사용하는 말
이다.

◎ お身に頼みたい事がある。　당신에게 부탁하고 싶은 것이 있다.

★ 汝 : 2인칭 대명사로, 상대를 매도하거나 경멸하는 경우에 사용하는 속어이다.

◎ 汝は黙っていろ。　　　　　네놈은 가만히 있어.

★ お宅様 : 2인칭 대명사로, 그다지 친하지 않은 대등한 관계의 상대를 가리키며 가벼운 경의를 띤다.

◎ お宅様はどこまで行かれますか。당신은 어디까지 가십니까?
◎ お宅様の国はどこですか。　　당신의 고향은 어디십니까?

★ ユー : 외래어로, 영어의 you, 즉 너·자네·당신의 뜻이다. 재미(在美) 일본인의 용어가 전해진 것으로, 昭和 시대부터 사용하였다.

※ ユー는 영어 알파벳의 21번째인 U의 발음 표기와 동일하여 혼동하기 쉽다.

◎ ユーこそ、日本人らしい。　당신이야말로 일본인답다.

案内者(あんないしゃ)

案内人。ガイド。リーダー。先導者。旗振り。音頭取り。指導者。
引率者。随行員。供人。統率者。

안내자, 안내인, 안내원, 인도자, 가이드, 리더, 선도자, 인솔자,
수행원, 통솔자, 지도자.

★ **案内者** : 상황을 잘 알고 있는 사람이나 특정 장소의 지리 등에 정통한
　　　　　사람 또는 길을 안내하고 인도하는 사람을 뜻한다.

◎ 案内者が旅行客に観光地を詳しく説明する。

　　안내자가 여행객에게 관광지를 소상하게 설명하다.

◎ 案内者が先に立って予約旅館まで来る。

　　안내자가 앞장서서 예약한 여관까지 오다.

★ **ガイド** : 영어의 guide에서 온 외래어로, 안내자를 나타내며 明治 시대부
　　　　　터 사용한 말이다.

◎ 観光バスーガイドは親切に案内する。

　　관광버스 가이드가 친절히 안내하다.

★ **案内人** : 길 안내를 하는 사람이나 안내를 직업으로 하는 사람을 뜻하며,
　　　　　은어로 間者(간첩, 스파이)의 뜻도 있다.

◎ 旅行地で案内人を雇う。　　여행지에서 안내인을 고용하다.

★ **リーダー** : 영어의 leader에서 온 외래어로, 지도자·선도자를 나타내며
　　　　　大正 시대부터 사용하였다.

◎ 国民は立派なリーダーを待望する。

　　국민은 훌륭한 리더를 기대한다.

※ チアリーダーは 응원단장이고, チアガール는 여성 응원단원으로, 일제 영어이다.

★ **先導者** : 앞에 서서 안내하는 사람을 말한다.

◎ 先導者はもう無事に頂上まで行っている。

선도자는 벌써 무사히 정상까지 가 있다.

◎ 祖国の独立の先導者。

조국 독립의 선도자.

★ **旗振り** : 어떤 일을 추진하기 위하여 솔선해서 주위에 호소하는 것 또는
환영이나 응원, 신호 등을 위하여 깃발을 흔드는 사람을 나타낸다.

◎ 労組結成の旗振り役となる。

노조 결성의 선도 역할이 되다.

★ **音頭取り** : 사람들 앞에 서서 일을 시작하고 많은 사람을 모으는 일을
하는 선도자 또는 여러 사람이 함께 노래할 때 선창자를 나타
내는 말이다.

◎ 音頭取りの唄を聞いてから唄にあわせて歌う。

선창자의 노래를 들은 뒤 가락에 맞춰서 노래하다.

★ **指導者** : 학문・연구 등을 지도하는 사람이나 사회・국가를 지도하는
사람을 말한다.

◎ 科学技術は立派な指導者が必要だ。

과학기술은 훌륭한 지도자를 필요로 한다.

◎ 国家の将来は指導者の器量によって変わる。

국가의 장래는 지도자의 기량에 의해서 달라진다.

★ **引率者** : 여러 사람을 통솔하여 이끄는 사람을 말한다.

◎ 生徒たちと引率者が博物館へ行く。

학생들과 인솔자가 박물관으로 가다.

◎ 引率者は隊列の後尾につく。

인솔자는 대열의 후미에 붙다.

★ **随行員** : 지위 높은 사람과 함께 하거나 시중을 들며 따라다니는 사람을 말한다.

◎ 随行員を従える。

수행원을 데리고 가다.

◎ 大統領の随行員は任務がごく重大である。

대통령의 수행원은 그 임무가 지극히 중대하다.

★ **供人** : 従者와 같은 뜻으로, 신분이 높은 사람을 따라다니며 시중드는 사람을 말한다.

◎ 大臣は供人を従えて行く。　대신이 종자를 거느리고 가다.

◎ 主人と供人はお寺に参る。　주인과 종자가 절에 가다.

★ **統率者** : 무리를 거느려 다스리는 사람을 말한다.

◎ 統率者があれば安心だ。　통솔자가 있으면 안심이다.

◎ 統率者は集団をまとめひきいる。　통솔자는 집단을 통솔한다.

家(いえ)

家。建物。家屋。宅。住宅。住みか。住まい。お所。巣。塒。屋。
御所。家。宮。共同住宅。刑務所。ハウス。アパート。
ビルディング。館。檻。小屋。やしき。

집, 가옥, 건물, 빌딩, 가택, 주택, 거처, 저택, 주거, 보금자리, 소굴,
우리, 둥지, 궁궐, 궁전.

★ 家 : 사람이 거주하기 위해 만든 건물로, 가옥을 뜻한다. 파생된 의미로
　　　自宅・가정・가족 등을 나타내기도 한다.

　　◎ 朝 7 時に家を出る。　　아침 7시에 집을 나가다.
　　◎ 住む家がソウルにはない。　서울에는 살 집이 없다.
　　◎ 私の家は 4 人家族です。　우리 가족은 4인 가족입니다.

※ 家라고 읽으면 자신의 집・가정을 나타내고, 漢音인 家라고 읽으면 造語에서 집・집안・
　학문의 전문가・어떤 경향이 짙은 사람을 뜻하며, 呉音인 家라고 읽으면 가족・일족 문벌
　을 말한다.
　・日曜日は家にいる。 일요일은 집에 있다.　　・家具。 가구
　・家業。 가업　　　　　　　　　　　　　　　・小説家。 소설가
　・家来。 부하　　　　　　　　　　　　　　　・山中家。 야마나카 일족

★ 建物 : 사람이 거주하거나 작업을 하기 위하여, 또는 물건을 보관하기
　　　　위하여 만든 것으로, 건축물・건조물이라고도 한다.

　　◎ 今頃は超高層建物が多い。　요즘은 초고층 건물이 많다.

★ 宅 : 사는 집을 나타내며, お宅라고 하여 他人의 집을 높이는 말이다. 상
　　대방의 남편을 지칭하기도 한다.

　　◎ 先生のお宅は春川にある。　　선생님의 집은 춘천에 있다.

　　◎ お宅はご承知でしょう。　　당신은 알고 계시겠지요.

※ 宅은 택·댁으로 집과 사람을 나타낸다.

★ 住宅 : 사람이 살기 위해 만든 주거용 집을 말한다.

　　◎ 住宅問題の解決は難しい。　　주택문제 해결은 어렵다.

★ 住みか : 사는 곳을 나타내는 말로, 요즘은 '좋지 않은 사람이 살고 있는
　　곳', '소굴' 같은 뉘앙스를 띠는 경우가 많다.

　　◎ 泥棒の住みかは奥山にある。　　도둑의 소굴은 깊은 산속에 있다.

★ 住まい : 살고 있는 집이나 장소를 나타낸다. 대개 お住まい라고 하여
　　상대방이 사는 곳, 주소의 뜻으로 사용한다.

　　◎ お住まいはどこですか。　　사는 곳이 어디십니까?

★ 巣 : 새·벌레·물고기 등의 둥지나 집을 나타내며, 깡패나 악당 패거리
　　가 모이는 소굴·사람이 사는 곳을 뜻하기도 한다.

　　◎ 雀の巣は軒先に作る。　　참새는 둥지를 처마 끝에 짓는다.

　　◎ ここは浮浪者の巣がある。　　여기에는 부랑자의 소굴이 있다.

★ **塒** : 새의 보금자리, 또는 사람이 묵는 곳을 나타내며, 속어로 자신의 집의 뜻한다.

◎ 鳥が塒にいる。　　　　　　까마귀가 보금자리에 있다.
◎ 今夜の塒をさがす。　　　　오늘밤의 잠자리를 찾다.

※ 새집은 鳥家、巣箱라고도 한다.

★ **屋** : 집・가옥・건물의 뜻으로, 때로는 사람을 나타내기도 한다.

◎ パン屋。빵집　　　　　　　◎ 肉屋。푸줏간・식육점・고깃간
◎ 料理屋。요릿집・요리사　　◎ 気分屋。기분파
◎ ソウル屋。서울내기

※ 屋라고 발음하면 音読으로 집・건물을 나타낸다.
・屋上。옥상　　　　・屋外。집 밖 ↔ 屋内。집 안

★ **宮** : み는 접두어, や는 屋의 뜻으로, 神이 있는 어전이나 神社、神宮、やしろ를 나타내는 말이다. 또는 천황이나 일족이 거처하는 어전・皇居・御所・禁裏를 말하기도 한다. お宮라고도 하며 神社의 존칭어이다.

◎ 宮は天皇の御所である。　　궁은 천황의 어소이다.
◎ 宮は神のいる御殿である。　궁은 신이 있는 어전이다.

★ **共同住宅** : 동일한 가옥에 두 세대 이상이 독립하여 거주하는 구조의 주택으로, 일반적으로 층계・복도・기타 시설을 공용하는

집합 주택이나 아파트를 가리키는 말이다.

◎ 大都市には共同住宅が多い。 대도시에는 공동주택이 많다.

★ アパート : 영어의 apartment house에서 온 외래어로, 大正 시대부터 사
용하였다. 셋방 또는 벌집 같은 주택의 이미지가 있는 말인데
우리나라에서는 그 의미가 다르다.

◎ ソウルにはアパートが多い。 서울에는 아파트가 많다.

★ ビル : 영어의 building에서 온 외래어로, ビルディング의 준말로 사용
하며 昭和 시대부터 사용하였다.

◎ 東京には高いビルが多い。 도쿄에는 높은 빌딩이 많다

◎ ソウル駅ビルはどこですか。 서울역 건물은 어디 있습니까?

★ 檻 : 맹수나 죄인을 가두어 두는 튼튼한 철책 감방을 가리킨다.

◎ ライオンの檻。 사자 우리

※ 罪人を閉じ込めておく所は牢と言う。 죄인을 가두어 두는 곳은 감방이라고 한다.

집과 관련된 단어

· 小屋	: 오두막집	· かわらや	: 기와집
· 邸宅	: 저택	· ハウス	: 하우스
· 寺	: 절	· わらや	: 초가집
· 神社	: 신사	· 草屋	: 초가집

- いぬごや ：개집
- れんが造りの家：벽돌집
- 便所、トイレ、手荒い、かわや、せっちん、用場、ダブリューシ(ＷＣ)、化粧室：변소
- 別荘　　：별장
- イグルー ：이글루(에스키모 집)

- うしごや　：외양간

- パンガロー ：방갈로
- あばら屋　 ：오두막집(폐가)

★ 館 ： 귀인이나 관리가 숙박・거주하는 관사. 또는 たて 라고 하여, 소규모의 성(城)을 가리킨다.

◎ 舘は貴人、管理などの宿泊する官舎だ。

　저택은 귀인・관리들이 숙박하는 관사이다.

◎ 舘は貴人の邸宅だ。

　舘은 귀인의 저택이다.

池(いけ)

湖。井戸。泉。淀み。濡。渚。小泉。蓮池。薄。凹。

못, 연못, 샘, 호수, 웅덩이, 우물, 소, 옹달샘, 늪

★ 池 ： 넓게 움푹 파인 땅에 자연적으로 물이 고인 곳 또는 지면을 파거나 둑을 쌓아올려서 물을 모은 곳으로, 호수나 늪보다 작은 것을 말한다.

◎ 池で鯉が泳ぐ。　　　　　연못에서 잉어가 놀다.
◎ 池のほとりに柳が一本ある。연못가에 버드나무가 한 그루 있다.

★ **湖** : 사면이 육지로 둘러싸이고, 많은 물이 모여 깊은 수심을 이루는 호
　　수를 말한다. 연못이나 늪지보다 큰 것을 나타낸다.

※ みずうみは 水海의 뜻이고 담수호와 염호가 있는데 염호는 드물다.

◎ 湖の深さは5~10m以上だ。
　　호수의 깊이는 5~10m 이상이다.
◎ 死海はヨルダンにある塩湖だ。
　　사해는 요르단에 있는 소금호수이다.

★ **井戸** : 井와 戸의 복합어로, 우물이 있는 장소를 나타낸다. 지면을 아래
　　쪽으로 파서 지하수를 이용하는 '우물'로, 井라고도 한다.

◎ 井戸を掘る。　　　　　　우물을 파다.
◎ 井の中の蛙大海を知らず。　우물 안의 개구리, 대해를 모르다.

※ 井戸는 井戸, 즉 井のある所의 뜻이다.
※ 井는 옛날에는 샘이나 시냇가에서 생활용수를 긷던 장소를 일컫는 말이었다.
※ 井의 음독은 せい(漢音), しょう(呉音)이다.
※ 井蛙는 「せいあ」로 읽고, 뜻은 井戸の中の蛙이다.

★ **泉** : 지하수가 자연스럽게 땅 표면으로 분출하는 샘 또는 샘물을 말하며,
　　いずみ는 出水의 뜻이다.

◎ 泉が涌く。　　　　　　　　　샘물이 솟다.

★ 淀み : 웅덩이를 나타내는 말로, 요도라고도 한다. '물이 괸 곳'이라는 의
　　　　미로, 비슷한 말로는 水たまり가 있다.

　　◎ 溝の淀み。　　　　　　　개천의 웅덩이
　　◎ 淀みに浮かぶ泡沫。　　　웅덩이에 뜬 물거품

★ 沼 : 늪을 말하며, 흙탕물이 깊고 水草가 무성하게 자란 수역을 나타내지
　　　만 호수와의 구별이 쉽지 않은 형태이다.

　　◎ 沼は深さが5メートル以内だ。　늪은 깊이가 5m 이내이다.

★ 小泉 : 옹달샘에 가까운 말로, 작은 샘을 가리킨다.

　　◎ お寺の近い所に小泉がある。　절 가까운 곳에 작은 샘이 있다.

★ 蓮池 : 연꽃이 자라고 있는 연못이라는 뜻이다.

　　◎ 蓮が植えてある池の意味だ。　연꽃이 심어져 있는 못의 의미이다.

★ 潭(ふち) : 강이나 하천에서 물이 깊게 괴어 있고, 흐르지 않는 못을 말한
　　　　　다. 또는 폭포 물이 떨어지는 곳을 나타내기도 한다.

　　◎ 滝は潭を作る。　　　　　　폭포는 못을 만든다.
★ 凹 : 움푹 팬 곳으로, 구덩이를 나타낸다.

※ くぼみ라고도 한다.

※ 凹凸(요철): おうとつ또는 でこぼこ로 읽으며 오목하고 볼록한 것, 울퉁불퉁한 모양을 나타낸다.

◎ 凹にボールが落ちている。　구덩이에 공이 떨어져 있다.

★ 淵 : 강 같은 곳에서 물이 깊게 괴어 거의 흐르지 않는 곳을 말한다.

◎ 淵は水泳する時注意する所だ。 구렁은 수영할 때 주의해야 할 곳이다.

医師(いし)

医者。刀圭家。ドクター。くすし。

의사, 의원, 닥터

★ 医師 : 医者의 공식 명칭. 한자어로, 경직된 느낌이 있는 말이다. 병의 진찰과 치료를 직업으로 하는 사람을 나타낸다.

◎ 医師は免許がある。　　　　　의사는 면허가 있다.
◎ 現在では医師は保健指導も行う。 현재의 의사는 보건 지도도 행한다.

★ 医者 : 질병의 진찰·치료를 직업으로 하며 병원·의원에 근무하는 사람. いさ라고도 한다.

◎ 医者の診断を受ける。　　　　의사의 진단을 받다.

◎ 父は医者をやっている。 　　　　　아버지는 의사이다.

★ **とうけいか** : 예스러운 말씨로, 의사를 나타낸다. とうけい는 의술 또는
　　　　　　약을 담는 숟가락, 즉 약을 제조한다는 뜻이 있다.

★ **ドクター** : 닥터(doctor)에서 온 외래어로, 의사라는 말로 사용한다. 昭和
　　　　　시대부터 사용하였으며 박사라는 의미도 있다. ドクトル는 江
　　　　　戸 시대 때 사용하던 네덜란드어이다.

※ 일본어로 네덜란드를 オランダ라고 한다.

★ **くすし** : 의사의 雅語로, 약사라는 의미도 있다.

◎ 昔は医者をくすしとも言った。　옛날에는 의사를 '구스시'라고도 했다.

※ 薬師→ 薬師로 변한 말로, 의사와 약사의 복합적 의미를 띠는 말이다.

慰謝料(いしゃりょう)

手切れ金。賠償金。報償金。慰労金。弁償金。褒賞金。懸賞金。義捐金。賑恤金。

위자료, 배상금, 보상금, 위로금, 변상금, 포상금, 현상금, 의연금, 구호금, 기부금, 헌금, 출연금, 기연금

★ **慰謝料** : 정신적인 고통에 대한 손해배상금으로, 생명·신체·명예·정조 등의 침해에 의하여 발생한 경우가 해당된다.

※ 謝는 藉(자)의 代用 표기이다.

◎ 慰謝料を請求する。　　　위자료를 청구하다.
◎ 離婚する時は慰謝料を払う。이혼할 때는 위자료를 지불한다.

★ **手切れ金** : 애정 관계를 끊을 때 상대에게 주는 위자료를 말한다.

◎ 男と女が愛情関係を絶つ際に、手切れ金を渡す。

남녀가 애정 관계를 단절할 때 위자료를 건네주다.

◎ 彼からは手切れ金として五億円を要求する。

그에게서는 위자료로 5억 엔을 요구하다.

★ **賠償金** : 타인·타국에 입힌 손해를 보상·변상하는 금전을 말한다.

◎ 被害者に賠償金を支払う。　　피해자에게 배상금을 지불하다.
◎ 先刻お前を泣かした賠償金だ。조금 전 너를 울린 배상금이다.

★ **報償金** : 타인에게 입힌 손해를 위로하기 위해 보상으로 내놓은 금전을 말한다. 또는 타인에게 어떤 것에 대한 대가로 주는 금전을 뜻한다.

◎ 遺族に報償金支給する。

유족에게 보상금을 지급하다.

◎ 撤去民にめちゃな報償金をしはらう。

철거민에게 턱없는 보상금을 지불하다.

★ **慰労金** : 위로하기 위하여 지급되는 금전을 말한다.

◎ 功労者に慰労金を支給する。　　공로자에게 위로금을 지급하다.

◎ 水害罹災民に慰労金を伝達する。수재민에게 위로금을 전달하다.

★ **弁償金** : 타인에게 손해를 끼쳤을 때, 금전이나 물품으로 갚는 것을 말한다.

◎ 窓ガラスを割って弁償した。　창유리를 깨뜨리고 변상하였다.

◎ 損害を弁償金で報いる。　　　손해를 변상금으로 갚았다.

★ **褒賞金** : 어떤 일에 대하여 극구 칭찬하고 장려하면서 그 표시로 주는 금전을 말한다.

◎ 功労者に褒賞金を与える。　　유공자에게 포상금을 주다.

◎ 警察官に褒賞金を支給する。　경찰관에게 포상금을 지급하다.

★ **義捐金** : 자선이나 피해자 구제를 위하여 내는 금품을 말한다.

◎ 水害義捐金を集める。　　　　수해 의연금을 모으다.

※ 義援金은 代用 표기이다.

★ 賑恤金 : 가난한 사람이나 이재민을 구하기 위하여 사용하는 금전으로, 구호금과 같은 뜻이다.

◎ 貧しい人に賑恤金を伝達する。 가난한 사람에게 진휼금을 전달하였다.

★ 懸賞金 : 우수한 작품·퀴즈·찾는 물건 따위에 상품이나 상금으로 사용되는 금전을 말한다.

◎ 小説を懸賞金の千万円つきで募集する。
소설을 현상금 1천만 엔으로 모집하다.

◎ デザイン応募の賑恤金は 億ウォンだ。
디자인 응모의 현상금은 1억 원이다.

一度(いちど)

一回。 一度。 一編。 一時。 一つ。 一旦。 一目。 一応。

한번, 한차례, 한바탕, 한때

★ 一度 : 사건이 일어나는 횟수이며, 그 외의 의미로는 온도·위도·각도의 단위에서 1도를 나타낸다. 또한 어떤 일을 한번 시도해 본다는 의미의 부사적 용법이 있는 말이다.

◎ 釜山は一度も行ったことがない。 부산은 한 번도 간 적이 없다.

◎ 一度ある事は二度もある。 한 번 있는 일은 두 번도 있다.

★ **一回** : 1회・한번을 나타내는 말이다.

◎ 酒は飲んだことは一回もない。 술은 마신 적이 한 번도 없다.

◎ この本を一回見てください。 이 책을 한번 보아 주십시오.

※ 釜山は一番も行ったことがない。(×) 나는 한 번도 간 적이 없다.
(一番은 번호나 차례가 첫째임을 나타내, 서열과 정도의 최고점을 뜻한다.)

★ **一度** : いちど의 訓読으로, 한번・한차례를 나타내는 말이다. 가정적 표현을 수반하여 한 번의 행위나 경험을 뜻하며, 이외에 어느 때・어느 경우・동시에・함께의 의미로도 사용한다.

◎ 一度決心した事は終りまで。 일단 결심한 일은 끝까지.

◎ 一度は中止を考えた計画。 한 번은 중지를 생각한 계획

★ **一遍** : 한번・일회를 나타내며, '처음부터 끝까지', '한차례' 또는 '동시에'의 의미가 있다.

◎ 一年に一遍ある行事。 1년에 한 번 있는 행사.

◎ 一遍試してみよう。 한번 시험해 보자.

◎ 宿題を一遍に片づける。 숙제를 한 번에 해 치우다.

★ **一時** : 일정한 시기나 기간을 정한 것이 아니고, 한때・일회・한 번의 뜻으로 사용한다.

◎ 一時に花が咲く。　　　　한 번에 꽃이 피다.
◎ 一時はやったズボン。　　한때 유행한 바지 모양

★ 一つ : 数를 나타내는 말로, '하나'의 뜻으로 사용한다. 副詞的으로 '한번'
　　　　이라는 뜻이 있다.

◎ 一つやってみないか。　　한번 해보지 않으려나.

★ 一旦 : 어느 사항을 한번쯤 일시적으로 중단하는 것을 나타내는 말로,
　　　　대개 재개하는 의미가 포함되어 있다. 즉, 한번・일단의 뜻이다.

◎ 一旦家に戻って出直そう。　일단 집으로 돌아와 다시 나가자.

★ 一目 : 한 번만 보는 것이나 잠깐 보는 것 또는 한 번으로 전체가 보이는
　　　　것을 나타내는 말이다.

◎ 一目で偽物とわかる。　　한 번에 가짜인 것을 알다.
◎ 一目ぼれ。　　　　　　　한눈에 반함.
◎ 一目会いたい。　　　　　한번 만나고 싶다.

★ 一応 : 원래는 一往였지만 지금은 표기가 바뀐 말이다. 예스러운 말로,
　　　　한번・일회라는 뜻이 있다.

◎ 一応二応も考えた事です。　한 번 두 번 생각한 일입니다.
◎ 一応会ってみましょう。　한번 만나 봅시다.

市場(いちば)

市場。市。売り場。マーケット。マート。商店街。

시장, 저자, 장터, 마켓, 상점가

★ **市場** : 매일 또는 정기적으로 상인들이 모여서 상품의 매매를 하는 장소
나 생활필수품의 소매점이 모인 상설 공동 판매 시설을 일컫는
말이다.

◎ 可楽市場は青果物が多い。　가락 시장은 청과물이 많다.

◎ 市場へ買い出しに行く。　　시장으로 물건을 사러 가다.

★ **市場** : 경제 용어로 많이 사용하는 말. 주식시장 · 노동시장 · 해외시장
등의 표현이 있다. 물론 いちば의 의미도 있으나 구분하여 사용
하는 것이 통례이다.

◎ 株式市場。주식시장　　　◎ 海外市場。해외시장

★ **市** : 많은 사람이 모여서 물품의 매매나 교환을 하는 곳을 나타낸다.

◎ 毎月五日の日に市が立つ。　매월 초닷새 날에 장터가 선다.

◎ 門前市を成す。　　　　　　문 앞 시장이 생기다.

　(찾아오는 사람이 많아 집 문 앞이 시장 같다는 말이다.)

★ **売り場** : 상품을 파는 장소를 말한다. 공용문에서는 売場이라고 표기하

기도 한다.

◎ 切符売り場。 　　　　　　　표 파는 곳(매표소).

★ マーケット : 영어의 market에서 온 외래어로, 시장을 나타내며 明治 시대
　　　　부터 사용하였다. マート는 mart로 昭和 시대부터 사용하였
　　　　다. 마켓은 일용품·식료품 등을 파는 상점이 모여 있는 장
　　　　소나 건물을 나타낸다.

◎ スーパーマーケット : 슈퍼마켓
◎ ロッテマート : 롯데마트

田舎(いなか)

村里。故郷。郷里。郷土。古里。家山。地元。村。里。地方。
旧里。山奥。鄙。

시골, 촌, 지방, 향토, 향리, 고향, 두메, 촌구석, 마을, 골, 고을

★ 田舎 : 도시에서 떨어진 곳이나 도시 이외의 지방 또는 인가가 적은 시
　　　골·외진 곳을 나타내는 말이다.

◎ 親父は田舎に住んでいる。 　아버지는 시골에 살고 있다.
◎ 田舎から上京する。 　　　　시골에서 상경하다.

★ **村里** : 시골에서 사람 사는 집들이 모여 있는 촌락·마을을 말한다.

◎ 村里には病院がない.　　　　시골에는 병원이 없다.

★ **故郷** : 본인이 출생하여 자란 곳·고향·향리의 뜻을 나타내는 말이다.
사물의 발상지 또는 근원이 되는 곳을 가리키기도 한다.

◎ アリランの民謡の故郷はどこか. 민요 '아리랑'의 고향은 어딜까?
◎ 春川は私の故郷だ.　　　　춘천은 나의 고향이다.

★ **郷里** : 출생하고 자란 고향 산천·촌락·시골을 말한다.

◎ 郷里に帰って農事を始める. 고향에 돌아와서 농사를 시작하다.

★ **郷土** : 출생하여 자란 곳으로, 문화적인 의미를 포함한다. 郷里보다는
넓은 지역을 나타내는 시골·지방을 말하며, 때로 시골에 있는
토지를 가리키기도 한다.

◎ 郷土文学.　　　　　　　향토문학
◎ 江原道の郷土の料理はマックッスだ. 강원도 향토 요리는 막국수이다.

★ **家山** : 고향을 나타내는 말이다.

◎ 頭を家山の雲に回らす.
머리를 고향 쪽 구름으로 돌리다(고향 하늘을 향하여 머리를 돌린다는 의미).

★ **地元** : 본인이 살고 있는 곳으로, 자신과 관계된 출신지나 본거지의 뜻이
있다. 자기 세력권에 속하는 토지를 말한다.

◎ 自分の地元から選挙に出馬する。

자신의 출신지에서 선거에 출마하다.

★ **地方** : 국내에 있는 어느 지역이나 대도시를 벗어난 지역, 즉 시골을 나

타내는 말이다.

◎ 江華島地方は古跡が多い。　강화도 지방은 고적이 많다.

★ **鄙** : 도시에서 멀리 떨어진 곳이나 도시의 영향력이 미치지 않는 곳의

주민을 나타내는 말이다.

◎ 鄙にはスーパーがない。　　시골에는 슈퍼가 없다.

※ 시골・마을・촌락을 나타내는 말로 村、里 등이 있다.

依頼(いらい)

頼み。願い。請託。付託。希望。所願。念願。所望。渇望。切望。
祈願。祈念。祈祷。祈り。期待。

부탁, 청탁, 소청, 당부, 의뢰, 바람, 희망, 소원, 염원, 소망, 갈망,
기원, 기도, 기대, 열망

★ **依頼** : 어떤 일을 해주십사 남에게 부탁하는 것 또는 어떤 것에 의존하여

그것을 청하는 것을 나타낸다.

◎ 執筆の依頼を受ける。

집필 의뢰를 받다.

◎ その調査は警察に依頼するつもりだ。

그 조사는 경찰에게 의뢰할 작정이다.

★ 頼み : 動詞인 頼む의 연용형에서 명사화된 말로, 힘이 된다고 여기는
것에 부탁・의지하는 것을 나타낸다.

◎ 私の頼みを母は聞きいれる。

어머니가 나의 부탁을 들어주다.

◎ せっかくの頼みだからやむなく承諾する。

모처럼의 부탁이라 어쩔 수 없이 승낙하다.

★ 願い : 동사인 願う에서 온 말로, 神仏에게 기원하며 바라는 것・소원・
기관에 제출하는 원서를 가리킨다.

◎ 神仏に願いをかける。　　　신불에게 소원을 빌다.

◎ お願いします。　　　　　잘 부탁드립니다.

★ 請託 : 겉으로 드러나지 않게 은밀히 부탁하는 것으로, 권력이 있는 공무
원에게 개인적인 사정을 의뢰하거나 특별한 배려를 청하는 것을
나타낸다.

◎ 公務員に増築工事を請託する。공무원에게 증축 공사를 청탁하다.

◎ 情実上の依頼は一種の請託だ。정실상의 의뢰는 일종의 청탁이다.

★ 付託 : 어떤 일의 조치 등을 타인에게 일임하는 것. 특히 의회에서 본회의

에 앞서 의안 등의 심사를 위원회에 위임하는 것을 말한다.

◎ 議案を委員会に付託する。　　의안을 위원회에 부탁하다.
◎ 付託事項。　　　　　　　　　위임 사항

※ 付託은 우리말의 뜻과 다른 것에 유념한다. 부탁은 頼み、依頼、願い와 연결하여 표현해
야 한다.

★ **希望** : 장래에 대한 밝은 예측・전망 또는 이렇게 되었으면 하는 바람・
　　　　기대감을 말한다.

◎ こいねがう事は希望の精粋だ。

　간절히 바라는 것은 희망의 정수이다.

◎ 希望のない人は生きがいのない人だ。

　희망 없는 사람은 살 가치가 없다.

★ **所願** : 바라는 것, 특히 神仏에게 바라는 것을 나타낸다.

◎ しばし心中の所願を念ずる。　잠시 마음속의 소원을 빌다.
◎ 神仏に所願をかける。　　　　신불에게 소원을 빌다.

★ **念願** : 항상 마음에 두고 바라는 것을 나타낸다.

◎ 念願の指輪を手に入れる。　　바라던 반지를 손에 넣다.
◎ 多年の念願を達成する。　　　오랜 염원을 달성하다.

★ **所望** : 어떤 물건이 갖고 싶은 마음, 또는 어떤 일을 하고 싶은 마음을
　　　　나타낸다.

◎ ほしい物を所望する。　　갖고 싶은 물건을 소망하다.

◎ 所望とあればさし上げます。 소망이시라면 드리겠습니다.

★ **渇望** : 목이 마를 때 물을 원하듯 간절하게 얻고 싶어 하는 마음을 나타낸다.

◎ 平和統一を渇望する韓国人。 평화통일을 갈망하는 한국인.

◎ 自由への渇望をしている。　 자유를 갈망하고 있다.

★ **切望** : 한마음으로 한결같이 바라는 것을 나타낸다.

◎ あなたの助けを切望する。　 당신의 도움을 간절히 바란다.

◎ 優勝を切望する。　　　　　 우승을 간절히 바라다.

★ **祈願** : 소원하고 바라는 것이 이루어지도록 神仏에게 비는 것을 나타낸다.

◎ 大学の合格を祈願する。　　　　　　 대학 합격을 기원하다.

◎ 神仏に男の子をもうけることを祈願する。 신불에게 득남을 기원하다.

★ **祈祷** : 신불에게 일을 알리고 기원하는 것과 그와 관련된 의식을 나타낸다.

◎ 断食祈祷をささげる。　　 단식기도를 드리다.

◎ 少女の祈祷。　　　　　　 소녀의 기도.

★ **期待** : 바라고 있는 상태, 목표한 결과가 실현되기를 마음에 품고 기다리
　　　는 것을 나타낸다.

◎ 将来が期待される新人。　 장래가 기대되는 신인.

◎ 期待に反する結果を招いた。 기대에 어긋나는 결과를 초래하였다.

印(いん)

判子。印章。印判。印形。捺印。爪印。爪判。印鑑。

도장, 인감, 손도장, 옥새, 국새

★ 印 : 도장과 도장을 찍은 형적을 나타낸다. 대개 造語에서 사용된다.

◎ 印を押す。　　　　　　도장을 찍다.
◎ 捺印。　　　　　　　　날인

★ 判子 : 判과 같은 말로, 인감·도장을 말한다.

◎ 判子屋はどこですか。　　도장포는 어디 있습니까?
◎ 判子を彫る。　　　　　　도장을 새기다.

★ 印章 : 나무·뿔·돌 등에 문자나 문양을 새겨 인주로 찍는 도장으로, 격식을 차린 말씨이다.

◎ 印章を押す(捺す)。　　　인장(도장)을 찍다.
◎ 印章を偽造する。　　　　인장을 위조하다.

★ 印判 : 印과 같은 뜻의 말로, 도장을 뜻한다. 조금은 예스러운 말이다.

◎ 印判を捺す。　　　　　　도장을 찍다.

★ **印形** : 도장을 뜻하는 말로, 조금 고풍스러운 말이다.

　　◎ 手代がすえた印形。　　　　관리가 찍은 도장.

※ 据える。→ 判をすえる。도장을 찍다.

★ **拇印** : 엄지손가락에 인주나 잉크를 발라서 찍는 도장으로, 각인 도장 대신 사용하는 것을 말한다.

　　◎ 拇印を押してください。　　　무인(손도장)을 찍어 주세요.

※ 拇印은 한문 투의 말이고, 爪印、爪判이라고 하여 같은 뜻의 말로 사용한다.

★ **印鑑** : 도장의 진위를 감정하기 위하여 관청에 사전 신고하여 둔 특정한 도장을 말한다.

※ 일본어에서는 実印、認め印으로 구별하여 말한다.
　· 実印 : 관계 관청에 등록되어 있는 도장으로, 인감증명서를 교부하여 사용할 수 있는 도장이다.
　· 認め印 : 개인이 서류 등에서 인정함을 뜻하는 약식 도장이다.

魚(うお)

魚。生魚。刺身。膾。お作り(お造り)。貝。海老。

물고기, 생선, 고기, 어물, 회, 조개, 새우

★ 魚 : 어류의 총칭이며, 보통 살아있는 것을 나타낸다.

◎ この川には魚が多い。　　이 강에는 물고기가 많다.

◎ 魚市場。　　어시장

★ 魚 : 대개는 생선의 뜻으로, 음식의 재료로서 어류를 나타낸다.

◎ 魚屋。　　생선가게・생선 파는 사람

◎ 魚を料理する。　　생선을 요리하다.

★ 生魚 : 요리하기 전의 날고기・날생선을 뜻하며, 우리말의 生鮮(생선)과
　　　는 다르다. 生魚라고 읽으면 살아있는 물고기 活魚와 같다.

◎ 生魚は煮焼きしていない。生のままの魚だ。
　　生魚는 삶거나 굽지 않은 날것 그대로의 어물이다.

★ 刺身 : 신선한 어패류 등을 날것 그대로 얇게 썰어서 양념장 등에 찍어
　　　먹는 요리이다. 비슷한 말로 おつくり와 なます가 있다.

◎ 刺身を2人前頼みます。　　생선회를 2인분 부탁합니다.

※ 동물의 고기는 肉이고 身는 뼈가 없는, 고기의 살을 나타낸다.
※ おつくり는 생선회의 경칭이다.

歌(うた)

謡。 流行歌。 童歌。 演歌。 唱歌。 民謡。 声楽曲。 童謡。 賛美歌。
聖歌。 挽歌。

> 노래, 가요, 유행가, 대중가요, 창가, 성악, 동요, 연가, 민요, 찬송가,
> 만가

★ **歌** : 가사에 리듬과 멜로디를 더하여 목소리로 노래하는 것을 말하며, 곡
과 가사를 총칭한다. 또한 和歌나 謡曲에서 曲節를 나타내기도 한다.

◎ ピアノの伴奏で歌を歌う。　피아노 반주로 노래를 부르다.
◎ 彼女は歌がうまい。　　그녀는 노래를 잘한다.

★ **謡** : 일본 고유의 노래를 나타내는 말이다. 能楽의 詞章 또는 이것에 節
(가락)을 붙여서 부르는 노래이다.

※ 能楽는 일본 예능의 하나로, 남북조 시대부터 무로마치 시대에 걸쳐 전해오던 猿楽이다. 가무 중심의 악극이 발달하여 猿楽의 能라고 하다가 그 후 謡을 부르면서 하야시(피리, 북, 징을 이용한 반주 음악)에 맞춰 공연하던 가면극으로서 처음에는 能, 明治 시대 이후에 能楽라고 하였다. 한편, 넓은 뜻에서는 狂言(막간에 상연하는 희극)도 포함시킨다.

◎ 謡は日本固有の文化だ。　　우타이는 일본 고유의 문화이다.

★ 流行歌 : 어느 한 시기 다수의 일반 대중이 즐겨 부르는 인기 있는 노래로, 가요곡을 가리키며 はやりうた라고도 한다.

◎ 流行歌は生命が短い。　　유행가는 생명이 짧다.

★ 童歌 : 예부터 어린이들 사이에서 즐겨 부르던 동요를 말한다. 줄넘기, 공치기 등, 놀이와 관련된 것이 많다.

◎ 童歌は子供のために作る。　동요는 어린이를 위해 만든다.
◎ 童歌は童謡の類語だ。　　와라베우타는 동요와 비슷한 말이다.

★ 演歌 : 일본풍의 창법으로 부른 가요곡을 말한다. 明治, 大正 시대에는 거리에서 演歌師가 三味線, 아코디언, 바이올린 등과 함께 부르는 悲恋中心의 人情物을 뜻하였다.

◎ 金連子は有名ま演歌歌手だ。　김연자는 유명한 엔카 가수이다.

★ 唱歌 : 일본의 구식 학교에서 음악 교육을 위해 교재로 만든 가곡 또는 교과 명을 가리키는 말이다.

◎ 唱歌の時間は楽しい。　　　창가 시간은 즐겁다.

★ 民謡 : 일상생활 중에서 자연 발생적으로 불리고 전래된 민중가요 또는
　　　　그 지방 사람과 생활 모습을 표현한 노랫가락을 말한다.

◎ アリランは韓国の民謡だ。

아리랑은 한국 민요이다.

◎ 日本の民謡は仕事歌、盆踊り歌、酒盛歌などがある。

일본 민요는 作業하며 부르는 노래, 음력 7월 15일 밤 남녀의 윤무노래,
술잔치 때 부르는 노래 등이 있다.

★ 賛美歌 : 개신교에서 하나님을 찬양하고 신앙을 북돋우는 노래를 말
　　　　　하며, 천주교에서는 聖歌라고 한다.

※ 찬송가를 일본어에서는 '찬미가'라고 한다.

◎ 神を賛美する祈りの歌は賛美歌だ。

신을 찬미하는 기도의 노래가 찬미가이다.

※ 聖歌は神をたたえる歌で特に、カトリック教の典礼に用いる。 성가는 신을 찬양하는
노래로, 주로 가톨릭 의식에 사용된다.

団扇(うちわ)

扇。扇子。ファン。

 부채, 선자, 팬

★ **団扇** : 원형의 부채로, 대나무 살에 종이나 천을 발라 만들며 손잡이가
있다.

※ 이 부채는 무장이 군세를 지휘하는 데 사용하기도 하였고, 能楽에서도 사용하며, 씨름판에
서 심판이 쓰는 부채를 말하기도 한다.

◎ 団扇は風を起したり、かざしとしたりする道具だ。

부채는 바람을 일으키기도 하고, 가리개로 能楽에서 사용되기도 하는 도
구이다.

★ **扇** : 손에 쥐고 부채질하여 바람을 일으키는 도구로, 대나무 등의 나무
뼈대에 종이・천을 발라 접을 수 있게 만들고, 무용이나 의식 등에
서 사용한다.

◎ 扇であおぐ。　　　　　　부채로 부치다.
◎ 扇でかざす。　　　　　　부채로 이마를 가리다.

★ **扇子** : 폈다 접을 수 있게 만든 부채로, 모양이 おうぎ와 같다.

◎ 扇子であおぐ。　　　　　부채로 부치다.

★ ファン : 영어의 fan에서 온 외래어로, 扇와 같은 뜻이며, 선풍기를 나타
내기도 한다. 이 말은 大正 시대부터 사용하였다.

◎ 送風機用ファン。　　　　송풍기용 팬.

うどん

> ラーメン。そば。ちゃんぽん。マカロニ。スパゲッティ。麺。
> ヌードル。水団。焼きそば。ざるそば。パスタ。
> 手打ちうどん。きしめん。ひもかわうどん。

> 우동, 가락국수, 메밀국수, 짬뽕, 누들, 라면, 파스타, 스파게티,
> 마카로니, 국수, 수제비, 칼국수, 손국수, 기계국수, 자장면, 소면

★ うどん : 소맥분에 소량의 소금을 넣어 반죽하여 얇고 길게 늘여서 자른
것으로, 奈良 시대에 唐에서 전해진 것이다. '뜨겁게 끓여서 먹
는다'는 뜻에서 温鈍(うんどん)이 うどん으로 변한 말이다.

※ 饂飩이라고 표기하기도 한다.

◎ うどんが中華料理ですか。　　우동은 중국 요리입니까?

★ ラーメン : 중국풍의 면 요리로, 소맥분에 소금, 탄산칼륨 등을 첨가하여
만든 국수이다.

※ 일본에서 개발한 것이 한국에 영향을 미쳐 여러 가지 형태로 발달되어 있다.

※ ラーメン의 표기는 老麺拉麺 등이 있다.

◎ ラーメンは中国そばだ。　　　　　　　라면은 중국 국수이다.

◎ ラーメンは韓国製が辛くておいしい。　라면은 한국제가 맵고 맛있다.

★ **そば** : 메밀가루로 만든 국수이다.

※ そばの種類에는 もりそば、かけそば、てんぷらそば、やきそば 등, 여러 형태의 요리가 있다.

◎ おそばに参りました。

(이웃에 이사 왔다는 뜻으로, 側와 발음이 같아서 메밀국수를 나누어 먹는 것을 뜻한다)

◎ 年越しそばは大晦日に食べる。

섣달그믐날에 해를 넘기며 먹는 메밀국수를 말한다.

★ **ちゃんぽん** : 중국식 국수로, 고기・어패류・야채 등을 넣어서 만든 요리이다.

◎ 日本のちゃんぽんは長崎が有名だ。　일본 짬뽕은 나가사키가 유명하다.

※ ちゃんぽん은 중국어에서 온 외래어로, 江戸시대부터 사용하였다. 여러 가지를 한데 섞어 만든다는 뜻으로도 사용한다.

◎ ワインとウィスキーをちゃんぽんに飲む。

와인과 위스키를 섞어 마시다.

★ **マカロニ** : 이탈리아식 국수이다. 이 외래어는 昭和 시대부터 사용하였다.

   ◎ マカロニはイタリア風のうどんだ。

    마카로니는 이탈리아풍의 우동이다.

   ◎ マカロニは穴明きうどんだ。

    마카로니는 구멍이 있는 우동이다(국수면 가운데에 파이프식으로 구멍이 있다).

★ **スパゲッティ** : 이탈리아식 국수로, 가늘고 구멍이 없는 마카로니이다.
이 말은 昭和 시대부터 사용하였다.

   ◎ スパゲッティは小麦で作る細長い麺だ。

    스파게티는 소맥분으로 만든 가늘고 긴 국수이다.

★ **麺** : 우동·메밀국수·라면 등을 총칭하는 말로, 국수를 뜻한다.

   ◎ 麺をゆでる。　　　　　　国수를 삶다.

   ◎ 麺が伸る。　　　　　　　국수가 퍼지다

★ **ヌードル** : 영어의 noodle에서 온 외래어로, 국수를 뜻하며 昭和 시대부터 사용하였다.

※ 소맥분과 달걀로 만들며 스프에 넣어서 먹는다.

   ◎ ヌードルは西洋式の麺だ。　누들은 서양식 국수이다.

★ **水団** : 물로 반죽한 밀가루를 손으로 잘게 찢고 떼어 얇고 둥글게 만든 뒤 야채 등과 함께 삶아먹는 요리로, 식량난을 겪던 전쟁 시에 주식 대용으로 하였다.

◎ 水団は韓国人_{かんこくじん}も好きです。　수제비는 한국인도 좋아합니다.

◎ 私は水団が大好_{だいす}きだ。　나는 수제비를 대단히 좋아한다.

★ パスタ : 이탈리아 요리로, 소맥분과 달걀로 만든다. 마카로니·스파게티 등 면 종류의 총칭이다.

◎ パスタはイタリアの料理だ。　파스타는 이탈리아의 요리이다.

★ きしめん : 납작하게 쳐서 만든 우동으로, 名古屋_{なごや}의 것이 유명하다.

◎ きしめんはおいしい。　기시멘은 맛이 좋다.

※ ひもかわうどんだともいう。

★ 手打ちうどん : 기계를 사용하지 않고 손으로 쳐서 만든 우동을 말한다.

◎ 手打ちうどんは韓国_{かんこく}のカルックスと同_{おな}じだ。

손 우동은 한국의 칼국수와 같다.

海(うみ)

大洋_{たいよう・たいかい}。大海_{たいかい}。沖_{おき}。海洋_{かいよう}。海原_{うなばら}。遠洋_{えんよう}。近海_{きんかい}。

바다, 대양, 대해, 해양, 원양, 원해, 근해

★ 海 : 지구 표면에서 넓게 塩水(염수)로 이루어져 있는 부분을 말한다.

◎ 海の魚。　　　　　　　　바닷물고기

◎ 海に出る。　　　　　　　바다로 나가다

★ **大洋** : 큰 바다, 넓은 바다를 나타내는 말로, 태평양・인도양・대서양・
　　　　북극해・남극해의 5대양을 뜻한다.

◎ 大洋航路。　　　　　　　대양항로

◎ 大洋へ出ろ。　　　　　　대양으로 나가라.

★ **大海** : 넓은 바다를 나타내며 도량이 큰 것을 비유하기도 한다.

◎ 大海の一粟。　　　대해의 일속(하나의 좁쌀로 아주 미미하다는 뜻)

◎ 某某たる大海。　　　망망대해

★ **沖** : 바다나 호수 등을 나타내며, 해안 육지에서 멀리 떨어진 곳의 바다
　　　를 뜻한다.

◎ 沖に出る。　　　　　　　먼바다로 나가다.

◎ 沖行く船。　　　　　　　먼바다 가는 배.

★ **海洋** : 크고 넓은 바다를 나타내는 말로, 바다를 뜻하는 海와 큰 바다를
　　　　뜻하는 洋의 합성어이다.

◎ 海洋観測。　　　　　　　해양관측

◎ 海洋封鎖。　　　　　　　해양봉쇄

★ **海原** : '넓디넓은 바다'라는 뜻으로, 雅語的 표현이다.

◎ 青海原。　　　　　　　　푸르고 넓은 바다

◎ 海原はるかに漁船が見える。　넓은 바다 저 멀리 어선이 보인다.

★ 遠洋 : 육지에서 멀리 떨어진 바다로, 遠海라고도 한다.

　　◎ 遠洋漁業。　　　　　　　원양어업

　　◎ 遠洋船舶。　　　　　　　원양 선박

★ 近海 : 육지에서 근접한 가까운 바다를 말한다.

　　◎ 近海航路。　　　　　　　근해항로(뱃길)

　　◎ 近海漁業。　　　　　　　근해어업

噂(うわさ)

世評。評判。外聞。風説。風聞。ルーマー。スキャンダル。下馬評

소문, 뜬소문, 유언비어, 풍문, 풍설, 스캔들, 하마평

★ 噂 : 세간에서 떠도는 불확실한 이야기로, 대개 좋지 않은 내용을 가리키
　　는 말이다.

　　◎ うわさをすれば影がさす。

　　　　누군가의 이야기를 하면 당사자가 우연히 나타난다.

　　　　(즉, 호랑이도 제 말 하면 온다는 뜻).

◎ うわさは世間で言いふらす話。

　소문은 세간에서 떠도는 이야기.

★ **世評** : 세간의 일반적인 평판을 나타내며 取りざた와 비슷한 말이다.

◎ あれこれ世評する。　　　이러쿵저러쿵 항간에서 소문나다.

★ **評判** : 좋고 나쁨에 대한 세간에서의 평가를 의미한다.

◎ この映画は評判がいい。　　이 영화는 평판이 좋다.

★ **外聞** : 다른 사람에게 알려진 사항이나 세간의 평판을 나타내는 말이다.

◎ 二度も失敗したら外聞が悪い。 두 번이나 실패한다면 소문이 난처해진다.

★ **風説** : 세간에 퍼져 있는 근거 없는 이야기나 소문을 가리킨다. うわ
　　　さ・とりざた・浮説와 같은 뜻이다.

◎ それはまったくの風説です。 그것은 전혀 근거 없는 풍설입니다.
◎ 風説が広まる。　　　　　풍설이 퍼지다.

★ **風聞** : 전해들은 세간의 소문을 말한다.

◎ 悪い風聞が立つ。　　　　나쁜 풍문이 나돌다.

★ **ルーマー** : 외래어로, 풍설・평판을 나타내며 大正 시대부터 사용한 말이다.

◎ ルーマーは英語のrumor(rumour)である。 루머는 영어의 rumour이다.

★ **スキャンダル** : 외래어로, 명예를 더럽히는 부정사건, 불상사, 추문을 나

타내며 昭和 시대부터 사용된 말이다.

◎ 政治家のスキャンダルは政治生命が絶たれる。

　정치인들의 스캔들은 그들의 정치생명을 끊는다.

★ 下馬評 : 제삼자 사이에서 흥미 위주의 평판이 만든 풍설을 말한다.

◎ 下馬評では金氏当選が有力だ。

　세평에서는 당선인으로 김 씨가 유력하다.

◎ 総理に任命されるだろうという下馬評が高い。

　총리에 임명되리라는 소문이 높다.

援助(えんじょ)

救援。救助。救済。助力。世話。

도움, 원조, 구조, 구제, 구원

★ 援助 : 곤란한 사람이나 단체 등에 물품이나 돈·인력 등을 원조하거나

　대여하는 것을 나타낸다.

◎ アフリカに援助物資を送る。　아프리카에 원조 물자를 보내다.

◎ 開発途上国の技術を援助する。개발도상국의 기술을 원조하다.

★ 救援 : 험난한 처지에 놓인 사람을 구제하고 도와주는 것을 나타낸다.

◎ 人間を原罪から救援する。　　　인간을 원죄에서 구원하다.
◎ 救援投手は宣選手がもってこいだ。구원투수로는 선 선수가 꼭 알맞다.

★ **救助** : 위험에 처한 경우나 재난을 당해 곤경에 빠진 사람을 구해 주는
　　 것을 나타낸다.

◎ 海難事故にあう船員を救助する。해난 사고를 당한 선원을 구조하다.
◎ 人命救助。　　　　　　　　　인명 구조

★ **救済** : 어려운 처지에 놓인 사람을 도와주는 것을 나타낸다.

◎ 難民を救済する。　　　　　난민을 구제하다
◎ 失業者を政府が救済する。　정부가 실업자를 구제하다.

★ **助力** : 타인의 일이나 활동 등에 힘을 빌려주어 돕는 것을 나타낸다.

◎ 先生に助力を請う。　　　　선생님에게 조력을 청하다.
◎ 農事は隣人の助力が必要だ。농사는 이웃 사람의 조력이 필요하다.

★ **世話** : 마음을 기울여 귀찮은 일을 돌보아 주는 것을 나타낸다.

◎ 病人の世話をする。　　　　병자를 보살피다.
◎ 養護施設の老人を世話する。양로원 노인의 시중을 들다.

※ 世話에는 소개·알선·신세·폐·세상 소문·속담·속된 말 등의 뜻이 있다.

緒(お)

紐。綱。縄。弦。帯。ベルト。バンド。糸。ロープ。

끈, 줄, 띠, 실, 새끼, 노끈, 동아줄, 밧줄, 포승줄, 오랏줄, 피대

★ 緒 : 가늘고 긴 끈·악기나 활의 줄·구두 끈·나막신의 끈을 나타내는 말이다.

◎ へその緒。 　　　　　 탯줄
◎ 下駄の緒。 　　　　　 나막신의 끈

★ 紐 : 물건을 묶거나 연결할 때 사용하는 가늘고 긴 것을 나타낸다. 종이·가죽·마·천 등으로 민들며, 보통 糸 보다 굵고 縄나 綱보다는 가는 것을 말한다.

◎ 小包を紐で括る。 　　 소포를 끈으로 묶다.
◎ 靴の紐を結ぶ。 　　　 구두끈을 매다.

★ 帯 : 기모노를 입을 때 허리춤을 매는 것이나 임산부의 배를 묶는 천 등을 말한다.

◎ 帯を締める。
　　 허리띠를 매다
◎ 帯は布帛、組紐など種類が多い。
　　 띠는 무명과 비단·꼰 끈 등 종류가 많다.

★ **糸** : 솜・털・아마・누에고치 등의 섬유를 가늘고 길게 늘여서 꼬아 만
든 것으로, 바느질실・털실・직물 짜는 실 등이 있고, 비파・三味
線・거문고 등의 弦이나 낚싯줄을 나타낼 때도 사용한다.

　◎ 針に糸を通す。　　　　　바늘에 실을 꿰다.
　◎ もつれた糸をほぐす。　　엉킨 실을 풀다.

★ **綱** : 밧줄을 나타내는 말. 식물섬유・화학섬유・철사 등을 길게 꼬아 만
든 것으로 튼튼하고 질긴 끈을 말한다.

　◎ 綱をたぐる。　　　　　밧줄을 당기다.
　◎ 綱渡りをする。　　　　밧줄 타기를 하다.

★ **縄** : 아마・짚(새끼줄 원료) 또는 화학섬유 실을 꼬아 만든 긴 끈을 말
하며, 紐보다는 굵고, 綱보다는 가는 끈을 칭한다.

　◎ 縄をなう。　　　　　　새끼를 꼬다
　◎ 縄に足をとられる。　　새끼줄에 발이 걸리다.
　◎ 縄飛び。　　　　　　　줄넘기

★ **弦** : 활이나 악기의 줄인 'つる'를 나타내는 말로 사용한다.

　◎ ギターの弦。　　　　　기타 줄
　◎ 弦を鳴らす。　　　　　현을 퉁기다.

★ **ベルト** : 영어의 belt에서 온 혁대・벨트의 외래어로, 大正 시대부터 사
용하였다.

　◎ 革ベルトは高い。　　　가죽 혁대는 비싸다

★ バンド : 양복의 띠를 말하며 영어의 band에서 온 말로, 大正 시대부터
　　　　　사용하였다.

　　◎ このバンドは伊太利製だ。　　이 허리띠는 이탈리아제이다.

★ ロープ : 밧줄을 나타내는 말로, 영어의 rope에서 온 것이며 明治 시대
　　　　　부터 사용하였다.

　　◎ 立ち入りを規制するロープが張られた。
　　　출입을 규제하는 밧줄이 쳐졌다.

応答(おうとう)

返答。回答。返信。返事。回信。答弁

대답, 응답, 답변, 회신, 답신, 회답

★ 応答 : 질문이나 부름에 대답하는 응답·응수를 말한다.
　　◎ 質疑応答。　　　　　　　　질의응답
　　◎ ノックをしても何の応答もない。노크를 해도 아무런 응답이 없다.

★ 返答 : 질문이나 부름에 대답하는 것을 말한다.
　　◎ 大きな声で返答する。　　　큰 목소리로 대답하다.
　　◎ 遅刻した旨を返答する。　　지각한 의도를 답하라.

★ **回答** : 질문・요구 등에 대답하는 것을 말한다.

◎ この要求に対して回答する。　　　이 요구에 회답하다.

◎ この質疑に対して回答を留保する。 이 질의에 대한 회답을 보류하다.

★ **返事** : 부름・질문・인사 등에 대답하는 것이나 그 내용을 말한다.

◎ いくら呼んでも返事がない。 아무리 불러도 대답이 없다.

◎ 暑中見舞いに返事を出す。　복중 문안에 답장을 보내다.

★ **回信** : 편지의 답장을 나타내며, 返信과 같이 통신수단으로 답신한다는
　　 뜻도 있다.

◎ 回信を待っている。　　　　회신을 기다리고 있다.

★ **答弁** : 질문에 대답하거나 변명하는 것을 말한다.

◎ 国会で大統領が答弁する。　　국회에서 대통령이 답변하다.

◎ しどろもどろの答弁をするな。 횡설수설하는 답변을 하지 마라.

お客さん(おきゃくさん)

お得意さん。まろうど。顧客。客人。いそうろう。貴賓。食客。
珍客。

손님, 고객, 단골, 객인, 귀빈, 식객

★ **お客さん** : 초대받아 오는 사람이나 방문하는 사람 또는 금전을 지불하고 물품을 구매하거나 서비스를 받는 사람을 나타내는 말로, 客의 존칭어이다. 비슷한 뜻의 다른 표현으로 お客さま라고도 한다.

◎ お客さんを迎え入れる。　　손님을 맞아들이다.

◎ お客さんをもてなす。　　손님을 대접하다.

★ **お得意さん** : 상품을 자주 구매하는 손님이나 항상 매상고를 올려주는 고객을 나타내는 말이다.

◎ お得意さんが減る。

단골손님이 줄다.

◎ 金先生はうちの店のお得意さんです。

김 선생님은 우리 가게의 단골손님입니다.

★ **まろうど** : 손님을 나타내는 雅語로, 客人, 賓의 뜻이며, まれうど、まれひと、まれびと라고도 한다. 客人의 고풍스러운 말씨이다.

◎ 春川からきたまろうどは3人です。　춘천에서 온 손님은 3명입니다.

★ **顧客** : 자주 찾아오는 단골손님이나 상품을 구매하러 오는 손님을 말하며 こかく라고도 한다.

◎ 居酒屋の最上の顧客は事務員だと言う。

선술집의 최상 고객은 사무원이라고 한다.

★ **客人** : 조금 예스러운 말씨로, 손님으로 온 사람을 나타낸다.

◎ 客人をもてなす。　　　　　　　손님을 대접하다.

※ 食客、いそうろう、かかりゅうど、珍客、貴賓 등의 식객・진객・귀빈도 손님을 나타내는 유의어이다.

桶(おけ)

樽。缶。箱。棺。長持。ケース。行李。櫃。折り。担桶。筐。

상자, 통, 관, 함, 고리짝, 거름통, 궤짝, 갑

★ 桶 : 잘고 가늘게 쪼갠 판자나 麻를 엮어 원통형으로 만든 그릇을 말한다.

◎ 風呂桶。　　　　　　　　　목욕통
◎ 桶で水を汲む。　　　　　　　통으로 물을 긷다

※ おけ(麻笥) : 麻로 만든 원통형 그릇.
　おけ(桶) : 杉(삼나무) 판자나 화백나무 판자로 테를 둘러 만든 원통형의 그릇.

★ 樽 : 술・간장 등의 流動物을 넣어 두는, 크고 둥글며 뚜껑이 있는 나무 통을 말한다.

◎ 樽酒の反対は酒樽となる。　통술의 반대는 술통이다.
◎ 樽にたがをかける。　　　　통에 테를 두르다.

★ 缶 : 금속제 용기의 통을 말하며, 영어 can의 当て字로, 江戸 시대에 사

용한 것으로 추측되는 말이다.

◎ 缶詰めは肉、魚、果実、ビール、ジュースなどを缶に詰め、密封したものだ。

통조림은 고기・생선・과일・맥주・주스 등을 통에 넣어 밀봉한 것이다.

★ 箱 : 물건을 넣기 위하여 금속・나무・가죽・종이 등으로 만든 사각형의 그릇. 보통 뚜껑이 있다.

◎ 箱は器の同類だ。　　　　상자는 그릇과 같은 종류이다.

◎ ごみ箱。　　　　　　쓰레기통.

◎ 筆箱。　　　　　　　필통

★ 棺 : 시체를 넣어 매장하는 상자를 말한다.

◎ 亡骸を棺に納める。　　　시체를 관에 넣다.

★ 長持 : 뚜껑이 있는 장방형의 큰 상자로, 의복이나 세간을 운반, 보관한다. 재료는 보통 나무로 만든 것이 많다.

◎ この長持は木製品である。　이 궤짝은 목제품이다.

★ ケース : 영어의 case에서 온 외래어로, 상자・갑・용기 등을 뜻한다. 明治 시대부터 사용하던 말이다.

◎ タバコケース。　　　　담뱃갑

◎ ペンシルケース。　　　연필통

★ 行李 : 대나무・버드나무 등을 엮어서 만든 용기로, 소형의 것은 도시락

을 담는 것으로도 사용되었다. 또는 여행용 짐을 수납하기도 하고, 요즘은 의류 등을 보관하는 데 사용하고 있다.

◎ 行李は竹と柳で作る。　　　고리짝은 대나무와 버드나무로 만든다.

★ **折り** : 얇은 판자로 만든 용기·상자를 나타내는 말로, 折箱、折櫃 등으로 쓰인다.

◎ 菓子の折り。　　　　　　과자 상자

★ **櫃** : 뚜껑이 위로 열리는 커다란 상자나 나무로 만든 밥통의 뜻으로 사용하는 말이다.

◎ 飯を入れておくものはお櫃と言う。

밥을 넣어 두는 물건을 '오히츠'라고 한다.

★ **たご** : 물이나 거름을 담아 수평 멜대로 운반할 때 사용하는 거름통을 말한다.

◎ たごは農民の肥料などを担って運ぶ桶である。

거름통은 농민의 비료 등을 짊어지고 운반하는 통이다.

夫(おっと)

主人。主。夫君。ご主人。夫。宿。宅。あるじ。亭主。旦那。

남편, 주인, 바깥양반, 낭군, 지아비, 서방, 가장(家長), 부군, 남정네, 임자

★ **夫** : 결혼한 남녀 중에서 남성 쪽을 일컫는 말로, 배우자인 남편을 뜻한다.

◎ 前の夫。 　　　　　　　전남편

◎ 夫をよく仕える。 　　　남편을 잘 섬기다.

★ **主人** : 이내가 다인에게 자신의 남편을 지칭할 때 사용한다.

◎ 主人は今家におりません。 　남편은 지금 집에 없습니다.

◎ 主人は出かけております。 　남편은 외출 중입니다.

★ **主** : 남편을 칭하는 말로, 가정의 중심이 되는 사람을 뜻한다.

◎ 主ある女の人は幸福です。 　남편 있는 여자는 행복합니다.

◎ 主から手紙をもらった。 　남편에게서 편지를 받았다.

★ **夫君** : 타인의 남편을 정중하고 존경스럽게 표현하는 말이다.

◎ 夫君はいかがですか。 　　　　　부군께서는 어떠하십니까?

◎ 夫君の会社はソウルにございますか。 부군의 회사는 서울에 있습니까?

★ **ご主人** : 타인의 남편을 존경스럽게 나타낸 말이다.

◎ ご主人様はいらっしゃいますか。 　주인 양반께서는 계십니까?

★ 夫 : 배우자 간에 서로를 부르는 호칭으로, '임자'라는 뜻에 가까운 말이
　　　 지만 현재는 아내인 妻만을 가리킨다.

　　　◎ 夫。　　　　　　　　　　　남편(임자)
　　　◎ 妻を娶る。　　　　　　　　아내를 얻다.

★ 宿 : 아내가 남편을 가리키는 말로, 주인・바깥양반의 뜻이다.

　　　◎ 家の宿は酒好ですわよ。　　우리 집 양반은 술꾼입니다.

★ 宅 : 아내가 타인에게 자신의 남편을 지칭하는 말이다.

　　　◎ 宅は留守でございます。　　바깥양반은 안 계십니다.

★ あるじ : 집주인・家長이라는 뜻이다.

　　　◎ あるじに償う客人なし。　　주인에게 갚는 나그네 없다.

★ 亭主 : 집안의 주인, 즉 남편을 말한다.

　　　◎ 亭主を尻に敷く。　　　　　남편을 엉덩이로 깔다(남편을 업신여기다).

★ 旦那 : 아내가 타인에게 자신의 남편을 말할 때 사용한다. 또는 타인의
　　　　 남편을 일컫는 말이기도 하다. 이외에도 '첩의 남편', '상점 주인',
　　　　 '남자 손님' 등, 여러 경우에 사용하는 말이다.

　　　◎ 旦那さま、お安くしておきます。손님, 저렴하게 드리겠습니다.
　　　◎ 旦那がある。　　　　　　　　영감이 있다.

音(おと)

소리, 음성, 목소리, 말, 울음

★ 音 : 입으로 내는 소리·목소리·물체 소리·음악적인 소리 등, 귀에 들리는 소리를 나타낸다.

※ 音楽。 음악.
※ 音波。 음파.

◎ 音が低い。　　　　　　　音이 낮다.

★ 音 : 물체의 진동에 의하여 전해지는 모든 소리를 나타낸다.

　　◎ ラジオの音を消す。　　라디오 소리를 끄다.
　　◎ 教会の鐘の音が聞える。　교회의 종소리가 들려오다.

★ 音 : 새·벌레의 우는 소리와 함께 사람의 목소리·울음소리도 나타낸다.

　　◎ 虫の音。　　　　　　벌레 소리
　　◎ 鳥の音がきれいだ。　새소리가 아름답다.

★ 音 : いん은 漢音이고 おん은 呉音으로, 각기 造語에서 사용된다.

　　◎ 母音　　　　◎ 音信　　　　◎ 福音

★ **声** : 사람이나 동물의 발성기관을 통하여 나는 소리. 또는 벌레가 날개를
비벼서 내는 소리를 나타내기도 한다.

◎ 大きな声を出す。　　　　　큰 목소리를 내다.

◎ 笑い声が聞える。　　　　　웃는 소리가 들리다.

◎ 秋の声を聞くと寂しくなる。　가을 소리를 들으니 쓸쓸해진다.

★ **音声** : 사람이 의사 전달을 위하여 음성 기관을 통하여 내는 의도적인
목소리를 말한다. 音声는 おんじょう라고도 발음하며 이때는 아
악에서 관현악기의 소리를 뜻하기도 한다.

◎ 音声は人間が話しことばを発する時に出すこと。
음성은 인간이 음성언어를 낼 때 내는 것.

◎ テレビのアナウンサの音声がよく聞える。
텔레비전 아나운서의 음성이 잘 들린다.

★ **声音** : 말할 때의 목소리 장단・울림・음색 등을 나타낸다.

◎ 声音がよく似ている。　　　음색이 아주 비슷하다.

★ **唸り** : 힘을 쓸 때・괴로울 때・감탄하였을 때 내는 낮은 목소리나 신음
소리・으르렁거리는 소리・윙윙 등과 같은 동물의 울음소리・바
람에 날리는 연의 의성어를 나타내는 말이다.

◎ 病席の父がうなりを発する。　병석의 아버지가 신음 소리를 내다.

◎ うなりをあげる。　　　　　　탄성을 지르다.

男(おとこ)

男の人。男子。男性。雄。雄。野郎。男。ますらお。男前。下男。

남자, 남성, 놈, 자식, 녀석, 사내, 사나이, 대장부, 신사

★ 男 : 성인이 된 남성 또는 남편 이외의 情夫를 나타낸다. 주로 연령에
　　 관계없이 일반적으로 '남자'를 뜻하며, 幼年・青年・壮年・老年 등
　　 을 구별하기도 한다.

　　◎ 男らしい男。　　　　　　남자다운 남자.
　　◎ 彼女に男ができた。　　　그녀에게 정부가 생겼다.

★ 男の人 : 男보다는 정중한 표현의 '남자'라는 뜻이다. 男の方・とのが
　　　　 た・とのご(殿御) 등도 남자를 나타내는 높임말이다.

　　◎ あの男の人は誰ですか。　저 남자는 누구입니까?

★ 男の子 : 남자아이를 나타내며 むすこ・男児・青年의 뜻도 있다.

　　◎ 小学生の男の子。　　　　초등학생인 남자아이
　　◎ 男の子が生まれだ。　　　아들이 태어났다.
　　◎ 会社の男の子。　　　　　회사의 젊은 남성(제 몫을 못한다는 뜻)

★ 男子 : 남자아이・男児 또는 남학생 등, 유년기의 남자를 나타내는 의미
　　　　 가 짙다. 成人 男子・成年 男子와 같이 표현하기도 한다.

◎ 男には正に人生そのものである。　남자에게는 바로 인생 그 자체이다.

★ **男性** : 일반적으로 成年이 된 성인 젊은 남자를 뜻하며, 남자로서의 기질이 갖춰진 것을 나타내는 말이다.

◎ 男性美。　　　　　　　남성미
◎ 男性用化粧品。　　　　남성용 화장품

★ **雄** : 속어로 수컷을 나타내며 동식물에서 자주 사용한다.

◎ おんどり。　　　　　　수탉

※ お・おす로 표현하기도 한다. 雄花・雄びな는 수꽃・수평아리의 뜻이다.

★ **野郎** : 속어로 젊은 남성을 나타내며 남성에게 욕할 때 사용한다. 가끔 시골 사람・男娼을 일컫기도 한다.

◎ この野郎、待ってくれ。　이놈아, 기다려.

★ **男** : 고풍스러운 말로, 사내 아이・남자 하인 등을 뜻한다. 男の子가 어원이다.

◎ 子はおのこの通称である。　子는 남자아이의 통칭이다.
◎ あのおのこ！こち寄れ。　저 아이놈! 이리 와.

★ **ますらお** : 雅語로 용감하고 훌륭한 남자인 대장부를 나타내는 말이다.

◎ 彼はますらおらしい面がある。　그는 대장부다운 면이 있다.

★ **男前** : 남성이 잘생기고 늠름한 것을 나타낸다. 비슷한 말로 男ぶり、
　　　　 好男子 등이 있고 은어로는 코를 가리킨다.

　　◎ なかなかの男前だ。　　　　 대단한 남자다(美男、好男子의 뜻이다).

★ **下男** : 옛날, 잡역・허드렛일을 맡아 하던 머슴을 나타낸다. 비슷한 말
　　　　 로는 しもべ・下僕・作男 등이 있고, 下人(げにん)은 손아랫사
　　　　 람・계급이 낮은 사람을 가리킨다.

　　◎ 下働の下男がほしい。　　　　 허드렛일 할 머슴이 필요하다.

남성을 나타내는 말

・紳士 : 신사	・殿方 : 남자 분	・殿御 : 남자 분
・大丈夫 : 대장부	・少年 : 소년	・青年 : 청년
・老翁 : 늙은 남자(영감)	・翁 : 영감	・祖父 : 조부
・ミスター : 미스터	・美男 : 미남	・醜男 : 추남
・二枚目 : 미남	・やさ男 : 미남	・マン(man) : 남자
・神父 : 신부	・ボーイ(boy) : 사환・소년	
・花婿 : 신랑	・ジェントルマン : 신사	
・息子 : 아들	・倅 : 내 아들	

女(おんな)

女の人。女性。女子。女人。花。女の子。婦人。女朗。女子。
女子供。女。鬘。女。靴。雌。乙女。尼っ子。娘。女史。女中。
手弱女。下婢。お三どん。てびっちょ。嬶。

여자, 여성, 여인, 계집, 소녀, 하녀, 아가씨, 년, 처녀, 선녀, 색시, 식모, 가정부, 여사, 딸, 부인, 유모, 숙녀, 아주머니, 누나, 언니, 아녀자, 여편네

★ **女** : 성숙한 여자를 나타내는 예사말이다.

◎ 女三人寄れば姦しい。　　여자 세 사람이 모이면 시끄럽다.

◎ 女らしい女。　　여자다운 여자

★ **女の子** : 여자의 일반적 표현으로, 女보다 좀 더 격식 있는 어투로 사용된다.

◎ あの女の子はどなたですか。　저 여자는 누구십니까?

★ **女性** : 성인 여자를 표현하는 경우에 사용하는 말이다.

◎ 未婚の女性。　　미혼 여성

◎ 脚線美は女性の美。　　각선미는 여성의 미

※ にょしょうら고 읽으면 고풍적 말씨가 된다.

◎ 女房。　　마누라

★ **女子** : 여자아이나 女児를 가리키며 女性을 나타내기도 한다.

◎ 女子学生。 　　　　　　　여학생(여자 대학생)

※ 女子를 おなご로 읽으면 古風的 말로 여자・여성・계집애・여아 등을 나타낸다.

★ **女人** : 고풍스러운 말이다.

※ 女는 呉音이고, 女는 漢音이며, 女는 관용어에서 사용한다.
※ 女人・女人은 한자식 표현과 발음이다.

★ **花** : 아름다운 처녀, 또는 여성을 비유하여 나타내는 말로 사용한다.

◎ 会社の花。 　　　　　　　회사의 꽃(여회사원의 뜻).

★ **女の子** : 여자아이・幼女・어린 여자아이를 나타낸다.

◎ あの女の子はだれですか。　저 여자아이는 누구입니까?

※ 젊은 여자를 친숙한 의미나 경시하는 의미로 사용하는 경우도 있다.
・女の子には弱い。　계집애에게는 약하다.

★ **婦人** : 성인이 된 여성 또는 기혼 여성을 나타내며, '여성'보다 좀 더 고풍
　　　스러운 말이다. 현재는 여성을 지위나 직업적으로 차별하는 말이
　　　기에 사용을 꺼리는 경향이 있다.

◎ 婦人警察。 　　　　　　　여자 경찰.
◎ 婦人の地位向上。 　　　　여성의 지위 향상

★ **女郎** : 계집아이라는 뜻으로, 여자를 욕할 때 사용한다. あまっこ・あ
まっちょ・あま・めろ 등은 여자를 욕하는 말이고, 女郎를 じょ
ろう로 발음하면 娼女・遊女의 뜻이다.

◎ 女朗 : 계집애　　　　　　◎ 女郎 : 창녀

★ **おなご** : 고풍스러운 말로, 女児・女子・女性, 때로는 女中의 뜻으로도
사용한다.

★ **女こども** : 여자・여아・아녀자의 뜻으로, 여자를 경시하는 말이다.

◎ 女子供とばかにするな。　　아녀자라고 바보 취급 하지 마라.

★ **おみな** : 젊은 여성을 나타내는 고풍스러운 말로, おみ는 小身의 뜻이고,
なる 大人의 뜻에서 な가 합성된 말씨이다.

★ **たぼ** : 젊은 여성을 나타내는 속어로, 일본식 머리 모양에서 뒤쪽으로
나온 부분을 일컫는 말이다.

◎ 酌はたぼ。　　　　　　술은 여자가 따라야 한다.

★ **女** : 여자・여성・배우자 또는 동물의 암컷을 나타낸다.

◎ 女神 : 여신　　　　　　◎ 女夫 : 부부

★ **めす、めん** : 동물의 암컷을 나타낸다.

◎ めすうま。암말　　　　◎ めんどり。암탉

★ **おとめ** : 소녀 또는 결혼하지 않은 젊은 여성・처녀・딸・선녀를 나타내
는 말이다.

◎ おとめの祈り。　　　　소녀의 기도
◎ 清い乙女。　　　　　　청순한 소녀

★ **娘** : 부모에게 있어서 자신의 자식인 여자(딸) 女の子・息女, 또는 미혼
의 젊은 여성을 나타낸다. 은어로는 도둑의 仲間라는 뜻으로 통한다.

※ むすめは 生す女의 뜻과 같다.

★ **女史** : 결혼한 여성의 존칭어이며, 사회적 지위가 있는 여성 이름에 붙이
는 경칭이다.

◎ 李方子女史。　　　　이방자 여사
◎ 金女史。　　　　　　김 여사

★ **女中** : 하녀・가정부・식모를 나타내며, 현재는 お手伝いさん이라는
말로 표현하고 있다. 비슷한 말로는 허드렛일을 하는 家政婦・下
女・おなべ・おなごしゅう・下婢・はしため・めしたきおん
な 등이 있다.

★ **たおやめ** : 雅語로, 우아하고 아름다운 여인을 나타내며 たわやめ라고
도 한다.

★ **おさんどん** : 하녀・식모・부엌데기의 뜻으로, 예스러운 말씨이며, おは
접두어, どん은 접미사이다.

여자 쪽을 나타내는 말

- 淑女 : 숙녀
- レディー : 레이디・숙녀
- 老女 : 늙은 여자
- ミス : 아가씨
- ギャル : 소녀・걸(gal)
- 美人 : 미인
- しこめ : 추녀
- ウーマン : 여자(우먼)
- 海女 : 해녀

- 老婆 : 노파
- おうな : 노파
- 祖母 : 조모・할머니
- ガール : 소녀・걸(girl)
- 媚 : 미녀
- 小町 : 미녀
- ぶす : 추녀(호박꽃)
- 尼 : 여승
- 花嫁 : 신부

- ばば : 노파
- マダム : 마담・부인
- 美女 : 미녀
- 醜女 : 추녀
- すべた : 추녀
- シスター : 수녀
- 芸者 : 기생

会議(かいぎ)

会談。議論。論争。相談。見合い。協議。討論。談合。面談。面会。討議。座談会。交渉。妥協。

회의, 회담, 의논, 상담, 상의, 협의, 면담, 논쟁, 맞선, 좌담회, 교섭, 타협, 토의, 토론, 담론

★ 会議 : 관계자가 모여서 일정한 의제에 대하여 의논하고 의결하는 것, 또는 회합이나 관련 기관을 말한다.

◎ 会議を開く。　　　　　회의를 열다.
◎ 国際会議。　　　　　　국제회의

★ **会談** : 모여서 서로 이야기하는 것으로, 공적인 경우에 사용하는 예가
많다.

◎ 首脳会談。   수뇌회담

◎ 南北の軍事会談が板門店で開く。 남북 군사 회담이 판문점에서 열리다.

★ **議論** : 어떤 문제에 대하여 제각각 의견을 제시하여 논의하는 것, 또는
그 내용을 가리킨다.

◎ 青年の失業問題を議論刷る。 청년 실업 문제를 의논하다.

◎ 議論が白熱する。   의논이 격렬하다.

★ **論争** : 서로 다른 의견을 가진 사람들이 상호간에 자기 의견을 주장하고
언쟁하는 것을 말한다.

◎ 憲法改正について論争する。

헌법 개정에 대하여 논쟁하다.

◎ 論争に勝つ方法は名文がなければいけない。

논쟁에서 이기기 위해서는 명분이 있어야 한다.

★ **相談** : 적절한 결론을 내기 위하여 다른 사람과 서로 이야기를 주고받고
의견을 듣는 것 또는 이야기한 내용을 말한다. 일본어에서 상담은
의논·상의의 뜻도 있다.

◎ 先生と人生相談をする。   선생님과 인생 상담을 하다.

◎ 結婚のために相談所を訪問する。 결혼 때문에 상담소를 방문하다.

★ **見合** : 결혼 상대를 구하고 있는 남녀가 소개자의 중개로 대면하여 맞선

을 보는 것, 면회하는 것이다.

◎ 見合をしてから結婚を決める。

맞선을 보고 나서 결혼을 결정하다.

◎ 見合い結婚や恋愛結婚はみんな長所と短所はあるものだ。

중매결혼이나 연애결혼은 모두 장점과 단점이 있다.

★ **協議** : 어떤 문제를 해결하기 위하여 관계자가 서로 이야기하는 것을 나타낸다.

◎ 畜産業の対策を協議する。　축산업의 대책을 협의하다.

◎ 最近協議離婚が増える。　최근 협의이혼이 늘다.

★ **討論** : 어떤 문제에 대해서 서로 의견을 주고받는 논의를 나타내는 말이다.

◎ TV討論は見るべき番組だ。

TV 토론은 볼만한 프로이다.

◎ 討論は反対、賛成の意見を一致するのが大切だ。

토론은 반대·찬성의 의견을 일치시키는 것이 중요하다.

★ **談合** : 약간 예스러운 말씨로, 서로 이야기를 주고받는 相談과 비슷한 말이며, 경매·입찰 시에 여러 경쟁자가 사전에 입찰 가격과 낙찰자를 협정해 두는 것을 말한다.

◎ 皆で談合したらよい。　함께 상의하면 좋다.

◎ 入札価格を談合する。　입찰 가격을 담합하다.

★ **面談** : 직접 만나서 대화하는 것을 말한다.

　◎ 担任の先生と面談する。　　담임선생님과 면담하다.

　◎ 社長と面談することになる。 사장과 면담하기로 되어 있다.

★ **面会** : 방문하여 사람을 만나는 것이나 방문 온 사람과 만나는 것을 말하며, 일정한 수속과 절차를 거쳐 만날 때 사용하는 말이기도 하다.

　◎ 軍入隊した友の面会に行く。군입대한 친구를 면회하러 가다.

　◎ 面会謝絶。　　　　　　　면회 사절

★ **討議** : 어떤 문제에 대하여 상호 의견을 진술하여 검토하고 협의하는 것이다.

　◎ 憲法問題を討議する。　　헌법 문제를 토의하다.

　◎ 干害対策を討議する。　　한해 대책을 토의하다.

★ **座談会** : 여러 명이 앉아서 어떤 문제를 중심으로 형식에 구애 없이 자유롭게 서로 이야기하는 모임을 말한다.

　◎ 教育問題について座談会が開く。

　　교육 문제에 대하여 좌담회가 열리다.

　◎ 座談会の席で知り合いになった彼女と結婚する。

　　좌담회 자리에서 알게 된 그녀와 결혼하다.

★ **交渉** : 계약·약속 등을 하기 위하여 상대방과 의견을 나누는 것을 말한다.

　◎ 国会の交渉団体。　　　　국회 교섭 단체

◎ 罷免の撤回を交渉する。　　파면 철회를 교섭하다.

★ 妥協 : 이해(利害)나 의견이 서로 대립되어 있는 경우에 상호 양보하여
　　　　 결착을 짓기 위해 협의하는 것을 말한다.

◎ 労使紛争を妥協する。
　　노사 분쟁을 타협하다.
◎ 韓日両国間は竹島問題を妥協した。
　　한일 양국 간은 독도 문제를 타협하였다.

解雇(かいこ)

解職。免職。罷免。解任。辞退。退陣。勇退。辞職。辞任。罷職。退出。自退。

해고, 해직, 파면, 면직, 해임, 사퇴, 명퇴, 용퇴, 사직, 사임, 파직, 파출, 퇴진, 퇴출, 자퇴

★ 解雇 : 고용자가 피고용자를 일방적으로 일터에서 내보내는 것을 말
　　　　 한다.

◎ 従業員を解職する。　　　종업원을 해고하다.
◎ 職場から解職される。　　직장에서 해고되다.

★ 解職 : 지위나 직책에서 물러나게 하거나 면직시키는 것을 말한다.

◎ 長官職から解職される。　　　장관직에서 해직되다.
◎ 警察官を解職処分する。　　　경찰관을 해직 처분하다.

★ 免職 : 직무 상태에서 물러나게 하는 것으로, 특히 공직에서 사임하게
　　　　하는 것을 나타낸다.

◎ 職務怠慢で免職になる。　　　직무 태만으로 면직되다.
◎ 免職される不正事件。　　　면직되는 부정사건

★ 罷免 : 직무상 과오를 저지른 사람을 그만두게 하는 것으로, 공무원의
　　　　신분을 박탈하는 것을 말한다.

◎ 罷免権を持つ総理大臣。　　　파면권을 가진 총리대신
◎ この頃罷免される公務員が多い。요즘 파면되는 공무원이 많다.

★ 解任 : 해직과 비슷한 뜻으로, 지위를 박탈하거나 임무를 그만두게 하
　　　　는 것을 말한다.

◎ 解任を通告する。　　　해임을 통고하다.
◎ 長官を解任される。　　　장관을 해임하다.

★ 辞退 : 타인의 권고나 부여받은 권리를 받아들일 수 없을 때 물러나는
　　　　것을 말한다.

◎ 立候補を辞退する。　　　입후보를 사퇴하다.
◎ 会長職から辞退する。　　　회장직에서 사퇴하다.

★ 退陣 : 공공의 지위나 사회적 지위 등에서 물러나는 것, 또는 군대를 후

방으로 후퇴시키는 뜻이 있다.

◎ 首脳部の退陣を迫る。　　　　수뇌부의 퇴진을 강요하다.

◎ デモ隊が総長の退陣を求める。 데모대가 총장의 퇴진을 요구하다.

★ **勇退** : 후배에게 길을 열어주기 위하여 스스로 자진하여 직책·관직에

　　 서 물러나는 것을 말한다.

◎ 定年を待たず勇退する。　　정년을 기다리지 않고 용퇴하다.

◎ 後進のために勇退する。　　후진을 위하여 용퇴하다.

★ **辞職** : 스스로 맡은 직무를 내놓고 그만두는 것을 말한다.

◎ 責任を取って長官を辞職する。 책임을 지고 장관을 사직하다.

◎ 上役から辞職を強要される。　 상관에게서 사직을 강요받다.

★ **辞任** : 직무와 임무를 스스로 의사 표시하여 그만두는 것을 말한다.

◎ 部長を辞任する。　　　　　부장을 사임하다.

◎ 委員長を辞任する。　　　　위원장을 사임하다.

★ **罷職** : 관직 등에서 물러나게 되는 것을 말한다.

◎ 悔しく罷職される。　　　　분하게 파직 당하다.

◎ 彼は罷職された元長官だ。　 그는 파직 당한 전직 장관이다.

★ **退出** : 지정한 곳에서 물러나는 것을 말한다.

◎ 法廷から退出する。　　　　법정에서 퇴출하다.

◎ 不堅実な銀行を退出する。　 부실한 은행을 퇴출하다.

★ **自退** : 자기 스스로 물러나는 것을 말한다.

◎ 学校を自退する。　　　　　　학교를 자퇴하다.

※ 自退는 보통 사전에 없는 말로, あることから自ら身を退く。(어떤 일에서 스스로 손을 떼다)의 뜻을 내포한 말이다.

※ 退く는 しりぞく라고도 읽는다.

改良(かいりょう)

改善。革新。改新。更新。刷新。改定。改訂。改正

개량, 개선, 개신, 혁신, 개정

★ **改良** : 결점·단점 등을 고쳐서 보다 좋게 하는 것을 나타낸다.

◎ この写真機は新しく改良された最新品だ。

이 사진기는 새로 개량된 최신품이다.

◎ 品種改良。

품종 개량

★ **改善** : 사물의 나쁜 점을 고쳐 좋게 하는 것, 좋은 방향으로 고쳐나가는 것을 말한다.

◎ 体質改善を図る。　　　　　체질 개선을 꾀하다.

◎ 待遇を改善する。　　　　　대우를 개선하다.

※ 改良은 구체적인 내용에 사용하고, 改善은 추상적인 사항에서 사용한다.
　· 機械改良。　기계 개량　　　　· 生活改善。　생활 개선

★ **革新** : 습관·제도·조직·방법 등을 고쳐서 새롭게 하고, 현재의 상태
　　　를 변화시키는 것을 나타낸다.

　◎ 腐敗した政治を革新する。　부패한 정치를 혁신하다.
　◎ コンピューターの技術革新。 컴퓨터의 기술 혁신.

★ **改新** : 사물이나 제도·규칙을 고쳐서 새로운 상태가 되게 하는 것을
　　　나타낸다.

　◎ 大化の改新。
　　대화의 개신〈일본 고대사에서 大化 원년(AD 645년)에 시행된 사유지 폐
　　지·중앙 집권 강화·세제 통일 등의 정치적 혁신이다〉

★ **更新** : 낡고 오래된 것을 새롭게 고쳐서 바꾸는 것을 나타낸다.
　◎ 世界記録を更新する。　　　세계 기록을 경신하다.
　◎ 政治制度を大きく更新する。 정치 제도를 크게 경신하다.

※ 한국어의 更新은 '경신', '갱신'으로 발음하여 의미상 차이가 있다.
　▶ 운전면허 갱신(법적 용어)　　▶ 기록 경신

★ **刷新** : 지금까지의 낡은 풍토를 모두 고치고 새롭게 변화시켜 구습이
　　　나 나쁜 폐단을 없애는 것이다.

　◎ 国政の刷新は朴政権の公約だ。 국정의 쇄신은 박 정권의 공약이다.

★ **改定** : 정해진 내용을 다시 고쳐 새롭게 결정하는 것을 말한다.

◎ 法律の改定が必要だ。　　　법률 개정이 필요하다.

◎ 改定された交通料金。　　　개정된 교통 요금.

★ **改訂** : 서적・문서 등의 내용을 부분적으로 다시 고쳐 부족하고 잘못된
점을 새롭게 보완하는 것을 말한다.

◎ 教科書を改訂する。　　　교과서를 개정하다.

◎ 改訂増補版。　　　개정 증보판

★ **改正** : 법률・규칙・규약 등의 부적당한 내용을 고치는 것 또는 불충분
한 점・틀린 점을 고쳐 바르게, 좋게 만드는 것이다.

◎ 憲法改正。　　　헌법 개정

◎ 改正案を上程する。　　　개성안을 상정하다.

蛙(かえる)

蛙。青蛙。雨蛙。

개구리, 청개구리

★ **蛙** : 새끼는 올챙이라고 한다. 네발에 물갈퀴가 있어 헤엄을 잘 치며, 울
음주머니가 발달하여 개골개골 소리를 낸다.

◎ かえるの子はおたまじゃくしと言う。　개구리의 새끼는 올챙이라고 한다.

◎ 蛙はけろけろと鳴く。　　　　　　　　개구리는 "개골개골" 하고 운다.

★ 蛙 : 개구리의 고풍스러운 雅語이며, 古語이다.

◎ 古池や蛙飛びこむ水の音。

　　옛 연못에 개구리 텀벙 뛰어드는 물소리(깊은 산속, 이끼 긴 창연한 예스러운

　　연못에 개구리가 인적에 놀라서 뛰어들 때 들려오는 물소리가 나그네 마음의 적막

　　함을 깨누나).　　　　　　　　　　　　　　　　　　　-芭蕉の俳句-

★ 青蛙 : 몸 색깔이 녹색이며 복부는 하얗고 雨蛙보다 몸집이 크다. 몸길

　　　　이는 대개 5cm~6cm이고 나무 위나 논두렁에서 서식한다.

◎ 青蛙は日本の各地で見られる。

　　청개구리는 일본 각 지방에서 볼 수 있다.

★ 雨蛙 : 등 쪽이 녹색이며 비가 내릴 때 잘 울기 때문에 붙여진 이름 같다.

　　　　몸은 약 4cm 정도로 개구릿과에서는 비교적 작은 편이다.

◎ 雨蛙は周囲の色に応じて変化する。

　　청개구리는 주변 색에 따라 몸 색깔이 변한다.

顔(かお)

面。面。面。天顔。顔。容色。容顔。

얼굴, 낯, 안면, 상판, 낯짝, 용안, 신관

★ 顔 : 머리의 앞면으로, 눈·코·입 등이 있는 부분을 말하며, 비유적으로
　　는 지명도·세력·영향·체면·사람 등을 나타낸다.

　◎ 顔を洗う。　　　　　　　얼굴을 씻다.

　◎ 南山はソウルの顔だ。　　남산은 서울의 얼굴이다.

★ 面 : 얼굴·얼굴 생김새를 나타내며 顔보다 나쁜 의미가 있는 말이다.

　◎ 馬面。　　　　　　　　　말상(말처럼 생긴 긴 얼굴)

　◎ 泣き面。泣きっ面。　　　우는 얼굴·울상.

★ 面 : 얼굴을 雅語的으로 나타낸 말로, 안면을 뜻한다.

　◎ 面を上げる。　　　　　　안면(얼굴)을 들다.

　◎ 池の面。　　　　　　　　연못의 표면

★ 面 : 사람의 얼굴을 나타내고, 가면·탈이나 물체의 겉면을 말한다.

　◎ 鬼の面。　　　　　　　　도깨비 탈

　◎ 月面。달　　　　　　　　표면

★ 天顔<ruby>天顔<rt>てんがん</rt></ruby> : 天子의 얼굴이나 왕의 얼굴(竜顔)을 나타내는 文語이다.

    ◎ 天顔にしせきする。   天子를 배알하다.

    ◎ この写真は天皇の天顔である。 이 사진은 천황의 얼굴이다.

★ <ruby>顔<rt>がん</rt></ruby> : 얼굴・얼굴 생김새를 나타내는 말로, 造語에서 사용된다.

    ◎ <ruby>顔色<rt>がんしょく・きがいろ</rt></ruby>。   안색・얼굴표정

    ◎ <ruby>童顔<rt>どうがん</rt></ruby>。   어린이 얼굴・어린이 같은 얼굴

★ 容色 : 용모와 안색, 얼굴 생김새 등을 표현하는 말이다.

    ◎ 容色のきれいな<ruby>女<rt>おんな</rt></ruby>。   용모가 예쁜 여자.

    ◎ 容色が<ruby>衰<rt>おとろ</rt></ruby>える。   안색이 초췌하다.

★ 容顔 : 얼굴 생김새・용모를 나타내는 문어적인 말이다.

    ◎ 容顔<ruby>美麗<rt>びれい</rt></ruby>。   얼굴이 아름답고 고움.

    ◎ <ruby>奥<rt>おく</rt></ruby>さんの容顔。   사모님의 얼굴

各自(かくじ)

<ruby>銘銘<rt>めいめい</rt></ruby>。 それぞれ。 <ruby>一人一人<rt>ひとりひとり</rt></ruby>。 <ruby>各人<rt>かくじん</rt></ruby>。 <ruby>各各<rt>おのおの</rt></ruby>。

각각, 각인, 한 사람 한 사람, 제각기, 각자, 따로따로, 몫몫이

★ **各自** : 각각의 자신·자신과 타인을 나타낸다.

◎ 交通費は各自の負担する。　교통비는 각자 부담한다.

◎ 各自の部署につけ。　각자의 부서로 돌아가라.

★ **銘銘** : 한 사람 한 사람을 나타낸다.

◎ 銘銘にお弁当を配る。　한 사람 한 사람에게 도시락을 나누어 주다.

◎ 銘銘が意見を述べる。　각인이 의견을 말하다.

★ **それぞれ** : 여러 사람 중의 한 사람 한 사람을 나타낸다.

◎ それぞれが意見を発表する。 각자가 의견을 발표하다.

◎ それぞれの性格は異なる。　각자의 성격은 다르다.

★ **一人一人** : 많은 사람 중의 한 사람 한 사람을 나타낸다.

◎ 一人一人感想を述べる。　한 사람 한 사람 감상을 말하다.

※ ひとりびとり라고도 발음한다.

★ **各人** : 한 사람 한 사람의 뜻으로, 각각의 사람을 나타낸다.

◎ 各人の努力を望む。　각자의 노력을 기대하다.

◎ 各人各様。　각인각색(사람마다 각기 다름)

★ **各各** : 많은 사람 중의 각 사람을 나타내며, 한자로는 己를 중복한 뜻이
다. 대개 히라가나로 표기한다. 代名詞로는 '여러분(皆さん)'의
뜻으로, 다수의 사람을 향하여 말을 걸 때 쓰인다.

◎ お昼は各各が自分で準備すること。　점심은 각자가 스스로 준비할 것.

◎ 各各様、見送りでここに来た。　여러분, 배웅으로 여기에 왔습니다.

※ 各各方는 おのおの에 존경을 뜻하는 복수어미 方를 결합시킨 말로, 江戸 시대에 무사들이 사용하였다.

学生(がくせい)

生徒。児童。学童。学生。浪人。書生。

학생, 생도, 학동, 아동, 재수생

★ 学生 : 학교에서 교육을 받고 있는 사람으로, 대개 大学生을 지칭한다.

◎ 大学に通って学ぶ者を学生と言う。

대학에 다니며 공부하는 사람을 학생(学生)이라고 한다.

◎ 学生時代に文芸活動をする。

학생 시절에 문예 활동을 하다.

★ 生徒 : 중・고등학교에 다니는 학생을 말한다.

◎ 中高校で教育を受けている者を生徒と言う。

중・고등학교에서 교육을 받고 있는 사람을 생도(生徒)라고 한다.

★ 児童 : 초등학생, 小学生을 나타낸다.

◎ 小学生の在学生を言うことばで児童、子供、小学生などがある。

초등학교 재학생을 나타내는 말로 아동·어린이·초등학생 등이 있다.

★ **学童** : 초등학생을 말한다.

◎ 小学子で学ぶ児童、小学生の類語である。

초등학교에서 배우는 아동, 초등학생의 유의어이다.

★ **学生** : 절(사찰)에서 수양하고 경전을 공부하는 스님을 나타내는 말이다.

◎ この寺には十人の学生がいる。

이 절에는 열 명의 학생이 있다.

※ 生의 せい는 漢音이고, しょう는 呉音이다.

★ **浪人** : 대학 입시에 실패하여 학적 없이 재차 입학시험 공부를 하고 있는 재수생을 나타내는 속어이다.

◎ 浪人は上級学校の入学試験を準備している者だ。

재수생은 상급 학교의 입학시험을 준비하고 있는 사람이다.

★ **書生** : 학문을 닦기 위하여 공부하고 있는 사람이나 타인의 집에 기숙하여 가사를 도우며 공부하는 사람을 나타낸다.

◎ 白面の書生。   백면서생(세상일과 거리가 먼 사람)

※ 学生의 뜻으로, 明治·大正 시대의 용어이다.

拡大(かくだい)

拡充。 拡張。 誇張。

 확대, 확장, 확충, 과장

★ **拡大** : 형체·규모 등을 넓혀서 크게 하는 것이나 펼쳐서 크게 하는 것을
나타낸다.

◎ 写真を拡大する。

　사진을 확대하다.

◎ 無償給食は段階的拡大がいい方法だ。

　무상 급식은 단계적 확대가 좋은 방법이다.

★ **拡充** : 규모를 넓혀서 내용을 충실히 하는 것이나 범위를 충분히 넓혀
충실하게 만드는 것을 나타내며, 요즘은 조직이나 설비 등을 확장
하여 충실하게 한다는 뜻으로도 사용한다.

◎ 営業部を拡充する。　　　　영업부를 확충하다.

◎ 行政機構の拡充を図る。　　행정 기구의 확충을 도모하다.

★ **拡張** : 범위·규모·세력 등을 넓혀서 크게 하는 것을 나타낸다.

◎ 道路を拡張する。　　　　　도로를 확장하다.

◎ 事業の拡張を計画している。사업 확장을 계획하고 있다.

★ **誇張** : 실제보다도 허풍스럽게 표현하는 것이나 사실보다 지나치게 부

풀리는 것을 나타낸다. 이 말은 명사와 형용동사의 기능이 있는 것에 유의해야 한다.

◎ 誇張された表現である。

과장된 표현이다.

◎ 誇張せず正直にいう。

과장하지 않고 정직하게 말하다.

◎ 誇張な看板に朝日が射している。

과장된 간판에 아침 해가 비치고 있다(형용동사).

風(かぜ)

空気。息。大気。嵐

바람, 공기, 입김, 숨, 풍(風), 대기

★ 風 : 공기의 흐름에 의하여 발생하는 태풍・계절풍 등을 말한다.

◎ 風の吹く音。   바람 부는 소리. 바람 소리
◎ 風と風邪の発音は同じだ。 바람과 감기의 발음은 같다.

★ 空気 : 지구를 둘러싸고 있는 기체로, 질소와 산소가 주성분이며 대기권을 형성하고 있다.

◎ ボールに空気を入れる。   공에 바람(공기)을 넣다.
◎ 都市の空気は新鮮ではない。 도시의 공기는 신선하지 않다.

★ **息** : 호흡 작용에서 발생하는, 코, 입에서 나오는 더운 김을 나타낸다.

　　◎ 息を吐く。　　　　　　　숨을 내쉬다.

　　◎ 息を吸う。　　　　　　　숨을 들이쉬다.

★ **大気** : 지구를 둘러싸고 있는 기체층을 말하며, 공기의 의미도 있다. 온
　　도와 성분에 따라 대류권・성층권・중간권・전리권・외기권 등
　　으로 분류된다.

　　◎ 大気汚染。　대기오염　　　◎ 大気圧。　대기압

★ **風** : 바람을 나타내는 뜻으로 造語에서 사용된다.

　　◎ 風車。　　　　　　　　　풍차

　　◎ 風車。　　　　　　　　　바람개비(팔랑개비)

　　◎ 強風。　　　　　　　　　강풍(센 바람)

※ 中風은 ちゅうふう・ちゅうぶ・ちゅうぶう로 읽는다.

家族(かぞく)

世帯。　所帯。　一家。　身内。　一家。　うから。　やから。　血族。　一族。

가족, 식구, 세대, 일가, 집안, 일족, 혈족

★ **家族** : 부부・자녀를 중심으로 혈연・혼인에 의하여 결속된 팔촌 이내

의 생활공동체로, 호주와 호적을 같이 하는 사이를 나타낸다.

◎ 家族は何人ですか。　　　가족은 몇 사람입니까?

◎ うちは4人家族です。　　　우리 집은 4인 가족입니다.

※ 何人을 なにびと로 읽으면, 어떤 사람·누구의 뜻이 된다.

★ **世帯** : 주거와 생계를 같이 하고 있는 사람들의 집단을 말한다.

◎ ひとつの家に2世帯が暮す。

　　한 집에 두세대가 살다.

◎ 住民票は世帯を単位として作成する。

　　주민 표는 세대를 단위로 하여 작성한다.

※ 所帯는 일반적으로 사용하는 말이고, 世帯는 호적 통계·법률 등에서 사용하는 관용어이다.

★ **所帯** : 世帯와 같은 뜻으로 사용되는 말로, 일가를 구성하여 독립된 생활·생계를 영위하는 집단을 나타낸다.

◎ 女所帯が増える。　　　여자만의 가정이 늘다.

◎ 何所帯も同居する。　　　몇 세대가 함께 살다.

★ **一家** : 가정을 구성하여 영위하는 세대·가족·일족을 일컫는 말로, 부모·자식 관계 등의 유대를 강화시킨 집단을 뜻한다.

◎ 一家で息子の誕生日を祝う。 가족 모두 아들의 생일을 축하하다.

◎ 一家心中。　　　일가 집단 자살.

※ 一家는 一家와 거의 같은 뜻으로, 노인층의 말이다. 한집에 살고 있는 사람 또는 家中를
   나타내는 말이다.
   ・あのうどん屋と一家ですか。 저 우동집과 친척 집입니까?

★ 身内 : 가족이나 가까운 혈연관계에 있는 친족을 나타내는 말이다. 비슷
　　　　한 말로 一族・身寄り 등이 있다.

　◎ 他人より身内。　　　　　　남보다 일가(가족의 소중함을 나타내는 말)
　◎ 身内だけで祝う。　　　　　가까운 가족끼리 축하하다.

形(かたち)

塑。模様。様子。格好。形。様。樣。しだら。枠。タイプ。
フォーム。

모양, 꼴, 형태, 틀, 모습, 생김새, 형체, 본, 모형, 판, 거푸집, 주형

★ 形 : 물체가 지니는 외형으로, 보고 만지고 취할 수 있는 물체의 모양이
　　　　다. 사람의 얼굴이나 신체에서는 용모・용태를 의미하며 표면적・
　　　　형식적인 측면을 나타낸다.
　◎ 丸い形の花瓶がある。　　　둥근 형태의 화병이 있다.
　◎ 地震で建物は形もない。　　지진으로 건물은 그 형태조차 사라졌다.

★ 型 : 일정한 모양・틀을 만드는 기본이 되는 것으로, 정해진 형식・형

태・자세를 나타내는 말이다.

◎ 粘土で型をとる。　　　　점토로 본 모양을 뜨다.

◎ 新しい型の車がほしい。　신형 차를 갖고 싶다.

★ **模様** : 외관에 드러내는 장식으로, 종이・직물・공예품 등의 표면에 문양을 그려 넣은 무늬・도안 같은 것을 말한다. 꼴・모양・상태를 나타낼 때도 사용한다.

◎ 桜の模様は美しい。　　　벚꽃 무늬는 예쁘다.

◎ 試合の模様を中継する。　시합 상황을 중계하다.

★ **様子** : 외면에서 관찰하여 분별할 수 있는 물체의 모양・형체・양태를 말한다.

◎ 村の様子が変わってしまった。마을의 모습이 변해버렸다.

◎ しばらく様子を見る。　　　잠시 상황을 보다.

※ ようすろ 발음하며 ひらがな로 표기하는 경우도 있다.

★ **格好** : 외부에 비쳐진 형태・자세・모습・모양을 나타내며, 수량을 나타내는 단어와 결합하면 ~가량・~내외・~쯤의 뜻이 된다.

◎ 妙な格好をして歩く。　　　묘한 자세로 걷다.

◎ 30格好の教師。　　　　　30세쯤 된 교사

※ 형용동사일 경우에는 '마침 좋음', '알맞음', '적당함' 등을 나타낸다.
· 花見に格好な季節。 벚꽃 구경에 좋은 계절.

★ 形 : 물체의 생김새·형태·형상·몸매·체격·복장 등을 나타낸다.

   ◎ そんな形で外出するのは失礼です。

      그런 몸차림으로 외출하는 것은 실례입니다.

   ◎ 彼は多きな形をしている。

      그는 큰 몸집을 하고 있다.

★ 様 : 단독으로 쓰이는 예는 별로 없고, 접미사로 명사, 동사와 결합하여
      모양·있는 그대로의 상태·양식 등을 나타낸다.

   ◎ 和様。   일본식·일본풍
   ◎ 作り様がない。   만들 수가 없다.
   ◎ 言い様。   말하는 법

★ 様 : 물체의 자태·상태·상황·동작의 방법·모양을 나타내며, 접미사
      로 사용될 때는 인명·단체명 뒤에 붙어 존경의 뜻을 나타낸다.

   ◎ 市内の様が去年と違う。   시내 모양이 작년과 다르다.
   ◎ 山中様。   야마나카 씨

※ 様는 일반 문장과 결합하여 내용을 공손하게 표현하기도 한다.
· ごちそうさま。 잘 먹었습니다.

★ したら : 꼴·꼬락서니와 같이 해석된다. 보통 좋지 않은 의미로 사용하

는 말이다.

◎ しだらがない。　　　　　단정하지 않다.
◎ このしだらは何事だ。　　이 꼴이 뭐냐.

★ **枠** : 틀·거푸집과 같이 나무·금속 등으로 만든 기구, 가구 등의 테두
리, 골조의 모양을 나타낸다.

◎ 窓の枠。　　　　　　　창틀
◎ 枠にコンクリートを流す。　거푸집에 콘크리트를 붓다.

★ **タイプ** : 영어의 type에서 온 외래어로, 유형·틀·모양·양식을 나타
내는 말이다. 明治 시대부터 사용하였다.

◎ 古いタイプのラジオだ。　구형의 라디오이다.
◎ 先生タイプの人だ。　　신생님 타입의 사람이다.

★ **フォーム** : 영어의 form에서 온 외래어로, 형식·형태·자태·자세·
모양 등을 나타내는 말이다. 大正 시대부터 사용하였다.

◎ 美しいフォームで踊る。　아름다운 자세로 춤추다.
◎ 朴選手の投球フォームは偉い。박 선수의 투구 자세는 훌륭하다.

刀(かたな)

剣。 包丁。 小刀。 太刀。 刃。 段平。 ナイフ。 剃刀。 出刃。 竹刀。
もろは。

칼, 식칼, 면도칼, 죽도(대나무 칼), 나이프, 검, 대도, 주머니칼, 찬칼

★ 刀 : 칼날이 한쪽만 있는 외날의 칼이며, 무기로 사용하는 검에 속한다.
　江戸 시대 무사가 허리에 차던 큰 칼을 나타낸다.

　◎ 刀を抜く。　　　　　　　칼을 빼다.
　◎ 刀を下げる。　　　　　　칼을 차다.

★ 剣 : 양날의 칼로, 도검을 총칭하는 말이다.

　◎ 剣を帯びる。　　　　　　검을 차다.
　◎ 剣道。　　　　　　　　　검도

★ 包丁 : 요리에 사용하는 칼이다. 出刃包丁・刺身包丁・菜切り包丁 등,
　용도에 따라 여러 종류의 식칼이 있다.

　◎ 包丁を入れる。　　　　　칼질을 하다
　◎ 見事な包丁さばきだ。　　훌륭한 요리 솜씨이다.

※ 出刃包丁는 날이 두껍고 폭이 넓으며 끝이 뾰족한 식칼이다.
※ 刺身包丁는 생선회를 만들 때 사용하는 칼이다.
※ 菜切り包丁는 야채를 써는, 날이 얇고 넓은 식칼이다.

★ **小刀** : 세공물을 만들 때 사용하는 칼이나 주머니칼을 나타낸다.

   ◎ 小刀で鉛筆を削る。

     주머니칼로 연필을 깎다.

   ◎ 小刀は日常の雑用に用いる小さな刃物だ。

     창칼은 일상의 잡일에 사용하는 작은 날붙이이다.

★ **太刀** : 길고 큰 도검의 총칭으로, 칼날을 아래로 향하여 허리에 차는 긴 도검이다.

※ 太刀는 大刀와 같은 종류의 칼을 나타내는 말로, 大刀는 고분 시대에서 奈良 시대까지의 칼을, 太刀는 平安 시대 이후의 칼을 구별하는 말이다.

   ◎ 太刀は武器用だ。   장검은 무기용이다.

★ **刃** : 칼·도검의 총칭이다. 담금질을 하여 날을 버린 칼을 뜻하는 말이다.

※ 刃은 やいば 또는 'は'라고 발음한다.

   ◎ 敵軍の刃に倒れる。   적군의 칼에 쓰러지다

★ **段平** : 폭이 넓은 칼을 말한다.

※ だんぴら라고도 한다.

   ◎ 段平を振り回す。   칼을 휘두르다.

★ **ナイフ**: 영어의 knife에서 온 외래어로, 작은 칼이다. 식사용・등산용
  등으로 쓰이는 서양식 칼을 말한다.

◎ 洋食を取るときはナイフとフォークが必要だ。
  양식을 먹을 때는 나이프와 포크가 필요하다.

※ 이 말은 江戸 시대부터 사용된 말이다.

★ **剃刀**: 수염 등을 깎는 데 사용하는 얇고 예리한 칼날이다. 보통 髪そり
  로 표기하며 면도날을 뜻한다.

◎ 剃刀はひげを剃るとき用いる。 면도칼은 수염을 깎을 때 사용한다.

★ **出刃**: 出刃包丁의 약어로, 칼등이 두껍고 칼끝이 뾰족한 식칼이다. 대
  개 생선을 다루거나 뼈를 다룰 때 사용한다.

◎ 出刃は調理用である。   식칼은 조리용이다.

★ **竹刀**: 검도할 때 사용하는, 대나무로 만든 칼로, 네 쪽의 대나무를 엮어
  서 만든다.

◎ 剣道の練習用の竹刀である。 검도 연습용 죽도이다.

合戦(かっせん)

接戦。会戦。交戦。野戦。冷戦。血戦。肉薄戦。熱戦。市街戦。

 접전, 교전, 합전, 야전, 냉전, 혈전, 열전, 국지전, 해전, 회전, 육박전, 육탄전, 시가전

★ **合戦** : 고풍적인 말로, 적과 아군이 마주쳐 싸우는 것을 나타낸다.

◎ 関が原の合戦。
세키가하라의 접전(1600년 徳川와 豊臣의 전쟁을 말한다.)

★ **接戦** : 적과 아군이 맞부딪쳐 싸우는 것이나 서로 힘이 비슷하여 승부가
쉽게 나지 않는 싸움을 나타낸다.

◎ 両軍は接戦をくりひろげる。 양군은 접전을 벌이다.

★ **会戦** : 대군이 일정한 지역에 집결하여 맞싸우는 것을 말한다.

◎ ワ-テルローの会戦。　　위털루의 회전
◎ 興亡をかけた会戦。　　홍망을 건 회전

★ **交戦** : 서로 맞붙어 싸우는 것을 나타낸다.

◎ 交戦状態にある南北。　　교전 상태에 있는 남북.
◎ 交戦国。　　교전국

★ **野戦** : 산야에서 이루어지는 전투. 육지에서 싸우는 전쟁이다.

◎ 野戦は陸軍の任務だ。　　　야전은 육군의 임무이다.

★ **冷戦** : 군사 행동·경제·외교·선전 등을 수단으로 하여 대립하는 국
　　　제간의 긴장 상태를 나타낸다.

◎ 東西の冷戦は続く。　　　동서의 냉전은 계속되다.

★ **血戦** : 피투성이가 될 정도의 격렬한 전쟁을 말한다.

◎ 血戦をくりひろげる。　　　　　혈전을 벌이다.
◎ 血みどろになる戦いが血戦である。피투성이가 되는 싸움이 혈전이다.

★ **肉薄戦** : 몸으로 직접 적진에 뛰어들어 공격하는 육탄전을 말한다.

◎ 肉薄戦は敵軍と銃剣である。육박전은 적군과 총검으로 싸운다.

★ **熱戦** : 무력을 사용하는 전쟁이나 스포츠 경기에서 맹렬히 승부를 겨루
　　　는 것을 나타낸다.

◎ 両軍は武器で熱戦をくりひろげる。양군은 무기로 열전을 벌인다.

★ **市街戦** : 도시의 중심지에서 벌이는 전쟁을 말한다.

◎ 市街戦は人命被害が多い。　시가전은 인명 피해가 크다.

家内(かない)

妻。奥さん。おくさま。おかか。かかあ。うち。妾。細君。ワイフ。
女房。嫁。令夫人。

처, 아내, 마누라, 여편네, 안사람, 집사람, 부인, 영부인, 임자, 마님,
사모님, 안주인, 마나님, 첩

★ **家内** : 원래는 家の内・家族・家人의 뜻이지만 자신의 아내를 겸손하
게 지칭하는 경우에 사용한다.

◎ 私の家内だ。　　　　　　나의 처이다.
◎ 家内は看護婦です。　　　처는 간호사입니다.

★ **妻** : 법률상 혼인 신고를 한 처・아내・마누라를 나타내며, 남자 쪽에서
자신의 처를 가리키는 말이다. 예전에는 夫라는 뜻도 있어 부부가
서로를 호칭하는 말이었지만 현재는 남성 쪽에서 여성 쪽을 가리키
는 말로만 사용한다.

◎ 妻を娶る。　　　　　　　아내를 얻다(장가들다).
◎ 妻と二人だけで暮している。　처와 둘이서만 생활하고 있다.

★ **奥さん** : 타인의 부인・아내를 경칭하는 말씨이다. 奥さま는 이보다 더
정도가 높은 존칭어이다.

◎ 金先生のお奥さま。　　　김 선생님의 사모님
◎ 奥さんによろしく。　　　부인께 안부 전해주십시오.

★ **おかか** : 자신의 아내 또는 타인의 아내를 친밀하게 부르는 말로 사용한다.

 ◎ おかかが飯をたく。   마누라가 밥을 짓다.

 ◎ おかかさま！   부인(타인의 아내)

★ **かかあ** : 아내・마누라의 속어로, 자신의 처를 친밀하게 부를 때도, 난
폭하게 부를 때도 모두 사용될 수 있는 양면성이 있는 말씨이다.
타인의 처에게도 사용할 수 있다.

※ 원래는 かか였지만 あ가 첨가된 것으로, おっかあ・かあちゃん 등의 파생어도 있다.

 ◎ うちのかかあ。   집사람・우리 마누라

★ **ワイフ** : 처・아내를 나타내는 영어 wife의 외래어이며, 明治 시대 때부
터 사용되었다.

★ **うち** : 처・아내를 나타내는 속어이다. 때로 아내 자신을 가리키는 경우
도 있으며, 자신의 남편을 나타내기도 한다.

 ◎ うちの者。   집사람(아내)

 ◎ うちの人。   우리 집 사람(남편)

※ うち에는 漢字로 内・中・家의 의미가 있어 문장과 대화에서 잘 구별해야 할 말이다.

 ◎ うちは料理が上手だ。 집사람은 요리를 잘한다.

 ◎ うちは頑固です。   우리 남편은 완고하다.

★ **細君** : 조금 예스러운 말씨로, 친한 사이에게 자신의 처를 일컫는 말이다. 남의 아내를 나타낼 때는 동년배끼리도 사용한다.

  ◎ 細君によろしく。   아내에게 안부 전해주세요(타인의 처).

  ◎ 細君はいつも喧^{やかま}しい。   처는 항상 잔소리가 심하다.

★ **女房** : 자신의 처를 가리키는 말로, にょうぼ라고도 하며, 마누라에 가까운 말씨이다. 近世에 들어서 자신의 처를 부르는 말로 변화하였다.

※ 원래는 궁중에서 시중드는 궁녀 女官을 나타내는 말이었다.

★ **嫁** : 아들의 처·아내가 되는 여성, 즉 며느리를 나타낸다. 花嫁^{はなよめ}로 표기하여 신부를 나타내기도 한다.

★ **令夫人** : 타인의 아내·부인의 높임말이다.

  ◎ 大統領^{だいとうりょう}令夫人。   대통령 영부인

★ **妾** : 本妻 다음의 아내를 뜻하는 말로, 아내와 대등한 관계로 부양하는 여성을 나타내는 말이다. そばめ는 첩의 雅語이고, てかけ는 첩의 속어이다.

  ◎ 妾を囲^{かこ}う。 = 女を囲う。   첩을 두다.

※ 思い者는 첩의 완곡한 말씨이고, 二号^{にごう}도 첩을 나타내는 속어이다.

金(かね)

お金。 銭。 金子。 お足。 金銭。 金円。 ゲルト。 丸。 マニー。 お宝。

돈, 금전, 엽전, 화폐, 지폐, 동전, 머니

★ **金** : 금속의 총칭과 함께 돈, 화폐의 뜻이 있다.

◎ 金があれば馬鹿も利口。

돈이 있으면 바보도 똑똑한 사람 취급을 받는다.

◎ 金が金をもうける。

돈이 돈을 벌다.

★ **お金** : お는 접두어이다. 금전, 재산을 나타낸다.

◎ お金をむだづかいする。　　돈을 보람 없이 쓰다.

★ **銭** : 금속으로 만들어진 화폐로, 우리나라의 엽전·동전에 해당하는 말
이다. 대개 구리나 철로 만들었으나 금·은으로 된 것도 있으며, 江
戸 시대에 만들어졌다. 대개 원형이고 중앙에 구멍이 있다.

◎ 銭ある時は鬼を使う。　　돈이 있을 때는 귀신도 부린다.
◎ 銭なき男は帆のなき舟。　　돈 없는 사내는 돛 없는 배.

★ **金子** : 고풍스러운 말로, 대개 金貨(금화)를 나타낸다. 銀子는 은화를
말한다.

◎ 百両の金子で米を買い入れ。　백 냥의 돈으로 쌀을 구입하다.

★ **お足** : 돈을 나타내는 속어이다. 주로 여성이 사용하며 발로 걷듯이 世中을 돌아다닌다는 뜻에서 온 말이다.

◎ お足20両にて一箱を買う。　돈 20냥으로 한 상자를 사다.

★ **金銭** : 금속으로 만들어진 돈으로, 원형에 사각형 구멍이 뚫린 엽전 모양이다. AD 706년경에 제작된 銭貨이다.

◎ 金銭上の問題。　　　　　금전상의 문제

★ **金円** : 고풍스러운 말로, 金子·金銭를 뜻하며, 금본위제도에 의한 통화를 말한다.

◎ 五円なんと言う金円はない。5엔이라는 논은 없다.

★ **ゲルト** : 독일어에서 온 외래어로, 줄여서 ゲル라고도 한다. 大正 시대부터 학생들 간에 돈이라는 뜻으로 사용되었고, ゲル는 昭和 시대부터 유행하였다.

★ **丸** : 은어 또는 속어로 돈을 나타낸다.

◎ 丸が足りない。　　　　　돈이 부족하지 않다.

★ **マニー** : 돈을 의미하는 외래어로, マネイ·マネー와 같은 말이다. マネー는 江戸 시대부터 사용한 말이고, マニー는 明治 시대부터 사용하였다.

◎ ポケットマネー。　　　　　호주머니 돈(용돈)

★ **お宝** : 돈의 속어로 사용하며 원래는 귀중한 보물 또는 종이에 인쇄한
　　　　보물선의 그림을 나타낸 말이다.

◎ 何<ruby>なに</ruby>よりお宝がほしい。　　무엇보다도 돈이 필요하다.

鞄(かばん)

袋<ruby>ふくろ</ruby>。巾着<ruby>きんちゃく</ruby>。小袋<ruby>こぶくろ</ruby>。財布<ruby>さいふ</ruby>。ポケット。バック。希袋<ruby>ふたい</ruby>。トランク。
リュックサック。背囊<ruby>はいのう</ruby>。隠<ruby>かく</ruby>し。

가방, 백, 주머니, 지갑, 자루, 포대, 배낭, 트렁크, 륙색, 봉지, 쌈지

★ **かばん** : 서류 등의 물건을 넣어, 가지고 다니기 위하여 만든 용구로, 중
　　　　국어에서 온 외래어이다. 이 말은 江戸 시대부터 사용하여 日本
　　　　語로 굳어진 말로, 手ざけ와 같은 뜻이다.

◎ かばんの中<ruby>なか</ruby>に本<ruby>ほん</ruby>がある。　　가방 속에 책이 있다.
◎ 旅行<ruby>りょこう</ruby>のかばんは高<ruby>たか</ruby>い。　　여행용 가방은 비싸다.

★ **袋** : 종이・가죽・천・비닐 등으로 안에 물건을 넣고, 아가리를 여닫게
　　　　만든 자루・주머니를 말한다.

◎ 豆<ruby>まめ</ruby>を袋に入<ruby>い</ruby>れる。　　콩을 자루에 담다.

※ 胃袋(いぶくろ)。 위장 · 밥통
※ お袋 : 어머니 · 모친
※ ゆばりぶくろ : 오줌통 · 신장

★ **巾着** : 주머니의 아가리를 끈으로 옭아매듯이 만든 것으로, 천이나 가죽
으로 만든 소형 자루이다. 대개 돈이나 약 · 부적을 넣기 위한 것
으로, 허리춤에 휴대할 수 있도록 되어 있다.

　◎ 巾着の中(なか)に銅貨(どうか)が少(すこ)しある。　염낭 속에 동전이 조금 있다.

★ **小袋** : 작은 자루로, 잔돈, 동전 등을 넣기 위해 만든 것이다.

　◎ 小袋に小銭(こぜに)がある。　　　작은 주머니에 잔돈이 있다.

★ **財布** : 금전을 넣어 놓고 휴대용으로 사용하기 위하여 만든 것으로, 가죽
이나 천으로 만든다. 다른 말로 돈지갑을 뜻하는 金入(かねい)れ라고도
한다.

　◎ 財布の底(そこ)を叩(たた)く。

　　지갑 밑을 털다(지갑에 있는 돈을 다 써버린다는 뜻).

　◎ 財布の紐(ひも)が長(なが)い。

　　지갑 끈이 길다(인색하여 돈을 꺼내지 않는다는 뜻).

★ **ポケット** : 영어의 pocket에서 온 외래어로, 포켓 · 호주머니 · 지갑 · 쌈
지의 뜻이다. 明治 시대부터 사용하였다. 대개 양복 주머니를
나타낸다.

　◎ ポケットの中になにがあるの。　포켓 안에 무엇이 있니?

◎ ポケットカメラ。　　　　　　　　(造語에서 자주 사용한다)

★ バック : 영어의 bag에서 온 외래어로, 가방·주머니·손가방의 뜻이며, 大正 시대부터 사용하였다.

※ ハンドバック는 昭和 시대에 사용하였으나 대개 줄여서 バック라고 한다.

◎ 女^{おんな}のバックは高い。

여자용 가방은 비싸다.

◎ ワニ皮^{がわ}のハンドバックは高価^{こうか}な品^{しな}だ。

악어가죽 핸드백은 고가품이다.

★ 布袋 : 천으로 만든 포대로, ぬのぶくろ라고도 한다.

◎ 布袋は布^{ぬの}の袋^{ふくろ}だ。　　　　　포대는 직물(베)로 만든 자루이다.

★ トランク : 영어의 trunk에서 온 외래어로, 여행 가방을 칭한다.

◎ 海外旅行をする時はトランクが必要だ。

해외여행을 할 때는 트렁크가 필요하다.

◎ 自動車^{じどうしゃ}の後尾^{こうび}にある荷物入^{にものい}れもトランクと言う。

자동차 뒤쪽의 짐 싣는 곳도 트렁크라고 한다.

★ リュックサック : 독일어 rucksack에서 온 외래어로, 昭和 시대에 사용하였다. 등산할 때 사용하는 것을 말한다.

◎ リュックサックは登山^{とざん}する時^{とき}背負^{せお}う袋だ。

륙색은 등산할 때 등에 메는 자루(배낭)이다.

★ 背のう : 물건을 넣고 등에 메는 가방이다. 가죽이나 마포 등으로 튼튼하게 만든 것으로, 등산・행군할 때 사용한다.

◎ 背のうを降ろす。　　　　배낭을 내려놓다.

◎ 背のうを背負う。　　　　배낭을 메다.

★ 隠し : 예스러운 말씨로, 호주머니・포켓을 나타낸다. 대개 의복에 꿰매서 붙인 작은 자루・주머니를 뜻하며 '의복 안쪽에 있는 것'이라는 의미에서 비롯된 어휘이다.

◎ 紙幣を隠しに入れる。　　　지폐를 호주머니에 넣다.

◎ 身分証明書は隠しの中にある。신분증은 호주머니에 있다.

貨物(かもつ)

荷物。荷。包み。

화물, 하물, 짐, 보따리

★ 貨物 : 화차・트럭・선박・비행기 등으로 운송하는 荷物을 나타낸다. 한편, 철도 수송에서는 화물 열차로 운반하는 물품만을 말하고, 수하물・소하물・우편물 등은 제외된다.

◎ 貨物取りに駅へ行く。　　　화물을 찾으러 역으로 가다.

◎ 貨物船が入港する。　　　　화물선이 입항하다.

★ **荷物** : 운반·운송하는 물품 또는 짐을 나타낸다.

◎ 荷物を紐で結わえる。　　짐을 끈으로 묶다.

◎ お荷物を持ちましょう。　　짐을 들어드리죠.

★ **荷** : 들거나 지고 운반, 운송하는 물품을 나타낸다.

◎ 積み荷を下ろす。　　짐을 풀다.

◎ 荷を送る。　　짐을 부치다.

★ **包み** : 전체를 종이나 천 등으로 싼 물품을 나타낸다.

◎ 贈り物の包みを開く。　　선물 보따리를 열다.

◎ 服の包みは二つある。　　옷 보따리는 두 개 있다.

※ 包み는 くるみ라고도 발음하며, 보따리 이외에 포대기·강보의 뜻으로도 사용한다.

空手(からて)

素手。手ぶら。徒手。空き手。空手。空拳。赤手。

빈손, 맨손, 도수, 공수, 맨주먹, 공권

★ **空手** : 손에 아무것도 가지지 않은 상태의 빈손을 말한다.

◎ 空手で先生のお宅を訪問する。　빈손으로 선생님 댁을 방문하다.

◎ 空手で敵に立ち向かう。　　　맨손으로 적에게 맞서다.

※ 중국의 권법이 오키나와에 전파되어 발달한 일본 무술로, 찌르고, 차고, 받는 것을 기본으로 하는 기술이다. 무기는 사용하지 않는다. 唐手라고도 표기한다.

★ **素手** : 손에 아무것도 가지지 않은 상태나 아무것도 걸치지 않은 맨손을 말한다.

◎ 熱いから素手では持てない。 뜨거워서 맨손으로는 잡을 수 없다.
◎ 素手で人の家を訪問する。　 빈손으로 남의 집을 방문하다.

★ **手ぶら** : 손에 아무것도 갖지 않은 상태. 특히 선물 따위를 지참하지 않은 것을 말한다.

◎ 手ぶらで訪問する。　　　 빈손으로 방문하다.
◎ 手ぶらで帰る。　　　　　 빈손으로 집에 돌아오다.

★ **徒手** : 손에 아무것도 가지지 않은 것 또는 자신의 힘 이외에 의지할 것이 없는 상태를 말한다.

◎ 徒手体操。　　　　　　　 도수 체조
◎ 徒手で事業を始める。　　 맨손으로 사업을 시작하다.

★ **空き手** : '비어있는 손'이라는 뜻으로, 지팡이를 쥔 맹인의 오른손과 상대되는 빈손, 즉 왼쪽 손을 뜻한다. 일정한 직업이 없이 노는 사람을 나타낸다.

※ 明き手라고도 표기한다.

◎ 空き手は空手とその意味が違う。　空き手는 空手과 그 의미가 다르다.
◎ 空き手の方は左の方だ。　　　　　빈손 쪽은 왼쪽이다.

★ 空手 : 빈손·맨손의 漢字音 발음이다.

◎ 私は空手空拳だ。　　　　　나는 공수, 공권이다.

★ 空拳 : 손에 무기나 도구를 가지지 않은 맨손을 말하며, 타인의 원조·재
　　　력을 빌리지 않고 혼자서 사업에 임하는 것을 나타낸다.

◎ 空拳で敵に当る。　　　　　공권으로 적에 맞서다.

★ 赤手 : 손에 아무것도 가지지 않은 맨손·빈손으로 문어적 말씨이다.

◎ 赤手空拳で成功する。　　　맨손, 맨주먹으로 성공하다.

川(かわ)

筧。　簿。　濤。　小川。　せせらぎ。　大川。　大河。

　강, 시내, 하천, 개천, 개울, 도랑

★ 川 : 땅 표면에 모인 물이 경사진 곳을 따라 길게 흐르는 것으로, 하천·
　　　강을 말한다.

◎ 川のほとりに立って舟を待っている。 강가에 서서 배를 기다리고 있다.

◎ 川を渡る。　　　　　　　　　　강을 건너다.

★ 河 : 川와 같은 발음에 같은 뜻이다. 외국의 강을 표기할 때 사용하였지만 현대 표기에서는 川으로 고쳐 사용하고 있다. 다면 고유명사에서는 河를 그대로 사용한다. 또한 河는 조금 큰 강을 나타내며 굽이굽이 흐르는 모양의 하천·강을 뜻하는 말이다.

◎ 中国の黄河はよく氾濫する。 중국의 황하는 자주 범람한다.

◎ 河は大きな川を表す。　　　강은 큰 강을 나타낸다.

※ 江은 큰 강을 표현한다. 그러나 일본어에서는 「え」라는 訓으로 바다나 호수 등이 육지로 깊숙이 파고 들어온 곳을 나타내는 말이다.

・長江。　　　　　　　큰 강·긴 강. 양자강의 뜻도 나타낸다.

・入り江。　　　　　　후미, 물가가 휘어서 움푹 굽이진 곳.

★ 溝 : 물이 흐르도록 지면을 길게 파놓은 도랑으로, 논밭 용수를 대기 위하여 만든 경우가 많다.

◎ 溝にはまる。　　　　　　도랑에 빠지다.

◎ 溝を飛び越える。　　　　도랑을 뛰어넘다.

★ 溝 : 빗물이나 하수 등이 흐르는 도랑을 나타내는 말이다.

◎ 溝がつめる。　　　　　　하수구가 막히다.

◎ 溝をさらう。　　　　　　도랑(시궁창)을 쳐내다.

★ 小川 : 강폭이 좁고 가늘게 흐르는 작은 시냇물을 나타낸다. おがわ 또

　는 こがわ라고 한다.

　◎ 小川は細い流れの川だ。　　　　시내는 가늘고 좁게 흐르는 강이다.

　◎ 小川のほとりに柳が立っている。시냇가에 버드나무가 서 있다.

★ 細流 : 수심이 매우 낮고 수량이 얼마 안 되는 작은 여울의 실개천과 졸

　　　　졸 흐르는 물소리를 말한다.

　◎ 夕立でせせらぎが少し深くなった。　소나기로 여울이 조금 깊어졌다.

★ 大川 : 큰 강을 나타내는 말로, 'たいせん' 이라고도 하며, 일본에서는 東

　　　　京의 すみだがわ 하류를 뜻한다.

　◎ 漢江は大川だ。　　　　　　　한강은 큰 강이다.

　◎ 大川の辺は遊び場になっている。큰 강 주위는 놀이터가 되어 있다.

★ 大河 : 수량이 많고 강폭이 넓으며 긴 강을 나타내는 말이다.

　◎ 洛東江は実に大河だ。　　　　낙동강은 실로 큰 강이다.

※ 大河小説。대하소설(장편소설)

観光(かんこう)

見物。遊山。物見。視察。観覧。遊覧。巡覧。ツアー。周遊。遠足。見学。

관광, 투어, 구경, 시찰, 유람, 관람, 소풍, 견학

★ **観光** : 다른 나라·고장을 찾아가 풍경·풍물·사적 등을 보고 즐기며
걷는 일을 말한다.

◎ 観光バスに乗って慶州へ行く。　관광버스를 타고 경주로 가다.

◎ ヨーロッパ観光して観光して回る。유럽 각국을 관광하며 돌다.

★ **見物** : 각종 행사 모임·명승지 등을 보고 즐기는 것을 말한다.

◎ 見物は催し物や名所を見て楽しむこと。

　구경은 행사나 명소를 보고 즐기는 것.

◎ 紅葉を見物する。

　단풍을 구경하다.

※ 見物는 '구경거리', '불만한 것'을 뜻한다.

★ **遊山** : 들이나 산으로 가서 노는 것 또는 기분전환을 위하여 놀러 나가는
것을 의미한다.

◎ 遊山に出かける。　　　산에 놀러 나가다.

◎ この頃遊山客が増える。　　요즘 행락객이 늘다.

★ **物見** : 사물을 보고, 구경하는 것. 구경할 만한 가치가 있는 장소나 번잡한 곳에 가서 보는 것. 이외에 적진에서 적군의 동정·적지의 상황을 탐색하는 것도 나타낸다.

◎ 市内へ物見に出かける。　　시내로 구경 나가다.
◎ 物見の兵。　　척후병(적의 형편 : 지형 등을 정찰·탐색하는 병사)

★ **視察** : 현지나 현장에 가서 실제 상황을 확인하는 것을 말한다.

◎ 工場を視察する。　　공장을 시찰하다.
◎ 先進国の教育実体を視察する。 선진국의 교육 실태를 시찰하다.

★ **観覧** : 예술적 문화 활동으로 구경하는 것, 관광의 목적으로 보는 것을 나타내는 말이다.

◎ ソウル美術館でピカソの絵を観覧する。
　서울 미술관에서 피카소의 그림을 관람하다.
◎ 観覧席は A・B・C・Sによって観覧料が違う。
　관람석은 A・B・C・S에 따라 관람료가 다르다.

★ **遊覧** : 여러 곳을 구경하면서 돌아다니는 것을 나타낸다.

◎ 遊覧は景色をしながら回ることだ。
　유람이란 구경하면서 돌아다니는 것이다.
◎ 済州道遊覧してみたい。
　제주도를 유람해보고 싶다.

★ 巡覧：여기저기를 보고 돌아다니는 것을 말한다.

◎ 各所を巡覧する。　　　　　명소를 순람하다.

◎ 6.25激戦地を巡覧する。　　6.25 격전지를 순람하다.

★ ツアー：영어의 tour에서 온 외래어로, 관광 여행, 회유(回遊)를 나타내
　　　　　는 말이다. 昭和 시대부터 사용하였으며, 요즘은 관광 여행 중에
　　　　　서 여행사에서 기획한 단체 여행을 뜻하는 말로 사용되기도 한
　　　　　다.

◎ ツアーバスに乗って釜山へ行く。 관광버스를 타고 부산으로 가다.

◎ ツアーは個人自由はない。　　관광 여행에서 개인 자유는 없다.

★ 周遊：각지를 여행하며 돌아다니는 것을 말한다.

◎ 全国をを周遊する。　　　　　전국을 돌아다니다.

◎ 中国の各地を周遊する。　　　중국 각지를 돌아다니다.

刊行(かんこう)

発行。発刊。出版。印行。上梓。版行。

간행, 발행, 발간, 출판

★ 刊行：서적・문서・도화 등을 인쇄하여 세상에 내놓는 것을 말한다.

◎ 辞典を刊行する。　　　　　사전을 발간하다.
◎ 改訂版を刊行する。　　　　개정판을 간행하다.

★ **発行** : 도서·신문·잡지 등을 인쇄하여 출판하는 것이나 지폐·증권·
증명서 등을 만들어 통용시키는 것을 나타낸다.

◎ 朝刊新聞を発行する。　　　조간신문을 발행하다.
◎ 旅券を発行する。　　　　　여권을 발행하다.

★ **発刊** : 문서나 서적 등, 도서를 인쇄하여 출판하는 것을 나타내며, 신
문·잡지 등, 정기 간행물의 간행을 시작한다는 창간의 뜻이 있다.

◎ 雑誌の発刊をする。　　　　잡지를 발간하다.
◎ 日本で発刊した小説。　　　일본에서 발간한 소설.

★ **版行** : 문서·도서 등을 판목으로 인쇄하여 발행한 것을 말한다.

◎ 古書を版行する。　　　　　고서를 발행하다.
◎ 古本を版行する事業。　　　고서를 발행하는 사업

※ 古本은 '헌책'의 뜻이고, こほん은 고서·옛 서적·고대의 책이라는 뜻이다.

★ **出版** : 인쇄술을 통해 저작물을 문서·도화 등으로 복제, 판매 또는 배포
하는 것을 나타낸다.

◎ 出版の自由。　　　　　　　출판의 자유
◎ 教材を出版する。　　　　　교재를 출판하다.

★ 印行 : 예스러운 말로, 문서나 그림 등을 인쇄하여 발행한 것을 나타낸다.

◎ 俳句を集めて印行する。　　　하이쿠를 모아서 발행하다.

※ 俳句는 일본 시가의 일종으로, 글자 수가 5·7·5의 17음으로 되어 있는 짧은 시이다.

·古池や　蛙飛こむ　水の音。
　5字音　　7字音　　5字音

위 작품은 芭蕉의 작품이다.

▶ 해석 : 오래된 연못 개구리 뛰어드는 텀벙 물소리의 뜻이다.
　　　　　　5　　　　　7　　　　　5

▶ 의역 : 깊은 산속 오래된 연못가를 지나는 한 나그네의 발자국 소리에 연못 주변에 있던 개구리들이 놀라서 물에 뛰어드는 순간, 물소리가 산속의 적막을 깨고 나그네의 마음을 선듯하게 하는 정경을 읊은 시이다.

　　　　-의역은 저자의 느낌이다

※ 세계에서 가장 짧은 형식의 시로, 지금도 일본에서 성행하고 있다.

★ 上梓 : 옛날 판목에 가래나 무를 사용히였던 연유로 생긴 말이며 문자 등을 판목하거나 서적을 출판하는 뜻을 가진 말이다.

◎ 仏教を上梓する。　　　불경을 출판하다.

◎ 春香伝を上梓する。　　　춘향전을 출판하다.

勧告(かんこく)

忠告。勧誘。アドバイス。忠言。助言。

권고, 충고, 권유, 조언, 충언, 어드바이스

★ **勧告** : 어떤 행동이나 조치를 취하도록 설득하여 권하는 것을 나타낸다.

　　◎ 金先生の勧告に従って進学を決心した。

　　　김 선생님의 권고에 따라 진학을 결심하였다.

　　◎ 勧告辞職。

　　　권고사직

★ **忠告** : 잘못된 것이나 결점을 고치도록 진심을 담아 간하는 것을 말한다.

　　◎ 彼女の忠告を受け入れる。　　그녀의 충고를 받아들이다.

　　◎ 忠告は慎重な言い方を要する。 충고는 신중한 말투를 요한다.

★ **勧誘** : 남에게 어떤 일을 하도록 적극적으로 끌어들이는 것을 나타낸다.

　　◎ 米国に移民する勧誘をよく聞く。 미국으로 이민 가라는 권유를 자주 듣다.

　　◎ 生命保険に入る勧誘をする。　　생명보험에 들라고 권유하다.

★ **アドバイス** : 영어의 advise에서 온 외래어로, 충고·조언의 뜻이다. 昭和 시대부터 사용한 말이다.

　　◎ アドバイスをいただきたい。 충고를 받고 싶습니다.

　　◎ 友達にアドバイスをする。　친구에게 충고를 하다.

★ **忠言** : 진심으로 충고의 말을 하는 것을 나타낸다.

　　◎ 人の忠言を聞く。　　　　　남의 충언을 듣다.

　　◎ 忠言は耳に逆らう。　　　　충언은 귀에 거슬린다.

★ **助言** : 곁에서 도움이 될 수 있도록 말을 거들거나 깨우쳐 주는 말을 하

는 것을 나타낸다.

◎ 先輩に助言を求める。　　　선배에게 조언을 구하다.

◎ 用心せよと助言する。　　　조심하라고 조언하다.

感謝(かんしゃ)

感謝。 恩恵。 恩。 謝恩。 謝意。 恩返し。 報い。 償い。 報恩。

감사, 사은, 은혜, 보답, 보은, 사의

★ **感謝** : 자신에 대한 호의·친절에 고맙게 생각하는 마음을 나타내는 말
이다.

◎ 感謝の涙を流す。　　　　　감사의 눈물을 흘리다.

◎ ご好意に心から感謝いたします。 호의에 진심으로 감사드립니다.

★ **恩恵** : 이익이나 행복을 베풀어주는 고마운 혜택·동정·인정을 나타내
며, 기독교에서는 하나님이 인간에게 주는 사랑을 말한다. 천주교
에서는 聖寵(성총)이라고 한다.

◎ 自然の恩恵を受ける。　　　자연의 은혜를 입다.

◎ 恩恵を施す。　　　　　　　은혜를 베풀다.

★ **恩** : 고맙게 생각하는 것. 대개 윗사람에게서 받은 것에 감사하는 마음을
나타낸다.

◎ 恩に着る。

은혜를 입다(타인에게서 받은 은혜를 감사하게 여기는 마음을 나타낸다).

◎ 恩が仇。

은혜가 원수(상대를 위하여 하였던 일이 오히려 나쁜 결과가 된 것을 나타낸다).

★ **謝恩** : 받은 은혜에 대하여 감사의 마음을 표하는 것을 나타낸다.

◎ 謝恩会を開催する。　　　사은회를 개최하다.
◎ ロッテ百貨店の謝恩セール。 롯데백화점의 감사 판매

★ **謝意** : 감사의 마음 또는 과실을 사죄하는 마음을 나타내는 말이다.

◎ 厚情に対し謝意を述べる。　두터운 정에 사의를 표하다.
◎ 謝意を表して辞任する。　　사의를 표하고 사임하다.

★ **恩返し** : 받은 은혜에 보답하는 것을 나타낸다.

※ 報恩과 같은 뜻이다.

◎ 世話になった叔父への恩返し。 신세 진 숙부에게도 은혜에 보답한다.
◎ 恩を受けた人に恩返しをする。 은혜를 입은 사람에게 은혜를 갚다.

★ **償い** : 동사 償う에서 연용형이 명사화된 말. 보상・보답의 뜻으로, 죄나
손실 등에 대하여 그에 상응하는 답례로 갚는 것을 나타낸다.

◎ 償い金。　　　　　　　　보상금

完成(かんせい)

완성, 낙성, 완공, 종료, 종결, 완결, 달성, 완수, 성취, 준공

★ **完成** : 어느 사항이 완전하게 이루어지는 것을 나타낸다.

◎ 卒業論文が完成する。　　　졸업 논문이 완성되다.

◎ 完成品。　　　완성품

★ **完工** : 공사(工事)가 완성된 것을 나타낸다.

◎ ダムが完工した。　　　댐이 완공되었다.

◎ 完工まで五年を要する。　　　완공까지 5년이 걸린다.

★ **落成** : 공사(工事)가 완료되어 건조물 등이 완성된 것을 나타낸다. 준공
(竣工)이라고도 한다.

◎ 新庁舎が落成する。　　　새 청사가 낙성되다.

◎ 落成式が明日ある。　　　낙성식이 내일 있다.

★ **完了** : 어느 사항이 완전히 종료 또는 종식된 것을 나타낸다.

◎ 準備完了。　　　준비 완료

◎ 橋の工事が完了する。　　　다리 공사가 완료되다.

★ **出来** : 물건의 제작이나 제조 과정에서 완성된 것을 나타낸다. 사건의
　　　　발생도 나타낸다.

　　◎ 近日中に出来。　　　　　근일 중에 완성

　　◎ 交通事故が出来する。　　교통사고가 발생하다.

★ **完遂** : 끝날 때까지 책임 있게 일하여 완전하게 마무리 짓는 것을 나타
　　　　낸다.

　　◎ 新都市計画の完遂を発表する。　신도시 계획의 완수를 발표하다.

　　◎ 目的を完遂する。　　　　　목적을 완수하다.

★ **達成** : 목적을 성취하거나 이룩하는 것을 나타낸다.

　　◎ 一次の目標を達成した。　일차 목표를 달성하였다.

　　◎ 使命を達成する。　　　　사명을 달성하다.

間諜(かんちょう)

間者。回し者。スパイ。工作員。情報人。手先。諜者。斥候兵。
密偵。

간첩, 첩자, 스파이, 공작원, 첩보원, 정보원, 기관원, 앞잡이, 정탐꾼,
척후병, 밀정, 염탐꾼

★ **間諜** : 은밀히 잠입하여 적군의 동정을 알아내 아군에게 보고하고 알려

주는 사람을 말한다.

◎ 国内に敵軍の間諜が潜入する。　　국내에 적군의 간첩이 잠입하다.

◎ 我が国の領海で間諜が捕らわれる。우리나라 영해에서 간첩이 잡히다.

★ **間者** : 적군 몰래 적의 동태를 살피고 알아내는 자로, 스파이의 예스러운

　　　　말투이다. 러일전쟁 때까지 사용된 말이다.

◎ 日露戦争の時に使われた間者はスパイの意味だ。

　　일로전쟁 때 활동한 '간자'는 스파이의 뜻이다.

※ 日露전쟁은 1904년~1905년에 일어난 일본과 러시아 간의 전쟁이다.

★ **回し者** : 내정을 탐색하기 위하여 적중에 몰래 잠입한 자를 나타낸다.

◎ 金二成は敵の回し者だ。　　　　　김이성은 적의 첩자이다.

◎ 回し者は敵の中にひそかに紛れ込む。첩자가 적중에 몰래 잠입한다.

★ **スパイ** : 상대방이나 적군의 기밀 정보를 몰래 탐지해내는 일을 하는 사

　　　　람을 나타내며 大正시대부터 사용하였다. 영어의 SPY에서 온

　　　　외래어이다.

◎ 南北はスパイの活動を自制する必要が有る。

　　남북은 스파이 활동을 자제할 필요가 있다.

◎ 現代は産業産業スパイ事件もしばしば発生する。

　　현대는 산업스파이 사건도 자극 발생한다.

★ **工作員** : 어떤 목적을 지니고 사전에 계획적으로 다른 곳이나 다른 사람

　　　　　　의 사정을 자기편에게 유리하도록 일을 꾸미는 사람을 나타낸다.

◎ 選挙があれば工作員は生まれる。 선거가 있으면 공작원이 생긴다.

◎ 北韓(北朝鮮)は工作員の天国だ。 북한은 공작원의 천국이다.

★ **情報員** : 필요한 첩보를 수집하고 분석하여 이행하는 기관원을 말한다.

◎ 国家の安危にかかわる大事を守るために活動する情報員。

　　국가의 안위에 관계되는 큰일을 위하여 활동하는 정보원.

★ **手先** : 수하가 되어서 남에게 부림을 당하는 앞잡이, 부하의 뜻이다.

※ 손끝, 매우 가까운 곳을 나타내는 뜻도 잇다.

◎ 手先になって働く。　　　　 앞잡이가 되어 일하다.

◎ やくざの手先になる。　　　 깡패의 부하가 되다.

★ **諜者** : 몰래 사정을 탐지하는 사람. 특히 군사·정치 등의 첩보 활동에

　　　　종사하는 사람을 말한다.

◎ 敵の諜者が入り込む。　　　 적의 첩자가 잠입하다.

◎ 日帝の時代は諜者の天国だ。 일제시대는 첩자의 천국이었다.

★ **斥候兵** : 적군의 동정이나 지형을 몰래 탐지하기 위하여 파견하는 병사

　　　　　를 나타내는 말이다.

◎ 敵地へ斥候兵を出す。　　　 적지로 척후병을 보내다.

◎ 斥候兵が敵の動態を探る。　 척후병이 적의 동태를 살피다.

★ **密偵** : 상대의 기밀이나 내정을 몰래 살피는 자를 나타낸다.

　　◎ 密偵を放つ。

　　　밀정을 보내다.
　　◎ B会社側の密偵は他の会社の先端技術を抜き取る。

　　　B회사 측 스파이는 타 회사의 첨단기술을 빼낸다.

感動(かんどう)

感嘆。感激。詠嘆。驚嘆。驚愕。感慨。驚き。

감동, 감격, 감탄, 영탄, 경탄, 놀라움, 경악, 감개

★ **感動** : 큰 감명을 받아서 마음이 움직이는 것, 특별한 의미나 가치를 느

　　끼는 것을 말한다.

　　◎ 大自然の美しさに感動する。　　　대자연의 아름다움에 감동하다.
　　◎ あの日の感動は決して忘れない。　그날의 감동은 결코 잊을 수 없다.

★ **感嘆** : 마음 깊이 느끼고 극구 칭찬하는 것을 나타낸다.

　　◎ 感嘆の声をあげる。　　　　감탄의 소리를 지르다.
　　◎ 感嘆に値する景色だ。　　　감탄할 만한 경치다.

★ **感激** : 대단히 고맙게 느끼는 것이나 마음 깊이 감동하는 것으로, 특히

　　사람의 언동・사항에 감동하여 감정이 복받치는 것을 나타낸다.

◎ すばらしい演奏に感激する。 멋진 연주에 감격하다.
◎ 勝利の感激に浸る。   승리의 감격에 빠져들다.

★ 詠嘆 : 깊이 감동하여 목소리·글로 표현하고 읊는 것을 나타낸다.

◎ 声が長く引いて詠嘆した民謡。 목소리를 길게 뽑아 부른 민요
◎ 詠嘆法(文法用語)   영탄법

★ 驚嘆 : 몹시 놀라며 감탄·감동하는 것을 나타낸다.

◎ 妙技に驚嘆する。   묘기에 경탄하다.
◎ 驚嘆のあまり言葉も出ない。 경탄한 나머지 말도 안 나온다.

★ 驚愕 : 크게 놀라는 것을 나타낸다.

◎ 交通事故の悲報に驚愕した。 교통사고의 소식에 경악했다.
◎ 驚愕交響曲。   놀람교향곡(하이든 작 교향곡 제 94번)

★ 感慨 : 사물에 깊이 감동하여 한숨을 내쉬는 것을 뜻하며, 이전에 경험한
        것이나 옛 조상의 업적 등을 상기하여 일어나는 마음속 깊은 감정
        을 나타낸다.

◎ 感慨無量。   감개무량
◎ 感慨深げにアルバムをめくる。 감개 깊게 사진첩을 넘기다.

官僚(かんりょう)

官吏。役人。大臣。高官。官人。官員。顕官。

관료, 관리, 고관, 고위직

★ **官僚** : 정부의 고급관리로, 정치적 영향력이 있는 사람, 같은 관직의 동료를 나타내기도 한다.

◎ 官僚主義。 　　　　　　관료주의

(권위주의 · 비밀주의 · 독선주의 · 헌시주의 등의 어간을 내포한 비판적인 말)

◎ 官僚畑の政治家。 　　　관료 출신의 정치가.

★ **官吏** : 예스러운 말씨로, 국가 공무원을 뜻한다. 구 헌법에서는 국가에서 선임한 고등관과 판임관을 가리키는 말이다.

◎ 官吏服務紀律。

관리 복무 기율

◎ 官吏は現在では国家公務員とほぼ同じ意味で使われる。

관리는 현재 국가 공무원과 거의 같은 뜻으로 사용된다.

★ **役人** : 국가와 공공기관에 근무하고 있는 공무원을 나타내지만 조금은 저속한 말씨로, 좋은 뜻으로는 잘 사용하지 않는다.

◎ 役人根性。 　　　관리 근성(융통성이 없고 거만한 근성)

◎ 小役人。 　　　　말단 공무원(지위가 낮은 공무원에 대한 경멸의 뜻)

★ **大臣** : 국무대신의 뜻으로, 장관 역할을 하는 고관이나 중요한 신하, 각
　　　성의 장관을 가리킨다.

　　◎ 大臣は政務を取り行う高官だ。 대신은 정무를 집행하는 고관이다.
　　◎ 外務大臣は外務省の長官だ。　 외무대신은 외무성 장관이다.

★ **高官** : 지위가 높은 관직이나 그 관직에 있는 사람을 나타낸다.

　　◎ 政府の高官。　　　　　　　 정부 고관

★ **官人** : 官吏・役人과 같은 뜻의 말로, 각 성의 主典 이상 6位 이하의 공
　　　인을 말한다.

　　◎ 官人は天皇の下部だ。　 관인은 천황의 하인이다.

★ **官員** : 공무원의 뜻으로, 役人・官吏과 비슷한 말이다. 明治 시대에 사
　　　용하던 말이다.

　　◎ 明治時代の官員は現在の公務員だ。
　　　 메이지 시대의 관원은 현재의 공무원이다.

★ **顕官** : 예스러운 말로, 지위가 높은 관직 또는 그 자리에 있는 사람을
　　　나타낸다.

　　◎ 顕官は地位の高い官職だ。　 현관은 지위가 높은 관직이다.

汽車(きしゃ)

れっしゃ　でんしゃ　きどうしゃ
列車。電車。汽動車。

기차, 열차, 철마, 화차, 기관차, 기동차

★ **汽車** : 증기기관차로, 客車와 貨車를 끄는 차. 철로 위를 달리는 열차
또는 그 기관차를 말한다.

◎ 汽車の旅行は安全だ。　　기차 여행은 안전하다.
◎ 汽車賃は高速バスより安い。 기찻삯은 고속버스보다 싸다.

★ **列車** : 여객·화물의 운송·운반을 위하여 연결된 철도의 차량을 나타
낸다.

◎ 急行列車は時間通りに着いた。　급행열차는 제시간에 도착하였다.

★ **電車** : 전기를 동력원으로 하여 궤도 위를 달리는 철도 차량을 나타낸다.
電鉄라고도 하며 電気鉄道의 약어이다. 地下鉄·メトロ·サブ
ウェー도 비슷한 교통수단이다. メトロ는 프랑스어이고 サブ
ウェー는 영어에서 온 외래어이다.

◎ 私は電車で通う。　　　나는 전차로 다닌다.
◎ 終電車に乗り遅れる。　마지막 전차를 놓치다.

★ **汽動車** : 여객·화물을 싣고 가솔린·디젤 기관을 이용하여 자력으로

주행하는 철도 차량을 말한다.

◎ 汽動車は海に沿って走る。　기동차는 바다를 따라서 달린다.

傷(きず)

怪我。負傷。痛手。重傷。痛手。深手。くらずれ。

상처, 흉터, 흠, 중상, 부상, 물집

★ 傷 : 피부 근육 등에 상처를 입은 부분을 말한다. 또는 물체의 표면에
　생긴 파손 자국을 나타낸다.

　◎ 切り傷を負う。　　　　　　　(칼로) 베인 상처를 입다.
　◎ 全身に傷だらけになった兵士。 온몸이 상처투성이가 된 병사.

★ 怪我 : 과실·사고 등으로 몸에 상처·부상을 입은 것을 말한다.

　◎ 怪我人を慰問する。
　　부상자를 위문하다.
　◎ 乗客に怪我をさせないように気をつけてください。
　　승객이 다치지 않도록 조심하여 주십시오.

★ 負傷 : 몸에 상처를 입는 것을 나타낸다.

　◎ 負傷を免れる。　　　　　　　부상을 면하다.

◎ 頭を負傷する。　　　　　　　머리를 다치다.

★ **痛手** : 칼·화살 따위로 입은 심한 상처를 말하며, 물질적·정신적으로
　　　 받은 큰 타격을 뜻하기도 한다.

◎ 痛手を負う。　　　　　　　깊은 상처를 입다.

★ **重傷** : 심하게 다친 상처를 말한다.

◎ 重傷者が三人いる。　　　　중상자가 세 사람 있다.
◎ 重傷をおう。　　　　　　　중상을 입다.

★ **重手** : 深手·重傷·痛手은 같은 뜻으로 사용되는 말이다.

◎ 重手を負う。　　　　　　　중상을 입다.
◎ この深手は助からない。　　이런 중상은 어쩔 수 없다.

★ **くらずれ** : 안장 때문에 소나 말의 등에 생긴 상처, 사람의 허벅지에 생긴
　　　　　 상처 또는 가마를 탈 때 쓸려서 생긴 상처를 말한다.

◎ 騎手はくらずれがよくできる。
　　기수는 안장에 쓸리는 상처가 잘 생긴다.

基礎(きそ)

基本。基。入門。根本。根本。基盤。土台。根。源。礎。

기초, 기본, 입문, 근본, 기반, 처음, 토대, 밑, 기틀, 뿌리, 바닥, 터전, 밑동

★ **基礎** : 사물이 이루어지는 근본・밑바탕을 말하며, 건축물을 견고히 하기 위해 설계한 건물 제일 하부의 지형・초석・토대를 포함한다.

◎ 基礎工事。　　　　　　　 기초 공사
◎ 基礎を堅固にする。　　　 기초를 튼튼히 하다.

★ **基本** : 사물의 판단・행동 또는 존대 등의 기반・근거가 되는 것. 또한 사물・현상・이론・시설 등의 기초나 근본을 나타내는 말이다.

◎ 基本方針。　　　　　　　　 기본 방침
◎ ゴルフの基本の訓練をみにつける。 골프의 기본 훈련을 익숙하게 하다.

★ **基盤** : 어느 사항의 성립을 위하여 그 기초가 되는 것을 나타낸다.

◎ 農業生産の基盤の整備をする。 농업 생산의 기반을 정비하다.
◎ 経済的基盤を固める。　　　 경제적 기반을 단단히 하다.

★ **基** : 건물의 토대・주춧돌・초석과 사물의 근본・근거・기초 등을 나타낸다.

◎ 勤勉は成功の基である。　　 근면은 성공의 기본이다.

◎ 会社の創立の基を築く。　　회사 창립의 토대를 구축하다.

★ 入門 : 초심자를 위하여 쉽게 쓰인 입문서를 말한다. 또는 어떤 직업이
　　　나 분야에 처음 들어서는 것을 나타낸다.

◎ 日本語入門。　　　　　　일본어 입문
◎ 書道入門。　　　　　　　서도 입문(초보의 뜻)

★ 根本 : 사물의 기초・근원, 근본 원인을 말한다.

◎ キリスト教の根本精神は愛である。기독교의 근본정신은 사랑이다.
◎ 新学説を根本から否定する。　　신 학설을 근본부터 부정하다.

★ 土台 : 사물의 기초・근본이 되는 것을 나타내며, 건축물 전체를 지탱하
　　　는 최하위 부분, 밑바탕을 뜻한다.

◎ 成功の土台は若い時代に築く。성공의 토대는 젊은 시절에 쌓는다.
◎ 先人の知恵を土台とする。　　옛사람의 지혜를 토대로 삼다.

★ 源 : 사물의 기원・시초・근원을 나타내는 말. 본래는 강물의 시작・근
　　　원을 뜻하는 말이다.

◎ 印度の文明の源はインダス川である。

　　인도 문명의 기원은 인더스 강이다.
◎ 事件の源は貧困にある。

　　사건의 근원은 빈곤에 있다.

★ 礎 : 사물의 기초가 되는 중요한 부분. 초석・주석 등의 뜻이다.

◎ 国家の礎となる。

국가의 초석이 되다.

◎ 野球の優勝の礎は名投手の腕の力にある。

야구 우승의 초석은 명투수의 팔 힘에 있다.

規則(きそく)

法則。規約。ルール。規律。法律。条例。秩序。法令。憲法。
規範。紀律。心得。法。立法。掟。のり。約定。協約。公約。

규칙, 법칙, 규약, 룰, 규율, 법률, 약정, 조례, 질서, 법령, 헌법, 규범,
기율, 수칙, 법, 율법, 도리, 약속, 공약, 협약

★ **規則** : 어느 단체나 조직 등에서 질서를 지키기 위하여 정한 사항을 나타
낸다.

◎ 交通規則を守る。　　　　　　교통 규칙을 지키다.

◎ 規則動詞の活用。　　　　　　규칙동사의 활용.

★ **法則** : 일정한 조건하에서 항상 성립하는 사물의 상호 관계, 또는 지켜야
할 결정 사항・규범을 나타낸다.

◎ 自然法則。　　　　　　　　　자연 법칙

◎ 万有引力の法則。　　　　　　만유인력의 법칙.

★ **規約** : 단체・조직 등이 협의하여 정한 규칙을 나타낸다.

　◎ 組合の規約を定める。　　　조합의 규약을 정하다.

　◎ 規約にのっとってやる。　　　규약에 준해서 하다.

★ **ルール** : 영어의 rule에서 온 외래어로, 규칙・규약의 뜻을 나타내며, 大正 시대부터 사용하였다. 특히 이 말은 스포츠 경기나 유희 등에 많이 사용한다.

　◎ スポーツのルールを守る。　　　스포츠의 룰을 지키다.

　◎ ルール違反は反則を犯す行為だ。　룰 위반은 반칙 행위다.

★ **規律** : 사회생활・집난생활을 영위하기 위하여 행위・행농의 기순으로 정해놓은 질서의 준칙, 결정사항을 말한다.

　◎ 規律正しい生活。　　　질서 있는 생활

　◎ 軍営の生活は規律ある集団。　군영 생활은 규율 있는 집단.

★ **法律** : 사회 질서를 유지하기 위하여 국가가 국민에게 강제하는 규범・법으로, 헌법에 준하여 국회에서 의결을 거쳐 제정된 성문법을 일컫는다.

　◎ 法律は人を論じない。　　　법은 만인에 평등하다.

　◎ 法律案拒否権。　　　법률안 거부권

★ **条例** : 지방 공공단체가 회의의 의결을 거쳐 제정한 법・법규를 말한다.

　◎ 地方条例は地方公共団体の議会の議決によって制定する法だ。

　　지방 조례는 지방 공공단체의 의회, 의결에 의하여 제정하는 법이다.

★ **法令** : 법률과 명령을 나타내며, 조례 · 규칙 등을 포함한 법규의 일반적
인 뜻으로 사용한다.

◎ 法令に依拠して処理する。　법령에 의거하여 처리하다.

◎ 法令集。　　　　　　　　　법령집

★ **憲法** : 국가 통치 기구 등의 기본적 사항을 정한 최고의 법규로, 다른
법률에 의하여 변경하는 것이 불가능하고, 국민의 권리와 의무를
규정한 최상위 법이다.

◎ 大韓民国憲法。　　　　　　대한민국 헌법

◎ 憲法の精神に悖る。　　　　헌법 정신에 어긋나다.

★ **法** : 법률 · 규범 등을 나타내며, 헌법 · 민법, 또는 법안 · 법령과 같이 造
語에서 사용된다.

※ 法은 법률 · 규정 · 규칙 등으로, 訓読이며, 法는 漢呉의 音読이다.

◎ 法を守る。　　　　　　　　법을 지키다.

◎ 法に背く。　　　　　　　　법을 어기다.

★ **掟** : 옛날 말씨로, 법률 · 법도 · 공적의 결정사항을 나타내며, 예정 · 계
획 · 명령 · 풍습 · 마음가짐 · 운명 · 약속 등의 뜻이 있다.

◎ 国の掟を定める。　　　　　나라의 법률을 정하다.

◎ 神の掟に背く。　　　　　　하나님의 율법을 어기다.

★ **協約** : 협의하여 약속하는 것, 양국 간에 문서를 교환하고 맺는 계약을

일컫는다.

◎ 労働協約は無効だ。　　　　노동 협약은 무효이다.

◎ 韓日漁業協約は問題がある。한일 어업 협약은 문제가 있다.

★ **公約** : 공적으로 약속하는 것을 뜻한다. 공개 석상에서, 또는 선거 시,

후보자나 정당이 국민에게 정책 실행을 약속하는 것을 말한다.

◎ 選挙公約は空約束が多い。　선거 공약은 헛된 약속이 많다.

◎ 大運河事業の公約をする。　대운하 사업의 공약을 하다.

★ **紀律** : 規律과 같은 뜻으로, 사람의 행위에 기준이 되는 것・일정한 질

서를 나타낸다.

◎ 紀律が弛む。　　　　　　　기율이 해이해지다.

★ **心得** : 어떤 일을 이행할 때 알아두지 않으며 안 될 사항이나 기술・기

능을 익혀 몸에 완전히 익숙해지도록 하는 것을 나타낸다.

◎ 受験の心得。　　　　　　　수험 시 주의사항

◎ 旅行中の心得。　　　　　　여행 중의 사전 지식

記念品(きねんひん)

遺物(いぶつ)。 遺品(いひん)。 形見(かたみ)。 記念物(きねんぶつ)。

 기념품, 유품, 유물, 기념물

★ **記念品** : 어떤 사건을 기념하는 물품을 말하며, 때로 기념물이라고도 한다. 기념물은 公的으로 특별히 보존해야 할 가치가 있는 것을 말한다.

◎ この時計(とけい)は卒業(そつぎょう)記念品だ。　이 시계는 졸업 기념품이다.

◎ この松(まつ)は天然(てんねん)記念品だ。　이 소나무는 천연기념물이다.

★ **遺物** : 死者 등이 남긴 물품이나 옛 물품으로 현재까지 보존되어 있는 것, 또는 유적지에서 출토된 매우 오래된 물품을 나타내는 말이다.

◎ 石器時代の遺物。　　　　석기시대의 유물

◎ この花生(はない)けは祖父の遺物である。　이 꽃병은 조부의 유품이다.

★ **遺品** : 故人이 후손에게 남긴 물품을 말하며, 대개 고인이 사용하던 물건이나 몸에 지녔던 것을 나타낸다.

◎ この眼鏡(めがね)は父(ちち)の遺品だ。　이 안경은 아버지의 유품이다.

◎ 戦死者(せんししゃ)の遺品。　　　전사자의 유품

★ **形見** : 故人이나 멀리 헤어진 사람을 다시 상기시키는 물품을 말한다.

◎ 死んだ兄の形見の本だ。　돌아가신 형의 유품인 책이다.
◎ 彼女の形見の指輪だ。　그녀의 기념 반지이다.

気分(きぶん)

気持ち。気味。気色。機嫌。感じ。気配。

기분, 생각, 마음, 감정, 느낌, 감각, 기미, 기색, 비위

★ **気分** : 그때그때의 마음 상태를 나타낸다. 어느 상황이나 분위기에서 공
통으로 느끼는 마음 상태를 말하며, 추상적인 어감이 짙다.

◎ お天気で気分がいい。

좋은 날씨로 기분이 좋다.

◎ 気分屋。

기분파인 사람(수시로 기분이 바뀌는 사람이라는 뜻)

★ **気持ち** : 어느 사항 또는 타인에게서 받는 느낌이나 몸의 상태에 따라
일어나는 심리적 상황을 말하며 구체적인 어감이 짙다.

◎ 感謝の気持ちでいっぱいだ。　감사의 마음으로 꽉 찼다.
◎ 飲み過ぎで気持ちが悪くなる。과음으로 기분이 좋지 않다.

★ **気味** : 어느 대상에게서 받은 감정, 어느 상태나 상황에 처한 경우, 또는
기색・낌새・분위기에 젖어 있는 것을 나타내는 말이다.

◎ かぜの気味で休む。　　감기 기운으로 쉬다.

◎ いい気味だ。　　고소하다(남이 잘못되는 것을 보고 하는 말).

★ **気色** : 표정이나 태도에 나타난 속마음을 말하며, 좋지 않은 기분을 의미하기도 한다.

◎ 気色が悪い。　　기색이 좋지 않다.

◎ 春の気色が動く。　　봄의 기미가 보이다.

★ **機嫌** : 표정이나 태도에 나타난 快, 不快의 감정을 말한다. 접두어 ご를 결합시켜 기분이 좋음을 나타낸다.

◎ 今朝は母の機嫌がいい。　　오늘 아침에는 어머니의 기분이 좋다.

◎ ご機嫌よう。　　안녕히 가십시오. 안녕히 계십시오.

◎ ご機嫌いかがですか。　　기분이 어떠십니까?

★ **感じ** : 어느 사항에 임하였을 때 생기는 기분(気持ち)이나 그로부터 받는 인상·감각적인 분위기를 나타내는 말이다.

◎ 感じのよい人。　　기분이 좋은 사람

◎ 春らしい感じのシーズン。　　봄기운이 느껴지는 계절

★ **気配** : 어렴풋한 감각에 의하여 일어나는 사물의 낌새나 기색을 나타내는 말이다. 한편, 시장의 경기나 上場의 시세 상태를 뜻하기도 한다.

◎ 人の気配。　　인기척

◎ 変な気配がする。　　이상한 낌새가 있다.

◎ 効気配。　　호경기(좋은 경기)

着物(きもの)

服。衣。衣。ベベ。ガウン。衣服。洋服。韓服。ローブ。和服。
御衣。お召しもの。御衣。

옷, 의복, 양복, 한복, 의상, 양장, 의관, 로브, 가운, 튀튀, 클로크,
망토

★ **着物** : 몸에 걸치는 것을 가리키며, 일본 고유의 옷을 나타내기도 한다.

◎ 着物は寒くないほど。

옷은 춥지 않을 정도(필요 이상으로 옷을 걸치는 것은 좋지 않다는 의미)

◎ 芸者の着物は晴れやかだ。

기생의 기모노는 화려하다.

★ **服** : 의복을 나타내는 말로, 대개 양복을 가리키며 お服라고도 한다. 만
약 おん服라고 하면 상복(喪服)을 의미하게 된다. 한편, 造語에서
사용하여 옷, 마시는 것, 몸에 걸치는 것, 수행하는 것 등을 나타내기
도 한다.

◎ 今流行っている服。　　　지금 유행하고 있는 옷

◎ 衣服。　　　　　　　　　의복의 복합어

◎ 一服。　　　　　　　　　한 모금 마시는 것

◎ 制服。　　　　　　　　　제복 (↔私服。사복)

★ **衣** : 옷을 나타내는 말로 사용하며 특히 스님(중)의 法衣나 승려의 옷을
가리키는 고풍스러운 말씨이다.

◎ 衣をまとう。　　　　　　　옷을 입다.

◎ てんぷらの衣。　　　　　　튀김옷

★ 衣 : 의복을 나타내는 말로, 상반신부터 입는 옷을 지칭하며 あこめ나 かずき 등을 나타내는 雅語이다. 한편, 동식물의 가죽·깃털·외피·겉껍질을 가리키기도 한다.

◎ 衣を着せる。　　　　　　옷을 입히다.

◎ 蛇の衣。　　　　　　　뱀의 껍질(허물)

★ ベベ : 어린이의 옷을 말하는 幼児語, 또는 婦人語로, 대개 おべべ라고 하며, 우리말의 때때옷에 가까운 뜻이다.

◎ 赤きベベを着ている赤ちゃん。　빨간 때때옷을 입고 있는 아이

★ 洋服 : 서양풍의 의복으로, ズボン·背広·ワンピース·スカート 등을 말한다.

◎ 洋服は活動しやすい点がある。　양복은 활동하기 쉬운 점이 있다.

◎ 洋服を着る時はタイが必要だ。　양복을 입을 때는 넥타이가 필요하다.

★ 韓服 : 한국 고유 의상을 나타내며, チマ·チョゴリ 등이 있다.

◎ 韓服は日本人に人気がある。　한복은 일본인에게 인기가 있다.

옷에 관련된 단어

· 和服 : 일본식의 옷　　　　　　· 下着 : 속옷(肌着)

- 上着(うわぎ) : 겉옷 · 윗도리 · 저고리
- 浴衣(ゆかた) : 목욕할 때 입는 옷
- ズボン : 바지(프랑스어로 明治 시대부터 사용)
- 外套(がいとう) : 외투 · 코트
- さるまた : 팬츠 · 잠방이
- ランニング : 러닝(昭和 시대)
- 僧衣(そうえ) : 승려의 옷(そうい)
- 法衣(ほうえ) : 법복(ほうい)
- 礼服(れいふく) : 예법
- 制服(せいふく) : 제복(軍服(ぐんぷく) : 군복)
- 夜着(よぎ) : 잠옷(かいまき), 이불
- 寝間着(ねまぎ) : 잠옷 · 자리옷 · 침의
- 寝間巻(ねまき) : 잠옷 · 자리옷 · 침의
- 外出着(がいしゅつぎ) : 외출복
- 晴れ着(はれぎ) : 나들이옷
- 水泳服(すいえいふく) : 수영복
- 水着(みずぎ) : 수영복
- ふだん着(ぎ) : 평상복 · 일상적인 옷
- 平服(へいふく) : 평상복
- 式服(しきふく) : 예복
- 道服(どうふく) : 도복
- 運動服(うんどうふく) : 운동복(運動着(うんどうぎ))
- 喪服(もふく) : 상복
- パンツ : 팬츠(昭和 시대)
- パンティー : 여성용 팬티(明治 시대)
- パジャマ : 파자마 · 잠옷(昭和 시대)
- はかま : 일본 옷의 겉에 입는 하의
- たんこ : 기장이 짧은 하의
- はおり : 일본 옷의 위에 입는 짧은 겉옷
- ふんどし : 들보 · 음부 가리개
- バジ : 한국 바지(昭和 시대)
- もんぺ : 여성용 바지

★ 御衣(おんぞ) : 옷의 경칭으로, 옷을 입는 사람을 존경하여 그가 입고 있는 옷을 높일 때 하는 말이다.

※ 이 말과 비슷한 御召し物(おめしもの)와 御衣(ぎょい)는 天皇 · 貴人의 의복을 말한다.

◎ 御衣(おんぞ)貴人(きじん)の衣服(いふく)をうやまって言(い)う言葉(ことば)だ。

어의는 귀인의 의복을 높여 칭하는 말이다.

★ **ローブ** : 프랑스어의 robe에서 온 외래어로, 여인의 예복을 나타내는 말이다. 昭和(しょうわ) 시대부터 사용하였다.

※ 자락이 길고 넉넉한 원피스식의 여성복 또는 재판관·성직자들이 입는 기장이 긴 법복이나 법의를 말한다.

◎ ローブは仏蘭西(ふらんす)の衣(ころも)だ。　　로브는 프랑스 옷이다.

★ **ガウン** : 영어의 gown에서 온 외래어. 길고 넉넉한 상의로, 실내 옷이나 유럽의 재판관·대학 교수 등의 정장을 나타내는 말이며, 大正 시대부터 사용하였다.

◎ ガウンをはおる。　　　　가운을 옷 위에 입다.
◎ ガウンの姿(すがた)の看護婦(かんごふ)。　　가운 입은 간호사

★ **チュチュ** : 프랑스어의 tutu에서 온 외래어로, 발레리나가 입는 하얗고 나풀거리는 짧은 스커트(치마)를 말한다. 현대에 들어와 사용된 말이다.

◎ チュチュはダンスやバレェを踊(おど)る時(とき)の服(ふく)だ。
투투는 댄스나 발레를 출 때의 옷이다.

★ **クローク** : 영어의 cloak에서 온 외래어로, 소매가 없는 외투·망토(マント)를 나타내며, 明治 시대부터 사용한 말이다.

◎ クロークを着(き)たスーパーマン。　　클로크를 입은 슈퍼맨.

休暇(きゅうか)

休み。暇。バケーション。休息。余暇。暇。休日。休憩。合間。
間。バカンス。

휴가, 휴식, 여가, 틈, 짬, 휴일, 버케이션, 바캉스

★ 休暇 : 학교・회사・관공서 등에서 공적으로 인정된, 수업이나 업무가
　　　　없는 날이나 회사・관공서 등에 출원하여 인정 받은 결근으로,
　　　　업무를 쉬고 있는 기간을 나타낸다.

◎ 休暇を済州道で過ごす。　　휴가를 제주도에서 보내다.
◎ 休暇を取って海外行をする。휴가를 얻어 해외여행을 하다.

★ 休み : 일・수업 등을 마치고 쉬는 시간, 학교・회사 등의 결석・결근,
　　　　취침 시간을 나타낸다.

◎ 夏休みは7月25日からです。　여름 방학은 7월 25일부터입니다.
◎ 休みを取って国に帰る。　　　휴가를 얻어 고향으로 돌아가다.
◎ もうお休みの時間です。　　　이제 취침 시간입니다.

★ 暇 : 업무가 없는 것 또는 시간의 여유나 휴가를 나타내는 고상한 말이다.
◎ 一週間の暇をもらう。　　　일주일간의 휴가를 받다
◎ 昼ご飯を食べる暇もない。　점심을 먹을 여유도 없다.

★ バケーション : 영어의 vacation에서 온 외래어로, 비교적 긴 휴가를 나타

　　　　　　낸다.

◎ 今度のバケーションは釜山で過ごす。

　이번 휴가는 부산에서 보낸다.

★ バカンス : 프랑스어의 vacance에서 온 외래어로, 휴가를 나타내며, 현대
　　　　　에 들어와 사용된 말이다.

◎ 8月はバカンスシーズンである。　8월은 바캉스 시즌이다.

★ 休息 : 업무를 끝내거나 중도에 잠시 미루어 놓고 몸과 마음을 잠깐 쉬게
　　　　하는 것을 나타낸다.

◎ 午前の仕事をやめて休息を取る。　오전 일을 중지하고 휴식을 취하다.

◎ ゆっくりと休息を取る。　　　　　느긋하게 휴식을 취하다.

★ 余暇 : 업무 중의 쉼이나 업무를 벗어나 자유로운 시간을 가지는 것을
　　　　말한다.

◎ 余暇に水泳を習う。　　　　여가에 수영을 배우다.

◎ 余暇を楽しむ。　　　　　　여가를 즐기다.

★ 暇 : 자유로운 시간으로, 어떤 일에 전용하여 사용할 수 있는 시간이나
　　　어떤 일을 하는 데 필요한 시간을 나타낸다.

◎ 忙しくてお手洗いに行く暇もない。바빠서 변소에 갈 틈도 없다.

◎ TVを見る暇がない。　　　　　　　TV를 볼 기회가 없다.

★ 休日 : 학교・회사・관공서 등에서 수업이나 업무가 없거나 쉬는 날을

말하며 국가적 공휴일을 나타낸다.

◎ 毎週日曜日は休日だ。　　매주 일요일은 휴일이다.

◎ 休日は家族会議がある。　　휴일은 가족 회의가 있다.

★ **休憩** : 활동을 잠시 그만두고 심신을 쉬게 하는 것. 업무·공부·공연

　　등에서 중간에 쉬는 시간을 나타내기도 한다.

◎ 高速道路の休憩所はどこですか。고속도로의 휴게소는 어디 있습니까?

◎ 休憩時間は十分だ。　　휴식 시간은 10분이다.

★ **合間** : 업무 중도에 쉬는 잠시 동안의 휴식·틈·짬을 나타낸다.

◎ 勉強の合間に漫画を見る。　공부를 쉬는 사이에 만화를 보다.

◎ たばこを飲む合間もない。　담배 필 틈도 없다.

★ **間** : 업무를 하는 동안의 시간적 간격이나 어떤 일이 계속되는 사이를

　　나타낸다.

◎ 食事をする間もない。　　식사할 틈도 없다.

◎ 寝る間もない。　　잠잘 틈도 없다.

牛肉(ぎゅうにく)

鶏の肉。華鶏。豚肉。肉。馬肉。桜肉。魚。羊肉。

쇠고기, 닭고기, 돼지 고기, 짐승 고기, 말고기, 물고기, 생선, 양고기

★ **牛肉** : 식용으로서의 소고기, 즉 쇠고기를 말하며, 牛の肉라고도 한다.

※ 죄수들 사이에서는 '형무소장'을 은어로 牛肉라고 하는데 부식물 중에 쇠고기가 최고의 등급이기 때문에 붙여진 말이다.

◎ 牛肉のすきやきはおいしい。　쇠고기 전골은 맛있다.
◎ 牛肉は肉屋で売る。　　　쇠고기는 푸줏간에서 판다.

★ **鶏の肉** : 닭고기를 말하며 鶏라고도 한다. かしわ도 사용하며 깃털이 다 갈색인 일본 닭을 뜻한다.

※ 鶏肉라고 하여 닭고기를 뜻한다.

◎ 鶏の肉は健康食品だ。　닭고기는 건강식품이다.

★ **豚肉** : 식용으로서의 돼지고기를 말한다.

※ 豚肉라고도 하며 ポーク는 pork의 외래어로, 明治 시대부터 사용한 말이다.

◎ 豚肉はソーセージの原料だ。　돼지고기는 소시지의 원료이다.

◎ 豚カツは豚肉で作る。　　　돈가스는 돼지고기로 만든다.

★ 肉 : 식용되는 짐승의 고기를 나타내는 雅語이다.

※ 대개 멧돼지·사슴 등의 고기를 말한다.

◎ おいしい干し肉。　　　　맛있는 말린 고기

◎ 肉が付く。 → 太る。　　　살이 찌다(이때는 인체의 근육·살을 말한다).

★ 馬肉 : 말고기를 말하며, 桜肉라고도 한다. 이것은 고기 색깔이 벚꽃과

　　　　비슷한 데서 나온 말이나.

◎ 馬肉は美容食品だ。　　　말고기는 미용 식품이다.

◎ 桜肉は馬肉屋で売る。　　　말고기는 말고기 가게에서 판다.

★ 魚 : 바다·강에서 잡은 생선·물고기를 총칭하는 말이다.

◎ 魚屋で生魚を売る。　　　생선 가게에서 생선을 판다.

◎ 塩魚はサバが多い。　　　소금에 절인 생선은 고등어가 많다.

★ 羊肉 : 양의 고기를 말한다.

◎ 羊の肉は羊肉だ。　　　　羊の肉는 양고기이다.

◎ 羊肉は食べてみたことがない。　양고기는 먹어본 적이 없다.

今日(きょう)

今日。 本日。 この日。 今日日。

오늘, 금일, 본일, 오늘날, 이날

★ 今日 : 현재 보내고 있는 오늘을 말한다. 때로는 말하는 사람이 지금 머물고 있는 그날과 함께 다른 年·月의 같은 날짜도 나타낸다.

◎ 今日は朝から寒い。　　　　　오늘은 아침부터 춥다.
◎ 去年の今日近所で火事があった。 작년 오늘, 이 근처에서 화재가 있었다.

★ 今日 : きょう을 격식을 차려 이르는 말. 현재와 지금이라는 뜻도 있다.

◎ 今日の天気はどうですか。

오늘의 날씨는 어떻습니까?

◎ 今日の政治は与野の権力闘争である。

지금의 정치는 여야의 권력 투쟁이다.

★ 本日 : 오늘날·이날을 나타내며, 격식 있는 연설 등에서 자주 사용하는 딱딱한 말이다. ほんにち라고도 한다.

◎ 本日休業。　　　　　　　금일 휴업
◎ 本日9時会を開く。　　　　오늘 9시에 회의를 열다.

★ この日 : 말하는 時点에서 오늘이라는 뜻을 나타내는 말로, 연체사와 명사의 복합어이다.

◎ この日の昼ご飯はパンです。 오늘 점심 식사는 빵입니다.

◎ この日の朝 → 今朝　　　　　오늘 아침

★ 今日日 : 오늘날·요사이·현재를 나타낸다.

　　◎ 今日日の大学生。　　　　　　　오늘날의 대학생

　　◎ 今日日めったに手に入らない品。 요즘 좀처럼 얻기 힘든 물건.

兄弟(きょうだい)

兄弟。姉妹。兄と弟。姉と妹。

형제, 아우와 형, 자매, 형과 동생, 오빠와 누이, 언니와 동생, 오라버니

★ 兄弟 : 같은 부모에게서 태어난 아이들을 남녀 구별 없이 일컫는 말이며,
　　　　아이들끼리의 관계인 형·아우·누이동생 사이를 말한다.

　　◎ 兄弟でも性格はまるで違う。 형제라도 성격은 전혀 다르다.

　　◎ 兄弟げんかはしばしば起る。 형제 싸움은 자주 일어난다.

★ 兄弟 : 남자 형제끼리의 관계를 나타내는 말이다.

　　◎ 兄弟は左右の手のごとし。

　　　　형제는 좌우의 손과 같다(서로 도와야 한다는 뜻).

★ **姉妹** : 여성의 형제인 언니와 동생 관계를 나타내는 말이다.

 ◎ 姉と妹は顔が似ている。 언니와 여동생은 얼굴이 비슷하다.

 ◎ 姉妹会社。 자매회사

※ 兄 : けいと 漢音

 きょうと 呉音

 あにと 訓

※ 弟 : てい는 漢音

 だいと 呉音

 でと 관용어 音→弟子・제자

 おとうと・おとと 訓

共通語(きょうつうご)

標準語。方言。なまり。俚言。片言。土語。

> 공통어, 표준어, 방언, 사투리

★ **共通語** : 한 나라 안 어디에서나 통용되는 언어로, 계층 간의 장벽을 초월하는 말이다.

 ◎ 日本では方言に対立する共通語がある。

  일본에서는 방언에 대립하는 공통어가 있다.

※ 世界の共通語は英語だ。 세계의 공통어는 영어이다(이때의 공통어는 제각각 다른 언어를 사용하는 민족 간에 전달을 위한 언어를 나타내는 개념이다).

★ **標準語** : 그 나라의 공적 생활에 있어서 언어 규범이 되는 말로, 일반적
으로 방언 중에서 걸러진 언어를 기초로 하여, 수정・정리된
언어이다. 대게 東京 말에 기반을 두고 각 지방 방언에 상대하
여 전국의 각 지역에서 사용되는 일본어의 대표가 되는 말이다.

※ 현재는 표준어란 개념은 약해지고 공통어로 대신한다.

◎ 日本の標準語は東京の方言である。 일본의 표준어는 도쿄의 방언이다.
◎ 韓国の標準語はソウルの言葉だ。 한국의 표준어는 서울말이다.

★ **方言** : 공통어・표준어와 다른 형태로, 지방에서 사용하는 향토적 언어
이다.

◎ 方言はその地の固有のことばだ。 방언은 그 지방 고유의 말이다.
◎ 方言は分かりにくい。 방언은 이해하기 어렵다.

※ 방언은 方言・訛り・俚言・片言・土語 등과 같은 유의어가 있다.

許可(きょか)

認可。許諾。承諾。許容。承認。認証。公認。

허가, 인가, 허락, 허용, 승낙, 승인, 공인, 인증

★ **許可** : 출원한 사항을 법령에 준하여, 금지되었던 행위에 대하여 특정한
　　　경우를 해제하고 적법하게 해주는 행정 행위를 나타낸다.

　◎ 建築許可を得て十階建てのビルを建てる。
　　建築허가를 얻어 10층 빌딩을 짓다.
　◎ 工場の設立は許可が要る。
　　공장 설립은 허가가 필요하다.

★ **認可** : 공적 기관이 법인·개인이 한 행위를 인정하여, 법률상의 효력을
　　　완성시키는 행정 처분을 말한다.

　◎ 法人の設立を認可する。　　　법인 설립을 인가하다.
　◎ 営業を認可する。　　　　　영업을 허가하다.

★ **許諾** : 타인의 요구 및 희망 등을 받아들여 그것을 승낙하거나 청한 일을
　　　들어주는 것을 말한다.

　◎ 申請者に許諾を与える。
　　신청자에게 허가를 내주다.
　◎ あなたの許諾を得ない以上結婚はしない。
　　당신의 허락을 얻지 못한 이상 결혼은 안 한다.

★ **承諾** : 상대방의 의뢰·요구를 양해하여 받아들이는 것을 나타낸다.

　◎ 結婚を承諾する。　　　　　결혼을 승낙하다.
　◎ 彼女の要求をやむなく承諾する。그녀의 요구를 어쩔 수 없이 승낙하다.

★ **許容** : 일정한 범위의 상태나 상황까지는 좋다고 인정하여 받아들이는

것을 나타낸다. 또는 본래는 허락하지 않던 것을 관대하게 보고
허락한다는 뜻이 있다.

◎ このビルの休憩室では喫煙を許容されている。

이 빌딩의 휴게실에서는 흡연이 허용되고 있다.

★ **承認** : 어떤 사항이 정당하며 사실이라는 것을 인정하는 것을 나타낸다.
법률적으로는 국가나 정부에 대하여 국제법상의 지위를 인정하
는 것을 말한다.

◎ 契約書の内用を承認する。　계약서의 내용을 승인하다.

◎ 独立国として承認する。　　독립국으로 승인하다.

★ **認証** : 일정한 행위나 문서의 성립·기재 등이 적정하다는 것을 공적 기
관이 증명하는 일 또는 천황의 국사 행위로 내각과 총리가 행한
직권상의 행위를 공적으로 증명하는 것을 나타내는 말이다.

◎ 代理人を認証する。

대리인을 인증하다.

◎ 天皇が内閣総理の任命を認証する。

천황이 내각 총리의 임명을 인증하다.

★ **公認** : 나라·단체·정당 등이 정식으로 인정하는 행위나 대다수의 사
람이 수긍하는 내용을 말한다.

◎ 自民公認候補の田中。　　자민당 공인 후보인 다나카

◎ 公認記録。　　　　　　　공인 기록

霧(きり)

霞(かすみ)。もや。さぎり。かげろう。

안개, 연무, 아지랑이

★ 霧 : 공기 중의 수증기가 응집하여 미세한 물방울이 되어 지표면의 가까운 대기 중에서 연기처럼 되는 자연현상이다. 고대에는 사계절을 통틀어 사용되던 말이나 平安 시대 이후에는 가을에 나타나는 것을 칭하였다. 현재는 계절에 관계없이 사용하는 말이다.

◎ 霧が深い。　　　　　　안개가 짙다.
◎ 霧が晴れる。　　　　　안개가 걷히다.

★ 霞 : 공기 중에 넓게 퍼진 미세 먼지에 수분이 엉키어 하늘과 풍경이 뿌옇게 보이는 자연현상이다. 平安 시대에는 봄에 발생하는 것을 나타내던 말이다. 이 말은 아침・저녁의 놀을 나타내기도 한다.

◎ 霞がかかる。　　　　　안개가 끼다.
◎ 山のふもとに霞がたなびく。 산기슭에 안개가 길게 뻗어 있다.

★ もや : 대기 중의 무수히 많은 작은 물방울이 부유하여 먼 거리가 가물거리는 것을 나타낸다.

◎ もやが立ちこめる。　　　연무가 자욱하게 끼다.

※ 기상학적으로 시야가 1km 이상의 것은 もや, 1km 미만의 것은 霧(きり)로 구분한다.

★ **さぎり** : 안개의 雅語이다. さ는 명사 앞에 와서 美化의 뜻을 나타내는 접두어이다.

◎ さぎりの田舎道(いなかみち)を一人(ひとり)で歩(ある)く。　안개 낀 시골 길을 홀로 걷다.

★ **かげろう** : 봄철 직사광선의 강한 햇빛에 지표면의 공기가 흰색 불꽃같이 아른거리는 현상으로, 열을 받은 공기 밀도가 불균일하여 그곳을 통과하는 햇빛이 불규칙하게 굴절하기 때문에 발생하는 아지랑이이다.

◎ かげろうがゆらゆら立(た)ち昇(のぼ)る。 아지랑이가 아롱아롱 피어오르다.

緊急(きんきゅう)

非常(ひじょう)。緊迫(きんぱく)。切迫(せっぱく)。急迫(きゅうはく)。

긴급, 비상, 긴박, 급박, 절박

★ **緊急** : 사건이 중대한 것, 대응이나 조치를 급하게 하지 않으면 안 되는 것을 나타낸다.

◎ 何(なに)が緊急事態(じたい)が発生(はっせい)する。　뭔가 긴급 사태가 발생하다.

◎ 緊急を要(よう)する問題(もんだい)。　　　긴급을 요하는 문제

★ **非常** : 보통이 아닌 것 즉, 긴급한 상태, 심상치 않고 예사롭지 않은 것을 나타낸다.

◎ 非常警戒。　　　　　비상경계

◎ 非常口。　　　　　비상구

★ **緊迫** : 정세가 절박하여 곧 사건이 일어날 듯한 것 또는 매우 다급한 상태를 나타낸다.

◎ 南北関係が極度に緊迫する。남북 관계가 극도로 긴박하다.

★ **切迫** : 어떤 시각·기간 등이 다가오는 것으로, 다급하여 여유가 없는 상황을 나타내는 말이다.

◎ 切迫した情勢。　　　　절박한 정세

◎ 切迫感にとらわれる。　절박감에 사로잡히다.

★ **急迫** : 급속하게 다가오는 것으로, 사태가 조금의 여유도 없이 대단히 다급한 상태를 나타낸다.

◎ 延坪島が急迫した状況に置かれる。연평도가 급박한 상황에 놓이다.

近所(きんじょ)

> 隣。辺り。付近。辺。周辺。側。横。脇。ほとり。巡り。傍ら。
> 端。ふち。へり。回り。袂。際。側。〜辺。

근처, 이웃, 부근, 언저리, 곁, 옆, 근방, 주변, 주위, 〜가

★ **近所** : 어느 지점에서 가까운 곳인 근처·근방을 나타내는 말이다.

◎ 近所に小学校が有る。　　　근처에 초등학교가 있다.

◎ 私は宣陵の近所に住んでいる。　나는 선릉 근처에 살고 있다.

★ **隣** : 줄지어 연속으로 되어 있는 것 중에서 가장 가깝게 접해 있는 것,
또는 좌우 양측에 접한 집(가옥)을 나타내는 말이다.

◎ 隣の席に座る。　　　옆자리에 앉다.

◎ お隣さん。　　　이웃집 사람

★ **辺り** : 기준 되는 것에 가까운 곳으로, 부근·근방을 나타낸다. わたり라
고노 한다.

◎ この辺りは酒屋が多い。　이 주변은 술집이 많다.

◎ 辺には家は一つもなかった。　주변에 집은 하나도 없었다.

★ **付近** : 가까운 장소나 주변·근방을 나타낸다.

◎ 出入り口の付近が込み合う。　출입구 부근이 북적이다.

★ **~辺** : 기준이 되는 것에 가까운 곳을 나타내지만, 단독으로는 사용할 수
없고 造語에서 사용된다.

◎ この辺。이 근처　　　◎ 身辺。신변

★ **側** : 바로 옆 또는 부근을 나타내며, 대개 가로 쪽에 있는 장소나 위치를
가리키는 말이다.

◎ 駅の側にある本屋。　　　　역 근처에 있는 책방

◎ ベンチの側に座る。　　　　벤치(긴 의자) 옆에 앉다.

★ **横** : 수평・좌우 방향의 옆을 나타내고, 남북에서는 동서, 前後에서는 左右, 上下에서는 수평 방향을 뜻하는 말이다. 대상이 되는 물체의 측면・옆・곁을 표현하는 말로 사용한다.

◎ 学校の横に書店が有る。　　학교 옆에 서점이 있다.

◎ 箱の横に住所を書く。　　　상자 옆에 주소를 쓰다.

★ **畔** : 어느 물건・물체의 옆・곁을 나타내며, 특히 호수・강・산 등의 가장자리나 부근・근처를 가리키는 말로 사용한다.

◎ 川のほとりを歩く。　　　　강가를 걷다.

◎ 湖のほとりにある旅館。　　호숫가에 있는 여관

★ **脇** : 좌우 가슴의 측면인, 양팔 부근 바로 아래쪽을 나타내는 말로, 사물의 곁・옆・가장자리 등의 뜻으로 사용하는 말이다.

◎ 荷物を脇に置く。　　　　　짐(하물)을 옆에 놓다.

◎ 道の脇に寄る。　　　　　　길옆으로 다가서다.

★ **傍ら** : 물체의 옆・사람의 곁을 나타내는 말로, 바로 근처, 근접한 곳을 가리킨다.

◎ 母の傍らで子が遊ぶ。　　　어머니 곁에서 아이가 놀다.

◎ お花の傍らに蝶がいる。　　벚꽃 옆에 나비가 있다.

★ 端 : 물체의 가장자리・그릇의 테두리나 어떤 장소의 옆・강이나 연못 곁을 나타내는 말이다.

◎ 池の端に柳が一本ある。　　　연못 옆에 버드나무가 한 그루 있다.

◎ 炉端焼きはおいしい。　　　　화롯가에서 구운 것은 맛있다.

★ 縁 : 물체나 물건의 둘레・주변・주위 또는 일정한 폭을 사이에 두고 둘러싸고 있는 부분을 가리키는 말이다.

◎ 眼鏡のふち。　　　　　　　안경테

◎ 帽子のふち。　　　　　　　모자의 테두리

◎ 池のふち。　　　　　　　　연못 둘레

★ 縁 : 물체나 물건의 끝자락・테두리・주변・주위를 나타낸다. 특히 다다미의 마무리한 테두리와 같이 끝부분에 장식하여 댄 천・피륙 등을 가리킨다.

◎ リボンで縁をとる。　　　　리본으로 테두리를 두르다.

◎ 畳のへり。　　　　　　　　다다미의 테를 두른 천

★ 回り : 어느 물체나 물건의 가까운 부분・주변・주위나 그것을 둘러싸고 있는 부분을 나타낸다.

◎ 池の回り。　　　　　　　　연못 주위

◎ 家の回り。　　　　　　　　집 주변

★ 袂 : 원래는 소맷자락을 가리키는 말이지만 파생적 의미로 옆・곁을 나타내기도 한다.

◎ 橋のたもとにたたずむ。　　다리 옆에 잠시 멈춰서다.

★ 際(きわ)：어느 물체가 다른 물체와 접해 있는 부분 또는 어느 물체에 매우 가까운 곳, 바로 옆을 나타낸다.

◎ 窓(まど)の際。　　　　창가
◎ 崖(がけ)の際(きわ)を歩(ある)く。　　낭떠러지 근처를 걷다.

★ 側(がわ)：옆・곁・둘레・테두리를 나타낸다.

◎ 縁(えん)がわ。　　　　툇마루
◎ 当人(とうにん)よりも側(がわ)の人(ひと)が騒(さわ)ぐ。　당사자보다도 옆 사람이 떠든다.

★ 辺：바다・호수의 물가를 가리키며, ベ라고도 한다.

◎ 浜辺(はまべ)。　해변　　　　◎ 海辺(うみべ)。　해변

黄金(くがね)

黄金(くがね・こがね・おうごん)。　金(きん)。　白金(はっきん・しろがね)。　銀(ぎん)。

황금, 금, 백금

★ 黄金(くがね)：황색의 금속을 뜻하는 것으로, 황금의 문어적 표현이다. く는 き(黄色(きいろ))와 어원이 동일하고, こがね는 くがね가 변화한 말로, 황금

또는 금화를 총칭하며 황금색의 생략어로 사용하기도 한다. おう
ごんは 금과 돈을 나타내며 귀중한 것을 비유하기도 한다.

◎ くがね花が咲く。

황금 꽃이 피다(황금이 꽃이 핀 것처럼 생산된 것을 비유한 말이다.)

★ 金 : 자연 광물의 한 종류로, 아름다운 황색을 띄는 귀금속을 나타낸다.
화폐의 재료로 사용하였기에 금전을 속칭한다.

◎ 金は銀、銅、鉄、錫の長である。 금은 은・동・철・주석의 어른이다.

★ 白金 : 흰색의 금으로, 은보다 단단하며 녹슬지 않는다. 대개 장식품, 화
학기계 등에서 사용한나. プラチナ라고노 하며 네덜란드어 또는
영어에서 온 외래어로, 江戸 시대부터 사용한 말이다.

◎ 白金の指輪をはめる。

백금 반지를 끼다.

◎ 王水以外の酸には溶けない白金。

왕수 이외의 산으로는 녹지 않는 백금.

★ 銀 : 자연 광물 중 한 종류로, 전기・열전도율이 높고, 아름다운 광택으
로 장식품・공예품・화폐 등에 사용한다. しろがね(白金)라고도 한다.

◎ 銀は金よりやや軽くて堅い金属。

은은 금보다 조금 가볍고 견고한 금속이다.

◎ 銀は貨幣の材料である。

은은 화폐의 재료이다.

駆虫(くちゅう)

除虫。 殺虫。 防疫。

구충, 제충, 살충, 방역

★ **駆虫** : 해충이나 기생충을 약품 등으로 구제하는 것을 말한다.

◎ 春と秋に駆虫剤を飲む。　　봄과 가을에 구충제를 먹다.

★ **除虫** : 해충이나 기생충을 구제하는 것을 말한다.

◎ 田に除虫剤を散布する。　　논에 제충제를 살포하다.

★ **殺虫** : 벌레나 해충을 죽이는 것을 말한다.

◎ 蚊やほえなどを殺虫剤で駆除する。

모기나 파리 등을 살충제로 구제하다.

★ **防疫** : 전염성·감염증의 발생 또는 유행을 예방하는 것과 그 예방 조치

를 나타내는 말이다.

◎ 防疫に万全を尽す。

방역에 만전을 다하다.

◎ 消毒と予防薬が防疫の必須条件だ。

소득과 예방약이 방역의 필수 조건이다.

具備(ぐび)

完備_{かんび}。常備_{じょうび}。準備_{じゅんび}。支度_{したく}。用意_{ようい}。

구비, 완비, 상비, 준비

★ **具備** : 필요한 물건이나 사물의 형편이 모두 충분하게 갖추어진 상태를
  나타낸다.

  ◎ 入社書類を具備する。　　　입사 서류를 구비하다.

  ◎ すべての条件が具備した大会。 모든 조건이 구비된 대회.

★ **完備** : 설비나 제도 능이 결함 없이, 빠짐없이, 완전하게, 과하거나 부족
  함 없이 갖추어진 것을 나타낸다.

  ◎ 延坪島の防御体制が完備した。 연평도 방어 체제가 완비되었다.

  ◎ 冷暖房完備したホテル。　　　 냉난방이 완비된 호텔

★ **常備** : 필요할 때 곧 사용할 수 있도록 항시 갖추어 놓는 것을 말한다.

  ◎ 火事の防止のために消火器を常備しておく。

  화재 방지를 위하여 소화기를 상비해두다.

  ◎ 常備薬。

  상비약

★ **準備** : 어떤 일을 행하기 위하여 미리 필요한 것을 마련해 두는 것을 나
  타낸다.

◎ 下準備を終える。　　　준비 작업을 마치다.
◎ 準備運動。　　　　　준비 운동

★ **支度** : 예정・계획에 따라 어떤 일을 행하기 위하여 필요한 것을 준비하
고 정돈・정리하는 것을 나타낸다.

※ 食事・旅行・外出 시 자주 사용하는 말이다.

◎ 早起きして朝食を支度する。 일찍 일어나서 아침 식사를 준비하다.
◎ 旅行の支度をする。　　　여행 준비를 하다.

★ **用意** : 일을 하기 전에 미리 앞서서 필요한 물품이나 조건 등을 정리・정
돈해 두는 것을 나타낸다.

◎ 昼食は用意しておく。　　점심은 준비해 놓았다.
◎ 何の用意もなく旅に出かける。 아무런 준비도 없이 여행을 떠나다.

車(くるま)

自動車。自転車。人力車。カー。バス。タクシー。車。汽車。電車。

차, 자동차, 승용차, 화물차, 인력거, 택시, 자전거, 자가용차, 영업차,
버스, 기차, 전차

★ **車** : 바퀴를 회전하여 앞뒤로 움직이는 것. 사람이나 물건을 운반하는

데 사용한다. 옛날에는 牛車・人力車(우차・인력거)를 가리켰지만 현재는 자동차를 말한다.

◎ 車に乗る。　　　　　　자동차를 타다.
◎ この車は速い。　　　　이 차는 빠르다.

★ **自動車** : 엔진의 힘으로 바퀴를 회전시켜 도로를 달리게 만든 탈것의 총 칭이다.

◎ 自転車は個人用や営業用や貨物運搬用などがある。
　　자동차는 개인용이나 영업용이나 화물 운반용 등이 있다.

★ **人力車** : 사람을 태우고, 사람의 힘으로 끄는 이륜차로, 1인용, 2인용이 있다.

◎ 人力車は明治時代には重要な交通機関として普及した。
　　인력거는 明治 시대에는 중요한 교통수단으로 보급되었다.

★ **自転車** : 이용자가 양발로 페달을 밟아 그 힘으로 바퀴가 회전하여 앞으로 나가는 가볍고 편안한 이륜차이다.

◎ 自転車に乗る。　　　　자전거를 타다.
◎ 子供用は三輪車が多い。　어린이용은 세발자전거가 많다.

★ **カー** : car에서 온 외래어로, 자동차를 나타내는 말이다. 昭和 시대에 사용하였다.

◎ マイカー。　　　　　　내 차(마이카)

★ **バス** : 영어의 bus에서 온 외래어로, 많은 사람을 태우고 달리는 대형 승합차를 나타내는 말이다. 昭和 시대부터 사용하였다.

◎ 観光バス。 　　　　　　관광버스

◎ バスに乗る。 　　　　　버스를 타다.

◎ 貸し切りバス。 　　　　전세 버스

★ **タクシー** : 승차장이나 노상에서 승객을 태우고 다니는 영업용 자동차를 말하며, 거리나 기다리는 시간에 따라 요금을 받는다. 이 말 역시 영어의 taxi에서 온 외래어로, 大正 시대부터 사용하였다.

◎ タクシーを拾う。 　　　택시를 잡다.

★ **車** : 이 말은 造語에서 사용되며, 축을 중심으로 하여 회전하는 바퀴나 바퀴처럼 둥근 모양을 한 것 또는 사람이나 물건을 운반하는 데 사용하는 물건을 말한다.

※ 접미사로서 차량을 셀 때도 사용한다.

◎ 風車がまわる。 　　　　풍차가 돌다.

◎ 客車は旅客用の車両だ。 　객차는 여행객용 차량이다.

※ 風車를 かざぐるま 또는 かぜぐるま로 발음하면 '팔랑개비'를 뜻한다.

※ 石炭を二十車に積む。 석탄을 차량 20대에 싣다.(차량을 나타내는 접미사)

軍人(ぐんじん)

兵士。将兵。戦士。武士。侍。武人。もののふ。兵。軍。

군인, 장병, 전사, 무사, 무인, 군사, 병사

★ **軍人** : 전쟁에 종사하는 것을 직무로 하는 사람. 육·해·공군에 군적이 있는 장교·사병을 총칭하는 말이다.

◎ 軍人になる。 　　　　　　군인이 되다.

◎ 軍人生活は危険を冒す。 　군인 생활은 위험을 무릅써야 한다.

★ **兵士** : 징집되어 전쟁에 나가는 사람을 뜻하며, 군내에서 사관의 지휘를 받는 자를 나타낸다.

◎ 出征兵士。 　　　　　출정 병사

◎ 古参兵士。 　　　　　고참 병사

◎ 新参兵士。 　　　　　신참 병사

★ **将兵** : 장교와 병사를 나타내는 말이다.

◎ 生き残った将兵。 　　　살아남은 장병.

◎ 陸海将兵は全力を尽くす。 육·해 장병은 전력을 다한다.

★ **戦士** : 전쟁터에서 싸우는 병사를 말한다.

◎ 国立墓地には無名の戦士碑が有る。

국립묘지에는 무명의 전사비가 있다.

★ **武士** : 무예를 익혀 주로 군사(軍事)에 종사하던 사람으로, 일본 근세까지 서민보다 높은 지위에 있었다.

◎ 武士に二言はない。　　　무사에게 두 말은 없다.

◎ 武士の三忘。　　　무사의 삼망

(무사가 전쟁에 임할 때 잊어야 할 세 가지 것으로, 家・妻子・我が身를 말한다.)

★ **侍** : 옛날 일본의 중세・근세에 무가에서 종사하던 사람. 특히 가마쿠라・무로마치 시대에는 상급 무사를 나타내고, 江戸 시대에는 막부에서 장군의 직속 무사를 말한다. 이 말은 원래 さぶらい에서 온 말이다.

◎ 侍は身分の高い人のそばで仕事をする。

무사는 신분이 높은 사람 옆에서 일한다.

★ **武人** : 군대 일에 종사하는 사람으로, 武士와 軍事을 직업으로 삼는 사람을 가리킨다.

◎ 武人執権の政治。

무인 집권 정치

◎ 武人は軍人武士・兵・軍と同じ意味である。

무인은 군인・무사・용사・병사와 같은 뜻이다.

※ もののふ : 武士・武人의 雅語이다.

継続(けいぞく)

連続。 続き。 持続。 連鎖。 連結。 連携。

계속, 연속, 지속, 연쇄, 연결, 연계

★ **継続** : 동일한 것이 끊이지 않고 연이어 행하여지는 것 또는 연달아 행하
는 것을 말한다.

◎ 映画を継続上映する。 　　영화를 계속 상영하다.

◎ 討議が継続する。 　　토의가 계속되다.

★ **連続** : 도중에 끊어짐이 없이 이어지는 것 또는 계속되는 것을 말한다.

◎ 実験が連続して失敗する。 　　실험이 연속하여 실패하다.

◎ 4年連続して大会に参加する。 　　4년 연속 대회에 참가하다.

★ **続き** : 어떤 것이 계속되는 것이나 이어지는 것을 말한다.

◎ 文章の続きがよい。 　　문장의 연결이 좋다.

◎ 諸説の続きを読む。 　　소설의 계속(후편)을 읽다.

★ **持続** : 어떤 상태가 그대로 오랫동안 지속되고 유지되는 것을 말한다.

◎ 効果が持続する。 　　효과가 지속되다.

◎ 持続敵に訓練する。 　　지속적으로 훈련하다.

★ **連鎖** : 쇠사슬이 이어지듯 연결되어 있는 것이나 서로 잇대어 관련을 맺
　　　　는 것을 뜻한다.

　◎ 連鎖店でサイダーを買う。　연쇄점에서 사이다를 사다.
　◎ 連鎖反応を引き起こす。　연쇄반응을 일으키다.

★ **連結** : 한 줄이 되도록 연결시키는 것 또는 서로 이어지거나 관계를 맺는
　　　　것을 나타낸다.

　◎ 貨車を連結する。　　　　화차를 연결하다.
　◎ 乗り換えの連結がよくなる。환승의 연결이 좋아지다.

★ **連係** : 사람이나 물건이 상호 밀접하게 연결되어 있는 상태를 나타낸다.
　◎ 実績に連係して人事を行う。실적에 연계하여 인사를 행하다.
　◎ 運動は連係動作が重要だ。　운동은 연계 동작이 중요하다.

経歴(けいれき)

履歴。来歴。キャリア。由。閲歴。経緯。由来。縁由。

경력, 이력, 내력, 경위, 유래, 유서, 연유

★ **経歴** : 현재까지 경험한 학업·직업·신분·지위 등의 사항을 나타내는
　　　　말이다. 세월이 지나간다는 뜻이 있다.

◎ ここに経歴を書いてください。　여기에 경력을 써 주십시오.

◎ 多くの経歴を持つ作家の李光洙。　많은 경력이 있는 작가 이광수.

★ **履歴** : 현재까지 밟아온 학업·직업 등의 경력을 말한다.

◎ 自筆履歴書を出す。　　　자필 이력서를 제출하다.

◎ 履歴の真偽を調べる。　　이력 진위를 조사하다.

★ **来歴** : 한 사람의 경력·이력을 말하며, 사건의 유래·경위나 지나온 자
취·내용을 나타내기도 한다.

◎ 故事来歴を語る。　　　　고사의 내력을 이야기하다.

◎ 彼の芸術的才能は家柄の来歴だ。　그의 예술적 재능은 집안의 내력이다.

★ **キャリア** : 영어의 career에서 온 외래어로, 경력을 나타내며, 현대에 들어
사용된 말이다.

◎ 長いキャリアを持つ野球選手。　오랜 경력이 있는 야구 선수.

◎ キャリアは短いが作品は多い。　경력은 짧지만 작품은 많다.

★ **閲歴** : 경력과 같은 뜻의 말로, 한 사람이 현재까지 경험해 온 것을 나타
낸다.

◎ 自己の閲歴を語る。　　　자신의 경력을 말한다.

◎ 閲歴風霜。　　　　　　　열력풍상

(오랜 세월 동안 겪은 많은 세상 고난을 말한다.)

結婚(けっこん)

婚姻。婚約。求婚。プロポーズ。

결혼, 혼인, 약혼, 청혼, 프러포즈

★ **結婚** : 남녀가 부부가 되는 것, 부부의 인연을 맺는 것을 말한다.

◎ 甲乭と甲順が結婚した。　　　갑돌과 갑순이 결혼하였다.
◎ 恋愛結婚。　　　　　　　　연애결혼

★ **婚姻** : 남녀가 육체적으로 결합하는 것을 기초로 하여 부부 공동생활을 계속적으로 영위하는 것을 나타낸다. 법적 결혼 신고를 행한 것으로, '결혼'보다는 법률적인 용어에 속한다.

◎ 婚姻届け。　　　　　　　혼인신고
◎ 婚姻予約。　　　　　　　혼인 예약

★ **婚約** : 혼인을 서로 약속하는 것으로, 사실상의 결혼 상태를 나타낸다.

◎ 婚約指輪。　　　　　　　약혼반지
◎ 婚約が整う。　　　　　　약혼이 이루어지다.

★ **求婚** : 본인과 결혼해주기를 바라는 마음으로 당사자에게 청혼하는 것이다.

◎ 思いきって彼女に求婚した。　결심하고 그녀에게 구혼하였다.

◎ 求婚広告。　　　　　　　　　구혼 광고

★ プロポーズ : 영어의 propose에서 온 외래어로, 昭和 시대부터 사용한 말

이다. 求婚・請婚의 뜻이 있다.

◎ 彼女にプロポーズする。　　그녀에게 프러포즈하다.

見解(けんかい)

意見。所見。考え。所存。窮理。意思。患案。意患。意向。思考。

思い。淺思。考慮。熟考。工夫。

견해, 의견, 의사, 소견, 의향, 사고, 생각, 의지, 심사, 고려, 숙고,
심사, 궁리, 사안, 의도, 상상, 예상, 공부, 사유

★ 見解 : 어떤 사항에 대한 평가나 의견, 생각을 나타내는 것으로, 생각(考

え)・의견(意見)의 경어 표현에 속한다.

◎ 専門家の見解がわかれる。　　전문가의 견해가 갈리다.

◎ 両者の見解を異にする。　　　양자의 견해를 달리하다.

★ 意見 : 어떤 대상이나 판단해야 할 일에 대한 생각을 말한다.

※ 존칭어로는 貴意・高見・ご意見이 있고, 겸양어로는 愚見・卑見이 있다.

◎ 党内の意見を聴く。　　　당내의 의견을 듣다.

※ 酒を飲まないと医者に意見される。술을 마시지 말라고 의사에게 권고를 받다.
(意見이 する동사를 받으면 상대방의 과실·잘못에 대해 충고하거나 훈계하는 뜻이 있다.)

★ **所見** : 어떤 사항에 대한 의견이나 생각. 또는 본 것·본 결과를 피력하는 것을 나타낸다.

◎ 診察した所見をうかがう。　진찰한 소견을 묻다.
◎ 候補者の所見を聞く。　　　후보자의 소견을 듣다.

★ **考え** : 깊이 생각하고 연구한다는 뜻으로, 생각하여 결론을 얻는 것 및 결의·의견·판단·예측의 사고 활동을 말한다.

※ 동사 考える가 명사화한 말이다.

◎ 相手の考えを聞く。　　　상대의 생각을 듣다.
◎ よい考えが浮ぶ。　　　　좋은 생각이 떠오르다.

※ 考え는 理智的인 사고에서, 思い는 精神的인 생각에서 사용하며, 문맥의 뜻에 따라 혼용하는 경우도 있다.

★ **所存** : 마음속에 품고 있는 생각을 나타내는 말로, 편지글에서 사용되며 격식을 차린 고풍적인 말씨이다.

◎ 明日にでも参上する所存です。내일도 찾아뵐 생각입니다.
◎ 厳守する所存です。　　　　　엄수할 생각입니다.

★ **窮理** : 사물의 이치에 대해 골몰하고 마음 깊이 여러모로 생각하는 것 또는 도리·원리를 명확히 하는 것을 말한다.

※ 窮理学。 물리학(明治 시대의 초기 물리학을 나타내던 예스러운 말)

★ **意思** : 어떤 의도를 가지고 일을 행할 때 그 행동의 원인·기초가 되는 생각이나 의견을 말한다.

※ 意思는 법률용어에서 사용하며 意志는 일반적인 경우에 사용한다.

◎ 承諾の意思がある。　　　승낙 의사가 있다.
◎ 国民の意思を尊重する。　국민의 의사를 존중하다.

★ **思案** : 이것저것을 생각하는 것. '괴로운 생각'이라는 뉘앙스가 있다.

※ 思案는 物思いや 心配すること의 뜻이 있다.

◎ 思案を巡らす。　　　이리저리 생각하다.
◎ 思案顔。　　　　　　생각에 잠긴 얼굴.

★ **意向** : 어떤 사항에 대처하는 생각·의사를 말한다.
◎ 賛成の意向を表明する。　　찬성의 의향을 표명하다.
◎ 会に参会する意向がある。　회의에 참석할 의향이 있다.

★ **思考** : 경험·지식·직관 등을 통하여 이것저것을 곰곰이 생각하는 것을 나타낸다.

◎ 主観的思考。주관적 사고　◎ 思考力。사고력

★ **考慮** : 어떤 사항에 대하여 그것과 관련되는 여러 가지 조건이나 요소를
생각하고 헤아려보는 것을 나타낸다.

◎ 相手の立場を考慮する。　　상대의 입장을 고려하다.
◎ 考慮の余地が十分。　　　고려의 여지가 충분히 있다.

★ **熟考** : 깊이 생각하고 꼼꼼하게 잘 고려해보는 것을 나타낸다.

◎ 熟考した上で結論を出す。　숙고한 뒤에 결론을 내다.
◎ 毎事に熟考して最善を尽くす。매사에 숙고하여 최선을 다하다.

★ **工夫** : 여러 가지로 생각하고 좋은 수단·방법을 찾아내는 것을 말한다.

※ 工夫를 こうふ로 읽으면 공사장의 인부를 나타낸다.

◎ デザインに工夫を凝らす。　디자인을 궁리하다.

建設(けんせつ)

建築。普請。建造。構築。造作。捏造。建立。造立。

건설, 건축, 건조, 구조, 조작, 날조, 건립, 조립

★ **建設** : 새로이 만들어 설치하는 것으로, 건물이나 조직·기구를 이루는
　　　　것을 말한다.

　　◎ ビルを建設する。　　　　　　빌딩을 건설하다.
　　◎ 新国家を建設する。　　　　　새 국가를 건설하다.
　　　　しんこっか

★ **普請** : 건축·토목 공사를 나타내는 불교어로, 절에서 노역을 보시하던
　　　　말에서 일반화된 말이다.

　　◎ 橋普請をする。
　　　　はしぶしん

　　　　다리 공사를 하다.

　　◎ 普請は禅宗で多くの人人に要請して塔堂建立などの労役に従事して
　　　　ふしん　ぜんしゅう　おお　　ひとびと　ようせい　とうどうこんりゅう　　　ろうえき　じゅうじ

　　　　もらったことだ。

　　　　보청이란 선종에서 탑·법당 건립 등의 노역에 종사해줄 것을 많은 사람
　　　　들에게 요청하던 것이다.

※ 請의 せい는 漢音이고, しん은 宋·唐音이며, しょう는 呉音이다.
※ 清의 せい는 漢音이고, しん은 唐音이며, しょう는 呉音이다.
　　· 清은 중국 청나라.　　　　　　· 清酒는 일본 술.
　　　しん　　　　　　　　　　　　　せいしゅ
　　· 清淨는 불교어로, 맑고 깨끗함.　· 清淨는 청정.
　　　しょうじょう　　　　　　　　　せいじょう
※ 明의 みん은 唐音이고, めい는 漢音이며, みょう는 呉音이다.
　　· 明은 중국 명나라.
　　　みん
　　· 明星는 金星의 다른 이름.
　　　みんじょう
　　· 明月는 명월로, 밝은 달 또는 보름달.
　　　めいげつ

★ **建造** : 건물이나 선박 등을 만드는 것을 말한다.

　　◎ 建物の建造は設計図が必要だ。 건물의 건조는 설계도가 필요하다.
　　　　たてもの　　　　せっけいず　ひつよう

　　◎ 船を建造する。　　　　　　　배를 건조하다.
　　　　ふね

★ **構築** : 조립하여 만들거나 어떤 사항의 기초를 세우고 이루는 것을 말한다.

◎ 陣地を構築する。　　　　　진지를 구축하다.

◎ 城を構築する。　　　　　성을 구축하다.

★ **造作** : 집의 건축이나 집의 내부 시설을 나타낸다.

※ 한국어 사전에서는 진짜를 본떠서 가짜를 만든다는 뜻이 있어 일본어와 의미가 다르기에 유의해야 한다.

◎ 造作をする。

집을 짓다.

◎ 造作は建物内部の建具・天井・床・鴨居・敷居・長押などの総称だ。

조작은 건물의 내부 건구・천정・마루・문지방・중인방 등의 총칭이다.

◎ 家の造作が悪い。　　　　집의 내부 장치가 나쁘다.

★ **捏造** : 실제로는 없는 사항을 사실인 것처럼 만드는 것이다. 사실무근의 일을 꾸며내는 것을 말한다.

◎ 報告書を捏造する。

보고서를 날조하다.

◎ 捏造記事は事件の顛末をよくわからない。

날조 기사는 사건의 전말을 잘 알 수 없다.

★ **建立** : 사원・법당・탑 등을 건립하는 것을 나타낸다.

◎ 金大城は仏国寺を建立した。　김대성은 불국사를 건립하였다.

◎ 五重の塔を建立する。　　　　오층탑을 건립하다.

★ **でっちあげ** : 사실이 아닌 것을 마치 사실처럼 꾸며낸 것으로, 날조를 뜻한다.

◎ でっちあげの事件。　　꾸민 사건.
◎ でっちあげの論文。　　날조된 논문.

★ **造立** : 건물을 만드는 것, 사원·탑·불상 등을 만드는 것을 말한다.

◎ 伽藍を造立する。　　가람을 건립하다.
◎ 仏像を造立する。　　불상을 봉안하다.

子(こ)

子。子供。童。童。がき。

아이, 애, 놈(년), 녀석, 어린이, 아동, 애새끼

★ **子** : 남녀의 구별 없이 부모가 있는 아이 또는 동물의 새끼를 나타내며 実子·養子·継子의 총칭이다.

◎ 子の心は親知らず。　　아이는 부모 마음을 모른다.
◎ 子は親に似る。　　아이는 부모를 닮는다.

★ **子** : 대개는 접두어·접미사로 사용하며, 아이·어린이를 나타낸다.

◎ 子女。　자녀(접두어)　　◎ 養子。　양자(접미어)

★ **子供** : 아동・소아와 같이 미성년의 나이 어린 사람을 나타낸다.

◎ 子供は風の子。

아이는 바람의 자식(아이들은 추운 날씨에도 건강하게 잘 뛰어논다는 의미)

※ 子供의 共는 접미사이고 단수이다. 복수는 子供達라고 한다.

★ **童** : 어린이를 나타내는 말로, わらわべ에서 わらんべ로 되었다가 ん이 탈락하여 わらべ가 되었다. 또한 이 말은 召しつかう子供의 뜻도 있다.

◎ わらべ歌。　　　　　　동요

◎ わらべいさかい。　　　아이들 싸움

★ **童** : 10세 전후의 아이를 나타내는 말로, 童子와 비슷한 뜻이다.

◎ 童髪。　　　　　元服을 입기 전의 머리 모양(성인의식 전의 머리모양).

◎ 童心。　　　　　동심(어린이의 마음)

★ **がき** : 어린아이를 낮추어서 욕하는 말이다. '개구쟁이 녀석'이라는 의미로, 속어에 속하며, 奴・野郎가 있고 여자아이의 경우에는 おなご 또는 女朗라고 한다.

◎ うるさい餓鬼だ。　　　귀찮은 녀석이다.

粉(こ)

粉。メリケン粉。うどん粉。パウダー。粉末。小麦粉。フラワー。

밀가루, 소맥분, 분말, 가루, 분, 미숫가루

★ 粉 : 고체를 잘게 빻은 가루나 분말을 나타내며, 대개 접미사로 사용한다.

◎ 身を粉にする。　　　　　　몸이 가루가 되다(무척 고생하다)

◎ 火の粉。　　　　　　　　불똥

★ 粉 : 주로 곡물(쌀・밀가루・보리 등)을 잘게 빻아 만든 것을 나타내며,
　　보통은 밀가루인 소맥분을 시칭한다.

◎ 小麦を粉にひく。　　　밀을 가루로 빻다.

◎ 小麦粉。　　　　　　　밀가루(粉는 こな보다 こ를 사용한다. 접미사의 경우)

★ メリケン粉 : 소맥분 중에서 미국산 밀을 제분한 것을 나타낸다.

◎ アメリカ産の粉である。　　　　아메리카산의 밀가루이다.

★ うどん粉 : 우동 재료로 사용하는 일본산 밀가루를 말한다.

◎ 日本産の小麦粉はうどん粉と言う。　일본산 밀가루는 우동가루라 한다.

★ 小麦粉 : 밀알을 빻아서 가루로 만든 것으로, 빵・우동・과자 등의 원료
　　가 되는 밀가루의 총칭이다.

◎ 小麦粉はうどん粉とメリケン粉にしわける。
밀가루는 우동 밀과 미국 밀로 나뉜다.

★ パウダー : powder의 외래어로, 화장용 분(おしろい)이나 땀띠 가루약
또는 베이킹파우더의 가루를 나타낸다.

◎ ベーキングパウダー。　　베이킹파우더

★ フラワー : flour에서 온 외래어로, 가루를 나타낸다. 이 말은 꽃을 뜻하는
flower의 가나 표기와 발음이 같아서 혼동하기 쉽다.

◎ フラワーは粉と花の同じ表記の外来語だ。
플라워는 가루와 꽃의 동일 표기 외래어이다.

恋人(こいびと)

あの人。彼。彼女。愛人。思い者。情人。ラバー。

애인, 연인, 정부

★ 恋人 : 서로 간에 사모하는 사람, 연애 상대를 의미한다.

◎ お姫様の恋人は誰。　　아가씨의 연인은 누구?

★ あの人 : 원래는 말하는 사람・듣는 사람과 멀리 떨어져 있는 사람을 가

리키는 말이었는데, 현대에는 연인이나 자신의 남편을 나타내는 말로 사용한다. あのかた・あちら 등도 의미가 같다.

◎ あの人は大学生です。

그 사람(연인)은 대학생입니다.

◎ あの人はどちら様ですか。

저 사람은 누구십니까?(멀리 떨어져 거리가 있음을 의미)

★ 彼 : 원래는 代名詞의 他称으로 사용하나, 연인인 남성을 가리키는 말로도 사용된다.

◎ 妹に彼ができた。

여동생에게 연인이 생겼다.

◎ あれが彼のかばんだ。

저것이 그의 가방이다(3인칭 대명사에서 남성을 가리킴).

★ 彼女 : 연인에서 여성 쪽을 가리키며, 3인칭 대명사로 여성을 나타낸다.

◎ 弟に彼女ができる。

동생에게 연인이 생기다.

◎ それは彼女の本だ。

그것은 그녀의 책이다(3인칭 대명사로 여성을 지칭한다).

★ 愛人 : 예전에는 恋人의 뜻으로도 사용하였지만, 요즘은 情夫・情婦 등 특별한 관계에 있는 이성을 나타내는 말이다.

◎ 社長に愛人ができる。　　　사장님에게 정부가 생기다.

★ 思い者 : 고풍스러운 말로, 연인・애인을 뜻하였으나 후세에는 첩의 뜻

으로도 사용된다. 思い人라고도 한다.

◎ 思い者は妾の意味がある。 　오모이모노는 첩의 뜻이 있다.

◎ 副社長の思い者。 　　　부사장의 첩.

★ **情人** : 고풍스러운 말로, 친밀한 관계에 있는 연인·애인·정부를 나타낸다.

◎ 私にも情人ができたらいいのに。 　나도 애인이 있으면 좋은데.

★ **ラバー** : 외래어이며 애인을 나타낸다. ラバ라고도 하며 明治 때부터 사
　용하였고, 독일어에서 온 リーベ는 大正 때부터 사용하였다.

◎ 英語のloverはラバーで、独語のliebeはリーベである。
　영어의 애인은 라바-이고 독일어의 애인은 리-베이다.

広告(こうこく)

宣伝。ピーアール。公告。

광고, 선전, 피알, 공고

★ **広告** : 세간에 널리 알리는 것 또는 광고비가 드는 매체(TV, 신문, 잡지
　등)를 사용하여 상품·서비스·사업 등의 내용을 선전하는 것으
　로, 기사나 방송·문서 등을 말한다.

◎ 新聞の広告料は高い。 　　신문 광고료는 비싸다.

◎ 壁に広告紙を張る。　　　　　벽에 광고지를 붙이다.

★ **宣伝** : 어떤 사항의 존재나 효능 또는 주의·주장 등을 사람들에게 설명
하고 이해를 구하는 일이나 이에 관련된 운동, 활동, 널리 전하는
것을 나타낸다. 한편으로는 사실 이상으로 크게 과장하여 말을
부풀리는 것을 뜻하기도 한다.

◎ 薬の宣伝に乗る。　　　　　약 선전에 넘어가다.
◎ 宣伝の名手は北朝鮮である。 선전의 명수는 북조선이다.

★ **ピーアール** : PR(public relations)을 나타내는 외래어로, 관청이나 기업체
등의 시책이나 사업 내용을 일반 대중에게 알리는 선전을
뜻한다. 여러 가지 매스미디어를 사용하는 것이 보통이다.

◎ 現代はPR時代だ。　　　　　현대는 PR 시대다.
◎ 新製品をPRする。　　　　　신제품을 PR하다.

★ **公告** : 국가 기관에서 게시·관보·신문 등을 이용하여 일반 대중에게
널리 알리는 것을 말한다.

◎ 試験期日を公告する。　　　　시험 기일을 공고하다.
◎ 区役所は条例を新聞に公告する。 구청은 조례를 신문에 공고하다.

肯定(こうてい)

認定(にんてい)。承認(しょうにん)。是認(ぜにん)。首肯(しゅこう)。納得(なっとく)。同意(どうい)。同感(どうかん)。賛成(さんせい)。許諾(きょだく)。承諾(しょうだく)。

긍정, 인정, 승인, 시인, 수긍, 납득, 동의, 동감, 찬성, 허락, 승낙, 허가

★ **肯定** : 어떠한 말과 존재・사실을 인정하고, 용인하여 옳다고 생각하는
상태를 뜻한다. 논리학에서는 어떠한 판단이나 명제의 타당성을
승인하는 것을 말한다.

◎ 肯定文(こうていぶん)は主語(しゅご)と述語(じゅつご)を「である」によって結合(けつごう)する。

긍정문은 주어와 술어를 「이다」로 결합한다.

◎ 現状(げんじょう)を肯定する。

현상을 긍정하다.

★ **認定** : 사실・자격・유무・사항의 적부를 조사하여 그 내용을 바탕으로
판단해서 결정하는 것을 말한다.

◎ 資格(しかく)認定試験(しけん)。   자격 인정 시험.

◎ 事実(じじつ)の認定は証拠(しょうこ)による。   사실의 인정은 증거에 의한다.

★ **承認** : 어떤 사항에 대하여 정당하고 사실이라는 것을 인정하고, 좋다고
생각하여 허가・허락한다는 뜻이 있다. 국가・정부 등에 대해 국
제법상의 지위를 인정하는 것을 나타낸다.

◎ 契約書(けいやくしょ)の内容(ないよう)を承認する。   계약서의 내용을 승인하다.

◎ 独立国として承認する。　　독립국으로 승인하다.

★ **是認** : 어떤 내용이나 사실이 옳고 좋다는 것을 인정하는 것.

　◎ 是認しがたい国家の政策。　시인하기 어려운 국가 정책
　◎ 自分の過失を是認する。　　자기의 과실을 시인하다.

★ **首肯** : 납득하고 찬성하며 옳다고 인정하는 것 또는 승낙하는 것을 나타
　　　　낸다.

　◎ そんな説明では首肯しかねる。그런 설명은 수긍할 수 없다.
　◎ 会員の首肯を得る。　　　　회원의 수긍을 얻다.

★ **納得** : 다른 사람의 생각이나 행위 등이 사리에 맞다고 인정하는 것을
　　　　말한다.

　◎ 十分に説明して納得させる。　충분히 설명하여 납득시키다.
　◎ どうしても納得できない事だ。아무래도 납득할 수 없는 것이다.

★ **同意** : 남과 같은 의견·생각이라는 의사 표시를 나타낸다.

　◎ 相手の同意を得る。　　　　상대의 동의를 얻다.
　◎ 調停案に同意する。　　　　조정안에 동의하다.

★ **同感** : 같다는 생각·느낌·의견을 나타낸다.

　◎ 私もまったく同感だ。

　　나도 전적으로 동감이다.
　◎ 与·野の議員は同感と見えて、法律は可決した。

여・야 의원이 동감하여 법률은 가결되었다.

★ **贊成** : 타인의 의견・의회 법률안 등을 좋다고 인정하고 지지하여 동의
하는 것을 나타낸다.

◎ 他人の意見に同意して賛成票を出す。

타인의 의견에 동의하여 찬성표를 내다.

◎ 原案に賛成する議員より不賛成する議員のほうが多い。

원안에 찬성하는 의원보다 불찬성하는 의원이 많다.

★ **許諾** : 상대의 요구나 희망을 받아들여 주는 것을 말하며, 許可와 비슷
한 말이다.

◎ 申請者に許諾を与える。　　신청자에게 허락을 하다.

◎ 入場許可を得る。　　　　　입장 허가를 받다.

★ **承諾** : 상대방의 의뢰・요구 등을 양해하여 받아들이는 것을 말한다.

◎ 事後承諾。　　　　　　　　사후 승낙.

◎ 結婚をやむなく承諾する。　결혼을 어쩔 수 없이 승낙하다.

公表(こうひょう)

発表。公告。広報。公開。知らせ。掲示。披露。公布。発布。

공표, 발표, 공고, 공개, 광보, 게시, 피로, 공포, 홍보

★ **公表** : 아직 일반인에게 알려지지 않은 미공개 정보를 널리 세상에 발표
하는 것이다.

◎ 事件の真相を公表する。　　사건의 진상을 공표하다.
◎ 投票結果を公表する。　　투표 결과를 공표하다.

★ **発表** : 널리 세상에 알리는 것으로, 많은 사람이 보고 듣고 알도록 하는
홍보를 나타낸다.

◎ 新都市の計画案が発表される。신도시 계획안이 발표되다.
◎ 大学から合格者発表をする。　대학에서 합격자 발표를 하다.

★ **公告** : 국가·공공 단체·재판소 등이 어떤 사항을 관보·신문·게시
등을 통하여 일반 대중에게 널리 알리는 것을 말한다.

◎ 公務員の採用試験期日を公告する。공무원 채용시험 기일을 공고하다.
◎ 選挙日を公告される。　　　　　선거일을 공고하다.

★ **広報** : 관공서·기업·단체 등이 관련 업무나 활동에 대하여 일반인에
게 널리 알리는 것으로, 우리말의 弘報와 같은 뜻의 말이다.

◎ 韓日親善に努める広報大使の崔でございます。

한일 친선에 노력하는 홍보대사 최입니다.

◎ 鐘路に日本の広報館がある。

종로에 일본 광보관이 있다.

★ **公開** : 일반인에게 널리 개방하는 것으로, 입장・열람・관람・사용을 할 수 있도록 한다는 뜻이며, 이외에도 어떤 사실・내용을 여러 사람에게 보이는 것을 뜻한다.

◎ 国会議員の財産を公開する。 국회의원 재산을 공개하다.

◎ 情報公開。　　　　　　　정보 공개

★ **掲示** : 전달 사항 등을 문서화하여 여러 사람이 볼 수 있도록 좋은 장소에 게시하는 것이다.

◎ 社員募集要項を掲示する。　사원 모집 요항을 게시하다.

◎ 今年の目標を掲示する。　　금년 목표를 게시하다.

★ **披露** : 알려지지 않은 사항이나 희귀한 것을 사람들에게 널리 알리는 것으로, 대개 어느 장소에서 좋은 일을 보인다는 의미가 담겨 있다.

◎ 結婚の披露宴。　　결혼 피로연(결혼을 널리 알리는 뜻으로 베푸는 연회)

◎ 新作を披露する。　신작을 널리 알리다.

★ **公布** : 법령・조약의 성립 및 그 내용을 관보 등에서 일반 국민에게 널리 알리는 것을 말한다.

◎ 法律を公布する。　　　　　법률을 공포하다.

◎ 臨時国会の開催を公布する。 임시 국회의 개최를 공포하다.

★ **発布** : 새로 제정된 법령 등을 세상에 널리 알리는 것을 말한다.

　◎ 憲法を発布する。　　　　　헌법을 발포하다.

　◎ 禁止令が発布される。　　　금지령이 발포되다.

幸福(こうふく)

> 幸せ。幸い。幸。幸運。つき。運。好運。

행복, 행운, 운

★ **幸福** : 불평·불만 없이 마음에 만족과 기쁨을 느끼는 상태를 나타낸다.

　◎ 君の幸福を祈る。

　　자네의 행복을 비네.

　◎ 幸福への道は努力をしなければいけない。

　　행복에 이르는 길은 노력이다.

★ **幸せ** : 행운으로 마음이 만족하고 있는 것을 말한다.

　◎ 今日は私の誕生日で幸せです。　오늘, 나의 생일로 행복합니다.

　◎ 彼女の幸せを祈る。　　　　　그녀의 행복을 빌다.

★ **幸い** : 어떠한 혜택으로, 행복을 느끼는 것을 말한다.

   ◎ 若き二人に幸いあれ。   젊은 두 사람이 행복하길.

   ◎ よい友を持って幸いだ。   좋은 친구를 두어 행복하다.

★ **幸** : 행복·행운의 의미가 있는 말로, 雅語에 속한다. 한편, 자연에서 얻은 맛있는 음식을 나타내기도 한다.

   ◎ 幸あれ。   행복 있으라.

   ◎ 幸多かれと祈る   행복이 많기를 빌다.

★ **つき** : 속어적인 의미로 운·행운·호운을 나타내며, 도둑들의 은어로 자물쇠를 뜻하기도 한다.

   ◎ つきがない。   운이 없다.

   ◎ 今日はつきが悪い   오늘은 운이 나쁘다.

★ **好運** : 운이 좋은 것을 나타낸다.

   ◎ 自分の息子に向いてきた不思議な好運。

      자식에게 찾아온 불가사의한 호운.

※ 자연히 찾아온 좋은 행운을 말할 때 사용한다.
※ めぐり合わせ。운명·운

★ **幸運** : 운이 좋은 것. 즉, 행복한 운수나 운명을 뜻한다.

   ◎ 幸運を祈る。   행운을 빌다.

   ◎ 幸運にも入賞した。   운 좋게도 입상하였다.

★ 運 : 사람의 힘으로는 어찌할 수 없는, 자연히 그렇게 될 운명을 말한다.

◎ 運を天にまかせる。　　　　운을 하늘에 맡기다.

◎ 運がなかった。　　　　　　운이 없었다.

国民(こくみん)

百姓。人民。蒼生。蒼人草。おおみたから。民。民草。

> 국민, 백성, 민초, 인민, 민중, 범민, 서민, 동포, 민족, 겨레

★ 国民 : 국가의 구성원, 그 나라의 국적을 가진 사람을 말한다.

◎ 国民車と言うのは国産の小型自動車である。

국민차라는 것은 국산 소형 자동차를 일컫는다.

◎ 国民は兵役義務を果たすのが必要だ。

국민은 병역의 의무를 다해야 한다.

★ 百姓 : 일반 국민으로, 여러 성씨를 의미하며, 귀족·관리·노예를 제외

한 사람들이라는 의미가 있다. 또한 百姓라고 발음하면 농민의

뜻이 있다. 姓의 せい는 漢音이고, しょう는 呉音이다.

◎ 百姓は国の基である　　　　백성은 나라의 근본이다.

★ 人民 : 국가·사회를 구성하는 사람을 뜻하며, 특히 지배자에 대한 피지

배자를 나타낸다.

◎ 人民のための、人民による、人民の政治。
인민을 위한, 인민에 의한, 인민의 정치.

★ **蒼生** : '많은 사람'이라는 뜻으로, 일반인을 무성한 초목에 비유하여 표현한 말이다.

◎ 国家が蒼生の健康を守る。 국가가 국민의 건강을 지키다.

★ **青人草** : 백성, 민초, 창생을 나타내는 말로, 雅語에 속한다.

◎ ソウルにあらゆる美しい青人草のために淸溪川を再造成された。
서울의 모든 아름다운 서민을 위하여 청계천을 재조성하였다.

★ **おおみたから** : 天皇의 국민, 백성이라는 뜻이다.

◎ 日本人は天皇のおおみたからである。
일본인은 천황의 臣民이다.

★ **民** : 국가와 사회를 구성하는 사람을 뜻하며, 군주나 제왕에게 지배받는 사람을 일컫는 말로, 인민 한 사람 한 사람을 나타낸다. 또한 귀족·무사 계급을 제외한 일반 국민을 지칭하는 뜻도 있다.

◎ 民の声を反映された政治。 국민의 목소리를 반영한 정치.
◎ 民の口を防ぐは水を防ぐよりもはなばたし。
백성의 입을 막는 것은 물을 막는 것보다도 어렵다.

★ **民草** : 인민, 서민을 풀에 비유한 표현으로, たみくさ라고도 발음한다.

◎ 卑しき民草をために国は福祉施設を図る。

초라한 서민을 위하여 나라가 복지 시설을 도모하다.

乞食(こじき)

乞食。おこも。おもらい。ものもらい。袖乞い。てつがい。
こもかぶり。

거지, 걸인, 비렁뱅이, 각설이, 걸개

★ 乞食 : 타인에게서 음식이나 돈을 구걸히여 생활하는 사람을 나타내며,
같은 한자 표기로 かたい・ほいと・こつじき 등이 있다.

◎ 乞食するまねをする。　　　거지 생활하는 흉내를 내다.

◎ お金持ちも乞食もお金の問題だ。

부자도, 거지도 모두 돈과 관련된 문제이다.

★ 乞食 : 수행자가 인가의 문 앞에서 음식을 요청하는 행위, 이와 관련된
스님을 나타내는 말이다.

◎ 仏道を修行する乞食の行脚。　불도를 수행하는 스님의 행각.

◎ 乞食と同じ言葉は托鉢がある。　스님과 같은 말로 탁발이 있다.

★ おこも : 거지라는 뜻으로, 유아어・여성어에 속한다. お는 접두어이고
こも는 こもかぶり의 약어이다.

◎ おこもにやる食べ物。　　거지에게 줄 음식.

★ **おもらい** : 거지의 뜻으로, 얻어먹는 사람을 나타낸다.

◎ おもらいの生活はよくない。거지 생활은 좋지 않다.

★ **ものもらい** : 타인에게서 음식물을 얻어 생활하는 사람을 나타낸다.

◎ 門前にものもらいが来た。　문 앞에 거지가 왔다.

★ **そでごい** : 거지의 뜻이며, 구걸·동냥의 의미가 있다.

◎ そでごいをする。　　　　　구걸하다.

★ **こつがい** : 거지·비렁뱅이·걸개의 뜻이다.

◎ こつがいは貧しくて他人にお金や物品をものごいする人。
거지란 가난하여 타인에게 돈이나 물품을 구걸하는 사람.

米(こめ)

米。米。米。もち米。うるち。稲。八木。

쌀, 미곡, 멥쌀, 찹쌀, 현미, 입쌀, 햅쌀, 벼, 백미

★ **米** : 벼에서 얻는 곡식으로, 보통 주식으로 사용하며 떡·과자·술·엿

등의 원료가 된다.

◎ 稲のもみがらを取り去ったのが米である。

　벼의 왕겨를 제거한 것이 쌀이다.

◎ 日本人の主食は米だ。

　일본인의 주식은 쌀이다.

★ 米 : 예스러운 말로, 쌀을 나타내며, 神仏에게 공양하는 쌀의 뜻도 있다.

　88세, 米寿를 축하하는 의미로도 사용한다.

◎ 米の祝い。　　　　　　88세가 된 것을 축하.

◎ よねは供米の意味もある。　쌀은 공양미의 뜻도 있다.

※ 供米는 공출미의 뜻이다.

★ 米 : 쌀을 나타내는 뜻으로 造語에서 사용되며, 呉音이다. 대개 뒤에 붙여 사용한다.

◎ 玄米 : 현미　　　　　◎ 白米 : 백미

◎ 新米 : 햅쌀

★ 米 : 쌀을 나타내는 뜻으로 造語에서 사용되며, 漢音이며, 대개 앞에 붙여 사용한다.

◎ 米食 : 쌀밥 식사　　　◎ 米作 : 쌀농사

※ 米国은 美国의 일본어 표기법이다.

※ 米는 길이의 단위로, メートル로 표기되며 일본식 읽기인 国訓이다.

★ **もち米** : 찰기가 강하여 떡이나 팥밥 등에 사용하는 찹쌀이다.

　　◎ もち米はあずき飯を作る時よく入れる。

　　　찹쌀은 팥밥을 만들 때 자주 사용된다.

★ **粳** : 끈기가 적고 일반 밥에 사용하는 멥쌀을 가리킨다. うるごめ・うる

　　ちごめ・うるちまい라고도 한다.

　　◎ 粳は普段時のご飯を炊く時使う米だ。

　　　멥쌀은 평상시 밥을 지을 때 사용하는 쌀이다.

★ **ライス** : 외래어로, 밥과 쌀을 나타내는 말이다. 주로 서양식 식당에서

　　사용하는 경우가 많으며, 明治 시대부터 사용한 말이다.

　　◎ 米国のライスは日本の米より味がよくない。

　　　미국 쌀은 일본 쌀보다 맛이 좋지 않다.

※ 맛있다 : おいしい・うまい・味がいい・美味だ

★ **八木** : 쌀의 별칭으로, 米字의 파자에서 나온 말이다.

　　◎ 米の字を分解すれば八と木となる。

　　　미의 글자를 분해하면 팔과 목이 된다.

最高(さいこう)

最上。頂上。極度。絶頂。至上。首脳。てっぺん。最良。トップ。クライマックス。山場。

최고, 최상, 정상, 극도, 절정, 고비, 지상, 수뇌, 꼭대기, 클라이맥스, 최량, 최선

★ **最高** : 가장 높은 것 또는 가장 좋은 것을 나타낸다.

◎ 最高におもしろい番組だ。　　최고로 재미있는 프로다.

◎ 夏はアイスクリームが最高だ。여름에는 아이스크림이 최고다.

★ **絶頂** : 산의 맨 꼭대기・제일 높은 곳 또는 사물의 정도가 매우 높은 상태임을 뜻한다.

◎ 人気絶頂の女優。　　　　인기 절정의 여배우.

◎ 幸福の絶頂にある新婚夫婦。행복이 절정에 있는 신혼부부.

★ **至上** : 최고・최상의 뜻으로, 더할 없이 높은 것을 가리킨다.

◎ 至上命令。　　　　　　지상 명령.

◎ 至上の光栄。　　　　　지상의 영광.

★ **首脳** : 어떤 조직・단체에서 가장 중요한 위치에 있는 사람을 말한다.

◎ 首脳会談。　　　　　　수뇌 회담.

◎ 諸国の首脳がソウルに来る。여러 나라 수뇌가 서울에 오다.

★ **最上** : 제일 높은 곳이나 가장 좋은 것·훌륭한 것·그 이상 없는 수준,
등급, 상태를 나타낸다.

◎ 最上の喜びは犠牲だ。   최상의 기쁨은 희생이다.
◎ 最上の時計はオメガだ。   최상의 시계는 오메가이다.

★ **頂上** : 제일 높은 곳이나 산의 꼭대기를 나타내는 말로, 최고의 지위 또
는 그 지위에 있는 사람을 가리킨다.

◎ 頂上会談。   정상회담.
◎ 冠岳山の頂上に立つ。   관악산 정상에 서다.

★ **極度** : 일의 정도가 더할 수 없는 한계에 도달한 것을 나타낸다.

◎ 極度に悪化する。   극도로 악화되다.
◎ 極度の疲労で倒れる。   극도의 피로로 쓰러지다.

★ **てっぺん** : 가장 높은 곳·정상을 말한다.

※ 한자 표기는 天辺으로, 투구의 맨 윗부분에서 유래하여 머리 윗부분을 나타내기도 한다.

◎ 頭のてっぺんから足の爪先まで。 머리 꼭대기에서 발가락 끝까지.
◎ 山のてっぺん。   산의 정상(산꼭대기)

★ **トップ** : 영어의 top에서 온 외래어로, 선두·정상·첫째·수뇌를 나타내
며, 大正 시대부터 사용하였다.

◎ トップ会談。   정상회담

◎ 第一面のトップを飾るニュース。 제1면의 톱을 장식한 뉴스.

★ **クライマックス** : 영어의 climax에서 온 외래어로, 최고조・절정을 나타낸
다. 明治 시대부터 사용하였다.

◎ ドラマがクライマックスを迎える。
드라마가 정점을 맞이하다.
◎ この小説のクライマックスは主人公の自殺だ。
이 소설의 클라이맥스는 주인공의 자살이다.

★ **山場** : 사물이 가장 번성한 때나 장소・절정 또는 중요한 장면・클라이
맥스를 나타낸다.

◎ いよいよ山場を迎える。　　드디어 클라이맥스를 맞이하다.
◎ 選挙戦が山場を迎える。　　선거전이 절정을 맞이하다.

酒(さけ)

酒。お神酒。御酒。和酒。美酒。本直し。ワイン。もろみざけ。
にごりざけ。清酒。バイカル。洋酒。焼酎。爆弾。

술, 막걸리, 탁주, 맥주, 포도주, 정종, 청주, 약주, 소주, 양주, 귀밝이
술, 이명주, 배갈, 고량주, 폭탄주

★ **酒** : 알코올이 함유되어 있는 음료로, 쌀 등의 재료를 누룩으로 발효시켜
만든 일본 술을 말한다.

◎ 酒に酔う。　　　　　　　술에 취하다.

◎ 酒を注ぐ。　　　　　　　술을 따르다.

★ 酒 : 여성어로, 술을 말한다. 대개 ご酒・お酒라 하면 술의 美称으로, 공
　　　손한 말씨이다.

◎ 酒は女の涙わよ。　　　　술은 여자의 눈물이지요.

★ お神酒 : 神에게 바치는 술을 뜻한다. 또한 술을 멋지게 표현하는 말이
　　　기도 하다.

◎ 神様にお神酒を供える。　신에게 술을 공양하다.

★ 麦酒 : 맥주를 나타내는 말로, ビール・ビヤ의 借字 表記이다.

◎ 麦酒はビールと言う
　맥주는 비어라고 한다.

◎ ビールは江戸時代、ビヤは明治時代に使用した。
　비어는 江戸 시대, 비어는 明治 시대에 사용하였다.

★ ワイン : 포도주를 말하는 외래어로, 明治 시대부터 사용하였고, ぶどう
　　　酒라고도 한다.

◎ ワインは葡萄の実から造る酒である。
　포도주는 포도의 열매로 만든 술이다.

★ もろみざけ : 발효가 끝난 뒤에 거르지 않은 술을 말한다.

◎ 発酵が済んだあとまだ粕をこしていない酒はもろみざけと言う。

발효가 끝난 뒤 아직 지게미를 거르지 않은 술을 '거르지 않은 술'이라고 말한다.

★ **にごりざけ** : 막걸리・탁주인 どぶろく의 흰색 술을 말한다.

　◎ 韓国産にごりざけは有名だ。　　한국산 막걸리는 유명하다.

★ **清酒** : 쌀과 누룩을 이용하여 발효시켜 정제한 맑은술로, 日本酒・正宗 라고도 한다.

　◎ 清酒は祭祀の時よく利用する。　청주는 제사 때 자주 이용한다.

★ **バイカル** : 배갈, 즉 중국술을 말하며 コーリャン酒라고도 한다.

　◎ バイカルは中国料理屋で飲める。 배갈은 중국 요릿집에서 마실 수 있다.

★ **洋酒** : 서양에서 전해진 제조법으로 만든 위스키・와인 등을 말한다.

　◎ ウィスキーは洋酒だ。　　　　위스키는 양주이다.

★ **焼酎** : 증류법으로 만든 술. 알콜 성분은 20도에서 45도의 것이 있다.

　◎ 韓国の焼酎は真露が一番有名だ。 한국의 소주는 진로가 제일 유명하다.

★ **和酒** : 일본 술을 나타내는 말로, 日本酒라고도 표기한다.

　◎ 和酒は正宗がある。　　　　일본 술은 정종이 있다.

★ **爆弾** : 제2차 세계대전 후에 나돌던 밀주로, 품질이 낮은 소주를 나타낸다.

　◎ 爆弾を一服飲みましょう。　폭탄주를 한 모금 마십시다.

★ **本直し** : 미림의 거르지 않은 술에 소주를 섞어 만든 달콤한 술을 말한다.

　◎ 本直しを飲んだことがない。 단술을 마셔본 적이 없다.

作家(さっか)

作者。 著者。 編者。 訳者。 文人。

> 작가, 작자, 저자, 편자, 역자, 문인, 지은이, 편집자, 편찬자

★ **作家** : 예술 작품을 만드는 사람이나 그것을 직업으로 하는 사람으로,
　　　　대개 소설가를 칭하는 말이다.

　◎ 作家の一生は苦悩の日々。　작가의 일생은 고뇌의 나날이다.
　◎ 作家は良心に訴える。　　　작가는 양심에 호소한다.

★ **作者** : 시가・소설・각본・회화・조각・공예 등의 작품을 만드는 사람.

　◎ この絵は作者未詳である。

　　　이 그림은 작자 미상이다.
　◎ 狂言の脚本を作った人を作者と言われる。

　　　교겐의 각본을 만든 사람을 작자라고들 한다.

★ **著者** : 문장으로 글을 써서 책을 지은 사람으로, 저작자의 준 말이다.

◎ 「愛人」の著者に路で会う。　〈애인〉의 저자를 길에서 만나다.
◎ この書物の著者は日本人だ。 이 책의 저자는 일본인이다.

★ 編者 : 서적을 편집하여 엮은 사람을 나타낸다.

◎ この辞典の編者は山中だ。　 이 사전의 편자는 야마나카이다.
◎ 編者は編集者の略語だ。　　 편자는 편집자의 약어이다.

★ 訳者 : 번역자의 줄임말로, 시가나 문장을 번역하는 사람을 나타내며, 번
　　　　역가라고도 한다.

◎ この原書の訳者は金だ。　 이 원서의 역자는 김이다.
◎ 訳者は第二の作家だ　　　 역자는 제2의 작가이다.

試験(しけん)

考試。テスト。

시험, 고시, 테스트

★ 試験 : 실력·지식·재능·수준 따위를 일정한 절차와 방법을 통하여
　　　　우열을 측정하는 것이나 실험하는 것 등을 나타내는 말이다.

◎ 期末試験を受ける。　　　 기말시험을 보다.
◎ 品質を試験する。　　　　 품질을 시험하다.

★ **考試** : 임용 자격을 결정하는 시험을 나타내는 말이다.

◎ 司法考試。 사법고시.

◎ 考試は資格などを試す。 고시는 자격 등을 시험한다.

★ **テスト** : 영어의 test에서 온 외래어로, 시험・검사・실험 등의 뜻으로 사용하며, 大正 시대부터 쓰인 말이다.

◎ テストに合格する。 시험에 합격하다.

◎ 性能をテストする。 성능을 검사하다.

事件(じけん)

出来事。 事変。 事態。 故障。 変事。 祟り。 災い。 災殃。 災難。
事故。 障害。 落ち度。

사건, 사고, 사변, 사태, 탈, 고장, 장애, 재난, 재앙, 과실, 실수

★ **事件** : 사회적으로 문제가 되는 일 또는 법적 소송 사건의 준말로, 재판소에 호소하거나 소송하는 사항을 나타낸다.

◎ 入試の不正事件が起きる。 입시 부정 사건이 일어나다.

◎ 事件を検察に送致する。 사건을 검찰에 송치하다.

★ **出来事** : 사회나 개인의 신변에서 발생하는 여러 가지 사항이나 돌발적

으로 일어나는 사건·사고를 나타내며 사항의 대소·선악에
관계없이 사용한다. 즉, 事件에 비하여 용법이 넓다.

◎ 一日の出来事を日誌に書く。 하루의 사건을 일지에 쓰다.
◎ 一瞬の出来事。　　　　　일순간의 사건.

★ **事故** : 부주의·각종 재해로 발생한 좋지 않은 사건을 나타낸다.

◎ 交通事故は毎日起こる。　교통사고는 매일 일어나다.
◎ 市内バスが衝突事故を起こす。 시내버스가 충돌 사고를 내다.

★ **事変** : 천재지변·폭동 등의 사건이나 선전포고 없이 일어난 국가 간의
무력 분쟁·돌발적 소동·소란으로, 경찰력으로 해결할 수 없는
사태를 나타낸다.

◎ 日本国が満州事変を引き起こす。
일본이 만주사변을 일으키다.
◎ 6.25事変は6.25戦争·朝鮮戦争という。
전쟁 6.25사변은 6.25전쟁·조선 전쟁이라고 한다.

★ **事態** : 사건의 경과나 전개 상태·형편을 나타내며, 흔치 않은 상황의
상태를 말한다.

◎ 非常事態。　　　　　　비상 상태.
◎ 緊急事態。　　　　　　긴급 상태.

★ **故障** : 기계·신체의 일부분이 손상되어 정상 기능이 아닌 경우를 말한다.

◎ 車が故障する。　　　　자동차가 고장나다.

◎ 体の故障で学校を休む。　　몸이 아파서 학교를 쉬다.

★ **障害** : 심신의 기능이 충분히 움직일 수 없는 것. 방해나 지장을 받는
상황을 나타낸다.

◎ 胃腸障害。　　　　　　　위장 장애.
◎ 電波障害。　　　　　　　전파 장애.

※ 障碍・障礙와 같은 뜻으로 사용한다.
・위장 장애.
※ 碍는 礙의 俗字이다.

★ **災難** : 갑작스럽게 신변에 일어난 불행한 일 또는 사건・사고를 가리킨다.

◎ 災難は天災と人災と言える。　재난은 천재와 인재라고 할 수 있다.
◎ 災難防止は予防が最高だ。　재난 방지는 예방이 최고이다.

★ **災殃** : 뜻하지 않은 불행한 사건 또는 하늘과 지구의 이변으로 발생한
불행한 사고를 말한다.

◎ 不意の災殃を遭う。　　　　불의의 재앙을 만나다.
◎ 災殃をみずから招くことが多い。 재앙을 자초하는 것이 많다.

事故(じこ)

災難。災い。災害。災殃。罹災。

사고, 재난, 재해, 재앙, 이재

★ **事故** : 뜻밖에 발생한 불행한 일로, 부주의나 재해 등으로 정상적인 활동을 할 수 없는 사태를 말한다.

◎ 交通事故。 교통사고.

◎ 事故を起こす。 사고를 내다.

★ **災難** : 갑작스럽게 신체에 발생한 불행한 일이나 불운·재앙·화를 말한다.

◎ 災難がふりかかる。 재난이 덮치다.

◎ 災難に遭う。 재난을 만나다.

★ **わいざい** : 재해·사고·질병 등 사람에게 불행을 초래하는 것으로, 나쁜 결과를 나타낸다.

◎ 口は災いの門。 입은 재앙의 문.

◎ 災いを転じて副となす。 재난을 바꾸어 복이 되게 하다.

★ **災害** : 천재·화재·사고 등 뜻하지 않게 당하는 재난·재앙을 말한다.

◎ 地震、台風、津波などの災害は大きい。

지진·태풍·쓰나미 등의 재해는 크다.

◎ 災害を受ける。　　　　　　　재해를 입다.

★ 災殃 : 뜻하지 않은 불행한 변고. 또는 천변지이로 말미암은 불행한 사
　　　　고를 말한다.

◎ 不意の災殃にあう。　　　　뜻밖의 재앙을 만나다.
◎ 戦争は災殃の火種をばらまく。전쟁은 재앙의 불씨를 뿌린다.

★ 罹災 : 화재・지진・수해 등의 재해를 만나는 것을 나타낸다.

◎ 洪水による罹災民。　　　　홍수에 의한 이재민.
◎ 罹災民に救援物資をおくる。이재민에게 구원 물자를 보내다.

時候(じこう)

気節。時季。季節。日和。天気。シーズン。気候。空模様。陽気。
天候。ウェザー。

시후, 기절, 시계, 계절, 날씨, 기후, 시즌, 일기, 철

★ 時候 : 사계절의 기후・날씨를 나타내는 말이다.

◎ 時候のあいさつ。　　　　　계절 인사
◎ 時候の見舞い。　　　　　　계절의 문안이다.

★ **気節** : 기후와 계절을 말한다.

◎ 大風の気節で連日強風が吹く。

　큰바람이 부는 계절로, 연일 강풍이 분다.

★ **時季** : 계절을 나타내는 말로, 특히 어떤 일이 왕성하게 실행되고 있는
　　'제철'이라는 뜻이다.

◎ 花見の時季になった。　　　벚꽃 놀이 계절이 되었다.

◎ いちごの時季だ。　　　　딸기의 제철이다.

★ **季節** : 1년간의 기상 변화에 따라 분류한 시기로, 각 해당 기간을 말하며
　　온대지역에서는 춘하추동의 사계절을 나타낸다.

◎ 日本の季節は韓国とほとんど同じだ。

　일본의 계절은 한국과 거의 비슷하다.

◎ 季節ははずれの身なり。

　계절을 벗어난 옷차림.

★ **日和** : 맑고 좋은 날씨를 나타내며, 어떤 행사를 하기에 꼭 알맞은 좋은
　　날씨라는 뜻이 있다.

◎ 釣り日和だ。　　　　　낚시에 좋은 날씨입니다.

◎ よい日和です。　　　　좋은 날씨입니다.

※ よい天気です。 좋은 날씨입니다.

★ **天気** : 날씨를 말하며, 특히 맑음·흐림·눈·비·등의 일기와 기압·

기온·온도·풍향·풍력·강수량 등을 종합하는 기상학적인 뜻
도 있다.

◎ 天気予報。 　　　　　일기 예보.

◎ よい天気です。 　　　　좋은 날씨입니다.

★ シーズン : 영어의 season에서 온 외래어로, 계절·時季·좋은 시기 등을
　　　　　뜻한다. 昭和 시대부터 사용된 말이다.

◎ 野球のシーズンになる。 　야구 시즌이 되다.

◎ 行楽のシーズンだ。 　　　행락의 계절이다.

★ 気候 : 일정한 지역의 날씨·기온·습도·강수량 등을 종합하여 1년 주
　　　　기로 일기를 나타내는 말이다.

◎ 海洋性の気候。 　　　　해양성 기후.

◎ 気候がよい土地。 　　　기후가 좋은 지방.

★ 空模様 : 하늘의 상태·날씨의 상태를 나타내며, 주로 그다지 좋지 않은
　　　　　날씨를 表現하는 말이다.

◎ 空模様がおかしい。 　　　날씨가 이상하다.

◎ 雪の降りそうな空模様だ。 눈이 내릴 듯한 날씨이다.

★ 陽気 : 날씨를 나타내며 대개 좋은 날씨를 말한다.

◎ 春らしい陽気になる。 　　봄 같은 날씨가 되다.

◎ 陽気がよくなった。 　　　날씨가 좋아졌다.

◎ 陽気がよい。 　　　　　날씨가 좋다.

◎ よい天気だ。　　　　　　　좋은 날씨이다.

★ 天候 : 陽気와 気候의 중간 개념의 말로, 여러 날 동안의 대기 상태나
　　　 날씨 형편을 평균적으로 나타내는 말이다.

◎ 悪天候をついて登山する。　악천후를 무릅쓰고 등산하다.
◎ おまけに天候の不純だ。　게다가 날씨가 순조롭지 못하다.

★ ウェザー : 영어의 weather에서 온 외래어로, 날씨와 일기를 나타낸다.

◎ ウェザーのニュース。　　　날씨 뉴스
◎ ウェザーキャスター。　　　기상캐스터(날씨 해설자)

事実(じじつ)

真実。誠実。本当。真理。実際。実状。誠。現状。

사실, 진실, 진리, 진상, 실제, 실상, 현상

★ 事実 : 실제로 발생한 사건이나 실제로 존재하는 것을 나타내는 말이다.

◎ 犯行の事実を隠す。　　　　범행 사실을 감추다.
◎ 彼が離婚するというのは事実だ。 그가 이혼한 것은 사실이다.

★ 真実 : 표현한 내용에 거짓이 없는 것이나 거짓이 아니라고 인식된 참된
　　　 것을 나타낸다.

◎ 真実の告白_{こくはく}はしにくい.　　진실 고백은 하기 힘들다.

◎ 隠_{かく}された真実を突_つき止_とめる. 은폐된 진실을 끝내 밝혀내다.

★ **誠実** : 진심이 담긴 것으로 거짓·허위가 없는 정성스럽고 참된 것을 나타낸다.

◎ 誠実を欠_かく人_{ひと}は成功_{せいこう}を得_えがたい.

　　성실성이 없는 사람은 성공을 얻기 힘들다.

◎ 誠実な人は成功するに決_きまっている.

　　성실한 사람은 성공하게 되어 있다.

★ **本当** : 거짓이나 겉치레만이 아닌, 있는 그대로의 것. 특히 말로 표현한 것이 실제와 꼭 같은 경우를 나타내는 말이다.

◎ 彼_{かれ}こそ本当の友達だ.　　　　그야말로 진정한 친구다.

◎ 彼女_{かのじょ}、結婚_{けっこん}するって、本当か. 그녀가 결혼한다고? 정말인가?

★ **真理** : 확실한 근거에 의거하여 보편적으로 올바른 것이라고 인식할 수 있는 사항이나 부정할 방법이 없는 것을 말한다.

◎ 永久不易_{えいきゅうふえき}の真理はあるか.　　영구불변의 진리는 있는가.

◎ 真理を探求_{たんきゅう}する哲学者_{てつがくしゃ}.　　진리를 탐구하는 철학자.

★ **実際** : 이론이나 상상이 아닌, 현실에 직면한 사항·상태와 사물의 있는 그대로의 실태, 모습을 말한다.

◎ 実際と理論_{りろん}は差異_{さい}がある.　　실제와 이론은 차이가 있다.

◎ その事件_{じけん}は実際と違_{ちが}う点_{てん}がある. 그 사건은 실제와 다른 점이 있다.

★ 実状 : 실제의 상황·사정·실태를 나타내는 말로, 実情이라고도 표기
　　　　한다.

　　◎ 苦しい実状を訴える。　　　　괴로운 실상을 호소하다.
　　◎ 実状を把握する。　　　　　　실상을 파악하다.

★ 誠 : 거짓·허위가 아닌, 진심과 성의·참된 마음을 나타낸다.

　　◎ 誠の話は目つきてわかる。　진실된 말은 눈빛으로 알 수 있다.
　　◎ 誠を尽くす。　　　　　　　　정성을 다하다.

★ 現状 : 현재의 상태나 지금의 형편을 나타내는 말이다.

　　◎ 現状を保つのは退歩するのです。

　　　　현상을 유지하는 것은 퇴보하는 것입니다.

　　◎ 現状に甘んじる。

　　　　현상에 만족하다.

事情(じじょう)

具合い。都合。市議。かげん。調子。状態。様子。状況。状況。

형편, 사정, 상태, 상황, 정황

★ 事情 : 일이 되어가는 형편이나 양태, 또는 경과를 나타내는 말이다.

◎ 事情を説明して詫びる。　　사정을 설명하고 사죄하다.
◎ 事情があって遅刻した。　　사정이 있어 지각하였다.

★ **具合** : 일의 진행 방법이나 진행의 상태가 좋은지 어떤지를 나타내는
　　　　정도를 말한다. 또는 몸 상태나 기계의 가동 상태를 나타내기도
　　　　한다.

◎ 胃の具合がよくない。　　위의 상태가 좋지 않다.
◎ 洗濯機の具合がおかしい。　세탁기 상태가 이상하다.

★ **都合** : 당시의 일의 형편과 사정을 나타내는 말이다.

◎ 今日は都合が悪い。　　　오늘은 형편이 나쁘다.
◎ 一身上の都合により退職した。 일신상의 사정으로 퇴직하였다.

★ **仕儀** : 사물의 형세·형편을 말한다. 결과가 좋게 되지 않는 경우를 나
　　　　타내기도 한다.

◎ 店を畳む仕儀となる。　　　가게를 닫을 형편이 되다.
◎ 不本意な仕儀と相成りました。 본의 아닌 결과가 되었습니다.

★ **かげん** : 사물의 상태·정도 또는 몸 상태를 나타내는 말이다.

◎ 体のかげんが悪い。　　　몸 상태가 좋지 않다.
◎ 風呂のかげんを見る。　　목욕물의 상태를 살펴보다.

★ **調子** : 몸·기분 상태, 기계의 작동 상태를 나타내는 말이다.

◎ 胃の調子がよくない。　　위의 상태가 좋지 않다.

◎ エンジンの調子が悪い。　　엔진의 작동 상태가 나쁘다.

★ **状態** : 어떤 시점에 있어서 人事나 事物의 형편·사항을 말한다.

◎ 健康状態がよい。　　　　건강 상태가 좋다.

◎ 保存状態がよい。　　　　보존 상태가 좋다.

★ **様子** : 외관으로 관찰하여 알 수 있는 그 물체의 상태·모양을 나타내는
말이다.

◎ 門から室内の様子をうかがう。

문에서 실내의 상태를 살피다.

◎ 街の様子がすっかり変わってしまった。

거리의 외관이 완전히 변해버렸다.

★ **状況** : 여러 가지로 변화하는 사물의 그때그때의 상태나 정황을 말한다.

◎ 選挙の開票状況。　　　　선거의 개표 상황.

◎ 状況報告。　　　　　　　상황 보고.

辞譲(じじょう)

遠慮。辞退。拒絶。断り。拒否。反対。

사양, 거절, 사퇴, 거부, 반대

★ **辞譲** : 겸손하게 양보하거나 자신을 낮추고 남에게 겸양하는 것을 나타
낸다.

◎ 辞譲の心無きは人にあらず。 사양하는 마음이 없다면 사람이 아니다.

◎ 酒を辞譲する。　　　　　　　술을 사양하다.

★ **遠慮** : 남에게 마음을 기울여 말과 행동을 조심하는 것이나 거절·사양
의 뜻을 완곡하게 표현하는 말이다.

◎ 駐車遠慮ください。

주차는 삼가 주세요.

◎ 遠慮はいらない。

사양은 필요 없다(마음대로 해도 괜찮다는 뜻)

★ **辞退** : 자신을 낮추는 마음으로 타인의 권고·명령 또는 의뢰 등을 받아
들이지 않고 물러서는 것이나 자신에게 걸맞지 않아 거절하는 뜻
이다.

◎ 立候補を進められたが、辞退した。

입후보를 권유 받았지만 사퇴하였다.

◎ 長官職を辞退する。

장관직을 사퇴하다.

★ **拒絶** : 상대방의 의뢰나 요망 사항을 거절하는 것이다.

　　◎ 不当な要求を拒絶する。　　부당한 요구를 거절하다.
　　◎ 面会を拒絶される。　　면회를 거절당하다.

★ **断り** : 거절하거나 사퇴한다는 뜻이 있고, 예고·양해나 사죄·사과의
　　　　뜻이 있는 말로, 문장에서 유의해야 할 말씨이다.

　　◎ 断りを言う。　　　　거절하다.
　　◎ 入場をお断りいたします。　입장을 거절합니다.

★ **拒否** : 승낙하지 않고 응하지 않는 것을 나타낸다.

　　◎ 乗車を拒否する。　　승차를 거부하다.
　　◎ 拒否権を行使する。　거부권을 행사하다.

★ **反対** : 생각이나 행동 등에 동의하지 않고 맞서서 거스르는 것이다. 또
　　　　는 두 사물의 모양·위치·방향·순서 등이 역행하는 것이나 맞
　　　　서는 것을 나타낸다.

　　◎ この法案に反対する。　　　이 법안에 반대한다.
　　◎ 大運河の工事に反対意見がある。대운하 공사에 반대 의견이 있다.

思想(しそう)

意見。思い。考え。思考。思惟。見解。精神。心。魂。理念。
イデア。思。観念。思索。回想。考慮。意図。思慮。

사상, 생각, 견해, 정신, 사고, 이념, 사유, 사색, 회상, 고려, 의도,
사려, 얼, 넋, 영혼, 관념

★ **思想** : 인생・사회・정치 등에 대한 일정한 견해나 생각, 철학에서의 사
고 활동에서 얻어진 체계적인 의식 내용을 말한다.

◎ 思想は言語によって表現される。　사상은 언어에 의하여 표현된다.

◎ 民主主義思想は自由・平等である。 민주주의 사상은 자유와 평등이다.

★ **意見** : 어떤 대상이나 일에 대한 가지고 있는 생각을 말한다.

※ 意見의 존칭어로는 貴見・高説・高見・ご意見 등이 있고, 겸양어로는 愚見・卑見・管
見 등이 있다.

◎ 意見の一致は難しい。

의견의 일치는 어렵다.

◎ この問題にはいろいろな意見がある。

이 문제에는 여러 가지 의견이 있다.

★ **思い** : 어떤 일에 대한 의견이나 느낌 또는 사물을 헤아리고 판단하는
마음이나 분별하고 기억하는 능력을 말한다.

◎ 日本大学への留学に行く思いがある。

일본 대학으로 유학하러 갈 생각이 있다.

◎ まだ十分やれるという思いがある。

아직 충분히 할 수 있다는 생각이 있다.

★ **考え** : 골똘히, 깊이 생각하는 것으로 결론·결의·의견·판단·예측
등을 얻어내는 것이다.

◎ いい考えが浮かぶ.　　　좋은 생각이 떠오르다.
◎ 相手の考えをよく聞く.　상대의 생각을 잘 듣다.

★ **思考** : 직관·경험·지식 등을 기초로 하여 여러모로 생각하고 궁리하
는 것을 말한다.

◎ 主観的な思考は判断が外れる.　주관적인 사고는 판단이 빗나간다.
◎ 思考する政治家が必要な時代だ. 사고하는 정치가가 필요한 시대이다.

★ **思惟** : 깊이 생각하여 대상을 두루 살펴보는 것이나, 불교에서 마음을
집중시켜서 대상을 분별하는 것을 나타낸다.

※ 思惟는 'しゆい'라고도 한다.

◎ 論理的思惟を基礎する学問.　논리적 사유에 기초한 학문.
◎ 深く人生の属性を思惟する.　인생의 속성을 깊이 사유하다.

★ **見解** : 어떤 사물이나 대상에 대한 의견 또는 평가나 사고 방법을 말하며
경어 표현이다.

◎ 専門家の見解を聞く。　　　전문가의 견해를 듣다.

◎ 両者の見解が分かれる。　　양자의 견해가 갈라지다.

★ **精神** : 사고나 감정의 작용을 지배·관리하려는 마음 또는 일을 성취하
려는 기력이나 근본적 이념을 나타낸다.

◎ 健全な精神は健全なる身体。　건전한 정신은 건전한 신체.

◎ 精神病院が増える。　　　　정신병원이 늘다.

★ **心** : 사람의 지식·감정·의지·활동을 지배하는 정신적 요인의 기초가
되는 것을 말하며, 또는 거짓과 꾸밈이 없는 진실한 감정을 뜻한다.

◎ 心から感謝する。　　　　마음으로 감사하다.

◎ 心の友が要る。　　　　마음의 벗이 필요하다.

★ **魂** : 사람의 몸속에 있어, 여러 가지 정신 활동을 하게 하며, 불멸의 것으
로 믿고 죽은 뒤에도 육체와 분리되어 영혼으로 존재한다고 믿는
넋·얼을 나타낸다.

◎ 魂が抜けたようになる。　　혼이 빠진 듯이 되다.

◎ 花郎徒の魂。　　　　　화랑도의 얼(정신)

★ **理念** : '사물이 어떻게 있어야 되는가'에 대한 근본적인 생각 또는 이성
에서 얻은 모든 경험을 통제하는 지상의 개념을 나타낸다.

◎ 憲法の理念に基づく政治。

헌법의 이념에 기초를 둔 정치.

◎ 理念の論争には建設的な意見がない。

이념 논쟁에는 건설적 의견이 없다.

★ **イデア** : 그리스어 idea에서 온 외래어로, 감각을 초월한 이성만이 인식
할 수 있는, 시공을 뛰어넘은 영원불멸의 실재를 나타내는 철학
적 관념·이념을 말한다. 明治 시대부터 사용하였다.

◎ 現代人にはイデアがない。　　현대인에게는 이데아가 없다.

◎ イデア的な小説家の李箱。　　이데아적 소설가인 이상.

★ **思** : 造語에서 사용되며 생각을 나타낸다.

◎ 相思。　　　　　　　　　　상사(서로 그리워하며 생각함)

◎ 意思。　　　　　　　　　　의사(하고자 하는 생각)

★ **観念** : 현실이나 실제 상태의 사항에 대해 품은 사고나 의식 또는 대상을
의식하였을 때에 갖는 주관적인 이데아를 나타낸다.

◎ 彼女は衛生観念が強い。　　그녀는 위생관념이 강하다.

◎ 固定観念は危ない。　　　　고정관념은 위험하다.

★ **思索** : 조리 있게 깊이 이치를 밝히며 여러 각도로 생각하는 것을 나타낸다.

◎ 思索の季節の秋だ。　　　　사색의 계절인 가을이다.

◎ 思索に耽る。　　　　　　　사색에 빠지다.

★ **回想** : 지나간 일을 돌이켜 생각하거나 과거를 다시 생각하는 것을 말
한다.

◎ 私の小学生の時代を回想する。　　나의 초등학교 시절을 회상하다.

◎ 楽しかった田舎の生活を回想する。즐거웠던 시골 생활을 회상하다.

★ **考慮** : 어떤 사항에 대하여 여러 가지 조건이나 요소를 연관시켜 헤아리는 것을 나타낸다.

◎ 相手の立場を考慮する。　　　상대의 입장을 고려하다.

◎ 当落は考慮の対象ではない。　당락은 고려의 대상이 아니다.

★ **意図** : 어떤 일을 실현시키려는 생각. 계획하거나 도모하는 것을 나타낸다.

◎ 企画の意図が不明だ。　　　기획의 의도가 불명하다.

◎ 北朝鮮の意図を挫く。　　　북한의 의도를 꺾다.

★ **思慮** : 깊이 생각하고 지난 사항을 꼼꼼히 돌이켜보는 것을 나타낸다.

◎ 思慮が浅い。　　　　　　사려가 얕다(생각이 깊지 않다)

◎ 思慮分別ができない人。　　사려 분별을 할 수 없는 사람.

時代(じだい)

時節。 時期。 時世。 世。 代。

시대, 시절, 시기, 시세

★ **時代** : 어떤 목적으로 구분한 기간이나 역사상 어떤 기준에 의거하여 구분한 일정 기간 또는 사람의 일생을 나눈 기간을 말한다.

◎ 学生時代は人生の黄金期間だ。　학생 시절은 인생의 황금기이다.

◎ 時代の要求に応じる。　　　시대의 요구에 응하다.

★ 時節 : 무언가를 하기에 좋은 시기 또는 세상의 정세를 나타낸다. 한편,
변해가는 사계절의 뜻도 있다.

◎ 世知辛い時節となる。　　　살아가기 힘든 시기가 되다.

※ 花便りの届く時節だ。 벚꽃 소식이 오는 시절이다.

★ 時期 : 어떤 일정한 기간 또는 어떤 것을 행하는 때를 말한다.

◎ 収穫の時期。　　　　　　수확의 시기.
◎ 多忙な時期を迎える。　　　대단히 바쁜 시기를 맞다.

★ 時世 : 시절과 함께 변해가는 세상을 말한다.

◎ 時世に合わない。　　　　시대에 맞지 않는다.

※ 時世로 읽으면 시대·시절 또는 그 시대의 풍조·시류를 나타낸다.
· 時世に従う。　　　시대를 따라가다.

★ 世 : 한 위정자가 나라를 다스리고 있는 기간, 시대를 말한다.

※ 代도 같은 뜻이다.

◎ 昭和の代。　　　　　　소화시대(1926년에서 1989년까지의 시대)
◎ 君が代世。　　　　　　군주 시대. 또는 일본의 국가(国歌)

失敗(しっぱい)

失策。へま。間違い。過ち。手抜かり。手落ち。とが。過失。
エラー。挫折。疵瑕。瑕疵。敗北。しくじり。狼狽。

실패, 실수, 실책, 하자, 잘못, 낭패, 좌절, 패배, 절망, 과실

★ **失敗** : 예상한 일이 계획대로 되지 않거나 기대하는 목적을 달성할 수
없는 상황을 나타낸다.

◎ 失敗は成功の元。　　　　실패는 성공의 근원
◎ 失敗は成功の母。　　　　실패는 성공의 어머니

★ **失策** : 잘못된 계책이나 실수 또는 태만하거나 망각하여 해야 할 일을
잘 못하는 것을 말한다.

◎ 若い時の失策はしかたがない。
　젊었을 때의 실책은 어쩔 수 없다.
◎ 野球試合で投手の失策は勝敗を左右する。
　야구 시합에서 투수의 실책은 승패를 좌우한다.

★ **へま** : 얼이 빠지고 생각이 잘 미치지 못하여 부주의로 실패하는 것을
나타낸다.

※ 도둑들 사이에서의 은어로, 強盗를 뜻한다.

◎ へまに行く。　　　　　　　실패하다.

◎ へまをする。　　　　　　　실패를 하다.

★ **間違い** : 動詞인 まちがう에서 온 말로, 과실·실패·실수 또는 좋지 않은 상태나 결과를 나타낸다.

◎ 間違いのない配達。　　　　실수 없는 배달.

◎ 間違いを犯す。　　　　　　실수를 저지르다.

★ **過失** : 부주의나 태만 때문에 발생하는 실패를 나타낸다.

※ 법률에서는 어떤 일의 발생을 부주의로 인해 미리 예측하지 못함을 일컫는다

◎ 私はこの事件の過失を認める。　나는 이 사건의 과실을 인정한다.

◎ 私の過失だ。　　　　　　　나의 과실이다.

★ **過ち** : 動詞 あやまつ의 연용형에서 명사화한 말로, 실책·실패 또는 남녀 간의 과실·모르고 저지른 악의 없는 과실을 나타낸다.

◎ 過ちを素直に認める。　　　과오를 솔직히 인정하다.

◎ 過ちを悔いる。　　　　　　잘못을 뉘우치다.

★ **エラー** : 영어의 error에서 온 외래어로, 실책·실패를 나타내며 大正 시대부터 사용하였다.

※ 이 말은 특히 야구 시합에서 자주 사용하는데 야구의 포수나 투수의 투구 실패로 주자를 살린 경우에 기록되는 말이다.

◎ エラーを犯_{おか}す。

에러를 범하다.

◎ 教養_{きょうよう}の低_{ひく}い女中_{じょちゅう}のエラーならこもかくもいい。

교양 없는 가정부의 실수라면 어찌되었든 좋다.

★ 疵瑕_{しか} : しがら고도 발음하며 결점・과실을 나타낸다. 瑕疵_{かし}와 비슷한 뜻이다.

◎ 一点_{いってん}の疵瑕もない。　　　한 점의 과실도 없다.

※ 법률 용어로 '하자'의 뜻은 결점・흠으로 해석된다.

★ 狼狽 : 생각지 못한 일 때문에 실패로 끝나는 경우를 나타낸다. 또는 어떻게 하면 좋을지 몰라 당황하여 허둥대는 상태를 말한다.

※ 狼나 狽 모두 이리・늑대를 나타내는 말로, 狽은 앞다리가 길고 뒷다리가 짧지만 대신 항상 함께 다닌다. 서로 흩어지면 넘어져 당황하게 된다는 뜻에서 생긴 말이다.

◎ 狼狽の色_{いろ}を見_みせる。　　　낭패한 기색을 보이다.

◎ 不意_{ふい}の指名に狼狽する。　　　갑작스러운 지명으로 낭패하다.

疾病(しっぺい)

病気。病。病患。長病み。宿患。長患い。持病。伝染病。疾患。
はやり病。慢性病。急性病。遺伝病。

질병, 질환, 병환, 숙환, 지병, 전염병, 돌림병, 만성병, 급성병, 유전병

★ 疾病 : 건강하지 않은 상태나 몸의 여러 기능에 장애를 초래하고 있는
것을 말한다.

※ 病의 びょう는 呉音이고, へい는 漢音이다.

◎ 疾病のために不参する。

질병 때문에 불참하다.

◎ 消火器系統の疾病は韓国人に多い。

소화기계통의 질병은 한국인에게 많다.

★ 病気 : 신체의 생리적 기능이나 정신 활동에 장애가 발생하여 고통, 불쾌
감 등으로 통상적인 생활을 영위하는 데 지장을 주는 상태를 말한
다.

◎ 悪い病気が移る。　　　　나쁜 병이 옮다.

◎ 病気で学校を休む。　　　병으로 학교를 쉬다(결석하다)

※ 病気는 신체 내부에서 자연 발생하는 것과 외부에서 전염되어 외상을 입거나 감염되는 것을 총칭한다.

★ **病** : 순수 일본어로, 병·질병·앓음을 나타낸다.

◎ 病の床につく。　　　　　　병석에 눕다.

◎ 不治の病にоおかされる。　불치의 병에 걸리다.

★ **病患** : 病気를 나타내는 말로, 중한 병이나 병의 경칭으로 사용한다.

※ 患い와 비슷한 뜻이다.

◎ 不治の病患で苦労する。

불치의 병환으로 고생하다.

◎ おとうさんの病患はいかがですか。

아버님 병환은 어떠하십니까(ご病気의 뜻이다)?

★ **長病み** : 오랫동안 앓고 있는 병으로, 長患い·長病와 같은 뜻이다.

◎ 長病みで病みほうける。　　긴병으로 몹시 쇠약해지다.

◎ 長病みで床ずれができる。　긴병으로 욕창이 생기다.

★ **宿患** : しゅっかん으로 발음하기도 하며, 이전부터 앓아온 병을 나타낸다.

◎ 宿患で病床につく。　　　　숙환으로 병상에 눕다.

◎ 年来の宿患で衰弱する。　　몇 해 전부터 앓은 병으로 쇠약해지다.

★ **持病** : 완치되지 않고 이따금 재발하는 만성적인 병·고질병을 나타낸다.

◎ 持病の神経痛に悩む。　　　지병인 신경통에 시달리다.

◎ 持病が再発する。　　　　　지병이 재발하다.

★ **伝染病** : 세균 ·바이러스·리케차 등의 미생물에 감염되어 발생하는
　　　　　병으로, 직접 또는 간접으로 사람에게 옮는 병을 말한다.

◎ 伝染病が流行する。　　　　전염병이 유행하다.

◎ コレラは伝染病だ。　　　　콜레라는 전염병이다.

★ **慢性病** : 급격한 증상이 나타나지 않고 발병 경과가 지연되어 잘 치료되
　　　　　지 않는 병을 칭한다.

◎ 慢性病には胃病·喘息などがある。
　　　만성병에는 위장병·천식 등이 있다.

※ 慢性病의 反対는 急性病이다.

★ **遺伝病** : 부모·조상으로부터 내려오는 체질과 더불어 선천적으로 발생
　　　　　하는 병으로, 자손에게 전해지는 병을 말한다.

◎ 遺伝病は不治の病だ。　　　유전병은 불치병이다.

◎ 色盲は遺伝病の一種だ。　　색맹은 유전병의 일종이다.

失望(しつぼう)

失意。気落ち。落胆。絶望。

> 낙담, 낙심, 낙망, 실망, 실의, 절망

★ **失望** : 기대가 빗나가서 낙담하고 그 결과로 장래에 대한 희망을 잃어버리는 것을 나타내는 말이다.

　◎ 実物をみて失望した。　　　실물을 보고 실망하였다.

　◎ そう失望するなよ。　　　　그렇게 실망하지 마라.

★ **失意** : 바라던 것이 어긋나서 실망하는 것을 나타낸다.

　◎ 失意のうちに老年を送る。　실의에 빠져 노년을 보내다.

　◎ 失意に落ちた友を励ます。　실의에 빠진 친구를 격려하다.

★ **気落ち** : 실망하여 기력이 쇠약해진 것을 나타낸다.

　◎ 気落ちした体でふらふらした。　쇠약한 몸으로 흔들흔들 걷다.

　◎ 気落ちした声でぼそぼそと呟く。실망한 목소리로 소곤소곤 속삭이다.

★ **落胆** : 기대한 대로 되지 않아서 마음이 몹시 상하거나 실망하는 것을 말한다.

　◎ 不合格と知って落胆する。　불합격이라고 알고서 낙담하다.

　◎ 審査に通らず落胆する。　　심사에 통과되지 않아 낙담하다.

★ **絶望** : 바람이나 기대가 완전히 끊어져버린 상태를 나타내는 말이다.

　◎ 優勝は絶望的だ。　　　　우승은 절망적이다.
　◎ 自分の才能に絶望する。　자신의 재능에 절망하다.

死亡(しぼう)

逝去。臨終。最期。涅槃。崩御。死。没。末期。往生。入寂。入定。

사망, 별세, 서거, 열반, 임종, 붕어, 죽음, 하직

★ **死亡** : 사람이 죽는 것, 생명이 없어지는 것을 나타낸다.

　◎ 交通事故で死亡する。　　교통사고로 사망하다.
　◎ 死亡届け。　　　　　　　사망 신고.

★ **逝去** : 돌아가신 분을 존경하여 그의 사망을 이르는 말씨이다. 대개 문
　　　　상이나 조전(弔電)에서 사용한다.

　◎ ご逝去を悼む。　　　　　서거를 애도하다.
　◎ 大統領がご逝去されました。대통령이 서거하셨습니다.

★ **臨終** : 사람이 죽음에 임하는 것 또는 죽는 것을 나타낸다.

　◎ 臨終の遺言。　　　　　　임종의 유언
　◎ 母の臨終を見取る。　　　어머니의 임종을 지켜보다.

★ **最期** : 목숨이 끊어질 때・임종할 때의 뜻이다.

　◎ 父の最期を見取る。　　　　아버지의 임종을 지켜보다.

※ 期의 き는 漢音이고, ご는 呉音이다.

★ **涅槃** : 불교에서 석가모니의 죽음을 나타내며 또는 고승이 죽는 것을 말
　　한다. 비슷한 말로 入寂・入滅・入定 등이 있다.

　◎ 和尚法正が涅槃去れました。 법정 스님이 열반하였습니다.
　◎ 涅槃経。　　　　　　　　열반경.

※ 経은 けい는 漢音이고 きょう는 呉音이다.

　◎ 経済法　　　　　　　　경제
　◎ 経典。　　　　　　　　종교적(불교) 경전
　◎ 経典。　　　　　　　　유학의 근본서인 경전

★ **崩御** : 천황을 비롯한 왕족의 죽음을 높여 나타내는 말이다.

　◎ 天皇が崩御される。　　　천황이 붕어하다.
　◎ 王様が崩御される。　　　임금님이 돌아가시다.

★ **死** : 목숨이 없어지는 것・죽는 것을 말하고, 造語에서는 목숨을 걸고
　　또는 필사적으로 몸부림친다는 뜻을 나타낸다.

　◎ 死に至る。　　　　　　죽음에 이르다.
　◎ 死を悼む。　　　　　　죽음을 애도하다.

※ 死守。 사수(목숨을 걸고 지키는 것)
  ・死に物ぐるい。   필사적으로 몸부림침.

★ 没 : 죽는 것을 나타내며 没라고도 표기한다.

※ 원래는 歿가 死ぬ의 뜻이지만 현대 일본어 표기에서는 没로 대신한다.

◎ 歿年 → 没年。   몰년(죽은 해)
◎ 戦歿 → 戦没。   전몰(전쟁에서 죽음)

★ 往生 : 죽는 것을 나타내며, 종교적으로 사후 극락정토에서 다시 태어나
         는 것을 말한다.

◎ 大往生を遂げる。   대왕생을 이루다.
◎ 往生極楽。   왕생극락(극락세계에서 다시 태어남)

★ 末期 : 일생의 마지막인 임종을 나타낸다.

※ 末期는 끝 시기를 나타낸다. 발음에 주의를 요하는 단어이다.

◎ 末期の水。   임종 때 먹이는 물.
◎ 末期癌。   말기 암

仕舞い(しまい)

端。終り。果て。最後。済み。末。切り。びり。どんじり。発。
けり。末端。最終。終末。団円。大尾。終止。ふち。おさめ。
さよなら。終。末。〜じまい。

끝, 마지막, 단말, 막바지, 마무리, 매듭, 끝장, 꼴찌, 막판, 최후, 종말,
말단, 종지, 종료, 임종, 종국, 궁극

★ **仕舞い** : 끝내고 그만둔다는 뜻으로, 서열・순위・시간 등의 최후・최
종을 나타낸다.

◎ 今日の仕事はしましにしよう。

　오늘 일은 끝내겠어요.

◎ 日本語の小説をしまいまで全部読む。

　일본어 소설을 끝까지 전부 읽다.

※ おしまいは 존칭어로 사용한다.

★ **端** : 가늘고 긴 물체의 처음이나 끝부분을 나타내는 말이다.

◎ 糸のはし。　　　　　실 끝.

◎ 聞いたはしから忘れる。　들은 것을 처음부터 잊다.

★ **終り** : 계속되던 사항이 어느 지점에서 끝난 것이나 일생의 최후를 나타
낸다.

◎ 詩の終りの部分はわかりにくい。　시 끝부분은 이해하기 어렵다.
◎ 映画を終りまで見る。　　　영화를 끝까지 보다.

★ 果て : 끝나는 것·사물의 끝장·종말·마지막을 말하며 세월이 경과하
　　　여 마지막 상태에 이른 것을 나타낸다.

◎ 果てのない欲望。　　　　끝없는 욕망.
◎ 果てのない地平線。　　　끝없는 지평선.

★ 最後 : 사물의 맨 뒤·끝을 나타낸다.

◎ 最後の瞬間まで戦う。　　최후의 순간까지 싸우다.
◎ 最後の晩餐。　　　　　최후의 만찬.

★ 末 : 어떤 기간의 끝과 연속되는 맨 앞, 장래 등을 나타낸다.

◎ 先月の末にソウルに行った。전달 말에 서울에 갔다.
◎ 末が案じられる。　　　　앞날이 걱정된다.

※ 末를 まつ로 읽으면 끝이라는 뜻이며 造語에서 사용되어 사물의 끝이나 하위를 나타낸다.
　· 月末。월말　　　· 末席。말석(끝자리)

★ 切り : 사물이 끝나는 곳·한계·단락·연주 등의 마지막 부분을 나타
　　　낸다.

◎ 切りのよいところで休む。　끝맺음이 좋은 곳에서 쉬다.
◎ 欲心には切りがない。　　욕심은 끝이 없다.

★ びり : 순위·순번에 있어서 최하위나 맨 마지막·꼴찌를 나타내는 말

이다.

◎ 陸上競技でびりになる。　　　육상 경기에서 꼴찌가 되다.

◎ びりが悪いとばかりは言えない。 꼴찌가 나쁘다고만은 말할 수 없다.

★ **どんじり** : 맨 뒤 또는 최후라는 뜻이다.

◎ 競争でどんじりになる。　　　경주에서 꼴찌가 되다.

★ **先** : 가늘고 긴 물체의 맨 끝·맨 앞 또는 선두·제일 앞을 나타내며 공
간적으로는 전방이 되고, 시간적으로는 이전이나 가까운 과거 및 장
래를 나타내는 말이다.

◎ ペン先。　　　　　　　　　펜촉

◎ 鼻の先。　　　　　　　　　코 끝

◎ この先っは橋がある。　　　이 앞(끝)은 다리가 있다.

★ **けり** : 사물의 끝, 결말을 나타내는 말로, 조동사 けり에서 끝나는 和歌·
俳句가 많은 것에서 유래한 말이다.

◎ 仕事のけりが付く。　　　　일의 결말이 나다.

◎ 論争にけりを付ける。　　　논쟁에 결말을 짓다.

★ **最終** : 맨 나중·맨 마지막을 나타낸다.

◎ 最終目標。 최종 목표.

◎ 最終はその日の最後に運行される電車・バス・飛行機などを言う略
語だ。

최종은 그날 마지막으로 운행되는 전철·버스·비행기 등을 말하는 略語

이다.

★ **団円** : 결함 없이 완전하게 끝나는 것으로, 우리말 사전에서는 團圓으로
　　　　표기하여 희곡·연극·소설 등의 결말이나 끝을 나타낸다.

※ 円=圓 같은 뜻의 글자이다.

◎ 大会が団円をした。
대회는 끝났다.
◎ 大河小説はおよそ十巻にして団円を結ぶ。
대하소설은 대략 10권으로 끝을 맺다.

★ **大尾** : 사물의 끝·결말·종국을 나타내는 문어적인 말씨이다.
◎ 連続劇は今日で大尾となる。　연속극은 오늘로 결말이 나다.

★ **おさめ** : 納める의 동사에서 온 말로, 끝냄·종료·마지막의 뜻으로 사
　　　　　용하는 전성명사이다.
◎ 納めの杯。　　　　　　　마지막 술잔.
◎ 御用納めの式。　　　　　연말 종무식.

★ **さよなら** : 인사말이지만 최후를 나타내기도 한다.
◎ さよなら公演。　　　　　마지막 공연.
◎ さよならのホームラン。　　최후 승리를 알리는 홈런(야구 경기에서)

★ **~じまい** : 명사의 뒤에 결합하여 끝을 나타낸다.

◎ 店じまい   가게 끝냄.

★ **終** : 造語에서 사용되어 끝·마지막을 나타낸다.

◎ 終戦。   종전(싸움을 끝냄)
◎ 終日。   종일(아침부터 저녁 까지 사이)

★ **末** : 造語에서 끝, 마지막을 나타낸다.

◎ 末端。   말단(맨 끄트머리)
◎ 末世。   말세(어지러운 세상)

★ **済み** : 사물이 끝나는 것이나 완료 상태가 되는 것을 나타낸다.

◎ その件はもう済みだ。   그 사건은 이미 끝이 났다.
◎ お昼はお済みですか。   점심은 끝나셨습니까?

借金(しゃっきん)

負債。 借財。 負い目。 借款。 融資。 ローン。

빚, 차관, 부채, 채무, 차금, 대출, 융자, 대부금

★ **借金** : 금전을 빌리는 것 또는 빌린 금전을 나타낸다.

◎ 弟に十万円を借金する。　동생에게 십만 엔의 돈을 꾸다.
◎ 借金で苦労する。　빚으로 고생하다.

★ **負債** : 남에게서 금품을 빌려 갚을 의무를 지는 것 또는 빌린 금품을 나타낸다.

◎ 銀行から負債を償還する。　은행에서 빌린 부채를 상환하다.
◎ 毎年負債が嵩む。　매년 부채가 불어나다.

★ **借財** : 금전을 빌리는 것 또는 빌린 금전을 말한다.

◎ 借財または保証金を為すこと。　빚 또는 보증을 행할 것.
◎ 多額の借財は返しがたい。　많은 빚은 갚기 어렵다.

★ **負い目** : 상대에게 물질적 또는 정신적 빚이 있는 것에서 느끼는 마음의 부담을 나타낸다.

◎ わたしは彼女に負い目がある。　나는 그녀에게 빚이 있다.
◎ 負い目があって賛成した。　빚이 있어서 찬성하였다.

★ **借款** : 정부 또는 공석 기관이 다른 나라 정부나 국제 금융 기관에서 자
금을 차입하는 것. 또는 민간 차관도 포함된다.

◎ 借款を導入する。　　　　　차관을 도입하다.

◎ 韓米間の借款協定を取り結ぶ。 한미 간의 차관 협정을 맺다.

★ **融資** : 자금을 융통하는 것이나 그 자금을 나타내는 말이다.

◎ 銀行から融資を受ける。　　　은행에서 융자를 받다.

◎ 学費を融資から融資してもらう。 학비를 은행에서 융자 받다.

★ **ローン** : 영어의 loan에서 온 외래어로, 대부금을 나타내며 현대에 들어와
사용한 말이다.

◎ 住宅ローン。　　　　　주택 대부금.

◎ カーローン。　　　　　자동차 대부금.

※ ローン은 보통 복합어를 만들어 사용한다.

習慣(しゅうかん)

慣習。癖。風習。風俗。手風。習性。習俗。慣性。性癖。
習わし。仕来り。

습관, 관습, 버릇, 풍습, 풍속, 습성, 관성, 관례

★ **習慣** : 생활 속에서 버릇처럼 되어 반복적으로 하는 동작·행위를 말한다. 또는 단체나 국가·지역 등에서 사람들이 일반적으로 행하고 있는 일의 방식·양식, 사회적·공동체적 관습을 일컫는다. 심리학에서는 어떤 자극과 그것에 대한 반복되는 반사적 행위를 가리키며 비교적 불변성을 띤다.

◎ 習慣はは第二の天性なり。   습관은 제2의 천성이다.
◎ 読書する習慣を付ける。   독서하는 습관을 들이다.

★ **慣習** : 한 사회에서 일반적으로 행해지고 있는 풍습 또는 한 사회 내부에서 역사적으로 성립·발달하고 정착되어 온 상습적이고 전통적인 행동양식 및 사람들의 버릇을 나타내는 말이다.

◎ 地域社会の慣習を守る。   지역 사회의 관습을 지키다.
◎ 慣習に従う判断をする。   관습에 따른 판단을 하다.

★ **癖** : 한쪽으로 치우친 취미, 기호나 경향이 습관화된 개인적 버릇, 사고방식, 감정 등 신체의 특수한 행동이나 언행, 무의식적인 특유의 동작까지를 포함한다.

◎ 悪い癖を矯める。   나쁜 버릇을 고치다.
◎ 三つの癖は八十まで行く。   세살 버릇은 여든까지 간다.

★ **風習** : 한 고장이나 국가에 오랫동안 계속 전해내려오는 생활양식이나 행사 등의 풍속, 습관을 말한다.

◎ 昔ながらの風習を守る。   옛날 그대로의 풍습을 지키다.
◎ 昔の珍しい風習が消える。   옛날의 진기한 풍습이 사라지다.

★ **風俗** : 생활상의 전통·관습으로, 한 시대와 그 사회 집단에서 볼 수 있
   는 모습이나 풍기, 양식을 말한다.

◎ 風俗歌はそれぞれの土地に伝わっている歌謡だ。

풍속 노래는 각 지방에 전해오는 가요다.

◎ 金弘道の風俗画は有名だ。

김홍도의 풍속화는 유명하다.

★ **手風** : 풍습·풍속을 나타내는 약간 고풍스러운 말이다.

◎ 都の手風。   수도의 풍속

※ 書風·書体를 나타내기도 하며 俳諧의 경향이나 俳風을 말한다.

★ **習性** : 긴 시간 동안의 습관에 의하여 익숙해진 성질·버릇. 또는 같은
   종의 동물에게서 발견되고 볼 수 있는 특유의 행동 양식을 말한
   다.

◎ この頃の若者は夜明かしの習性がある。

요즘 젊은이는 밤샘하는 습성이 있다.

◎ 動物の習性を観察する。

동물의 습성을 관찰하다.

★ **習俗** : 어느 사회 집단에 예부터 전해오는 습관이나 풍속·풍습·관례
   를 나타낸다.

◎ 地方の習俗を調査する。   지방의 습속을 조사하다.

◎ 習俗になった社会の規範。 습속이 된 사회의 규범.

★ **慣性** : 물체가 그 속도를 유지하려는 성질을 나타내며, 물체가 외부의
　　　 힘을 받지 않는 한, 정지 또는 같은 속도의 운동 상태를 계속 유지
　　　 하려는 것을 말한다.

◎ 慣性の法則はニュートンの運動の第一法則だ。
　관성의 법칙은 뉴턴의 운동 제1법칙이다.

★ **性癖** : 사람의 성질에서 볼 수 있는 편향적 버릇・습성을 말한다.

◎ 彼女には変な性癖がある。　그녀에게는 이상한 성벽이 있다.
◎ 性癖は生まれつきの性質だ。 성벽은 타고난 성질이다.

★ **習わし** : 습관・풍습・관례 등의 뜻으로 사용하는 밀이다.

◎ 冬至にカボチャを食べる習わしがある。
　동지에 호박을 먹는 풍습이 있다.

★ **仕来たり** : 지역이나 집단 중에서 그렇게 하는 것이 결정되어 있는 것으
　　　　 로, 관습・풍습・관례를 나타낸다.

◎ 武家の仕来たりに従う。
　무가의 관습에 따르다.
◎ 茶道はこの家の仕来たりとなっている。
　다도는 이집의 관례로 되어 있다.

※ 茶道는 さどう라고도 하며, 차를 마실 때의 예법 중에 아름다움을 추구하는 예도이다.

修正(しゅうせい)

改正。訂正。更正。修繕。修理。変更。是正。改造。改善。改良。

수정, 개정, 정정, 경정, 수선, 변경, 수리, 시정, 개조, 개선, 개량

★ **修正** : 불충분한 점이나 부적당한 점을 다시 고쳐 바로잡는 것을 말한다.

◎ 図面を修正する。　　　　　도면을 수정하다.
◎ 議案を修正する。　　　　　의안을 수정하다.

★ **改正** : 법률, 규칙, 규약 등의 부적당한 점이나 불비한 점을 고치는 것을 말한다.

◎ 法律を改正する。　　　　　법률을 개정하다.
◎ 改正案を国会に上程する。　개정안을 국회에 상정하다.

★ **訂正** : 말・문자・문장 등의 잘못된 부분을 바로잡아 고치는 것을 말한다.

◎ 発言を訂正する。　　　　　발언을 정정하다.
◎ 論文の内容の一部を訂正する。논문 내용의 일부를 정정하다.

★ **更正** : 등기 사항・세금 액수・판결 등의 잘못을 고쳐서 바로잡는 것을 말한다.

◎ 更正決定。　　　　　　　경정 결정.

◎ 予算の更正。　　　　　　예산 경정.

★ **修繕** : 낡고 헌 것을 고쳐서 수리·보수하는 것을 나타낸다.

◎ 古い傘を修繕する。　　　낡은 우산을 수선하다.

◎ 屋根を修繕する。　　　　지붕을 수선하다.

★ **変更** : 정해진 것을 바꾸어 새롭게 고치거나 다르게 하는 것을 말한다.

◎ 交通規則が変更される。　교통 규칙이 변경되다.

◎ 行事の日にちを変更する。　행사의 날짜를 변경하다.

★ **是正** : 나쁜 점을 고쳐서 바르게 하는 것을 말한다.

◎ 韓日の両国は貿易不均衡を是正する。

한, 일 양국은 무역 불균형을 시정하다.

◎ 貧富の格差を是正する。

빈부의 격차를 시정하다.

★ **改造** : 모양이나 구조·조직 등을 고쳐서 다시 만드는 것을 말한다.

◎ 室内を改造する。　　　　실내를 개조하다.

◎ 内閣を改造する。　　　　내각을 개조하다.

★ **改善** : 나쁜 점을 고쳐서 보다 좋게 하는 것으로, 약간은 추상적인 경우
　　　　에 사용한다.

◎ 待遇を改善する。　　　　대우를 개선하다.

◎ 体質を改善する。　　　　　체질을 개선하다.

★ **改良** : 결점·단점 등을 고쳐서 좋게 하는 것을 나타내며 구체적인 내용
에서 사용하는 것이 통례이다.

◎ 品種改良。　　　　　　　품종 개량.
◎ 新しく改良された自動車。　새롭게 개량된 자동차.

純潔(じゅんけつ)

清潔。素朴。純粋。淡泊。

순결, 청결, 소박, 순박, 순수, 소탈, 담백

★ **純潔** : 더럽혀지지 않은 깨끗한 것, 이성과의 성적 경험이 없는 것을 나
타낸다.

◎ 結婚の前に純潔を奪われる。
결혼 전에 순결을 빼앗기다.
◎ 青少年のために純潔教育が必要だ。
청소년을 위한 순결 교육이 필요하다.

※ 純潔은 명사·형용동사의 기능이 있다.

★ **清潔** : 더러움이 없고 깨끗하며 위생적이고 부정한 점 없이 맑음을 나타

낸다.

◎ 手を清潔する。　　　　　손을 청결하게 하다.
◎ 公園の周辺を清潔にする。　공원 주변을 청결히 하다.

※ 清潔은 명사·형용동사의 기능이 있다.

★ **素朴** : 사람의 성질·언동이 꾸밈없이 있는 그대로인 것, 짜임새·기술
이 단순하고 그다지 변함이 없는 것, 또는 사고방식 등이 단순하
고 치밀한 검토나 고찰이 없는 상태를 말한다.

◎ 素朴美。　　　　　　　소박미
◎ 素朴な農村生活。　　　소박한 농촌 생활(형용동사)

※ 素朴은 명사·형용동사의 기능이 있다.

★ **純粋** : 다른 물질이 섞이지 않은 것 또는 사욕이 없고 타산적이 아닌 마
음 상태를 나타낸다.

◎ 純粋文学。　　　　　　순수 문학.
◎ 純粋な動機で出馬する。　순수한 동기로 출마하다.

※ 純粋은 명사·형용동사의 기능이 있다.

★ **淡泊** : 맛·색깔 등이 산뜻하고 사람의 성질·성격·태도가 깔끔하며
욕심·집착이 강하지 않은 것을 나타낸다.

◎ キムチは淡泊な味がある。　김치는 담박한 맛이 있다.
◎ 金銭に淡泊な人は少ない。　금전에 담박한 사람은 적다.

※ 명사와 형용동사의 기능이 있는 말이다.

処女(しょじょ)

娘。乙女。生娘。バージン。息女。

 처녀, 미혼 여성, 낭자, 숫처녀, 동정녀, 아가씨, 아씨, 색시, 규수, 각시, 처자, 미스, 소녀

★ 処女 : 성숙한 미혼 여성을 나타내며, 결혼하지 않고 집에 있는 여성이라는 뜻에서 나온 말이다.

　◎ 処女というのは未婚でいる女である。

　　처녀는 미혼녀이다.

　◎ 処女の金玉。

　　처녀 불알(불가능한 것을 구한다는 속담)

★ 娘 : 부모 입장에서 본 경우에는 딸자식(息女)을 나타내며, 미혼의 젊은 여성을 말한다.

　◎ 娘は生す女の意味だ。　　딸은 여자의 의미이다.

　◎ 娘をかたづける。　　딸을 시집보내다.

★ 乙女 : 결혼하지 않은 젊은 여자를 나타내며, 天女·仙女의 뜻도 있다.

　◎ おとめの古語はをとめと書く。　오토메의 옛말은 をとめ라고 쓴다.

★ 生娘 : 세상일에 물들지 않은 숫처녀, 동정녀를 말한다.

◎ 生娘はおぼこ娘である。　　숫처녀는 미통녀이다.

◎ 生娘の意味は初な娘と同じだ。　숫처녀의 의미는 순진한 처녀와 같다.

★ バージン : 처녀를 나타내는 외래어로, 大正 시대부터 사용한 말이다.

◎ バージンは英語で virginと書く。　바진은 영어로 virgin이라고 쓴다.

★ 息女 : 처녀를 나타내는 말로, 신분 있는 사람의 딸을 뜻하며 타인의 딸
을 정중하게 표현하는 말이다.

◎ ご息女はお元気ですか。　　따님은 건강하십니까?

尻(しり)

尻。おしり。おいど。居敷。臀部。ヒップ。

엉덩이, 궁둥이, 볼기, 둔부, 히프

★ 尻 : 동물의 신체에서 허리아래의 뒷부분인 항문 주위에 볼록하게 살이
튀어 올라온 곳, 즉 둔부를 말한다.

◎ 尻が重い。　　　　동작이 굼뜨다.

◎ 尻が軽い。　　　　경솔하다.

★ 尻(けつ) : 엉덩이를 나타내는 속어이고, 뒤를 나타낸다.

◎ この女の尻(きょねん)は去年と違(ちが)う。　이 여자의 엉덩이는 작년과 다르다.
◎ 尻(けつ)の毛(け)を抜(ぬ)く。　엉덩이 털을 뽑다.(속이거나 홀린다는 뜻)

★ おいど : 엉덩이의 사투리로, 일본의 관서 지방에서 사용한다.

※ お는 접두어이고 いど는 居処로 표기하기도 하며 앉는 곳이라는 뜻이다. 여성은 おしり라
고도 한다.

◎ おいどを叩(たた)く。　엉덩이를 두드리다.

★ 居敷 : 원래는 좌석・자리의 뜻으로 사용하던 말에 엉덩이라는 의미가
더해진 것이다.

◎ 居敷(おお)が大(おんな)きな女は多産系(たさんけい)である。　엉덩이가 큰 여자는 다산형이다.

★ 臀部 : 엉덩이 부분을 나타내며, 또는 엉덩이를 말한다.

◎ 転(ころ)んで臀部を打(う)つ。　넘어져서 엉덩방아를 찧다.

★ ヒップ : 영어의 hip에서 온 외래어이며, 엉덩이를 나타낸다. 昭和 시대부
터 사용하였다.

◎ 現代の女性はヒップが小さくなった。　현대 여성은 히프가 작아졌다.
◎ ヒップを振(ふ)りたてて踊(おど)る。　히프를 흔들며 춤추다.
◎ 僕はヒップの大きい女が大好きです。
나는 히프가 큰 여인이 대단히 좋습니다.

事例(じれい)

実例。見本。例。ケース。標本。ひな型。模型。手本。習わし。仕来り。例。

사례, 실례, 본보기, 모본, 예, 관례, 보기, 선례

★ **事例** : 前例가 되는 사실이나 개개의 경우에 해당되는 구체적인 실례를 말한다.

◎ 事例に照らして考える。　　사례에 비추어서 생각하다.

◎ 成功事例はあまりない。　　성공 사례는 드물다.

★ **実例** : 실제로 있었던 본보기나 例를 말한다.

◎ 実例を上げて説明する。　　실례를 들어서 설명하다.

◎ 実例を引いて示す。　　실례를 인용해 보이다.

★ **見本** : 전체 상품의 품질이나 상태 등을 알리기 위하여 그 일부 또는 그 물건을 추려내어 보이는 본보기 상품을 말한다.

◎ 商品の外見や内容を示すために作られた見本だ。

상품의 외형이나 내용을 보이기 위하여 만든 견본이다.

◎ 見本よりずっと劣る。

이것은 견본보다 훨씬 못하다.

★ **例** : 동일한 사항 중에서 특별히 근거로 채택하거나 발췌한 것 또는 하나
　　 의 기준이 되는 사항이나 관례·선례의 내용을 나타낸다.

　　◎ 例をあげて説明する。　　　예를 들어 설명하다.

　　◎ これまでに例のない歓迎だ。　지금까지 예가 없던 환영이다.

※ 例는 造語에서 규정이나 결정된 사항을 나타낸다.
　· 例言。　　예언(이해를 돕기 위해 책머리에 일러두는 말)
　· 条例。　　조례(자치 단체의 법규)

★ **ケース** : 영어의 case에서 온 외래어로, 사례를 나타내며 大正 시대부터
　　　 사용하였다.

※ 상자·용기를 나타내는 경우는 明治 시대부터 사용하였다.

　　◎ 普通のケースではない。　　보통 케이스는 아니다.

※ 鉛箱ケース。　연필통

★ **標本** : 통계에서 조사 대상으로 전체 중에서 발췌한 개개의 자료·본보
　　 기를 말한다.

※ 연구 자료로서 적당한 처리를 하여 보전하는 동식물의 자료나 광물의 표본을 말한다.

　　◎ 標本調査。　　　　　　　표본 조사

※ 昆虫の標本。　곤충 표본

★ **ひな型**：서류 등의 양식이나 형식을 보이는 견본·본보기를 말한다. 또
　　는 실물보다 축소하여 만든 모형을 나타내기도 한다.

　　◎ ひな型にならって書く。　　　양식에 맞춰서 쓰다.

※ 宮殿のひな型を作る。궁전의 모형을 만들다.

★ **模型**：실제의 사물을 흉내 내거나 모방하여 만든 것을 나타낸다.

　　◎ 模型自動車。　　　　　　모형 자동차
　　◎ 実物大の模型。　　　　　실물 크기의 모형.

★ **手本**：글씨나 그림을 배울 때 모범이 되는 본보기·표준 양식을 나타
　　낸다.

　　◎ 習字の手本。　　　　　　습자를 위한 견본서.
　　◎ 手本をそばに置いて字を書く。습자 책을 옆에 놓고 글씨를 쓰다.

★ **習わし**：습관·풍습·관례를 나타내며 しきたり와 비슷한 뜻이다.

　　◎ 習わしに従う。

　　　관례에 따르다.
　　◎ 毎週の月曜日に会はこの会社の習わしだ。

　　　매주 월요일에 회의하는 것은 이 회사의 관례이다.

★ **例**：이전에 있었던 사항·선례를 나타낸다.

　　◎ 例がない事件だ。

　　　선례가 없던 사건이다.

◎ フランス語はまだ教えた例がない。

프랑스어는 아직 가르친 선례가 없다.

身体(しんたい)

体。肉体。体格。身。全身。総身。体躯。肉身。玉体。御身。尊体。お体。

신체, 육체, 체격, 몸, 전신, 체구, 옥체, 몸뚱이, 존체, 육신

★ **身体** : 사람의 몸을 나타낸다.

◎ 身体肥満の人は病気で死ぬ。

신체 비만인 사람은 병으로 죽는다.

◎ 身体検査は一年ごとに受けるのがよい。

신체검사는 1년마다 받는 것이 좋다.

★ **体** : 인간・동물의 머리에서 발끝까지 온몸을 나타낸다.

◎ 体にぴったりと合う服がいい。　몸에 꼭 맞는 옷이 좋다.

◎ 体の具合いが悪い。　　　　　건강 상태가 나쁘다.

★ **肉体** : 살아 있는 인간의 몸과 성적 욕망의 대상으로서의 몸을 나타낸다.

◎ 肉体労働。　　　　　　　　육체노동.

◎ 肉体関係。　　　　　　　　육체관계(남녀의 성적인 교섭)

★ **体格** : 골격과 살집・근육 등으로 본 신체의 모양・모습을 나타내는 말이다.

◎ 体格がとてもいい。 체격이 매우 좋다.
◎ 八頭身の体格。 팔등신의 체격.

★ **身** : 사람의 몸・신체를 나타낸다.

◎ 恥ずかしくて身の置き所がない。 부끄러워서 몸 둘 곳이 없다.
◎ 危険から身を守る。 위험에서 몸을 지키다.

※ 身는 訓読이고, 身은 音読이다.

◎ 身なり。 옷차림・몸집.
◎ 身上。 신상(개인에 관한 형편)

★ **全身** : 온몸・몸 전체를 나타낸다.

◎ 全身運動。 전신 운동
◎ 全身美容。 전신미용

★ **総身** : 온몸・몸 전체를 말한다.

◎ 総身の力を尽くす。 온몸의 힘을 다하다.

★ **体躯** : 체격・몸집을 나타낸다.

◎ 東洋人は西洋人より体躯が小さい。
동양인은 서양인보다 체구가 작다.

◎ 日本人の体躯は戦前より大きくなった。

일본인의 체구는 전쟁 전보다 커졌다.

★ **肉身** : 살아있는 사람의 몸을 말한다.

◎ 私の肉身は父母から受けた。 나의 육신은 부모에게서 받았다.

◎ 肉身を養い法身を知る。　　육신을 길러 주신 법신을 알다.

★ **玉体** : 천황·귀족을 존칭하여 나타내는 말로, 그의 몸을 가리킨다.

◎ 天子や貴人の体を敬って玉体という。

천자나 귀인의 몸을 높여 옥체라고 한다.

★ **御身** : 身의 존칭어로, 편지글에서 사용한다. 또는 상대방의 몸을 나타

내기도 한다.

◎ 御身お大切になさいますよう。　옥체 조심하십시오.

★ **尊体** : 신불(神仏)·귀인·타인의 몸을 높여 나타내는 말이고, 편지 등

에서 사용하기도 한다.

◎ 尊体は仏像を指す言葉だ。　존체는 불상을 가리키는 말이다.

★ **お体** : 体의 존칭어로, 타인의 신체, 몸을 가리키는 말이다.

◎ お体に気をつけてください。 몸조심하세요.

心配(しんぱい)

気掛かり。懸念。不安。憂い。悩み。念慮。心慮。憂慮。恐れ。
苦悶。煩い。苦悩。苦渋。労心。杞憂。苦労。

걱정, 시름, 근심, 염려, 심려, 우려, 고민, 고뇌, 번민, 고심, 현안,
노심, 기우

★ **心配** : 마음의 걱정·근심이나 남에게 신세·폐·귀찮은 일을 끼치는
  것을 말한다.

◎ 就職の心配はない。

  취직 걱정은 없다.

◎ いろいろ御心配をかけてすみません。

  여러 가지로 폐를 끼쳐드려 죄송합니다.

★ **懸念** : 앞날의 걱정으로 마음이 불안해지는 것을 나타내며 불교에서는
  하나의 일에 집착하는 것을 말한다.

◎ 将来が懸念される。　　　　　　장래가 걱정된다.

◎ 対日感情の悪化が懸念される。 대일 감정의 악화가 걱정된다.

★ **不安** : 나쁜 일이 발생할 것 같은 마음으로 걱정하여 심기가 편하지 않은
  상태를 나타낸다.

◎ 将来に不安を抱く。　　　　　장래에 불안을 품다.

◎ 社会不安。　　　　　　　　　사회불안.

★ **苦労** : 뭔가를 하기 위하여 심히 고생하는 것을 나타낸다.

※ ご苦労さま(さん)의 형태도 상대의 수고나 노력을 치하하고 위로하는 인사말로 사용한다. 윗사람에게 사용하는 것은 삼가고 대신 ありがとうございます로 표현하는 것이 보통이다.

◎ 一つ苦労願おうか。　　　수고 좀 끼칠까?
◎ 苦労を知らない。　　　　고생을 모르다.
◎ 親に苦労をかける。　　　부모에게 고생을 시키다.

★ **杞憂** : 할 필요가 없는 쓸데없는 근심·걱정을 나타내고 있다.

※ 비슷한 말로 取り越し苦労가 있다.

◎ 杞憂に終わってほっとした。　기우로 끝나서 안심이 되었다.
◎ それこそ杞憂というものだ。　그것이야말로 기우라는 것이다.

★ **苦渋** : 괴롭고 지르퉁한 것으로, 일이 잘 안 되어 고민하는 상태를 나타낸다.

◎ 苦渋に満ちた表情。　　　고뇌에 찬 표정.
◎ 苦渋の日々。　　　　　　고뇌의 나날.

★ **苦悩** : 괴로워하고 번뇌하는 상태를 나타낸다.

◎ いかに生くべきかと苦悩する。　어떻게 살 것인가 고뇌하다.
◎ 苦悩は健康をそこなう。　　　　고뇌는 건강을 해치다.

★ **苦悶** : 괴로워하고 애를 태우는 상태를 나타낸다.

  ◎ 恋に苦悶する。   사랑 때문에 고민하다.

  ◎ 苦悶の表情を浮かべる。   고민하는 표정을 짓다.

★ **念慮** : 이것저것 생각하며 앞일에 대하여 여러모로 마음 써서 걱정하는

        것을 나타내며 불교에서 문어적 말씨로 사용한다.

  ◎ 人間の念慮限なく、特に人の浅い知恵で起る。

    인간의 염려는 한이 없다. 특히 사람의 얕은 지혜로 염려가 발생한다.

★ **心慮** : 마음속으로 걱정하는 것을 나타낸다.

  ◎ 心慮をかけてすみません。   심려를 끼쳐 죄송합니다.

  ◎ その事については深く心慮する。 그 일에 대해서는 깊이 걱정한다.

信頼(しんらい)

信任。信望。信用。信義。信仰。信心。

신뢰, 신임, 신망, 신용, 신의, 신앙, 믿음, 신심

★ **信頼** : 믿고 의지하거나 신용하여 맡기는 것을 나타낸다.

  ◎ 部下を信頼する。   부하를 신뢰하다.

  ◎ 人の信頼を背く。   남의 신뢰를 저버리다.

★ **信任** : 신뢰하여 일을 맡기는 것을 말한다.

◎ 內閣を信任する。　　　　내각을 신임하다.
◎ 国会の信任を得る。　　　국회의 신임을 얻다.

★ **信望** : 신용, 세상 사람이 우러르고 따르는 덕망을 나타낸다.

◎ 信望の厚い人は稀だ。

　　신망이 두터운 사람은 드물다.

◎ 信望を得るかどうかはその人の行為に左右される。

　　신망을 얻느냐 못 얻느냐는 그 사람의 행위에 좌우된다.

★ **信用** : 믿고 임용하거나, 믿어 의심하지 않는 것 또는 확실하다고 믿거나 덕망이 있고 평판이 좋아 장래의 의무 이행을 확신하는 것을 나타낸다.

◎ 彼の言動を信用する。　　그의 언동을 신용하다.
◎ 信用取引は商人の命だ。　신용 거래는 상인의 생명이다.

★ **信義** : 약속을 이행하여 상대에 대한 도의적 책무를 다하는 것을 나타낸다.

◎ 信義が厚い。　　　　　　신의가 두텁다.
◎ 友人の信義を守る。　　　친구의 신의를 지키다.

★ **信仰** : 신이나 부처를 믿고 숭배하는 것이나 성심을 다하여 믿는 것을 말한다. 또는 일반적으로 신뢰하여 의심하지 않는 것을 나타낸다.

◎ 信仰生活をする。　　　　신앙생활을 하다.

◎ 信仰が厚い。　　　　　　　　믿음이 두텁다.

★ **信心** : 신불을 믿어 기도하는 것과 신불을 믿는 마음을 나타낸다.

※ 이 말은 불교에서 사용하는 말로, 일반적으로 삼보나 인과의 이치와 법을 믿는 마음을 가리키며 이를 불도에 입문하는 첫걸음으로 삼는다.

◎ 信心する。

기원하다(신불의 힘을 믿고 그의 가호를 기원하며 기도하는 것을 나타낸다)

◎ 信心が足りない。

믿음이 부족하다.

所為(せい)

文句。不平。苦情。愚痴。怨望。不満。言い訳。

이유, 탓, 투정, 불평, 원망, 불만, 핑계

★ **所為** : 어느 사항이 원인·이유가 되어 있는 것을 나타낸다. 보통 히라가나로 표기하는 경우가 많다.

◎ 失敗を人のせいにするな。　실패를 남의 탓으로 돌리지 마라.

◎ それは君のせいじゃない。　그것은 자네의 탓이 아니다.

★ **文句** : 상대에 대한 不平不満 등을 토로하거나 변명, 핑계를 대는 것을
　　　　나타낸다.

◎ 学生さん、文句を言うな。　　학생 여러분, 불평을 말하지 마라.

◎ いちいち文句をつける。　　　일일이 불만을 걸다.

※ 文句는 문장 중의 어구도 나타낸다.
　· 仏教の名文句。　　불경의 명문구.

★ **不平** : 만족할 수 없어서 불쾌하게 생각하거나 투덜거리는 말을 하는 것.

◎ 不平の種は自分の責任感のない態度から来る。

　　불평거리는 자신의 책임감 없는 태도에서 온다.

◎ 月給が少ないと不平を言う。

　　월급이 적다고 불평을 말하다.

★ **苦情** : 남에게서 받은 성가심이나 괴로움·해악에 대하여 불평불만의
　　　　마음을 나타내는 뜻이다.

◎ 国民から苦情が出る。　　　　국민에게서 고충에 대한 불만이 나오다.

◎ 政府は苦情処理機関を設ける。정부는 고충 처리 기관을 설치하다.

★ **愚痴** : 말해도 별 방법이 없는 것을 말하며 한탄하는 것을 나타낸다.

◎ 彼はしきりに愚痴をこぼす。　그는 자주 푸념을 해댄다.

※ 불교에서 나온 말로, 어리석어 생각이 모자라는 것 또는 사물의 시비를 구별 못하는 것을 나타낸다.

※ 愚痴を練る。 자백하는 것을 나타내며 소매치기 사이의 은어이다.

★ **怨望** : 분하게 생각하여 불평을 가슴에 품고 미워한다는 뜻이다.

◎ 人を怨望するな。

남을 원망하지 마라.

◎ 交際に害するものは怨望より大なるはなし。

교제에 해가 되는 것은 원망보다 큰 것이 없다.

★ **不満** : 어떤 사항이 마음에 차지 않아 못마땅하게 느끼는 불만족을 나타낸다.

◎ 欲求不満に陥る。　　욕구 불만에 빠지다.

◎ 不満を抱く。　　불만을 품다.

★ **言い訳** : 자신의 과실·과오·실패 또는 상대방의 비판 등에 대하여 사정을 설명하고 자신의 정당성을 주장하는 변명 등을 뜻한다.

◎ 言い訳に滅入る説明。　　변명으로 기가 죽은 설명.

◎ 言い訳は聞きたくない。　　변명은 듣고 싶지 않다.

成長(せいちょう)

成熟。 伸長。 繁栄。 繁盛。 生長。 発展。 生い立ち。 隆盛。

성장, 번영, 발전, 성숙, 신장, 번성, 생장, 융성

★ **成長** : 인간이나 동물이 자라서 크게 되고 어른이 되는 것. 사물이 발전
하여 보다 높은 단계에 오르는 것. 또는 규모가 커지는 것을 말한
다.

◎ 子供は成長が早い。

아이들은 성장이 빠르다.

◎ 経済成長は国民所得と関係がある。

경제 성장은 국민 소득과 관계가 있다.

★ **成熟** : 곡식・과일 등이 충분히 익는 것・사람의 마음・몸이 충분히 성
장하는 것・정세가 발달하는 것 또는 좋은 시기가 된 상태를 나타
낸다.

◎ 成熟した娘。

성숙한 딸.

◎ 演技が成熟する。

연기가 성숙해지다.

◎ 成熟した社会は政治の安定が必要だ。

성숙한 사회는 정치의 안정이 필요하다.

★ **伸長** : 성장시키고 발전시키는 것 또는 자라고 증가하는 뜻이 있다.

　　◎ 学力が伸長する。　　　　　학력이 신장하다.

★ **繁栄** : 일이 번성하여 잘되고 영화로워지는 것 또는 세력이 커지고, 재산 따위가 늘어나는 것을 나타낸다.

　　◎ 交通の要地として繁栄した大田市。 교통의 요지로서 번영한 대전시.
　　◎ 子孫が繁栄する。　　　　　자손이 번영하다.

★ **繁盛** : 번화하고 번창한 모양을 나타낸다.

※ 繁昌와 같은 뜻이다.

　　◎ 店が繁盛する。　　　　　가게가 번성하다.
　　◎ 家内繁盛を祈る。　　　　가내 번창을 빌다.

★ **生長** : 식물이 자라는 것과 동물의 성장을 나타낸다.

※ 동물과 식물을 함께 다룰 경우에는 生長이라는 단어를 사용하는 것이 일반적이다.

　　◎ 苗木が生長する。　　　　묘목이 생장하다.
　　◎ 稲が生長する。　　　　　벼가 생장하다.

★ **発展** : 보다 좋은 단계나 방향으로 나아가는 것, 상황이 호전되는 것, 이성 관계가 깊어진 것을 놀리는 뜻으로 사용한다.

　　◎ 都市の発展は人口が流入する。 도시의 발전으로 인구가 유입되다.

　　　◎ 発展家(か)。　　　　　　　　주색에 빠진 사람.

★ **隆盛** : 크게 일어나고 대단히 번성하는 것을 나타낸다.

───────────────────────────────

※ 隆昌과 거의 비슷한 뜻의 말이다.

───────────────────────────────

　　　◎ 隆盛の時(とき)があれば衰退(すいたい)の機会(きかい)も来(きた)る。

　　　　융성의 시기가 있으며 쇠퇴의 시기도 온다.

　　　◎ 高麗(コリョ)に至って最(もっと)も仏教(ぶっきょう)の隆盛の時なり。

　　　　고려에 이르러 불교의 융성기가 되다.

精密(せいみつ)

精巧(せいこう)。細密(さいみつ)。緻密(ちみつ)。綿密(めんみつ)。厳密(げんみつ)。正確(せいかく)。

┌───┐
│ 정교, 정밀, 세밀, 정세, 치밀, 엄밀, 정확, 면밀 │
└───┘

★ **精密** : 세세한 부분까지 정확하고 정교하게 만들어진 것, 상세하고 미세
　　　하게 모든 면에서 빈틈없이 된 것을 나타낸다.

　　　◎ 精密機会(きかい)を据(す)える。　　　정밀 기계를 설치하다.

　　　◎ 精密度(ど)を高(たか)める。　　　　정밀도를 높이다.

★ **精巧** : 세공이 빈틈없이 솜씨가 훌륭한 것과 손재주가 숙달되어 정확하

게 되어있는 것을 말한다.

◎ 精巧にめいをした女の半襟。 정교하게 자수를 한 여성용 깃.
◎ 宝石を精巧に加工する。　　보석을 정교하게 가공하다.

★ **細密** : 대단히 꼼꼼하고 자세하게 모든 면에 빈틈없이 미치는 것과 소상

한 것을 나타낸다.

◎ 細密に検討する。

세밀히 검토하다.

◎ 細密画。

정밀화(동양 미술로서 대상을 치밀하게 공들여 묘사한 회화를 말한다)

★ **緻密** : 지극히 자세하고 상세한 것과 세세한 면까지 주의를 빈틈없이 기

울인 것. 또는 세공이 촘촘한 것을 나타낸다.

◎ 緻密な計画を立てる。　　치밀한 계획을 세우다.
◎ 緻密な紙質。　　　　　치밀한 종이 질.

★ **綿密** : 주의력이 구석구석까지 미치는 것, 실수나 실책이 없는 것, 상세

하고 자세한 것을 나타낸다.

◎ 綿密に観察する。　　　면밀히 관찰하다.
◎ 綿密な計画を立てる。　　면밀한 계획을 세우다.

★ **厳密** : 세세한 부분까지 엄격하게 주의를 기울여 모든 면을 빈틈없이 한

다는 뜻이 있다.

※ 이 단어는 일본어에서는 형용동사로 취급하고 있다.

◎ 厳密な検査を受ける。　　엄밀한 검사를 받다.

◎ 厳密な審査を行う。　　엄밀한 심사를 행하다.

★ **正確** : 바르고 확실한 것을 나타낸다.

※ 신문에서는 正確와 精確을 正確으로 통일시켜 正確을 사용하고 있다.

◎ 正確な発音は外国語の勉強の生命だ。

　정확한 발음은 외국어 공부의 생명이다.

◎ 正確な地図が必要だ。

　정확한 지도가 필요하다.

※ 精確는 정밀하고 확실한 것을 나타낸다.
・正確な時計。정확한 시계.　　・精確な時計。정확한 시계.

整理(せいり)

整頓。整備。

정돈, 정리, 정비, 단장, 치장

★ **整理** : 흐트러진 상태의 것을 가지런히 하고 불필요한 것, 쓸데없는 것
　　　등을 처분하고 정리하는 것이다.

◎ 交通整理。　　　　　　교통정리
◎ 古い本を整理する。　　낡은 책을 정리하다.

★ **整頓** : 흐트러진 것을 치우거나 정리하는 것 또는 바로잡는 것이다.

◎ 部屋を整頓する。　　　방을 정리하다.
◎ 本棚が整頓されてある。　책장이 정돈되어 있다.

★ **整備** : 곧 도움이 되도록 준비를 하는 것이나 또는 곧 사용할 수 있도록
　　　사전에 정리하여 두는 것을 말한다.

◎ 車を整備する。　　　　자동차를 정비하다.
◎ 整備工場。　　　　　　정비 공장.

絶景(ぜっけい)

佳景。絶勝。名勝。勝地。美観。景色。好景。眺め。

절경, 절승, 가경, 명승, 미관, 풍경, 경치

★ **絶景** : 훌륭한 경치 또는 대단히 아름다움 풍경을 나타내는 말이다.
◎ 天下の絶景の金剛山に行く。

천하의 절경인 금강산에 가다.

◎ 富士のすそ野は日本一の絶景のひとつだ。

후지산의 산기슭은 일본 제일의 절경 중 하나이다.

★ **佳景** : 좋은 경치나 훌륭한 전망·아름다운 경관을 나타낸다.

◎ 濟州道は佳景の島だ。　　　제주도는 가경의 섬이다.

◎ 金剛山は世界一の佳景だ。　금강산은 세계 제일의 가경이다.

★ **絶勝** : 대단히 경치가 좋은 곳을 일컫는 말이다.

◎ 天下の絶勝はどこですか。　하늘 아래 절승은 어딥니까?

◎ 雪嶽山は有名な絶勝だ。　　설악산은 유명한 절승이다.

★ **名勝** : 경치가 훌륭한 곳과 아름다운 풍광으로 널리 알려진 명소를 말한다.

◎ 名勝を保存する。　　　　　명승을 보존하다.

◎ 慶州は名勝の地だ。　　　　경주는 명승지이다.

★ **勝地** : 경치가 좋은 곳을 말한다.

◎ 景色のすぐれた土地を勝地という。 경치가 좋은 지역을 승지라고 한다.

◎ 江原道の嶺東地方は勝地が多い。　강원도의 영동 지방은 승지가 많다.

★ **美観** : 아름다운 풍경이나 미려한 경치를 말한다.

◎ 都市の美観を整備する。　　도시의 미관을 정비하다.

◎ ソウルの造営に取りかかる。서울의 조영에 착수하다.

※ 造営_{ぞうえい}는 궁정·사찰 등의 건축물을 짓는 것을 말한다.

★ **景色** : 산·강·초원 등 자연 풍물의 풍경·경관을 나타낸다.

◎ 春景色_{はるげしき}は桜_{さくら}の花_{はな}が飾_{かざ}る。　봄 경치는 벚꽃이 장식한다.

◎ 景色がいい。　　　　　　경치가 좋다.

★ **好景** : 좋은 경치를 나타내는 말이지만 흔히 사용하는 말은 아니다.

※ 보통 호경기(好景氣)의 경제 용어가 보편적인 조어로 귀에 익숙할 것이다.

◎ よい景色を好景という。　よい景色를 좋은 경치라고 한다.

★ **眺め** : 눈에 들어오는 풍경이나 좋은 경치를 나타낸다.

◎ よい眺めだ。　　　　　좋은 경치이다.

◎ 眺めのよい所_{ところ}は家賃_{やちん}も高_{たか}い。　조망이 좋은 곳은 집세도 비싸다.

是認(ぜにん)

肯定。首肯。認定。認知。納得。

시인, 긍정, 수긍, 인정, 납득

★ **是認** : 좋다 또는 그러하다고 인정하는 것 또는 어떤 내용이나 사실이 옳다고 따르는 것을 나타낸다.

◎ 是認しがたい提案。　　시인하기 어려운 제안이다.
◎ 自分の失策を是認する。　자신의 실수를 시인하다.

★ **肯定** : 과연 그렇다고 인정하거나 어떤 사실이나 생각에 대하여 옳다고 여기는 것을 말한다.

◎ 彼は現状を肯定する。　　그는 현상을 긍정하다.
◎ 肯定と否定は反対語だ。　긍정과 부정은 반대어이다.

★ **首肯** : 납득하여 찬성하거나 고개를 끄덕거리며 승낙하는 것을 나타낸다.

◎ 首肯しがたい意見である。　수긍하기 어려운 의견이다.
◎ そんな説明では首肯しがたい。그런 설명으로는 수긍할 수 없다.

★ **認定** : 이러이러하여 그렇다고 확인시켜 단정하거나 사실·자격의 유무 또는 사항의 옳고 그름을 심사 판단하여 결정한다는 뜻이 있다.

특히, 재판에서 법률 적용의 전체가 되는 일정한 사실 존부를 증거에 의하여 확인하여 확정하는 것과 국가나 지방 공공 단체 등에서 어떤 사실 또는 법률관계의 존부를 확인하는 것을 나타낸다.

◎ 資格認定試験は毎年ある。   자격 인정 시험은 매년 있다.

◎ 柔道一級を認定される。   유도 일급을 인정받다.

★ **認知** : 어떤 사항을 확실하게 인정하는 것과 법률상의 혼인 관계가 아닌 남녀 간에 출생한 자녀를 부 또는 모가 자기 자녀라고 인정하는 뜻이 있다.

◎ 犯罪があることを認知する。 범죄가 있는 것을 인지하다.

◎ 自分の子だと認知する。   자기 자식이라고 인지하다.

★ **納得** : 타인의 생각・행동 등을 이해하고 받아들이는 것 또는 동의・수긍하는 것을 말한다.

◎ 十分に説明して納得させる。 충분히 설명하여 납득시키다.

◎ 納得のいかない話だ。   납득이 안 가는 말이다.

※ 納得는 불교어로, 남의 것을 받아들여 자기 것으로 한다는 뜻의 말이다.

※ 納는 呉音이고, 納은 관용음이다.

先生(せんせい)

教師。教諭。教授。師。師範。講師。教員。

선생, 스승, 교사, 사범, 교수, 사부, 교원, 교육자, 교직자, 선생님, 강사

★ **先生** : 스승으로서 학문·기술·예능 등을 가르치는 사람으로, 학교의 교원·교사를 가리는 말이고 연장자·학자·의사 등 전문가나 사회의 저명인사를 나타내는 말이다.

◎ 日本語先生は何人いらっしゃいますか。

　일본어 선생님은 몇 분 계십니까?

◎ 金先生は英語を教えています。

　김 선생님은 영어를 가르치고 있습니다.

★ **教師** : 학교에서 일정한 자격을 가지고 아동·생도·학생 등의 교육에 임하는 사람이다.

◎ ピアノの教師になる。　　피아노 교사가 되다.

◎ 日本語の教師は田中です。　일본어 교사는 다나카입니다.

★ **教諭** : 초·중·고등학교 및 유치원 등의 정교원을 일컫는 말이다.

◎ 教諭という言葉は韓国人にはうとい。

　교유라고 하는 말은 한국인에게는 생소하다.

★ **教授** : 대학교·전문대학 등에서 전문적인 학문을 가르치고 연구에 종

사하는 강사·조교수·교수를 말한다.

◎ 崔教授は日本大学で文学を研究した。

최 교수는 일본 대학에서 문학을 연구하였다.

◎ 大学の教授を努める。

대학 교수로 근무하다.

★ **師** : 학문이나 기능을 사람에게 가르치고 인도하는 사람을 가리키고, 先生과 의미가 비슷한 말로, 접미사로도 사용한다.

◎ 弟子は師を尊敬しなければならない。 제자는 스승을 존경해야 한다.

◎ 牧師。　　 목사　　　　　　◎ 美容師。　　 미용사

★ **師範** : 학문·기예 등을 가르치는 사람을 말한다.

◎ 剣道師範。　　　　　　　　검도 사범

★ **講師** : 대학에서 조교수에 준하는 직무에 종사하는 사람 또는 초·중·고등학교에서 비상근으로 교사의 직무를 보조하는 사람 및 강연회·강습회 등에서 강의하는 연사를 말한다.

※ 講師를 こうじ로 발음하면 절에서 경문을 강의하는 스님이나 궁중에서 시가를 읊는 역할을 맡은 사람을 나타낸다.

◎ 大学講師は専任講師と非常勤講師がある。

대학 강사는 전임 강사와 시간 강사가 있다.

★ **教員** : 학교에서 아동·생도·학생을 교육하는 직무에 종사하는 사람을

　나타낸다.

◎ 教員を養成する。　　　　　　교원을 양성하다.

◎ 平教員。　　　　　　　　　　평교원.

戦争(せんそう)

> 戦い。戦。喧嘩。諍い。いざこざ。もめごと。ごたごた。合戦。
> 争い。もめ。紛争。抗争。動乱。戦闘。闘争。出入り。

> 전쟁, 싸움, 투쟁, 전투, 도탄, 다툼, 분쟁, 시비, 항쟁, 언쟁

★ **戦争** : 양편 군대끼리 무력을 행사하여 싸우는 것을 말하며, 가혹한 경쟁
　　　이나 심한 혼란 상태를 나타내기도 한다.

◎ 兵器と兵力は戦争の必須条件である。

　　전쟁은 병력은 전쟁의 필수 조건이다.

◎ 戦争は戦争映画を作り出す。

　　전쟁은 전쟁 영화를 만들어낸다.

★ **戦い** : 전쟁·전투·투쟁·항쟁 등의 뜻을 가진 말이며, 動詞 たたかう
　　　에서 파생되어 명사화한 단어로, 양자가 대립하여 상대를 힘으로
　　　굴복시키는 것을 나타낸다.

◎ 延坪島の戦い　　　　　　　연평도 전투.

◎ 労使の戦い。　　　　　　노동자와 사용자의 투쟁.

★ **喧嘩** : 언쟁이나 폭력으로 다투는 것으로, 흔히 형제 간·부부 간 싸움에
서 사용하는 말이다.

◎ 兄弟げんかは育つ種。

형제 싸움은 성장하는 씨앗.

◎ 夫婦げんかは水を刀で切るようなこと。

부부 싸움은 칼로 물을 베는 것과 같다.

◎ 内輪げんか。

집안싸움

★ **諍い** : 말다툼·언쟁을 나타내는 말로, 약간 예스러운 말씨이다.

◎ 諍いが絶えない。　　　　언쟁이 끊이지 않는다.

◎ お隣と諍いをする。　　　이웃집과 언쟁을 하다.

★ **いざこざ** : 쌍방 간 의사 갈등에서 발생하는 분규를 나타내는 말로, いさ
いさ·もんちゃく·トラブル·ごたごた·もめごと　등과
유사한 뜻의 말이다.

◎ 隣人といざこざを起こす。　이웃 사람과 분쟁을 일으키다.

★ **合戦** : 고풍적인 말투로, 적과 아군의 군대가 만나서 싸우는 교전을 나타
낸다.

◎ 合戦は会戦と同じ意味だ。　합전은 회전과 같은 뜻이다.

◎ 黄山平原の合戦。　　　　황산 평원의 접전(接戰)

★ **争い** : 다툼・싸움・분쟁 ・논쟁・경쟁 등을 나타내며 자신의 뜻을 관
철시키기 위하여 대항하거나 경쟁하는 의미가 담긴 말이다.

◎ 両国の間に争い絶えない。　　양국 사이에 분쟁이 끊임없다.

◎ 学問上の争い。　　　　　　학문상의 논쟁.

★ **もめごと** : 개인끼리 또는 가정 내의 다툼이나 그다지 심상치 않은 언
쟁・싸움을 나타내는 말이다.

◎ 兄弟の間でもめ事が絶えない。　형제 간에 승강이가 끊이지 않는다.

※ もめ는 동사의 연용형 もめる에서 명사화한 말이다.

★ **紛争** : 어느 일에 갈등, 이해, 주장이 서로 얽혀서 말썽을 일으켜 다투는
것을 나타내는 말이다.

◎ 労使紛争。 노사 분쟁.　　◎ 領土紛争。 영토 분쟁.

★ **抗争** : 반항하고 서로 대항하여 싸우는 것을 나타낸다.

◎ 武力抗争

무력 항쟁.

◎ 校内に進入する兵士に抗争をする。

교내에 진입하는 병사에 항쟁을 하다.

★ **動乱** : 사회 질서가 흐트러져 일어나는 난리・폭동・전쟁을 뜻하는 말
이다.

◎ 6.25動乱は北朝鮮の侵略戦争だ。 6.25동란은 북조선의 침략 전쟁이다.

★ **出入り** : 알력・시비・불화・싸움 등을 나타내는 말로 사용한다.

　　◎ 高校生同士の出入りがある。　고등학생끼리의 싸움이 있다.

※ 出入り는 출입・단골・금전의 지출과 수입・증감・지형이 울퉁불퉁함 등의 뜻이 있는 단어이다.

★ **戦闘** : 병력을 이용하여 적군과 싸우는 일로, 공격・방어・추격 등의 작전 행위를 나타내는 말이다.

　　◎ 陸軍の戦闘は歩兵で、空軍の戦闘はパイロットだ。

　　　육군의 전투는 보병이고, 공군의 전투는 파일럿이다.

★ **戦** : 고풍스러운 밀로, 전쟁・교전・집전을 가리키며, 옛날에는 낭사・군단・군의 세력의 뜻으로도 사용하였다.

　　◎ 戦を起こす。　　　　　전쟁을 일으키다.

※ 軍으로 표기하여 軍船라고 하였다.

　　◎ 軍の神。　　　　　　　군신(전쟁의 승리를 지켜주는 수호신을 뜻한다)

俗語(ぞくご)

俗言。俚言。単語。隠語。スラング。

속어, 비어, 은어, 상소리, 슬랭, 상말, 낮은말, 낮춤말

★ **俗語** : 격식 차린 장소에서는 사용하기 어려운 비속한 말을 나타내며, 일반 사회에서 일상적으로 사용되어지는 구두어를 의미한다.

◎ 俗語の例をあげると、やばい・やろう・とんずらなどがある。

속어의 예를 들면 위험하다・놈・도망침 등이 있다.

◎ 俗語は人間関係を台無しになる。

속어는 인간관계를 망친다.

★ **俗言** : 일반 사회의 생활에서 사용하는 낮은 품격의 말씨로 스스럼없는 사이나 장소에서 통용하는 말이다.

◎ 俗言は下品の言葉だ。　　　속언은 하품의 말이다.

◎ 俗言を信じる。　　　　　　소문을 믿다.

※ 俗言には噂の 뜻도 있다.

★ **俚言** : 세간에서 사용되는 속어라는 뜻으로, 표준어나 공통어와 달리 일정 지역에서의 특유한 말이나 어법을 띠는 방언・사투리를 말한다.

◎ 俚言は卑しい言葉だ。　　　이언은 천한 말이다.

◎ 濟州道の俚言は聞き苦しい。제주도 사투리는 알아듣기 어렵다.

★ **卑語** : 천하고 품격이 낮은 말을 나타낸다.

◎ 売女は卑語の一つだ。　　　매춘부는 비어의 하나다.

◎ 卑語は下層社会の特徴だ。　비어는 하층 사회의 특징이다.

★ **隠語** : 특정한 집단이나 계층에 속하는 사람들끼리만 통용되는 말이다.

◎ 7センチはたばこの隠語だ。　7센티는 담배의 은어다.

◎ かわうそは海軍の隠語だ。　수달은 해군의 은어다.

※ 동물 · 꽃 등의 이름은 히라가나로 표기하는 것이 통례이다.

★ **スラング** : 영어의 slang에서 온 외래어로, 비어 · 은어 · 속어의 뜻이 있
고 大正 시대부터 사용하였다.

◎ スラングはある特定の社会集団の中で用いられる俗語だ。

슬랭은 어떤 특정의 사회 집단 속에서 사용되는 속어이다.

◎ トマトは若くてぴちぴちした女性のことである。

토마토는 젊고 팔팔한 여성을 말한다.

卒業(そつぎょう)

修了。マスター。終業式。

졸업, 수료, 마스터, 종업식

★ **卒業** : 정해진 과정을 배워 마치고 그 학교를 떠나는 것. 또는 어떤 단계
를 체험하고 통과하는 것을 나타낸다.

◎ 野球の名門の学校を卒業する。　야구의 명문 학교를 졸업하였다.

◎ タバコなんか去年に卒業した。　담배 따위는 작년에 졸업하였다.

★ **修了** : 일정한 학업 과정을 끝마치는 것을 나타낸다.

◎ 博士の課程を修了する。　　박사 과정을 수료하다.

◎ 一年の研究課程を終える。　1년의 연구 과정을 마치다.

★ **マスター** : 대학원 修士(석사) 과정을 말한다. 한편으로는 어떤 기술이나
내용 등을 학습하고 배워 충분히 익히는 것을 나타낸다.

◎ 日本語をマスターする。　　일본어를 완전히 습득하다.

※ マスター는 영어의 master에서 온 외래어로, する 동사와 복합어가 되어 '숙달하다'・'정통
하다'를 뜻한다. 明治 시대부터 사용하였다.

★ **終業式** : 학교에서 한 학기・한 학년의 수업을 끝내는 것을 나타낸다.

◎ 今日は学校の終業式がある。 오늘은 학교의 종업식이 있다.

空(そら)

天。天。宇宙。空中。蒼空。青空。天つ空。コスモス。

하늘, 공중, 우주, 창공, 코스모스

★ 空 : 공간·장소·위치 등의 위쪽과 지상의 위쪽 방향이지만 天(てん)보
　　다는 아래쪽의 중천을 나타내는 말이다.

　　◎ 空高く鳥が飛んでいる。　　하늘 높이 새가 날고 있다.
　　◎ 青い空に風船を飛ばす。　　푸른 하늘에 풍선을 날리다

★ 天 : 지상을 덮은 높고 멀고 넓은 공간을 나타낸다.

　　◎ 天高く馬肥ゆる秋。　　하늘은 높고 말은 살찌는 가을.
　　◎ 天から釣った意見。　　하늘로부터 받은 훌륭한 의견.

★ 天 : 예스러운 말로, 天上, 하늘을 나타내는 말.

　　◎ 天つ神のいる処。　　하나님이 계신 곳(하늘의 신이 있는 곳)

※ つ는 현대어의 の와 같다.

　　◎ 天人。　　천상계에 있는 사람(天上界)

★ 宇宙 : 모든 천체(天体)를 포함한 광활한 공간의 하늘을 나타내는 말로,
　　　　宇는 공간의 광활함을, 宙는 시간의 넓은 폭을 의미한다. 이 말

속에는 天地　世界와 대기권 밖의 공간을 말하는 뉘앙스도 있다.

◎ 宇宙旅行。　　　　　　　　우주여행

◎ 宇宙の神秘。　　　　　　　우주의 신비

※ 외래어로는 cosmos에 온 コスモス가 있다. 우주를 나타내며 明治 시대부터 사용하였다.

★ **空中** : 지표면에서 떨어진 공간이나 대기 속의 하늘을 나타낸다.

◎ 空中戦は飛行機同士の戦いだ。　공중전은 비행기끼리의 싸움이다.

◎ 空中に向かって射る。　　　　　공중을 향하여 쏘다.

※ ・蒼空 : 푸른 하늘

　・青空 : 푸른 하늘(屋外・野外)

　・青空市場。 : 노천 시장

　・天つ空。 : 하늘(つ는 の의 뜻)

　・大空。 : 끝없는 넓은 하늘(天の原)

大根(だいこん)

蘿蔔。すずな。すずしろ。

무, 순무, 열무

★ **大根** : 몸체가 굵고 긴 하얀 무를 나타낸다. 옛날에는 すずしろ 또는 お
おね라고 하였다.

◎ 大根は重要なそ菜だ。

무는 중요한 소채이다.

◎ 大根はキムチの材料とカクドゥギの主なる原料だ。

무는 김치의 재료와 깍두기의 주원료이다.

★ 蕪 : 순무로 몽글고 길이가 짧은 무를 나타낸다.

◎ 蕪の品種が多い。　　　　　순무의 품종이 많다.

★ すずな : 蕪의 다른 이름으로, 봄에 생산된다.

◎ すずなは蕪の別称で、春の七草の一つだ。

순무는 가부의 별칭이고 봄나불의 7가지 중 하나에 속한다.

봄나물의 7가지

- せり : 미나리
- なずな : 냉이
- ごぎょう : 떡쑥
- はこべ : 별꽃
- ほとけのざ : 광대나물
- すずな : 순무
- すずしろ : 무

大学(だいがく)

短期大学。専門大学。ユニバーシティー。カレッジ。総合大学。

대학교, 대학, 전문대학, 단기대학, 상아탑, 종합대학, 단과대학

★ **大学** : 고등교육의 중핵을 이루는 학교이고, 학술의 연구 및 교육의 최고
기관이다. 연구와 교육에 창의 및 자유가 존중되고 관리 운영에
자치가 인정되어 있다. 현재의 대학은 서양의 제대에 영향을 받았
고 일본은 明治 시대 1886년에 제국 대학이 생겼다.

◎ 東京大学は国立で、修業年限は４年である。

　동경 대학은 국립이고, 수업 연한은 4년이다.

◎ 毎年2月は大学卒業のシーズンだ。

　매년 2월은 대학 졸업 시즌이다.

★ **短期大学** : 고등학교 졸업자나 이에 준하는 학력자를 입학 자격으로 하
는 2년 또는 3년 과정의 대학으로, 전문적 직업 교육을 주로
하며 昭和 시대 1950년에 설립되었다.

◎ 短期大学は普通短大と言われる。　단기 대학은 보통 단대라고 한다.

◎ 短期大学は職業の教育に専念する。단기 대학은 직업 교육에 전념한다.

★ **専門大学** : 전문적인 학문과 기술 교육을 실행하는 대학으로, 전문학교에
서 학제 개혁에 의하여 대학으로 재편성되었다.

◎ 韓国の専門大学は2・3年制が多い。

한국의 전문대학은 2・3년제가 많다.

◎ 日本の大学は韓国の大学校と同じだ。

일본의 대학은 한국의 대학교와 같다.

★ ユニバーシティー : 종합 대학을 가리키는 말로, 영어의 university에서 온 말이다. 大正 시대부터 사용하였다. カレッジ는 단과 대학으로, 영어의 college에서 온 말이다. 일본의 단기 대학이나 전문학교가 해당되며 昭和 시대부터 사용 하였다.

◎ ユニバーシティーは多くの学部をもつ大学である。

종합 대학은 많은 학부를 가진 대학이다.

◎ カレッジは短科大学だ。

칼리지는 단과 대학이다.

大人(たいじん)

巨人。聖人。聖者。君子。聖。偉人。夫人。夫人。

대인, 위인, 거인, 성인, 성자, 군자, 어른

★ 大人 : 덕이 높고 훌륭한 사람・도량이 있는 사람・신분・지위가 높은 사람을 나타내며 군주・귀인・선생・학자 등의 경칭으로 사용한

다. 또는 몸이 큰 거인이나 성인을 가리키기도 한다.

※ 大人이나 大人로 발음하면 어른·성인의 뜻으로 사용한다.
※ 大人로 발음하면 領主(영주)의 뜻이다.

◎ 大人の風格がある。

덕인의 풍격이 있다.

◎ 大人は仏教で菩薩を言う。

대인은 불교에서 보살을 말한다.

◎ 大人は小人の反対語だ。

어른은 소인(어린이)의 반대말이다.

◎ 大人は小人の反対語だ。

대인은 소인의 반대말이다(덕인은 소인배의 반대말이다)

★ 巨人 : 체격이 대단히 큰 사람 또는 어느 분야에서 위대한 능력이나 실적
을 지닌 사람을 나타낸다.

◎ 財界の巨人。   재계의 거인

◎ ガリバーは巨人である。   걸리버는 거인이다.

★ 聖人 : 지식과 덕망이 훌륭한 사람으로, 세상의 모범이 되고 숭상 받
는 인물을 나타내며 유교에서는 공자 같은 사람이다. 기독교에
서는 교회가 신자의 수경을 위하여 정식 인가에 의하여 부여하는
칭호이다.

◎ 聖人は神のように万事に通暁してしる人だ。
성인은 신처럼 만사에 통효한 사람이다.

◎ 孔子は聖人で、テレサ修女も聖人だ。

공자는 성인이고, 테레사 수녀도 성인이다.

★ 聖者 : 수행을 쌓은 신앙인, 즉 성인을 나타내며, 기독교에서는 위대한
순교자나 신도의 경칭으로 성도라고도 한다.

※ 聖者는 しょうじゃ라고도 발음하며 번뇌를 떨어버리고 바른 이치를 깨달은 사람을 말한다.
※ 聖의 せい는 漢音이고, しょう는 呉音이다.

★ 君子 : 훌륭한 인격·교양을 갖춘 인격자나 높은 관직에 있는 사람 또는
신분이 높은 사람을 나타낸다.

◎ 君子は危険な所に近づかない。

군자는 무리하게 위험한 곳에 가까이 가지 않는다.

◎ 君子の交際は水のようだ。

→ 君子の交わりは淡くして水の如し。

군자의 교제는 물과 같다.

★ 聖 : 높은 덕을 지닌 승려나 지덕을 갖춘 높은 분 또는 그 분야에 지식·
기량이 특출한 분을 일컫는 말이다.

◎ 法正は仏教会ですぐれた聖であった。

법정 스님은 불교계에서 훌륭한 승려였다.

★ 偉人 : 위대한 업적을 남긴 분을 말한다.

◎ 偉人は時代を作り、時代は偉人を作る。

위인은 시대를 만들고 시대는 위인을 만든다.

◎ 李舜臣は朝鮮時代の偉人だ。 이순신은 조선시대의 위인이다.

台所(だいどころ)

勝手。キチン。くりや。炊事場。厨房。板場。調理場。板前。

> 부엌, 주방, 취사장, 조리실

★ **台所** : 가정에서 음식물을 조리하거나 식사 후의 설거지를 하는 방 또는
　　　　 공간으로, 부엌을 나타내며 준말로 だいどこ라고도 한다.

　　◎ 台所の床は大理石だ。　　　부엌의 바닥은 대리석이다.
　　◎ 台所に冷蔵庫がある。　　　부엌에 냉장고가 있다.

★ **勝手** : 부엌을 나타내는 말로, お勝手라고도 한다. 이 말은 원래 형용동
　　　　 사로 사용되는 경우가 있으니 유의하여야 한다.

　　◎ 勝手仕事は苦しい。　　　부엌일은 어렵다.
　　◎ 勝手道具を取りかたづける。부엌세간을 정리하다.

★ **キチン** : 영어의 kitchen에서 온 외래어로, 부엌의 뜻이며 昭和 시대부터
　　　　　 사용하였다.

※ キッチン의 표기는 大正 시대에 사용하였다.

◎ キチンタオル。　　　　　　　부엌 타월

★ **くりや** : 음식물을 조리하는 곳을 나타내는 말로, 예스러운 말씨다.

　　◎ くりやは料理をする所だ。　주방은 요리하는 장소이다.
　　◎ くりやは台所の古い言い方だ。구리야는 부엌의 옛날 말씨이다.

★ **炊事場** : 조리하여 식사를 하는 장소를 말한다.

　　◎ 谷間の炊事場を見下ろした。　산골짜기의 취사장을 내려다보았다.
　　◎ 金一兵は炊事場で服務する。　김 일병은 취사장에서 복무한다.

★ **厨房** : 음식물을 조리하는 곳을 말한다.

　　◎ 扉のひまに厨房が見える。　　문 사이로 주방이 보이다

★ **板場** : 요릿집의 조리하는 장소를 나타내며 일본의 関西 지방 말씨이고,
　　　　関東 지방에서는 板前라고 한다.

　　◎ 板場にはまな板がある。　　요릿집 주방에는 도마가 있다.

★ **調理場** : 조리하거나 요리를 만들기 위한 장소로, 부엌을 나타내는 말이다.

　　◎ 調理場のほうへ入って行った。
　　　　조리실 쪽으로 들어갔다.
　　◎ 調理場にはいろいろな調味料がある。
　　　　조리실에는 여러 가지 조미료가 있다.

旅(たび)

旅行。遠足。散歩。ツアー。ピクニック。

여행, 소풍, 피크닉, 산책, 원족, 유람, 행려

★ **旅** : 살고 있던 곳에서 일시적으로 다른 곳으로 가는 것을 나타내거나 자기 집이 아닌 곳에 임시로 있는 것으로, 다른 곳으로 가지 않는 경우에도 사용한다.

◎ 旅の日は３日間だ。　　　여행 일수는 사흘 정도다.

※ 日는 日本의 上代語로 2일 이상의 日数를 나타내는 말이다.

◎ 旅は道づれ世は情け。　　여행은 길동무, 세상살이는 인정.

★ **旅行** : 다른 지방으로 떠나는 것으로, 좀 길고 먼 것을 나타내는 말이다.

◎ 海外旅行は旅行会社を利用するのが便利だ。
해외여행은 여행사를 이용하는 것이 편리하다.

◎ 日本の旅行は円が必要だ。
일본 여행은 엔화가 필요하다.

★ **遠足** : 학교의 과외 수업의 하나로서 당일치기의 일정으로 떠나는 것을 나타내고 보통 걸어서 가는 여행을 말한다.

◎ 小学校の遠足は母と一緒に行く時が多い。

초등학교 소풍은 어머니와 함께 가는 경우가 많다.

★ **散歩** : 기분 전환・건강을 위하여 집 밖을 느긋하게 걷는 산책을 말한다.

◎ 散歩に出かける。　　　　　산보하러 나가다.

★ **ツアー** : 관광 여행을 말하며 여행사 등이 기획한 단체 여행을 나타내는
말이다. 昭和 시대부터 사용하였고 tour에서 온 외래어이다. 한
편 간단한 여행을 지칭하기도 한다.

◎ ヨーロッパ一周のツアーは多くの経費がかさむ。
유럽 일주 여행은 많은 경비가 든다.

★ **ピクニック** : 도시락 등을 휴대하고 들이나 산으로 놀러나가는 것을 말하
며 大正 시대부터 사용한 외래어 picnic이다.

◎ ソウルの郊外へピクニックに行く。 서울 교외로 피크닉 하러 가다.

卵(たまご)

鶏卵。玉。エッグ。お玉。目玉。玉子。

> 달걀, 계란, 알

★ **卵** : 새・벌레・물고기의 모든 알을 나타내고 있지만 보통 일상 회화에

서는 달걀을 말하며 요리에서는 玉子라고 표기하기도 한다.

◎ めん鶏は毎日卵を産む。　　암탉은 매일 알을 낳는다.

◎ 卵をゆでる。　　　　　　　달걀을 삶다.

★ **鶏卵** : 달걀, 닭의 알을 漢語로 표기한 말이며 にわとりのたまごだ.

◎ 鶏卵は健康にいい。　　　　계란은 건강에 좋다.

◎ 鶏卵は菓子の主要材料である。 계란은 과자의 주요 재료이다.

★ **玉** : 달걀의 속어로, 음식점에서 달걀의 의미로 사용하고, お玉로 하여 여성들이 사용한다.

◎ すし屋では鶏卵を玉と言う。

스시 요릿집에서는 달걀을 玉라고 한다.

◎ 卵は英語ではeggで、日本語の表記ではエッグだ。

달걀은 영어에서는 에그이고, 일본어 표기에서는 엣구이다.

★ **お玉** : 달걀을 나타내며, 여성어이다. 한편 お玉じゃくし의 약어로, '둥근 자루가 달린 국자'의 여성어이기도 하다.

◎ お玉はお弁当のおかずにいい。 달걀은 도시락 반찬에 좋다.

◎ お玉は料理を作る時よく使う。 달걀은 요리를 만들 때 자주 사용한다.

★ **目玉** : 안구를 나타내는 말이지만 目玉焼き와 같이 달걀을 풀지 않고 노른자위가 그대로 있게 만든 프라이를 가리키기도 한다.

◎ フライパンに生卵二つ、または一つを割って落とし、卵黄をくずさないように半焼きにしたのが目玉焼きだ。

프라이팬에 날달걀 두 개 또는 한 개를 깨트려 노른자위를 풀지 않고 반 정도 익힌 것이 메다마야기다.

★ 玉子 : 卵와 같은 뜻으로, 달걀을 나타내며 대개 料理에서 이 말을 자주 사용한다.

◎ 玉子どんぶり。　　　　　계란덮밥.
◎ 玉子汁。　　　　　　　　계란탕.

便り(たより)

手紙。音信・信心。文通。おとずれ。ニュース。消息。沙汰。葉書。書状。

소식, 편지, 기별, 뉴스, 안부, 시간

★ 便り : 연락 등을 전하는 것으로, 音信・편지・전자 메일 등이 속한다.

◎ 便りがないのは良い。　　　소식이 없는 것이 좋다.
◎ 桜の花の便りが南からよこす。 벚꽃 소식이 남쪽에서 보내오다.

★ 手紙 : 용건・안부 등을 써서 남에게 보내는 문서로, 엽서와 달리 봉함 편지를 뜻한다.

◎ 手紙を書く時は一定の様式がある。 편지를 쓸 때는 일정한 양식이 있다.
◎ 相手の手紙はお手紙と言う。　　상대방 편지는 '오테가미'라고 한다.
（手紙에 접두어 お를 결합시켜 존칭이나 정중한 말로 바꾼다.）

★ **音信** : 소식을 알리는 일로, 보통 전보에서 글자 수의 단위로 사용하는 말이다. いんしん은 おんしん의 고풍스러운 말씨이며, 音의 いん은 漢音이고 おん은 呉音이다.

◎ 音信がとだえる。　　　　　소식이 두절되다.

★ **文通** : 편지를 주고받는 것을 말한다.

◎ 日本人と文通する。　　　　일본인과 편지 왕래하다.

★ **おとずれ** : 편지나 소식의 雅語로 사용한다.

◎ 新春のおとずれ。　　　　　신춘의 소식.
◎ 金さんのおとずれを待つつもりか。　김 군의 편지를 기다릴 셈인가?

★ **消息** : 편지 등의 수단으로 안부를 전하는 글이나 말, 또는 상황, 동정을 알리는 것을 나타낸다.

◎ 偵察機が消息を絶つ。　　　정찰기가 소식을 끊다.

★ **沙汰** : 音沙汰라고도 하며, 편지·연락·소식·통지 등을 나타낸다.

◎ 無事との沙汰。　　　　　　무사하다는 소식.

★ **葉書** : 제2종 우편물로 일정한 크기의 종이에 주소와 내용을 쓰는 통신 용지의 편지를 나타내고 우편엽서의 약어로 사용하는 말이다.

◎ 官制葉書。　　　　　　　　관제엽서.
◎ 葉書は一定規格、様式の通信用紙である。
　　엽서는 일정 규격·양식의 통신 용지이다.

★ **書状** : 편지나 서간의 뜻이다.

　　◎ 書状を送る。　　　　　　편지를 보내다.

★ **ニュース** : 영어의 news에서 온 외래어로, 일반적으로 아직 알려지지 않
　　　　　　은 새로운 사건이나 알림 등을 나타내며 신문이나 보도를 뜻하
　　　　　　는 말로, 昭和 시대부터 사용하였다.

　　◎ 今年の10大ニュース。　　금년 10대 뉴스.
　　◎ ニュースを伝える。　　　뉴스를 전하다.

誰(だれ)

どなた。どちらさま。どのかた。いずれ様。

누구, 어느 분

★ **誰** : 부정칭의 대명사로서 확실히 모르는 사람이나 성명을 모르는 사람
　　　에게 사용한다. 원래는 たれ라고 하였지만 近世 이후에 だれ라고
　　　발음하였다.

　　◎ だれのめにも明らかだ。　누가 보아도 명백하다.
　　◎ だれのかばんですか。　　누구의 가방입니까?

★ **どなた** : 부정칭의 대명사로서 고어에서는 방향을 가리키는 어느 쪽 ど

ちら와 같고 현대에서는 사람을 가리키는 だれ의 존칭어이다.

◎ どなたでも参加できます。　어느 분이나 참가할 수 있습니다.
◎ どなた様ですか。　　　　　누구십니까?

★ **どちらさま** : 부정칭의 대명사로서 どちら에 様를 붙인 말로, 확실히 모르는 사람에게 사용하며 だれ의 존칭어이다.

◎ どちらさまでいらっしゃいますか。　누구십니까?

★ **どのかた** : 부정칭의 대명사로 사용하는 말로, 연체사 どの에 方를 결합시킨 것이다.

◎ どのかたでしょうか。　　누구신가요?

★ **いずれさま** : 부정칭 대명사 いずれ에 様를 결합시킨 말로, '어느 분'·'누구'를 나타내는 뜻으로 사용한다.

◎ いずれさまでしょうか。　　누구십니까?

団結(だんけつ)

協同。同盟。連帯。協心。

단결, 단합, 협동, 동맹, 연대, 협심

★ **団結** : 많은 사람이 힘을 합쳐서 사건에 임하는 것 또는 모든 사람이 단
합하여 협력하는 것을 나타낸다.

◎ 大同団結。　　　　　　　대동단결.
◎ 団結なしには勝利もない。　단결 없이는 승리도 없다.

★ **協同** : 두 사람 이상 또는 단체가 힘을 합쳐서 일을 행하는 것을 말한다.

◎ 住民が協同して農事に勤む。주민이 협동하여 농사에 힘쓰다.
◎ 協同精神が必要だ。　　　협동 정신이 필요하다.

★ **同盟** : 개인·단체·국가 등이 공동 목적을 위하여 협력하고, 함께 행동
하도록 약속하는 것과 그에 관련된 상호 관계에 있는 상태를 나타
낸다.

◎ 韓米の軍事同盟を結ぶ。　한미 군사 동맹을 맺다.
◎ 同盟休校。　　　　　　　동맹 휴교.

★ **連帯** : 상호의 마음을 엮는 것이나 두 사람 이상이 행위의 결과에 대하여
공동으로 책임을 지는 것을 나타낸다.

◎ 連帯感。　　　　　　　　연대감
◎ 連帯保証。　　　　　　　연대 보증

★ **協心** : 여러 사람이 마음을 합치는 것이나 협력 동심하는 것을 말한다.

◎ 協心努力せよ。　　　　　협심 노력하다.
◎ みんな協心して助ける。　모두 협심하여 돕다.

単語(たんご)

語彙。 言語。 言葉。 語。

단어, 어휘, 언어, 말, 낱말

★ **単語** : 언어음과 의미에 문법적인 기능을 띤 최소한의 언어 단위를 나타
내며 자립적으로 사용할 수 있는 말, 동등한 자격이 있거나 어느
말과 결합하여 제 기능을 하는 말을 일컫는다.

◎ 日本語の単語を習う。 　 　 일본어 단어를 배우다

(日本語・の・単語・を・習うの 5단어로 된 문장이다.)

★ **語彙** : 어떤 언어체계・지역・분야・작가・작품 등에서 사용된 낱말의
전체 또는 낱말을 수록하여 배열한 것 또는 어느 사람이 사용한
낱말의 전체를 말한다.

◎ 日本語の基本語彙。 　 　 일본어의 기본 어휘.

◎ 語彙をゆたかにする。 　 　 어휘를 풍부하게 하다.

★ **言語** : 음성이나 문자를 매체로 하여 인간이 의지・사상・감정 등을 표
현하거나 전달하는데 합당하도록 사용할 수 있는 기호의 체계된
것을 나타내며 언어에는 음성 언어・문자 언어가 있고 각국마다
독자의 언어가 있다.

◎ 言語は人間のみ使う。 　 　 언어는 인간만이 사용한다.

◎ 言語は音声、または文字によって理解する。

언어는 음성 또는 문자에 의해서 이해한다.

※ 言의 げん은 漢音이고, ごん은 呉音이다.

★ 言葉 : 사람만이 사용할 수 있는 문자에 의한 것과 사회적인 약속에 의거
하여 음의 조합에 의하여 의지·사랑·감정 등을 표현하는 것으
로, 口語와 文章語, 즉 話し言葉와 書き言葉로 되어 있다.

◎ 言葉を交わす。

말을 주고받다.

◎ 日本の言葉は平仮名と片仮名を使います。

일본 언어는 히라가나와 가타카나를 사용합니다.

★ 語 : 말·낱말·단어를 나타내며, 보통 造語에서 사용된다. ご는 漢音이
고 ぎょ는 呉音이다.

◎ 韓国語。   한국어

◎ 語を選ぶ。   말을 선택하다.

短所(たんしょ)

欠点。ぼろ。あら。弱点。弱み。急所。引け目。足もと。穴。泣き所。

단점, 결점, 결함, 단소, 나쁜 점, 약점

★ **短所** : 다른 것과 비교하여 뒤떨어지거나 좋지 않은 점 또는 모자라거나
흠이 되는 점을 나타낸다.

◎ 短所を補う。　　　　　　　　단점을 보완하다.
◎ 彼女は美しすぎるのが短所だ。 그녀는 너무 예쁜 것이 단점이다.

★ **欠点** : 사람의 성격이나 물건의 성능 등에서 좋지 않은 점이나 불충분한
결함이나 단점을 나타낸다.

◎ 彼の欠点は冗舌だ。
그의 결점은 수다다.
◎ この車の欠点はエンジン始動が悪い。
이 차의 결점은 엔진 시동이 나쁘다는 것이다.

★ **ぼろ** : 나쁜 점・결점을 나타내는 말이다.

◎ ぼろを隠す。　　　　　　　결점을 감추다.
◎ ぼろを出す。　　　　　　　결점을 드러내다.

★ **粗** : 결점・흠 또는 작은 실수를 나타낸다.

◎ 粗を探し出す。　　　　　　결점을 찾아내다.

★ **弱点** : 불완전한 점・결점이나 떳떳하지 못하고 뒤가 켕기는 것을 나타
낸다.

◎ 競技中に相手の弱点を利用する。 경기 중에 상대의 약점을 이용한다.
◎ 弱点の人はいない。　　　　　　약점 없는 사람은 없다.

★ **弱み** : 弱い의 형용사 어간에 명사의 접미사 み가 결합한 말로, 취약한 점·약한 점·약한 면을 나타낸다.

◎ 人の弱みを握る。　　　　남의 약점을 잡다.
◎ 敵に弱みを見せる。　　　적에게 약점을 보이다.

★ **急所** : 생명에 지장을 주는 중요한 신체적 부분이나 중요한 곳을 말한다.

◎ 相手の急所を狙う。　　　대의 급소를 노리다.
◎ 急所を突いた質問。　　　급소를 찌른 질문.

★ **引け目** : 자신은 남보다 뒤떨어지거나 모자란다는 생각을 하는 것을 나타낸다.

◎ 引け目を感ずる。　　　　열등감을 느끼다.
◎ こちらにも引け目がある。　저에게도 약점이 있다.

★ **足もと** : 원래의 뜻은 발아래·발밑을 나타내지만 의역하여 약점이라는 뜻도 있다.

◎ 足もとを見られる。　　　약점이 잡히다.
◎ 足もとを見て、買いたたく。 약점을 잡고 터무니없이 깎아서 사다.

★ **穴** : 원래의 말뜻은 구멍을 나타내지만 결점으로 생긴 허점·공백 상태나 불완전한 곳 또는 금전상의 손실·결손을 말한다.

◎ 穴さがし。　　　　　　　약점 잡기.
◎ 相手の穴を見つける。　　상대의 약점을 발견하다.

★ 泣き所 : 사람이나 물건의 약점이나 취약점을 나타낸다.

 ◎ 機動力の弱いのが泣き所だ。 기동력이 약한 것이 약점이다.

 ◎ お金が無いのが泣き所だ。 돈이 없는 것이 약점이다.

誕生日(たんじょうび)

生日。誕辰。バースデー。

생일, 생신, 탄신, 돌

★ 誕生日 : 사람이 태어난 날로, 기념하는 의미가 있는 말이다.

 ◎ 私の誕生日は4月4日だ。 나의 생일은 4월 4일이다.

★ 生日 : 출생한 날을 나타낸다.

 ◎ 生日という言葉は日本人はよく使わない。

 생일이란 말을 일본인은 잘 사용하지 않는다.

★ 誕辰 : 문어적 표현으로, 王・聖人등이 태어난 날을 뜻한다.

 ◎ 釈迦の誕辰は4月8日である。 석가탄신일은 4월 8일이다.

★ バースデー : 외래어로, 영어의 birthday를 말하며 大正 시대부터 사용하

 였다.

◎ ハッピーバースデー。　　　해피버스데이.(생일 축하)

知恵(ちえ)

才能。才幹。才知。謀策。術策。はかりごと。策略。計策。アイデア。
腕前。手際。

> 지혜, 꾀, 재주, 모책, 술책, 계략, 계책, 아이디어, 재간, 재치, 솜씨,
> 슬기, 기지, 소질

★ 知恵 : 사물을 조리 있게 생각하는 마음의 능력 또는 사물을 바르게 판단
　　　　하고 직질하게 처리하는 능력을 말한나.

※ 원래는 智慧라고 표기하였다.
※ 불교에서는 번뇌를 소멸시키고, 진리를 깨닫는 정신의 힘을 가리킨다.

◎ 知恵を絞り出す。　　지혜를 짜내다.
◎ 知恵の鏡。　　　　　지혜의 거울(지혜가 훌륭한 것을 거울에 비유한 말)

★ 才能 : 타고난 능력 또는 능력이 뛰어나고 훌륭한 것이나 재주와 능력을
　　　　겸비하고 어떤 사물을 잘 완수시키는 힘을 나타낸다.

◎ 音楽の才能がある。　　　　음악의 재능이 있다.
◎ 彼はピアノに非凡な才能がある。 그는 피아노에 비범한 재능이 있다.

※ 才は 타고난 능력을 나타내 秀才·多才 등의 단어를 만든다.
※ 才는 歳의 약자로, 나이를 세는 말로도 사용한다.
※ 小学校では年齢を表す「歳」の代用字とする。

★ **才幹** : 일을 완성시키는 능력·수완을 나타낸다. 또는 어떤 일을 할 수
있는 재주와 솜씨를 말한다.

◎ 才幹がすぐれている。　　재간이 뛰어나다.

◎ 才幹のある人は成功する。　재간이 있는 사람은 성공한다.

★ **才知** : 재능과 지혜가 있는 것과 현명하거나 영리하고 두뇌의 활동이 예
리한 것을 나타낸다.

◎ 才知に長けた人。　　　슬기로운 사람.

◎ 才知は才智と同じだ。　　재지는 재지와 같다.

★ **謀策** : 어떤 일을 처리하거나 모면할 꾀를 세우는 것 또는 자기에게 유리
하게 하기 위하여 일의 방법·절차를 정하는 뜻을 지닌 말이다.

◎ 選挙の謀策を図る。　　선거의 모책을 꾸미다.

◎ 敵の謀策に陥いる。　　적의 모책에 빠지다.

★ **アイデア** : 영어의 idea에서 온 외래어로, 생각·착상·관념을 나타내며
昭和 시대부터 사용하였다. 표기는 アイディア라고도 한다.

◎ アイデア新奇な思いつきを表す。아이디어는 신기한 착상을 나타낸다.

◎ いいアイデアだ。　　　　좋은 생각이다.

父(ちち)

お父さん。お父さま。父親。父上。親父。父君。父御。パパ。父。
お父ちゃん。とうさん。ちゃん。爺。爺。男父。爺。ダディー。

아버지, 아범, 아빠, 계부, 의부, 수양아버지, 춘부장, 아버님, 부친

★ 父 : 양친 중에서 남자 쪽인 아버지·부친의 뜻으로, 실부·계부·양부
의 총칭이고, 자신 쪽의 아버지를 표현할 때 주로 사용한다.

※ 기독교에서는 神(하나님)을 가리킨다.
※ 開祖, 선구자, 위대한 공헌자를 나타내기도 한다.

◎ 父は公務員です。　　　아버지는 공무원입니다.
◎ 亡き父は亡父と言う。　작고하신 아버지는 망부라고 한다.

※ 天に在す父よ。　　　하늘에 계신 하나님이요.
※ 現代音楽の父のヘンデル。　현대 음악의 아버지인 헨델.

★ お父さん : 타인의 부친을 표현할 때 사용하고 가족 간에 친숙하게 호칭
할 때는 자기 쪽 아버지나 자녀의 아버지인 남편을 나타낸다.
비슷한 말로 お父さま는 아버지를 존경하는 말이고 おとう
さん보다는 좀 더 격식을 차린 말씨이며 お父ちゃん은 어린
아이가 아버지를 친근감 있게 부르는 말이다.

※ お는 접두어이고, さん、さま、ちゃん은 접미어이다.
※ おとうさん은 おとっさん을 대신하여 사용하고, おとうさま는 おととさま에서 변화한 말씨이다.

◎ おとうさん、おやすみなさいませ。

아버지, 안녕히 주무십시오.

◎ おとうさまがソウルからお帰りになった。

아버님이 서울에서 돌아오셨다.

★ 父親 : 아버지, 부친의 뜻으로, 男父, ててお や와 비슷한 의미의 말이다.

※ 도둑 사이에서의 은어로 제복을 입은 경찰을 나타낸다.

◎ 父親に似た子供。   아버지를 닮은 아이.

★ 父上 : 아버님의 뜻으로, 존경의 말씨. 自他 아버님의 고풍스러운 표현
이며 서간문에서 사용하고 있다.

※ 아버지의 존칭으로는 父君、父御、お父さま 등이 있다.

◎ 父上の恩を受ける。   아버님의 은혜를 입다.

★ 親父 : 자신의 아버지를 친근감 있게 표현할 때 사용하고, 그 이외에도
연상의 남성이나 종업원이 가게의 주인을 부르는 호칭이다. 직장
의 윗사람 또는 음식점의 주인을 나타낸다.

◎ うちの親父は今日本にいます。　우리 아버지는 지금 일본에 계십니다.
◎ 肉屋のおやじは好人物だ。　　 고기 가게 주인은 호인이다.

★ パパ : 영어의 papa에서 온 외래어로, 유아어이며 아버지를 호칭하는 친
근감 있는 말이다. 明治 시대부터 사용하였다. 비슷한 말인 ダ
ディー는 영어의 daddy로 아빠라는 유아어도 있다.

◎ パパはダディーと同じ意味の言葉だ。
파파는 대디와 같은 뜻의 말이다.
◎ パパはとうちゃんと幼児が父を呼ぶ親愛語だ。
파파는 아빠로 유아가 아버지를 부르는 친애어이다.

★ ちゃん : 아버지의 속어로, 江戸 시대부터 明治 초기까지 서민의 자식들
이 아버지를 부르던 말씨였다.

※ 접미어의 ちゃん과 구별할 말이며, 사람이나 人名에 붙어 친밀감을 나타내는 접미사와
혼동 없기를 바란다.

◎ ちゃん、飴買ってくれ。　　 아빠, 사탕 사줘요.

※ お父ちゃんは 아버지를 스스럼없이 호칭할 때 사용한다.

★ 父 : 아버지를 나타내는 고풍스러운 말로, 노인이 사용한다.
◎ 父は老人語で、父は幼児語である。
떼떼는 노인어이고, 또또는 유아어이다.

長官(ちょうかん)

大臣。相。

장관, 각료, 대신

★ **長官** : 현재는 총리부·내각 법제국·최고 재판소·문화청·경제 기획청·방위청 등의 중앙 관서의 관청을 통솔하는 최고의 관직명이다.

◎ 防衛庁長官は田中一夫です。　방위청 장관은 타나카카즈오입니다.

★ **大臣** : 현재는 국무대신 및 각 성(各省)의 대신, 장관을 칭하는 말로, 정무를 집행하는 고관을 나타낸다.

◎ 外務大臣は対外交渉が本務だ。
외무대신은 외국과의 교섭이 본 업무이다.

★ **相** : ~相의 형식으로 사용하여 군주를 보좌하고 정치를 행하는 재상(宰相), 大人의 의미로 사용하는 말이다.

◎ 外務相は外務長官と同じ名称だ。외무상은 외무 장관과 같은 명칭이다.

調査(ちょうさ)

検査。検見。検閲。研究。テスト。点検。実件。工夫。調べ。審査。
検討。検視。

조사, 점검, 검열, 실험, 연구, 궁리, 심사, 검토, 검시

★ **調査** : 어떤 사항을 명확하게 하기 위하여 사실 관계를 살펴보는 것을 말한다.

◎ 身元を調査する。 　　　　신원을 조사하다.
◎ 地震の被害を調査する。 　지진 피해를 조사하다.

★ **検査** : 어떤 기준을 근거로 하여, 이상이 있는지 없는지, 적정한지 어떤지를 점검해보고 찾는 것을 말한다.

◎ 水質の検査。 　　　　수질 검사.
◎ 所持品を撿検査。 　　소지품을 검사하다.

★ **検見** : 사물을 일제히 점검하거나 검사하는 것을 나타낸다.

※ 検見는 けみ라고도 한다.
※ 적군의 동태를 망보는 뜻도 있다.

◎ 敵の様子を検見する。 　　적의 상황을 망보다.
◎ 学生の所持品を検見する。 　학생의 소지품을 점검하다.

★ **検閲** : 사람이나 사물을 살펴 검사하는 것이나 특히 치안 유지 등의 목적
으로 출판물, 영화, 방송 내용, 우편물 등의 표현 내용을 조사하는
것을 나타낸다.

※ 일본에서는 헌법 21조에 의하여 금지되고 있다.

◎ 空港で麻薬所持を検閲する。 공항에서 마약 소지를 검열하다.
◎ 銃器の検閲。　　　　　　　　 총기의 검열.

★ **研究** : 사물을 학문적으로 깊게 살펴보고 생각하여 사실 또는 이론을 명
확하게 하는 것을 나타낸다.

◎ 聖経の真理を研究する。　　 성경의 진리를 연구하다.
◎ 自動車のエンジンを研究する。자동차의 엔진을 연구하다.

★ **チスト** : 영어의 test에서 온 외래어로, 시험, 검사의 뜻이며 大正 시대부
터 사용하였다.

◎ 自動車の速力をチストする。　자동차 속력을 검사하다.
◎ 風邪薬の効き目をチストする。감기약 효능을 시험하다.

★ **点検** : 형편이 좋은지, 이상이 있는지를 낱낱이 살펴보는 것을 말한다.

◎ レポートを点検してみる。　 리포트를 점검해보다.
◎ 人員数を点検する。　　　　 인원수를 점검하다.

★ **実験** : 실제로 대상물을 보고 직접 확인하며 시험하여 어떤 현상이 발생
하는지 조사하는 일이나 예술에서 새로운 형식이나 방법을 시도

하는 것을 말한다.

◎ 実験の結果は成功であった。　실험의 결과는 성공이었다.
◎ 核実験は人類の災殃を招く。　핵실험은 인류의 재앙을 초래한다.

★ **工夫** : 여러 가지로 골똘히 생각하여 좋은 수단, 방법을 찾아내는 것을
　　　말한다.

◎ まだ一工夫が不足する。　　　아직 좀 연구가 부족하다.
◎ 色の組み合わせに工夫を凝らす。　색의 조합에 골몰을 하다.

★ **調べ** : 동사 調べる에서 파생된 말로, 조사하는 것을 나타낸다.

◎ 下調べをしてください。　　예비 조사를 해주세요.
◎ 調べを受ける。　　　　　조사를 받다.

★ **審査** : 어느 판단을 할 것인지 몇 가지 일정한 기준 하에 사람이나 기관
　　　등을 대상으로 하여 상세하게 조사하여 우열·등급·적부·당락
　　　등을 결정하는 것을 말한다.

◎ 書類審査後に判定する。　　서류 심사 후에 판정하다.
◎ 作品を審査する。　　　　作品을 심사하다.

★ **検討** : 잘 살펴보고 생각하는 것과 사실이나 내용을 분석해 따져 보는
　　　것을 말한다.

◎ 遺物の真偽を検討する。　　유물의 진위를 검토한다.
◎ 検討を要する事件である。　검토를 요하는 사건이다.

★ **検視** : 실제로 잘 살펴보는 것을 나타내는 말로, 특히 변사자나 변사의 의혹이 있는 사체에 대하여 사망의 원인이 범죄에 의한 것인가를 조사하는 것을 나타낸다.

◎ 死亡の原因を検視する。　사망 원인을 검시하다.
◎ 事故の現場を検視する。　사고 현장을 검시하다.

※ 検死와 비슷한 의미를 띠고 있다.

朝食(ちょうしょく)

朝飯。あさげ。朝飯。朝ご飯。

아침밥, 조반, 조식, 아침식사, 조찬

★ **朝食** : 아침에 먹는 식사 또는 아침밥을 나타내는 한자 표기의 말이다.

◎ 7時に朝食をとる。　　7시에 아침 식사를 하다.
◎ 朝食は簡単に食べる。　아침 식사는 간단히 먹는다.

★ **朝飯** : 아침밥을 나타내는 말로, あさはん보다는 막된 말이며, あさごはん으로 표기하고 발음하면 아침진지에 해당하는 공손한 표현이다.

◎ 朝飯はなにがいいでしょうか。　아침밥은 무엇이 좋을까요?
◎ 朝ご飯はなにがよろしいですか。아침진지는 무엇이 좋겠습니까?

★ **あさげ** : あさは 朝의 뜻이고 け는 食의 뜻으로, 아침밥의 고풍스러운
雅語이다.

※ 近世까지는 あさけ였으나 明治 이후에는 あさげ로 변천된 말이다.

★ **朝飯** : 아침 식사로 사용하는 말이고, 朝ご飯은 이 말의 정중한 표현이다.

◎ 朝飯はなんでしょう。　　　　　　아침밥은 뭡니까?

◎ 朝御飯はなにを召し上がりますか。　아침진지는 무엇을 드시겠습니까?

机(つくえ)

卓子。デスク。食卓。ちゃぶ台。飯台。テーブル。膳。円卓。

책상, 식탁, 테이블, 탁자, 상, 소반, 밥상

★ **机** : 장방형에 다리가 달린 대를 말하며, 글씨를 쓰거나 독서할 때 이용
하기 위한 대를 나타낸다.

◎ 机で勉強する。　　　　　　책상에서 공부하다

→ 勉強机。　　　　　　　　공부 책상.

◎ 机の上に本がある。　　　책상 위에 책이 있다.

★ **卓子** : 机・食卓・テーブル 등을 총칭하는 말이다.

※ 卓라고 하여 물건을 올려놓는 대를 말하며 卓上, 卓球 등의 조어를 만들고 卓越, 卓見, 卓識 등 훌륭하고 뛰어나다는 의미로 사용하기도 한다.

◎ 卓子の上に餅がある。　　탁자 위에 떡이 있다.
◎ 卓子の下に猫がいる。　　탁자 밑에 고양이가 있다.

★ **デスク** : 영어의 desk에서 온 외래어로, 机의 뜻과 사무용 책상의 뜻이 있으며 明治 시대부터 사용하였다.

※ 이 말에는 호텔의 접수처나 신문사 기사의 취재, 편집의 지휘자를 나타내기도 한다.

◎ デスク電話。　　　　　　책상 위의 전화.
◎ デスクーワーク(desk work)。책상에서 하는 일.

★ **食卓** : 식사를 할 때 사용하기 위하여 만든 대를 말하며 비슷한 말로 飯台, ちゃぶ台가 있다.

※ ちゃぶ台는 다리를 접었다 폈다 할 수 있는 밥상을 말한다.
※ 飯台는 몇 명이 함께 식사를 할 수 있는 밥상을 말한다.

◎ 食卓の上においしい料理がある。식탁 위에 맛있는 요리가 있다.
◎ 食卓をかたづける。　　　　　식탁을 치우다.

★ **テーブル** : 영어의 table에서 온 외래어로, 응접, 식탁, 사무용에서 사용하며 デスク와 구별이 어렵지만 テーブル는 보통 서랍이 없는 것을 말하며 明治 시대부터 사용하였다.

◎ テーブルに向き合いに座る。

테이블에 마주보고 앉다.

◎ テーブルの上に会議書類が置いている。

테이블 위에 회의 서류가 놓여있다.

★ **膳** : 요리를 올려놓기 위한, 다리가 있는 상을 말하며, 상 위에 있는 요리
를 나타내기도 한다.

※ ご膳이라고 표기하기도 한다.

◎ 膳を運ぶ。　　　　　　　밥상을 나르다.

◎ お膳を囲む。　　　　　　밥상에 둘러앉다.

※ お膳은 밥상의 경어, ご膳은 진지(밥)의 뜻이다.

★ **円卓** : 둥근형의 테이블을 말한다.

◎ 円卓会議。　　　　　　　원탁회의.

土(つち)

土地。土。土。土面。田畑。野。野良。野原。野辺。野面。
はらっぱ。庭。国土。

> 땅, 토지, 뜰, 들판, 토양, 흙, 육지, 논밭, 영토, 국토, 지면, 들, 대지

★ 土 : 육지의 표면을 형성하고 있는 토사・암석 등의 총칭이며, 지구의
　　표면・토지면을 덮고 있는 것을 말한다.

　　◎ 異国の土となる。　　　　　이국의 땅(흙)이 되다.(이국에서 죽는다는 뜻)
　　◎ 土から芽を出す。　　　　　흙에서 싹이 돋다.

★ 土地 : 농지, 택지 등 사람이 소유하여 이용하는 지면을 나타내고, 어느
　　고장・지방을 말하기도 한다.

　　◎ 肥えた土地は農事がうまくいきます。비옥한 토지는 농사가 잘됩니다.
　　◎ その土地の言葉には訛りが多い。　그 지방의 말에는 사투리가 많다.

★ 土 : 지면, 토지, 그 지역을 나타내는 呉音이다.

　　◎ 雨降って土固まる。　　　비 오면 땅이 굳는다.
　　◎ 土の人は親切である。　　그 지방 사람들은 친절하다.

※ 洋服土。 양복감(양복천)
※ 土の声。 타고난 목소리
※ 土を囲う(囲碁の目)。 집을 짓다(바둑에서).

★ 土 : 하늘이 덮은 넓게 펼쳐진 토지·지상·지면과 특정의 장소를 나타
내는 말이며 漢音의 造語에서는 신분, 지위 경우 등을 나타낸다.

◎ 土の果て。 땅 끝
◎ 農地。 농지
◎ 地平線。 지평선
◎ 地歩。 입장, 지반, 위치(자신이 있는 地位)

★ 地面 : 토지의 표면 바닥·지상을 나타낸다.

◎ この地面は凸凹している。 이 지면은 울퉁불퉁하다.

★ 田畑 : 논과 밭, 농토, 경작지를 나타낸다.

◎ 田はだは日本式の表記で、田畓は韓国式の表記である。
田은 일본식 표기이고, 田畓은 한국식 표기이다.

※ 畑은 일본 한자이고, 畓은 한국 한자이다.

★ 野 : 자연 그대로 넓고, 평평하게 된 땅·들판·토지를 나타내며 の는
訓이고 や는 音이다.

◎ 野宿。 노숙(들에서 잠 자는 것)
◎ 野営。 야영, 노숙

★ 野原 : 잡초 등이 자라는 넓은 평지를 나타내고 のっぱら라고도 하며 속
어에 속한다.

◎ 広い野原で野菊をつむ。 넓은 들에서 들국화를 따다.

★ **野辺** : 들, 벌판의 주변을 나타내고 화장장·매장지의 뜻으로도 사용하
　　　는 말이다.

　　◎ 野辺に咲いているお花。　　들에 피어있는 벚꽃.
　　◎ 野辺の送り。　　　　　　　장례식의 전송.

★ **野面** : 들, 들판의 雅語이고 땅, 표면을 나타낸다.

　　◎ 野面を渡る風。　　　　　　들판을 지나치는 바람.

★ **はらっぱ** : 초목이 자라고 있는 原의 스스럼없는 말이고 빈터·들의 뜻
　　　　　으로 사용한다.

　　◎ 裏のはらっぱで遊ぶ。　　　뒤쪽 빈터에서 놀다.

★ **庭** : 가옥의 대지 중에서 건물이 없는 부분의 장소를 나타내며 연못·화
　　　단·꽃밭·정원 등이 있는 것이 보통이다.

　　◎ 庭にいろいろな花が咲いている。 뜰에 여러 가지 꽃이 피어있다.
　　◎ 庭に鶏が二羽いる。　　　　　 뜰에 닭이 두 마리 있다.

★ **国土** : 어느 한 나라의 통치권이 미치는 지역이나 그 나라의 토지를 나타
　　　내며 領土(영토)와 비슷한 말이다.

　　◎ 国土を開発する。　　　　　국토를 개발하다.

天気(てんき)

天候。日和。陽気。お天気。気象。空。空模様。

날씨, 기후, 일기, 천기, 기상

★ **天気** : 晴れ, 雲, 雨, 雪 등의 상태를 나타내며, 기상학적으로는 기압, 기온, 온도, 풍향, 풍력, 구름의 양, 강수량, 파고 등의 대기 상황을 말한다. 평상시에는 날씨 맑고 좋은 것, 즉 晴天・맑음을 뜻한다.

◎ 天気がよい。　　　　　　날씨가 좋다.
◎ 今日はいい天気です。　　오늘은 날씨가 좋습니다.

★ **天候** : 비교적 여러 날 동안의 총합적인 대기 상태, 날씨의 상황, 형편을 일컫는 말로, 天気와 気候의 중간 개념이다.

◎ この頃天候はよくない。　요즘의 기후는 좋지 않다.
◎ おまけに天候の不順だ。　게다가 날씨가 순조롭지 않다.

★ **日和** : 맑고 화창하고 좋은 날씨를 나타내고, 어떤 일을 하기에 좋은 日気를 뜻한다.

※ 바다의 날씨 상태에 중점이 있는 말로, 선박의 출항하기 좋은 일기를 나타낸다.

◎ 風も波へ日和よくとも。　바람도 파도 날씨 좋지만.

◎ 春日和。　　　　　　　　화창한 봄 날씨.

★ **陽気** : 날씨, 기후를 나타내는 말로, 주로 時候(시후)에 맞게 사용하는 말이다.

◎ 春らしい陽気。　　　　　봄다운 날씨.

★ **お天気** : 주로 좋은 날씨를 나타내며 お는 접두어이고, 天気의 존칭어이다.

◎ このお天気で清溪川のほとりが賑やかだ。

　이 좋은 날씨로 청계천 주변이 북적인다.

★ **気象** : 대기의 상태 또는 대기 중에 생기는 비·눈·바람 등의 모든 현상을 말한다.

◎ 気象観測。　　　　　　　기상 관측.

★ **空** : 하늘의 상태, 기후를 나타낸다.

◎ 秋の空は変わりやすい。　　가을 날씨는 변하기 쉽다.

◎ ひと雨来そうな空だ。　　한차례 비가 올 것 같은 날씨다.

独立(どくりつ)

自立。巣立ち。自主。自活。自力。自救。一本立ち。独り立ち。

독립, 자립, 자주, 자활, 자력, 홀로서기

★ **独立** : 남에게 속박 받거나 지배받지 않고 자신의 힘으로 행동하는 것. 또는 개인이 한 가정을 구성하여 생계를 유지하고 완전하게 사권 행사의 능력을 가진 상태와 국가나 단체가 외부로부터의 지배를 받지 않고 자기 권한을 행사하는 상태에 있는 것을 말한다.

◎ 親元から独立する。

부모 슬하로부터 독립하다.

◎ 三一運動の精神は独立国という宣布だ。

3.1운동 정신은 독립국의 선포다.

★ **自立** : 남에게 종속되지 않고 홀로서기를 하거나 남의 힘을 빌리지 않고 존속하는 것을 나타낸다.

◎ 親もとを離れて自立する。   부모 곁을 벗어나서 자립하다.

◎ セマウル運動は自立の精神だ。 새마을 운동은 자립정신이다.

★ **巣立ち** : 아이들이 성장하여 부모 곁을 떠나는 것과 학교 등을 졸업하여 실사회로 진출하는 의미가 있다. 원래의 뜻은 날짐승의 새끼가 성장하여 둥지로부터 벗어나는 것을 나타낸다.

◎ 子女が巣立ちする。   자녀가 독립하여 나가다.

◎ 鳥のひなが巣立ちする。　　새끼 새가 둥지를 떠나가다.

★ **自主** : 타인의 보호, 간섭을 받지 않고 독립하여 일을 행하는 것을 나타낸다.

◎ 自主外交は独立国の権利だ。 자주 외교는 독립국의 권리다.
◎ 自主性を生かす。　　　　자주성을 살리다.

★ **自活** : 남으로부터의 원조 없이 자력으로 생활하는 것 또는 자력으로 생계를 영위하는 것을 말한다.

◎ 僕はさっそく自活の道を得たい。

나는 빨리 자활의 길을 얻고 싶다.

◎ バイトで自活している学生も多い。

아르바이트로 자활하고 있는 학생도 많다.

★ **自力** : 자신의 힘으로 행하는 것을 나타낸다.

※ 自力라고도하며 力의 りょく는 漢音이고 りき는 呉音이다.

◎ 自力で会社を創立した。 자력으로 회사를 창립하였다.
◎ 自力で大学を卒業した。 자력으로 대학을 졸업하였다.

★ **自救** : 自力, 自救의 준말로 자기 힘으로 스스로 구제하는 뜻이 있다.
◎ 自救行為。

권리를 실행하기 위하여 공권력에 의존하지 않고 권리자 스스로 행하는

실력행위.

★ **一本立ち** : 남의 도움을 빌리지 않고 혼자 힘으로 행하고, 생활하는 것을
　　　　　　나타낸다. 원래 뜻은 넓은 장소에 나무가 한 그루 서 있는 것
　　　　　　을 나타낸다.

◎ ソウルで一本立ちの世帯(と)する　　서울에서 독립 세대가 되다.
◎ 一本立ちの生活をなる。　　　　　　독립생활을 하다.

★ **独り立ち** : 타인의 도움을 빌리지 않고 자신의 힘만으로 홀로서기 하는
　　　　　　것을 나타낸다.

◎ 会社に努めてからやっと独り立ちできる。
　　회사에 근무한 후 겨우 독립할 수 있다.
◎ 独り立ちして結婚生活を始める。
　　독립하여 결혼 생활을 시작하다.

床屋(とこや)

理髪店。美粧院。美容院。ビューティーサロン。理容店。散髪屋。

이발소, 미장원, 미용원, 미용실, 머리방, 뷰티샬롱, 이발관

★ **床屋** : 江戸 시대 남자의 머리를 손질하던 곳이 床店였기 때문에 생긴
　　　　말로 이발소를 나타내거나 종사원을 말한다.

※ 床店는 상품을 팔 뿐, 사람은 살지 않는 가게로, 이동이 가능한 작은 가게를 말한다.

◎ 床屋に行く。　　　　　　　이발하러 가다.

◎ 床屋は理髪店の古い言葉だ。도코야는 이발소의 옛말이다.

★ **理髪店** : 머리털을 깎거나 자르고 모양을 다듬질하는 가게를 말한다.

◎ 小学校の隣にいい理髪店がある。

초등학교 근처에 좋은 이발소가 있다.

★ **美粧院** : 얼굴과 머리 모양을 아름답게 다듬어 주는 가게이다.

◎ 美粧院は婦人を年より若く作る。

미장원은 부인을 나이보다 젊게 만든다.

◎ 美粧院は美容院の古い言い方だ。

미장원은 미용원의 옛날 말투이다.

★ **美容院** : 미용사가 미용 기술을 시행하는 곳으로, 법률상으로는 美容所

라고 하며 얼굴 치장, 피부 등을 예쁘게 하는 가게다.

◎ 花子が行きつけの美容院は高い。

하나코가 가는 단골 미용원은 비싸다.

◎ 美容院の従業員の中に男子の美容師もいる。

미용원의 종업원 중에 남자 미용사도 있다.

★ **ビューティーサロン** : 외래어로, 영어와 프랑스어의 복합어. 영어의

beauty와 프랑스어의 salon으로, 미용원을 나타낸

다. 비슷한 말로 ビューティーパーラー는 昭和 시
대부터 사용하였다.

★ **理容店** : 두발을 깎아서 손질하거나 수염 등을 면도하거나 하여 이발과
미용을 함께하는 곳이다.

◎ 理容店は頭髪を刈り、ひげ剃りなどをする。

이용점(원)은 두발을 깎고 수염면도 등을 한다.

★ **散髪屋** : 머리털을 깎고 다듬어 주는 이발소를 말한다.

◎ 散髪屋に行く。   이발소에 가다.

年(とし)

年齢。齢。歳。享年。お年。春秋。年。年輪。馬齢。年歯。行年。

나이, 연령, 향년, 춘추, 연세, 나이테, 살

★ **年** : 생물이 해를 거듭하여 살아온 세월의 햇수를 나타내는 의미로 사용
한다.

◎ 年が若い。 나이가 어리다.   ◎ 年をとる。 나이를 먹다.

※ お年는 상대방의 나이, 연령을 나타내는 말이다.

★ **年齢** : 출생하여 지나간 세월의 햇수를 나타내는 말이다. 일본의 초등학
   교에서는 年令이라고 대용하고 있다.

   ◎ 年齢を重ねる。

   　나이를 먹다.

   ◎ 修業のときは年齢制限が問題になる。

   　취업할 때는 연령 제한이 문제가 된다.

★ **齢** : 생물이 태어나서 이 세상을 지내는 동안의 기간을 나타내는 말로,
   나이, 연령의 뜻이다.

   ◎ よわいを重ねる。　　　　나이를 먹다.

   ◎ よわいの雪。　　　　　　흰머리(白髮)

★ **歳** : 나이를 세는 말로 사용하며, 일본 초등학교에서는 才를 대용 한자로
   하고 있다. 한편, 造語에서 사용되어 세월, 年을 나타낸다.

   ◎ 私は40歳です。

   　저는 40세입니다.

   ◎ 彼は5歳年下の女の人と結婚した。

   　그는 다섯 살 연하의 여인과 결혼하였다.

★ **享年** : 이 세상에 머물러 있던 연수로 사망하였을 때의 나이를 나타내는
   데 하늘이 주신 세월이라는 뜻이 있다.

   ◎ おじいさんは享年80歳にお隠れになりました。

   　할아버지는 향년 80세로 돌아가셨다.

★ **春秋** : 나이, 연령의 존칭어로 윗사람에게 사용한다.

　　◎ 春秋高し。　　　　　　　　고령이다.(연세가 많다.)

　　◎ 80春秋を重ねる。　　　　　나이 여든이 되다.

★ **年** : 造語에서 연령, 나이를 나타낸다.

　　◎ 老年　　　　　　　　　　　노년(노인)

　　◎ 年少者　　　　　　　　　　연소자(나이 어린 사람)

　　◎ 年長者　　　　　　　　　　연장자(나이 많은 사람)

★ **年輪** : 연년 축적되는 경험, 경력을 나타내며, 나무의 나이테를 말한다.

　　◎ 年輪を重ねる。　　　　　　나이를 먹다.

　　◎ 木の年輪で樹齢を数える。　나무의 나이테로 수령을 세다.

★ **馬齢** : 말의 나이를 뜻하는 말이지만 자신의 나이를 겸손하게 나타내며
　　　　　한국어에서는 마치(馬齒)라고도 한다.

　　◎ 僕は馬齢を重ねた。　　　　나는 나이를 먹었다.

★ **年歯** : 연령, 나이를 나타내며 한국어에서는 나이의 높임 말씨이다.

　　◎ 年歯より若く見える。　　　나이보다 젊게 보인다.

★ **行年** : 享年과 같은 뜻으로, 이 세상에 생존하였던 연수(年数), 寿齢를
　　　　　나타낸다.

　　◎ 行年70歳。　　　　　　　　향년 70세

都市(とし)

都会。都。首都。町。村。

도시, 도회지, 읍

★ **都市** : 인구가 밀집하고, 관공서 등이 있고 그 지방의 정치, 문화, 경제
등의 중심이 되는 지역을 말한다.

◎ 都市の人口の数によって大都市と小都市に分類する。

도시의 인구수에 따라 대도시 소도시로 나눈다.

◎ この都市には公園がない。

이 도시에는 공원이 없다.

★ **都会** : 인구가 밀집하고 상공업·문화·정치 활동의 각종 중심지가 되
어 있는 번화한 지역을 말한다.

◎ 都会人は交通難にもまれる。 도시 사람은 교통난에 시달리다.

◎ 都会のけんそうに呆れる。 도시의 떠들썩함에 질리다.

※ 呆(매), ぼう(음독)

★ **都** : 그 나라의 중앙 정부가 있는 곳으로, 首都이고, 일본의 경우는 京都,
東京(行宮) 즉 皇室이 있는 곳을 나타내기도 한다.

◎ 都は政治、経済、文化の中心地である。

수도는 정치, 경제, 문화의 중심지이다.

◎ 都は宮と場所の意だ。

　　서울은 궁과 장소의 뜻이다.

★ 首都 : 중앙 정부 기관이 있는 곳으로, 그 나라의 서울을 말한다.

◎ 日本の首都は東京だ。　　일본의 수도는 도쿄다.

★ 町 : 人家가 많고 상점 등이 있어 번화한 구역을 나타낸다.

※ 街는 상점 등이 있는 번화한 거리를 나타낸다.
　・市 〉町 〉村 의 순서로 규모가 구분된다.
※ 町로 발음하면 区, 또는 市를 구성하는 지역의 작은 구획을 나타내는 의미가 있다.

★ 村 : 농업, 어업 등을 주로 하는 지역이니 지방으로 人家가 형성되어 있
　　　는 곳으로, 町보다 규모가 작은 마을, 촌을 뜻한다.

◎ 村の人は漁業に従事する。　　마을 사람들은 어업에 종사하다.

友(とも)

友達。友人。ともがき。親友。仲間。なじみ。あいぼう。みちづれ。
連中。

벗, 친구, 동무, 친우, 동료, 붕우, 동지, 길동무, 동아리, 단짝

★ **友** : 친하게 서로 사귀는 상대나 마음과 뜻 등을 같이하는 사람을 나타
낸다.

  ◎ 竹馬の友。   죽마고우・소꿉동무

  ◎ 学問の友。   학문의 친구

★ **友達** : 친하게 교제하고 있는 사람을 나타내며, 단수 취급을 하고 있다.

  ◎ 遊び友達。   놀이 친구

  ◎ 飲み友達。   술친구

★ **友人** : 친하게 대등한 교제를 하고 있는 사람을 나타내는 좀 격식 차린
한문 투의 말이다.

  ◎ 友人代表のあいさつ   친구 대표 인사

  ◎ 友人関係。   친구 관계

★ **友垣** : 우정의 교제 관계를 울타리를 엮는 것에 비유하여 나타낸 雅語的
말이다.

  ◎ 気の合う友垣。   마음 맞는 친구

  ◎ 郷里の友垣。   고향 마을 친구

★ **親友** : 지극히 친한 사이의 친구를 나타낸다.

  ◎ 無二の親友。   둘도 없는 친구

  ◎ 打ちとけた親友。   마음을 터놓은 친구.

★ **仲間** : 어떤 일을 함께하는 사이의 동료・한패・동아리의 뜻이 담긴 말

이다.

◎ 仲間意識。　　　　　　　동료 의식

◎ 遊び仲間。　　　　　　　놀이 친구

★ **なじみ** : 친숙해져서 서로 잘 알고 지내는 사이의 친구를 나타낸다.

◎ 金さんはこの店のなじみだ。 김 씨는 이 가게의 단골 친구이다.

◎ なじみができた。　　　　친한 사람이 생겼다.

★ **相棒** : 어느 일을 함께 하는 사람, 또는 항상 행동을 함께 하는 사람을
　　　　나타낸다.

◎ あのふたりはいい相棒だ。

　저 두 사람은 좋은 동료이다.

◎ この仕事を共にする相棒は田中です。

　이 일을 함께 하는 동료는 다나카 씨입니다.

★ **道連れ** : 함께 동행하는 사람의 뜻으로 동행자를 나타낸다.

◎ 旅は道連れ。　　　　　　여행은 길동무

◎ 人生の道連れのあの人。　　인생의 반려자인 그 사람

★ **連中** : 동료들 또는 같은 일을 하는 일정한 범위의 사람들을 나타내는데
　　　　보통 친한 마음이나 경멸의 뜻을 가진 말로 사용한다.

※ 連中은 れんちゅう라고도 한다.

◎ 大学の連中は十人ぐらいだ。　대학 동료는 열 명 정도다.
◎ 悪い連中と交わるな。　　　　나쁜 패거리와 사귀지 마라.

※ 連中와 비슷한 말로 手合い, 輩가 있다.

塗料(とりょう)

染料。ペイント。ペンキ。顔料。絵の具。

안료, 도료, 물감, 염료, 페인트, 뻥기, 채료

★ **塗料** : 물체의 표면에 칠하는 페인트·옻·니스·에나멜 등을 말하며
착색이나 보호를 위하여 사용하는 유동성의 물질이다.

◎ 塗料を塗る。　　　　　도료를 칠하다.
◎ 塗料を剥がす。　　　　도료를 벗기다.

★ **染料** : 섬유 등을 염색하는 데 필요한 색소가 되는 물질을 말한다.

◎ 天然染料。　　　　　천연염료.
◎ 合成染料。　　　　　합성염료.

★ **ペイント** : 영어의 paint에서 온 외래어로, 明治 시대부터 사용한 말이다.
대게 착색이나 표면을 보호하기 위하여 칠하는 자료의 총칭이
다.

◎ ペイントで壁を塗る。　　　　페인트로 벽을 칠하다.
◎ ペイントは油性と水性がある。페인트는 유성과 수성이 있다.

★ ペンキ : 외래어로, 네델란드어 pek에서 온 말이다. 이 말은 江戸 시대부
　　　　터 사용된 것이며 ペッキ라고도 하였다.

※ ペイント와 같은 뜻이다.

◎ ペンキ塗り立てにつき注意。페인트칠에 주의.
◎ ペンキ屋。　　　　　　　　칠장이 또는 페인트 가게.

★ 顔料 : 물이나 기름에 녹지 않는 유색, 불투명한 물질로, 착색제로 도
　　　　료・인쇄잉크・화장품 등에서 사용하고 있다.
◎ 顔料は着色剤で使う。　　　안료는 착색제로 사용한다.
◎ 顔料は有色の粉末だ。　　　안료 유색의 분말이다.

★ 絵の具 : 그림에 색을 칠하기 위하여 사용하는 재료로, 유화용・수채화
　　　　　용 등이 있다.
◎ 絵の具を溶く。　　　　　　그림물감을 풀다.
◎ 絵の具は日本製が最高だ。　그림물감은 일본제가 최고다.

名(な)

名前。 姓名。 氏名。 名称。 お名前。 ネーム。 別名。

 이름, 성함, 성명, 함자, 방명, 존함, 명칭, 네임, 별명

★ **名** : 특정의 사람, 물건 등 같은 종류의 것을 서로 구별하기 위하여 부르는 호칭 방법으로, 이름을 의미한다.

◎ むすこの名は次郎です。　　자식의 이름은 지로우입니다.

◎ 草木の名。　　초목의 이름.

★ **名前** : 한 물체를 다른 물체와 구별하기 위하여 부르는 호칭 법으로, 명칭·이름·성명의 뜻으로 사용한다.

◎ 私の名前は金と申します。　　저의 성은 김이라고 합니다.

◎ お名前は何とおっしゃいますか。 존함은 어떻게 되십니까?

※ 상대방의 이름에는 お를 붙여서 사용한다.

★ **姓名** : 家門의 姓과 이름을 합친 말로 사용한다.

◎ 姓名を名乗る。　　이름을 밝히다.

◎ 姓名判断。　　성명 철학 (이름으로 점을 치는 것)

★ **氏名** : 성(姓)과 이름(名)을 합친 말뜻으로, 주소·연령·신분·직업 등과 같이 공문서 작성 시에 사용하는 경우가 많다.

◎ 住所と氏名を書く。　　　　　주소와 성명을 적다.

◎ 氏はうじ、名はめいの意味です。 씨는 성, 이름은 이름의 뜻입니다.

★ **名称** : 상호나 동식물의 총체적 이름을 나타낼 때 사용하고 사람에게는
　　　　사용하지 않는다.

◎ 会社の名称。　　　　　　회사의 이름

◎ この品の名称は何ですか。　이 물건의 명칭은 무엇입니까?

★ **お名前** : 상대방의 이름을 정중하게 표현할 때 사용하며 존함·성함·함
　　　　자 등에 맞는 말이다.

◎ お名前は田中一夫ですか。　성함은 다나카카즈오입니까?

◎ お名前は存じおります。　　성함은 알고 있습니다.

※ 日本人의 이름 表現法
① 田中です。　　(보통 일상생활)
② 田中一夫です。(격식 차린 장소)
③ 一夫です。　　(가정, 학교, 유흥업소 등)

肴(な)

おかず。お菜。そえもの。副食。肴。つきだし。総菜。

반찬, 찬, 부식, 나물

★ 肴 : 고기류, 어패류, 채소류 등 부식물의 총칭이고, 고풍스러운 말로, 반찬을 나타낸다.

◎ なは肴、菜、魚の意味で、漢字の書きは別だ。
　반찬은 효・채・어의 의미로, 한자 표기는 다르다.

★ おかず : 식사할 때의 부식물로, 반찬인 야채, 고기 등을 일컫는 말. 원래는 중세의 여성어에 속한다.

◎ 晩のおかずは何ですか。　　저녁 반찬은 무엇입니까?

※ おかず, お数, お菜 등으로 표기하는데 お는 접두어이고 일본 음식에는 お를 결합시키는 경우가 많다. 그러나 서양 요리나 외국 음식에는 お를 사용하지 않는다.

◎ おキムチ(×) : 김치　→ キムチ(○)
◎ おサラダ(×) : 샐러드 → サラダ(○)

★ お菜 : 반찬, 부식물을 나타내는 존칭어이다. 동일한 표기로 おな, おさえ로 발음하기도 한다.

◎ お菜の物のお手伝いをしましょう。　반찬거리를 돕겠어요.

★ そえもの : 주식에 첨가되는 반찬, 부식물을 나타내는 말이다.

◎ そえもののない食事をする。 반찬 없이 식사를 하다.

★ 副食 : 主食에 곁들이는 음식물로, 반찬을 의미한다.

◎ 主食より副食費がかさむ。　주식보다 부식비가 많이 든다.

★ 肴（さかな）: 술을 마실 때의 안주를 나타내는 말로, さかな는 酒의 さけ이고 なる는 부식물의 총칭이다.

◎ 肴は酒を飲む時の魚や果実や野菜などを言う。

안주는 술을 마실 때의 어물이나 과일이나 채소 등을 말한다.

★ つきだし : 일본식 요리에서 처음에 차려 내놓는 가벼운 안주를 말하며 또는 おとおし 라고도 한다.

◎ いろいろなつきだしを出す。 여러 가지 안주를 내다.

★ 総菜（そうざい）: 가정에서 만드는 일상 식사 때의 반찬, 나물, 부식물을 나타낸다.

◎ 総菜の用意のため八百屋に行く。

반찬 준비를 위해 채소 가게에 간다.

中(なか)

内（うち）。 奥（おく）。 内部（ないぶ）。 真ん中（まんなか）。 内側（うちがわ）。

안, 속, 내부, 중앙, 내측, 중심부, 가운데

★ 中 : 공간적으로 칸막이하여 구역된 것에서 안쪽·중심부·중앙을 나타내는 말이다.

◎ 部屋（へや）の中。　　　　방안

◎ 建物の中に入る。　　　　　건물 안으로 들어가다.

★ **内** : 일정한 구역 내에서 안쪽, 특히 건물, 방, 성벽 등 내측에 해당되는
부분을 나타내는 말이다.

　　◎ このドアは内に向かって開く。이 문은 안쪽으로 향해 열린다.
　　◎ 内へ案内する。　　　　　안으로 안내하다.

★ **奥** : 입구에서 안쪽으로 깊숙이 들어간 곳 또는 겉으로 들어나지 않은
깊숙한 곳을 말한다.

　　◎ バスの奥。　　　　　　　버스 문 입구에서 떨어진 안쪽.

※ バスの中は込んでいる。버스의 안은 복잡하다.

★ **内部** : 물체의 내측 부분, 안쪽 부분을 나타낸다.
　　◎ 機械の内部を調べる。　　기계의 내부를 살펴보다.

★ **真ん中** : 장소, 거리, 순서 등에서 중앙, 중심에 해당되는 곳이나 기점을
나타낸다.

　　◎ 市内の真ん中にある公園。　시내 중앙에 있는 공원.
　　◎ クラスの真ん中あたりに成績。반 중간에 해당하는 성적.

★ **内側** : 둘러싸고, 칸 막은 데에서 안쪽으로 향하는 내부를 나타내며 어떤
범위 중에서 중심 쪽에 가까운 곳이나 향하는 방향을 말한다.

　　◎ 内側のコースを走る。　　　안쪽 코스를 달리다.

◎ 箱の内側。　　　　　　　　　상자의 안쪽.

日本(にっぽん)

日本。和国。倭国。葦原の瑞穂の国。大和。ジャパン。日の本。
大和島根。大日本帝国。日本国。大八洲。

일본, 일본국, 왜국

★ 日本 : 일본 국호의 닛뽕이며, 日本刀라든가 軍歌에서 사용하며, 남성적
　　　어휘와 造語가 될 경우, 남쪽지방 지명에서 볼 수 있다.

◎ 日本橋。　　　　　　　　　일본 오오사카시에 있는 다리.
◎ 日本橋。　　　　　　　　　일본 도쿄시에 있는 다리.

※ 日本刀는 にほんとう라고도 한다.

★ 日本 : 일본의 국호로, 日出づる処의 뜻이다. 日の本의 음독으로 생긴
　　　말로, 복합 조어(造語)를 만들 때 にほん을 사용하는 경우가 많고
　　　여성스러운 말에서 볼 수 있다.

※ 明治 21년(서기 1889년) 구헌법에서는 大日本帝国가 국호였지만, 昭和21년(서기 1946년)
의 일본 헌법에서는 日本国이 국호가 되었다. 현재는 にっぽん, にほん 한쪽으로 통일되
지 못하고 양쪽을 병행하여 사용하고 있다.

◎ 日本一。 / 日本一。 일본제일 이라는 뜻이다.(양쪽 모두 사용하고 있다)

★ **和国** : 일본의 옛 명칭이 속하며 中国의 漢代이후에 사용하였기에 역사적 문헌에서 볼 수 있고 倭와 和로 표기된 것이 있다.

◎ 和国は中国から日本を呼ぶ称号だ。

和国은 중국에서 일본을 부른 칭호다.

◎ 和国と倭国の読み方は「わこく」である。

화국과 왜국의 읽는 법은 와코쿠이다.

★ **大和** : 古代의 조정이 있던 지방 명칭에서 유래된 말로, 넓게는 日本이라는 異称의 뜻으로 사용하고 있다.

◎ 古代の日本国の一つであった大和。 고대 일본의 하나였던 야마토.
◎ 大和は現在の奈良県にあった。 야마토는 현재의 나라 현에 있었다.

★ **ジャパン** : 영어의 Japan에서 온 외래어로, 明治 시대부터 사용하였고 초기에는 ジャッパン이라고도 하였다.

◎ JapanはNipponである。 재팬은 닙퐁이다.

★ **日の本** : 일본의 美称이고 태양이 떠오르는 東方의 의미가 있다.

◎ 日の本は日本の美称である。 히노모토는 일본의 미칭이다.

★ **大日本帝国** : 明治 시대의 구헌법에서 사용하던 국명으로, 제국주의를 표방하는 의미가 있다.

★ **葦原の瑞穂の国** : 일본의 美称, 또는 古称이다.

★ **大和島根** : 일본의 別称으로 사용한다.

★ **大八洲** : 일본의 옛 이름으로, 大八洲国로 표기하기도 한다. 日本의 역
사서 古事記와 日本書紀 등에서 볼 수 있다.

※ **古事記** : 奈良시대의 역사서(3권) (AD 712년 성립)
※ **日本書紀** : AD 720년에 완성된 일본 최초의 역사서(30권)

値(ね)

値段。値。価。値打ち。価格。代金。~代。代価。プライス。
料金。~料。~賃。

값, 값어치, 가치, 가격, 대가, 금액, 액수, 대금, 수치, 요금

★ **値** : 물건의 매매 시의 금액, 가격을 나타내는 말로, 古代에는 물물 교환
을 할 때 물품의 소리로 가격을 판단한 연유로 생긴 말이다.

◎ 値が張る。　　　　　　값이 비싸다(보통보다)

◎ 値が高い。　　　　　　값이 비싸다.

★ **値段** : 상품을 사고 팔 때의 금액, 가격을 나타내고 가격을 정하는 것을

말한다.

◎ 値段をつける。　　　　　가격을 매기다.
◎ 値段が上がる。　　　　　가격이 오르다.

★ 値 : 수학에서 사용하는 수치, 수량을 나타내고, 가치・값・값어치의 뜻
　　이 있는 말이다.

◎ この本は一読の値がある。　이 책은 한번 읽어볼 가치가 있다.
◎ Yの値を求めよ。　　　　　Y의 값을 구하라.

★ 価 : 상품의 가격. 定価나 代金의 뜻이 있다.

◎ 商品に適正な価をつける。
　　상품에 적정한 가격을 매기다.
◎ 価をふたつにせず
　　가격을 이중으로 하지 않는다.(가격을 다르게 부르지 않는다.)

★ 値打ち : 사람이나 물건 등의 좋음, 중요함의 정도를 評定할 때 사용하
　　　　고 값어치 있는 물건을 비교적 저렴하게 살 수 있는 경우를 나
　　　　타낸다.

◎ 値打ちのある古書。　　　값어치 있는 고서.
◎ 値打ちは値踏みの意味がある。값어치는 評価의 의미가 있다.

★ 価格 : 물품의 값어치를 금액(돈)으로 표시한 물건 값을 나타낼 때 사용
　　　한다.

◎ 公定価格。공정 가격.　　◎ 販売価格。판매 가격.

★ **代金** : 물품, 상품이나 서비스 등의 대가로서 돈으로 지불하는 것을 나타 낸다.

◎ 代金は先払です。　　　　대금은 수취인 지불입니다.

◎ 代金は前払いです。　　　대금은 선불입니다.

★ **~代** : 물품이나 수고료 등의 대가로서 지불할 때의 대금을 나타내는 말 로 사용한다.

◎ 花代　화대, 봉사료　　　◎ 修理代　수리 대금

◎ お代　대금

★ **代価** : 상품의 값과 어떤 사항을 실현하기 위하여 발생한 손해나 희생을 나타내기도 한다.

◎ 苦労した代価。　　　　고생한 대가.

◎ 代価を支払う。　　　　대가를 지불하다.

★ **料金** : 어떤 이익을 얻었을 때, 교통수단이나 시설 등을 이용하였을 때, 수고나 폐를 끼쳤을 때에 그것에 상당하는 대가를 지불하는 금전 을 말한다.

◎ このバスの料金は千円です。　이 버스의 요금은 천 엔입니다.

◎ 今月の電気料金は一万円です。이 달의 전기 요금은 1만 엔입니다.

★ **料** : 어느 것에 대한 대가·비용·대금 또는 요금을 지불하기 위한 금전 을 나타낸다.

◎ 運送料。　운송료　　　　◎ 入場料。　입장료

※ 料에는 재료・요리를 나타내는 경우도 있다.

◎ 料亭。　요정(요릿집)　　◎ 原料。　원료(원자재)

★ プライス : price에서 온 외래어로, 값・가액을 나타내는 말. 明治 시대부터 사용되었다.

◎ 京都にワンープライスーショップという店があった。
　京都(교토)에 원프라스 쇼핑이라는 가게가 있었다.

※ ワンープライスーショップ는 균일 가격의 가게라는 뜻.

★ 賃 : 보수나 대가로서 지불하는 돈・금전, 즉 사용료를 말한다. 접미사로도 사용한다.

◎ 運賃。　　　　　　　　교통 기관의 운송비 또는 운송료.
◎ 賃仕事。　　　　　　　품삯 일.

杯(はい)

コップ。カップ。杯。茶わん。グラス。ジョッキ。

잔, 컵, 술잔, 찻잔, 배, 공기

★ 杯(はい) : 음료, 술 등을 담기 위한 용기와 우승배·천황배 등, 상배를 나타내는 造語에서 사용되는 말이다. 발음은 ぱい・ばい로 되기도 한다.

◎ 杯を重ねる。　　　　　　잔을 거듭하다.(술을 되풀이 들다.)

◎ 乾杯。　　　　　　　　　건배

◎ 三杯。　　　　　　　　　삼배

★ コップ : 외래어로, 유리나 플라스틱·도자기·종이 등으로 만든 원통형의 용기를 말하는데 네덜란드어의 Kop에서 시작하여 영어의 Cup으로 변천된 말로, 江戸 시대부터 사용된 말이다.

◎ コップの中の嵐。　　　　잔속의 태풍.

◎ 紙コップ　　　　　　　　종이컵.

★ カップ : 외래어로, 손잡이가 달린 서양풍의 찻잔이나 계량컵·우승컵 등을 나타내며, 大正 시대부터 사용한 말이다.

◎ 優勝カップ。　　　　　　우승컵

◎ カップヌードル。　　　　컵라면

★ 杯(さかずき) : 술을 마실 때 사용하는 작은 용기를 나타낸다.

◎ 杯を差す。　　　　　　　술을 권하다.

◎ 杯は酒杯の意味もある。　배는 주배(술잔)의 뜻도 있다.

★ 茶わん : 茶나 밥을 마시고 담기위한 용기로, 대게 도자기로 만든 것이 많다.

◎ 茶飲み茶碗。　　　　　　찻종(찻잔)

◎ 飯茶碗。　　　　　　　　밥공기

梅雨(ばいう)

梅雨。五月雨。長雨。にわかあめ。村雨。ひじかさあめ。白雨。
きちがいあめ。夕立。

장마, 장맛비, 소나기

★ **梅雨**：6월 중순에서 7월 상순에 걸쳐서 내리는 계절적인 비, 또는 그 雨期를 말한다. 이때가 매실이 익는 시기와 비슷하여 붙여진 이름으로, 하지를 중심으로 한 전후 20일간의 우기를 나타낸다.

◎ 日本の梅雨は6、7月に降る。　일본의 장마는 6, 7월에 내린다.
◎ 梅雨は梅雨と同じ意味である。츠유는 바이우와 같은 의미이다.

★ **五月雨**：음력 5월경에 길게 내리는 장마를 나타내고, さつきあめ라고도 한다.

◎ 五月雨は陰暦5月頃に降りつづく雨。
오월우는 음력 5월경에 계속 내리는 비.

★ **長雨**：며칠 계속하여 내리는 비로, 대게 여름에 발생하고 ながめ-라고도 한다.

◎ 今年は秋の長雨もあった。　금년은 가을장마도 있었다.

★ **にわかあめ** : 갑자기 쏟아지기 시작하여 곧 그치는 비를 나타낸다.

◎ 帰る時、にわか雨に会う。　집에 돌아올 때 소나기를 만나다.

★ **村雨** : 심하게 내리다가 곧 그치거나 약하게 내리는 비를 말한다.

◎ 村雨は驟雨の意味である。　무라사메(소나기)는 취우의 뜻이다.

★ **ひじかさあめ** : 삿갓 쓸 사이도 없이 팔꿈치로 비를 가린다는 뜻에서 소나기를 말한다.

◎ ひじかさあめはひじ雨と言う。
히지카사아메는 히지아메라고도 한다.

★ **白雨** : 하얗게 보이는 비란 뜻으로, 문어적이고 고풍스러운 말이다.

◎ 雲がうすくて明るい空から降る雨である。
구름이 엷고 밝은 하늘에서 내리는 비이다.

★ **きちがい雨** : 맑은 하늘에서 갑자기 내리는 비로, 日照り雨, 또는 天気雨와 비슷하고 여우비를 나타내는 말이다.

★ **夕立** : 여름의 한나절이 지난 후 저녁 무렵에 걸쳐서 갑자기 심하게 내리는 뇌성을 띤 소낙비를 나타낸다.

◎ 夕立にあって軒下へ駆けこんだ。
소나기를 만나서 처마 밑으로 뛰어들었다.

配分(はいぶん)

割り当て。分け前。取り前。取り分。配当。分配。配給。分割。役目。

배분, 할당, 배당, 분배, 배급, 분할, 분담

★ **配分** : 제각각 고루고루 나누어 배당하는 것을 나타낸다.

※ 配分은 나누어 분배하는 비율에 사용하고, 分配는 나누어 분배하는 그 자체에 주목하는 말뜻에 사용한다.

◎ 利益の配分は2対1とする.　이익의 배분은 2:1로 한다.

◎ パンを均等に配分する.　빵을 균등하게 배분하다.

★ **割り当て** : 몫을 나누어 배당하는 뜻으로 사용하며, 분담시키거나 분담한 내용을 가리킨다.

◎ 寄付金の割り当ては月給学に準ずる.

기부금의 할당은 월급 액에 준한다.

◎ 仕事の割り当てをする.

일의 할당을 하다.

※ 公用文では割当て로 하거나 또는 관용어에서는 割当額·割当比率과 같이 표기한다.

★ **分け前** : 각자에게 나눠준 몫을 나타내며 割り前·取り前와 같은 뜻이다.

◎ 分け前だ。手を出しねえ。　네 몫이다. 손 내놓아.

◎ 分け前が少ない。　배당이 적다.

★ **配当** : 할당하여 나누어 주는 것으로, 주식의 이익금을 투자자에게 분배
하거나 경마, 경륜 등에서 배당금을 주는 행위를 나타낸다.

◎ 利益配当が多い。　이익 배당이 많다.

◎ パンを2個ずつ配当する。　빵을 두 개씩 배당하다.

★ **分配** : 나누어 주는 것과 의무나 일을 분담하거나 역할을 할당하는 것을
나타낸다. 한편, 경제학에서는 토지 소유자에 대한 임대료·자본
가에 대한 이자 및 이윤·노동자에게는 임금과 같이 생산 활동에
참가한 개개인에게 귀속·소득 시키는 소득 분배를 말한다.

◎ 全員に利益を分配する。　전원에게 이익을 분배하다.

◎ 富の分配は政治の役だ。　부의 분배는 정치의 소임이다.

★ **配給** : 물품 등을 일정한 비율에 의하여 각자에게 나누어주는 것이나 통
제 경제 체제하에서 한정된 물자를 특별한 방법으로 기관에서 일
정량씩 소비자에게 파는 것 등을 말한다.

◎ 米を配給する。　쌀을 배급하다.

◎ 配給米は1kgあたり1万円だ。　배급 쌀은 1kg당 1만 엔이다.

★ **分割** : 몇 개로 나누어 쪼개는 것을 나타낸다.

◎ 土地を分割する。　토지를 분할하다.

※ 수학에서는 하나의 집합을 공통의 요소를 갖지 않은 몇 개의 부분 집합으로 나누는 것을 말한다.

★ 役目 : 할당 받을 일을 나타낸다.

◎ ここの掃除は弟の役目だ。　이 곳 청소는 동생의 분담이다.
◎ この仕事は君の役目だ。　이 일은 자네의 몫이다.

墓(はか)

墳墓。ご陵。みささぎ。塚。墓所。墓地。墓場。

무덤, 묘, 뫼, 능, 산소, 묘소, 묘지, 분묘, 유택, 총묘

★ 墓 : 유골이나 유체를 매장해 놓은 곳이나 묘비・묘석을 나타내기도 한다.

※ 도둑들의 은어로, 寺院에 관한 일을 나타낸다.

◎ 墓参りに行く。　성묘하러 가다.
◎ 墓に詣でる。　성묘하다.

★ 墳墓 : 사체・유골・유품 등을 매장하여 공양하는 곳으로, 나무나 돌로 묘석 표시를 하고 일본에서는 고분을 뜻한다.

◎ 墳墓の地。

분묘의 땅(선조의 묘가 있는 곳 또는 고향의 뜻)

◎ これは父祖代代の墳墓の地だ。

이곳은 조상 대대의 분묘의 지이다.

★ ご陵 : 천황을 비롯하여 황족 등의 무덤을 말하며 みささぎ-라고도 한다.

◎ 天皇と皇后のご陵は京都にある。　천황과 황후의 능은 교토에 있다.

★ 塚 : 땅을 조금 높여서 만든 무덤을 나타내는 말인데, 지금은 일반적인
무덤이나 묘도 일컫는 말이다.

◎ 無縁塚。

무연 무덤.

◎ 高速道路の辺近くの塚はあまりよくない。

고속 도로 변 가까운 묘는 그다지 좋지 않다.

★ 墓所 : 묘가 있는 곳을 말한다.

◎ 先祖の墓所は忘憂里にある。　조상의 묘소는 망우리에 있다.

★ 墓地 : 사망한 사람을 매장하고 묘를 만든 장소 또는 묘가 있는 곳을 말
한다.

◎ 墓地は官庁より許可したる区域に限る。

묘지는 관청으로부터 허가한 구역에 한한다.

★ 墓場 : 묘・무덤이 있는 곳을 말한다.

◎ 佛国寺という寺の墓場に法王和尚の舎利塔がある。

불국사라고 하는 절의 묘지에 법왕 스님의 사리탑이 있다.

博士(はくし)

博士。ドクター。

박사, 닥터

★ 博士 : 학위의 하나로, 대학원 박사 과정을 졸업하고 박사 논문 및 시험에 합격한 사람에게 수여하는 칭호이다. 일본에서는 과정 박사와 논문 박사의 두 종류가 있고 이 제도는 昭和 28년 (AD.1953년)부터 시행하고 있다.

◎ 日本の博士は文学博士等九種類の博士がある。

일본의 박사는 문학 박사 등 9 종류의 박사 학위가 있다.

★ 博士 : 예스러운 말로, 현재에도 통용되고 있는 말이지만 정식으로는 はくし를 사용한다. はかせ는 옛날 일본 율령제에서 省에 속하는 役所(관청)인 대학료나 음양료 등의 교관을 나타내는 말이며 학문·예도 등에서 많은 지식이 있는 사람을 칭하기도 한다.

◎ 学問や芸道などでその道に深く通じた人を博士と称する。

학문이나 예도 등에서 그 방면에 깊게 이해하고 있는 사람을 박사라고 칭한다.

★ **ドクター** : 영어의 doctor에서 온 외래어로, 의사·박사를 나타내며 昭和

   시대부터 사용하였다.

   ◎ 金先生は哲学のドクターだ。　김 선생님은 철학 박사다.

始まり(はじまり)

初め。 始め。 かわきり。 端。 てはじめ。 たちあがり。 嚆矢。 初。 端。
口火。 ふたあけ。

시작, 개시, 첫출발, 착수, 처음, 첫머리, 서막, 시초, 시발

★ **始まり** : 일이나 행동을 시작하는 것이나 그 때, 시기를 나타내고 어느

   사항 사건의 기원을 말한다.

   ◎ 授業の始まりが送れる。　　수업의 시작이 늦어지다.
   ◎ 夫婦げんかの始まり。　　　부부 싸움의 시초.
   ◎ 人類文明の始まり。　　　　인류 문명의 기원.

★ **初め** : 일이 막 시작하는 단계나 시간적으로 최초의 의미로 사용한다.

   ◎ 春の初め。　　　　　　　봄의 시작.
   ◎ 初めから気が進まない。　　시작부터 마음이 내키지 않는다.

★ **始め** : 어느 사항의 발단·기원을 나타내며 일의 시작·개시에 중점이

있는 말이다.

◎ ご用始め。　　　　　　시무식(始務式)

◎ 国の始め。　　　　　　개국(開国)

★ **かわきり** : 맨 처음 뜨는 뜸에서 비롯된 말로, 일을 시작하는 최초·시
초·개시를 나타낸다.

◎ ソウル公演をかわきりに各地方の都市で演奏会を開く。
　서울 공연을 시작으로 각 지방 도시에서 연주회를 열다.

★ **端** : 일의 처음 부분을 나타내고 はな-로 읽으면 속어의 뜻이 있다.

◎ 聞いた端から忘れる。　　들은 즉시 잊어버리다.

◎ 端からはじめる。　　　　처음부터 시작하다.

◎ 端からやり直す。　　　　처음부터 다시하다.

◎ 最初からやり直す。　　　최초부터 다시하다.

◎ 一からやり直す。　　　　하나부터 다시하다.

★ **手始め** : 일을 시작하는 최초의 단계와 초보 입문의 뜻을 나타낸다.

◎ 手始めに入門書を見る。　　처음으로 입문서를 본다.

◎ 手始めに練習曲を弾いてみる。우선 연습곡을 쳐보다.

★ **たちあがり** : 어느 행동이나 동작의 시작을 나타낸다.

◎ たちあがりが大切だ。　　시작이 중요하다.

◎ たちあがりがよい。　　　첫 동작(시작)이 좋다.

★ 口火 : 어느 사항의 발생의 동기나 발단을 나타낸다.

◎ 話の口火を切る。　　　　　최초로 이야기를 시작했다.

★ 頭 : 사물의 시작・최초의 뜻으로 사용한다. 물론 비유적 표현이다.

◎ 頭から悪くなった。　　　　처음부터 나빴다.
◎ 文章のあたまに出す。　　　문장 첫머리에 내놓다.

★ 初 : 처음 일어난 일을 나타내며 造語에서 사용된다.

◎ 初恋。　　　　　　　　　첫사랑.
◎ 初の記者会見。　　　　　최초의 기자 회견.

★ ふたあけ : 뚜껑을 연다는 의미로, 개시를 나타내며 극장・영화관에서의
　　　　　　　흥행을 시작하는 경우에 사용하는 말이다.

◎ 冬休みのふたあけ。　　　　겨울 방학의 시작.
◎ ふたあけから満員。　　　　개시부터 만원.

発展(はってん)

発達。成長。進歩。進展。繁栄。栄え。隆盛。繁盛。繁昌。

발전, 발달, 성장, 진보, 진전, 번영, 융성, 번성, 번창

★ 発展 : 일이 더 낫고 좋은 상태로 나아가고, 안전하게 분화하고 보다 풍

부하고 보다 복잡하게 되어가는 것과 이성 관계나 술 등에 탐닉하
여 노니는 것을 놀리는 경우에 사용하기도 한다.

◎ 会社の発展は社員の努力の賜物だ。

　회사의 발전은 사원의 노력한 덕택이다.

◎ 金君は発展家だ。

　김 군은 주색에 빠진 사람이다.

★ **発達** : 육체나 정신이 성장하여 보다 완전한 형태나 기능을 갖게 되는
　　　　것 또는 진보・발전하여 보다 고도의 단계에 오르는 것, 규모가
　　　　점점 크게 되는 것 등을 나타낸다.

◎ IT産業が発達した。　　　　　　　IT산업이 발달하였다.

◎ 身体の発達は環境と関係がある。　신체의 발달은 환경과 관계가 있다.

◎ 発達した高気圧。　　　　　　　　발달한 고기압.

★ **成長** : 사람이나 동물이 자라서 제 몫을 하게 되는 것이나 사물이 발전하
　　　　여 보다 높은 단계로 진전되는 것 등을 나타낸다.

◎ 子供の成長は早い。　　　아이들은 성장이 빠르다.

◎ 経済成長は輸出を伸ばす。　경제 성장은 수출을 늘리다.

★ **進歩** : 일이 바라는 방향으로 진척되어가는 것이나 정도나 수준이 높아
　　　　지고 나아지는 것을 말한다.

◎ 科学の進歩は目覚ましい。　　과학의 진보는 눈부시다.

◎ 進歩と保守は政治的な理念だ。　진보와 보수는 정치적 이념이다.

★ **進展** : 일이 진행되어 새로운 국면이 나타나는 것 또는 일이 진보·발전
　　　하는 것을 말한다.

　◎ 協議が進展する。　　　　　협의가 진전되다.
　◎ 捜査が進展する。　　　　　수사가 진전되다.

★ **繁栄** : 일이 기세 있게 잘되어 나가는 것이나 영화롭게 되어가는 상태를
　　　나타낸다.

　◎ 交通の要地として繁栄した大田。　교통 요지로서 번영한 대전.
　◎ 子孫が繁栄する家門。　　　자손이 번영하는 가문.

★ **栄え** : 동사 栄える에서 전성된 명사로서 번영과 같은 뜻이다.

　◎ 栄えいやます。　　　　　더욱더 번영하다.
　◎ 栄えは衰退の始まり。　　　번영은 쇠퇴의 시작.

★ **隆盛** : 기운차게 일어나거나 대단히 번성하는 것을 나타내며 隆盛과 비
　　　슷한 말이다.

　◎ 国運の隆盛は若者の野望によりけりだ。
　　　국운의 융성은 젊은이의 야망에 달려있다.

　◎ キリスト教が隆盛する。
　　　기독교가 융성되다.

★ **繁盛** : 거리나 가게가 번잡하고 잘되어 번화한 상태를 나타내며 繁昌과
　　　같은 뜻이다.

※ 盛의 せい는 漢音이고 じょう는 呉音이다.
※ 현대 표기에서는 繁昌에서 繁盛으로 하는 것이 보통이다.

◎ 商売が繁盛する。 　　　장사가 번성되다.
◎ 国家が繁盛する。 　　　국가가 번성되다.

母(はは)

お母さん。お母さま。お母。親。お袋。母上。母親。ままおや。
ママ。おっかあ。かあさん。かあちゃん。母君。おかあちゃん。
母。女親。

어머니, 어머님, 엄마, 계모, 의모, 수양어머니, 모친, 어미, 어멈, 자당

★ 母 : 자기 쪽의 어머니·모친을 가리킬 때 사용하는 말로, 자기를 낳은
　　여성 또는 양육해준 실모·양모·계모를 총칭하고 있다.

◎ 二児の母となる。 　　　두 아이의 어머니가 되다.
◎ 母は今は台所にいます。 　어머니는 지금 부엌에 계십니다.

★ お母さん : 타인의 어머니를 정중하게 표현할 때 사용하고, 호칭할 때는
　　　자식이 있는 부부 사이에서 남편이 사용할 수도 있는 말이다.

※ 접두어 お를 뺀 말인 かあさん은 조금 허물없는 말씨로, かかさん에서 전성된 말이다.
※ 남편이 아내의 어머니(장모)를 나타낼 수도 있다.
※ お母さま는 보다 정중한 표현의 말씨이다.

◎ お母さんは今年おいくつでいらっしゃいますか。
   어머님은 금년 연세가 어떻게 되십니까?
◎ お母さん！どこにいる。
   여보! 어디에 있어.

※ お母さん은 스스럼없는 뜻이 있고, 접두어 お를 뺀 かあちゃん이나 かあさん은 엄마의 뜻으로, 속어이고 어린이 말이며, 다정하고 친근감 있게 부르는 말이다.

★ ママ : 영어의 mama에서 온 외래어로, 어머니의 애칭이며 유아어이다. 또는 일본어에서 바담의 뜻으로, 유흥 음식점의 여주인을 나타낸다. 昭和 시대부터 사용된 말이며 マダム(madame)의 뜻이 있다. 이 말은 프랑스어이고 大正 시대부터 사용하였으나 처음에는 부인의 뜻에서 昭和 시대부터 술집 여주인의 뜻으로도 사용되었다.

◎ ママ、おやつをちょうだい。 엄마, 간식을 주세요.

★ お袋 : 어머니의 속어이며, 자신의 모친을 친숙하게 또는 타인에게 겸양하게 표현하는 말로 주로 남성이 사용한다.

※ 현재는 타인에 대하여 자신의 모친을 말할 때 많이 사용되고 있다.

◎ お袋は今田舎にいます。 　어머니는 지금 시골에 계십니다.

★ 親(おや) : 어버이의 뜻으로, 부모를 나타낼 때는 자기 쪽을 말하며, 성년 남자
　가 주로 사용하며 父와 母를 총칭한다.

　◎ 親の心子知(こし)らず。　　　　　　부모의 마음, 자식은 모른다.

★ 母上 : 어머니의 높임말이며, 母君(ははぎみ)라고도 한다. 그러나 母君는 고풍스러
　운 말씨이다.

　◎ 母上は母をうやまっていう語(ご)だ。　어머님은 어머니를 존경하는 말이다.

★ 母親 : 모친, 어머니의 뜻이며 女親(おんなおや)와 비슷한 말이다.

　◎ 母親に似(に)ている。
　어머니를 닮다.
　◎ 海(うみ)より深(ふか)い山(やま)より高い母親の恩(おん)。
　바다보다 깊고 산보다 높은 어머니의 은혜.

★ おっかあ : 어머니의 속칭어로, 자녀가 어머니를 부를 때 사용하던 말.
　江戸 말기 江戸에서 중류 이하의 말씨다.

★ 母御(ははご) : 어머니를 높여 나타내는 말로, 타인의 어머니를 경칭하는 고풍스
　러운 말이다.

　◎ 他人(たにん)の母親の尊称(そんしょう)する時(ときつか)使う語(ご)である。
　타인의 모친을 존칭할 때 사용하는 말이다.

※ 비슷한 말로 母堂(ぼどう)・母君(ははぎみ)・母上(ははうえ) 등이 있다.

★ <ruby>御母<rt>お かか</rt></ruby> : 예스러운 사투리이며, 어머니의 뜻과 자기·타인의 아내를 친밀
　　　하게 부르는 경우에도 사용한다.

※ おかかさまは 어머니를 경칭하는 말로, 근세의 武家·호상집에서 사용하던 말이다.

飯(はん)

<ruby>飯<rt>めし</rt></ruby>。<ruby>飯<rt>いい</rt></ruby>。ご<ruby>飯<rt>はん</rt></ruby>。おまんま。<ruby>食事<rt>しょくじ</rt></ruby>。<ruby>食<rt>しょく</rt></ruby>。<ruby>料理<rt>りょうり</rt></ruby>。まんま。<ruby>餉<rt>え</rt></ruby>。えさ。
ライス。<ruby>銀飯<rt>ぎんめし</rt></ruby>。<ruby>御食<rt>みけ</rt></ruby>。かゆ。<ruby>食餉<rt>しょくじ</rt></ruby>。

밥, 진지, 참, 끼니, 메, 수라, 먹이, 맘마, 미끼, 식사, 요리, 먹거리,
음식, 죽, 새참, 간식, 군것질

★ <ruby>飯<rt>はん</rt></ruby> : 쌀이나 잡곡 등을 이용하여 만든 주식품을 나타내는 말이다. めし라
　　　고하면 검す에서 유래된 말이고 쌀을 이용하여 만든 음식물이며 い
　　　い라고하면 쌀밥의 雅語이다.

　　◎ 飯ははん·めし·いいと言う。 밥은 일본어로 항·메시·이라고 한다.

★ ご<ruby>飯<rt>めし</rt></ruby> : <ruby>飯<rt>はん</rt></ruby>의 존칭어이며 쌀로 지은 밥·진지라는 뜻이다. 일반적으로 식
　　　사라는 의미를 지닌다.

　　◎ 朝ご飯はめしあがりましたか。 아침 식사는 드셨습니까?

★ おまんま : 밥의 속된 말씨로 사용되는 말이며, まんま는 어린아이의 말
　　　　씨이다.

◎ これではおまんまの食いあげた。 이래가지고는 밥 먹고 살긴 다 틀렸다.

★ **食事** : 목숨을 유지하기 위하여 매일 습관적으로 밥 등을 먹는 일과 그 음식물을 나타내며 특히 병 치료에 좋은 것을 표현할 때 사용하는 예가 있다.

◎ 食事してから少し休みなさい。 식사를 한 다음 조금 쉬십시오.
◎ 食事療法。　　　　　　　　 식사 요법.

★ **食** : 음식물을 나타내는 접두어・접미어적 말로 사용한다.

◎ 食費。　　　　　　　　　　 식비(식사 대금)
◎ 朝食。　　　　　　　　　　 아침식사.

★ **料理** : 여러 음식 재료를 사용하여 일정한 방법으로 만든 음식물을 나타낸다.

◎ 料理を食べる。　　　　　　 요리를 먹다.
◎ 精進料理が体によい。　　　 채소 요리가 몸에 좋다.

★ **餌** : え또는 えさ라고 읽으며, 속어적인 뜻으로 사람이 먹는 음식을 나타내지만 대게 동물의 먹이나 사료・모이 등을 나타내는 말이다.

◎ 鶏に餌をやる。　　　　　　 닭에게 모이를 주다.
◎ 餌が悪い。　　　　　　　　 음식이 나쁘다.

음식물(밥)을 표현하는 단어

- 이밥 : 生飯
- 수라 : 王の食膳
- 도시락 : お弁当
- 비빔밥 : まぜごはん
- 쌀밥 : 銀飯(속어)
- 새참 : 間食
- 간식 : おやつ

- 군것질 : 買い食い
- 찬밥 : 冷や飯
- 잡곡밥 : かてめし
- 쌀밥 : こめめし
- 메 : 御食
- 죽 : かゆ
- 간식 : 小昼

- 오곡밥 : 五目飯
- 진지 : ご飯・お食事
- 쌀밥 : 米飯
- 김밥 : のりまきのめし
- 쌀밥 : こめのご飯
- 간식 : あいだぐい

※ 라이스 : ライス (rice) 주로 양식에서 사용하는 외래어로, 明治 시대부터 사용하였다. カレーライス 또는 ライスカレー로 관동 지방에서는 カレーライス라고하고 오사키 지방에시는 ライスカレー라고 한다.

★ **食餌** : 음식물을 나타내는 말로, たべもの・食事・えさ와 비슷한 말로 조리한 음식물의 뜻도 있다.

◎ 食餌を三度してください。　식이를 세 번 하십시오.(병 치료 음식물)

◎ 食餌療法。　　　　　　　식이 요법.

日(ひ)

太陽。 日輪。 お日様。 今日様。 お天道様。
<small>たいよう にちりん ひさま こんにちさま てんとうさま</small>

해, 태양, 해님

★ 日 : 해·태양을 나타내는 말로, 그 외에 햇빛·햇볕·날짜·낮·하루
등의 여러 의미로 사용되며, 발음은 訓読으로 ひ·か·び·ぴ 등이
있고 音読み으로는 にち·じつ·にっ 등의 변형이 있다.

◎ 日が昇る。　　　　　　　해가 뜨다.

◎ 日が長い。　　　　　　　해가 길다.(낮 동안이 길다.)

※ 日의 발음과 표기 보기.

· 先日 : 전날　　　　· 毎日 : 매일　　　　· 日本 : 일본
<small>せんじつ</small>　　　　　<small>まいにち</small>　　　　　<small>にほん·にっぽん</small>

· 三日 : 사흘·삼일　　· 生年月日 : 생년월일　· 誕生日 : 생일
<small>みっか</small>　　　　　　<small>せいねんがっぴ</small>　　　　<small>たんじょうび</small>

★ 太陽 : 태양계의 중심에 위치하고 고온의 가스의 원형으로 되어 있으며
방대한 열을 발산하며 지구에 가까운 행성을 말한다.

◎ 太陽は動植物を育てる。　　태양은 동식물을 양육한다.

◎ 太陽は熱と光の源泉である。태양은 열과 빛의 원천이다.

★ 日輪 : 太陽의 別称으로, 모양이 둥글다는 뜻에서 생긴 말. 종교적 색채
가 있는 말씨이다. 다른 표현으로는 火輪이라고도 한다.

◎ 日輪を見ること。　　　　태양을 보는 것.

◎ 日輪さまは太陽だ。　　　　　해님은 태양이다.

★ **お日様** : 태양을 공경하고 친하게 부르는 擬人化한 말로, おてんとうさ
ま・おてんとさま라고도 한다.

◎ 太陽を敬い親しんで呼ぶお日様とお天道様が語はある。
태양을 공경하고 친하게 부르는 말은 해님이 있다.

★ **今日様** : 태양을 나타내며 대개 공경의 뜻으로 노인층에서 사용한다.

◎ 今日様は雲の後ろにまします。　태양(해님)은 구름 뒤에 계시다.
◎ 天にまします今日様よ。　　　하늘에 계신 해님이요.

比較(ひかく)

対比。対照。照合。

비교, 대비, 대조, 조합

★ **比較** : 두 개 이상의 것을 서로 견주어서, 그것들의 유사점・상위점・일
반 법칙 등을 고찰하는 것을 말한다.

◎ 韓日両国の気候を比較する。　한 일 양국의 기후를 비교하다.
◎ 大きさを比較する。　　　　크기를 비교하다.

★ **対比** : 여러 개의 것을 같고 다름의 차이를 분명히 하기 위하여 비교하여

보는 것을 말한다.

◎ 目標と実績を対比して見る。　목표와 실적을 대비해보다.

◎ 南北の軍事力を対比する。　　남북의 군사력을 비교하다.

★ **対照** : 서로 비추어보거나, 서로 견주어보거나 또는 살펴보아서 서로간

의 차이를 찾아내는 것을 말한다.

◎ 原文と訳文を対照してみる。　원문과 번역문을 대조해보다.

◎ 男女の食性は対照をなす。　　남녀의 식성은 대조를 이루다.

★ **照合** : 서류·장부 등을 대조·비교하면서 확인하여 보는 것을 나타

낸다.

◎ 原稿と一枚一枚の校正刷りを照合する。

원고와 한 장 한 장의 교정쇄를 대조하다.

◎ 指紋を照合してみる。

지문을 대조하여 보다.

飛行機(ひこうき)

航空機。ジェット機。ヘリコプター。飛行船。

비행기, 항공기, 제트기, 헬기, 비행선

★ **飛行機** : 날개의 양력에 의하여 프로펠러의 회전이나 연료가스의 분사

에 의하여 공중을 날아다니는 교통 기관을 나타낸다.

◎ 飛行機は1903年米国のライト兄弟が初めて動力飛行に成功した。

비행기는 1903년 미국의 라이트 형제가 최초 동력 비행에 성공하였다.

★ 航空機 : 사람과 화물을 싣고 하늘을 비행하는 교통 기관의 총칭으로,
비행선, 기구, 비행기, 글라이더 등을 나타내는 말이나 근래에
는 일반 비행기를 지칭하는 뜻으로 사용하고 있다.

◎ 航空機に乗って海外旅行に行く。

항공기를 타고 해외 여행하러 간다.

★ ジェット機 : 연소 가스를 고속도로 분사하여 추진하는 비행기를 말하며
외래어의 사용은 현대에 들어와서 사용하였다.

◎ ジェット機は音速の3倍の速度で飛ぶ。

제트기는 음속의 3배의 속도로 난다.

★ ヘリコプター : 몸체 위에 큰 회전 날개에 의한 양력을 이용해서 나는 비
행기이다. 이 외래어는 昭和 시대부터 사용되었다.

◎ ヘリコプターを韓国語でジャムジャリ飛行機と言う。

헬기를 한국어로 잠자리비행기라고 한다.

★ 飛行船 : 유선형의 기구에 공기보다 가벼운 헬륨가스를 채워 부양하고
발동기로 프로펠러를 회전시켜 비행하는 교통수단이다.

美人(びじん)

美女。麗人。佳人。弁天。別嬪。小町。美姫。

미인, 미녀, 여인, 가인, 미희

★ **美人** : 용모가 다른 사람보다 뛰어나고 훌륭한 사람으로, 아름다운 여자를 나타낸다. 간혹 美男子를 가리키나 여성을 가리키는 것이 통례인 말이다.

　◎ 美人は年なし。　　　　　미인은 나이가 없다.
　◎ 美人薄命。　　　　　　　미인박명.

★ **美女** : 용모가 아름다운 여성으로, 얼굴 생김새에 중점이 있는 말이다.

　◎ 美女の妻めとる。　　　　미녀인 처를 얻다.

★ **麗人** : 외모가 아름다운 사람의 뜻으로, 여성을 나타내는 말이다.

　◎ 美しい女の人を麗人と言う。　아름다운 여자를 여인이라고 한다.
　◎ 麗人の写真。　　　　　　여인의 사진

★ **佳人** : 얼굴과 자태가 예쁘고 좋은 여자를 나타낸다.

　◎ 黄真伊は佳人だ。　　　　황진이는 가인이다.

★ **弁天** : 재복을 주관하는 女神인 弁財天에서 나온 말로, 비파를 연주하는

모습을 나타내는 칠복신 중의 하나였다.

◎ 弁天娘。　　　　　　　아름다운 처녀

★ **別嬪** : 각별하게 아름다운 여자의 뜻이다.

◎ あの娘はよほど別嬪に見える。　저 낭자는 대단한 미녀로 보인다.

★ **小町** : 그 지방에서 평판이 있는 아름다운 처녀를 나타내는 말로, 小野
の小町가 절세의 미녀였던 이유에서 유래된 것이다.

◎ 南原の春香は小町だ。　　남원의 춘향은 미녀이다.

★ **美姫** : 얼굴과 모습이 아름다운 여성을 나타낸다.

◎ ソウルには美姫が多い。　서울에는 미인이 많다.
◎ 美姫より烈女。　　　　　미인보다 열녀.

人(ひと)

人間。人類。人。又。人っ子。代物。人物。人材。人人。人達。
諸人。

사람, 인간, 인류, 인물, 인재

★ **人** : 동물 분류학상 영장류인 포유류에 속하는 것으로, 학명은 호모 사피

엔스이다. 특히 언어를 사용하고 직립 동물이며 기구를 사용하고 공동 사회생활을 영위하는 동물이다.

◎ 人は万物の霊長である。　　사람은 만물의 영장이다.

◎ 人はみんな死ぬ。　　　　사람은 모두 죽는다.

★ **人間** : 언어를 사용하고 생각하며 사회를 구성하여 생활하는 고등동물이다.

◎ 人間万事塞翁が馬。　　　인간 만사 새옹지마.

◎ しぶとい人間だ。　　　　고집 센 인간이다.

★ **人類** : 인간을 다른 동물과 분류하여 하는 말이다.

◎ 人類の進歩は果てしなく続く。

인류의 진보는 끝없이 계속된다.

◎ 人類の幸福は愛しあうのにある。

인류의 행복은 서로 사랑하는 것에 있다.

★ **人** : 사람을 나타내는 造語에서 사용된다.

◎ 人口　　인구　　　　　◎ 韓国人　한국인

★ **人** : 사람을 나타내는 造語에서 사용되며 모양·자격 등을 나타낼 때와 사람 수를 셀 때 사용한다.

◎ 通行人。　통행인　　　◎ 死人。　사인(죽은 사람)

◎ 五人。　　다섯 사람

★ **人っ子** : 사람을 강조하여 말하는 경우에 사용한다.

　◎ 人っ子一人もない。　사람이 한 사람도 없다.(아무도 없다는 뜻의 강조)

　◎ 人っ子通らない。　　사람 하나 지나가지 않는다.

★ **代物** : 평가의 대상으로서 볼 때의 사람의 뜻으로, 사람을 바보로 보거나
　비하하는 뜻이 있다. 즉, あほうな ばかもの, やつ의 뜻이 내포된
　말이다.

　◎ 困った代物だ。　　　골치 아픈 놈이다.

※ 代物는 方言에서는 처녀 · 미인의 뜻으로도 사용한다.
　· 처녀 : 山形県에서 사용함.　　· 미인 : 長野県에서 사용함.

★ **人物** : 재능이 있고 쓸모가 있는 훌륭한 사람을 나타내고, 묘사할 때나
　언급할 때의 대상이 되는 사람을 말한다.

　◎ 歴史上の人物。　　　역사상의 인물

　◎ 登場人物。　　　　　등장인물

★ **人材** : 재능이 있고 쓸모 있는 사람을 나타낸다.

　◎ 人材を登用する。　　인재를 등용하다.

★ **人人** : 많은 사람을 가리키나 그중의 한 사람 한 사람을 뜻한다.

　◎ 交通事故にあった人人を救助する。

　　교통사고를 당한 사람들을 구조하다.

　◎ クラスの人人の意見を聞く。　반에서 각 개인의 의견을 듣다.

★ **人達** : 사람의 복수 의미를 띤 말로, 한 사항을 대표하는 집단의 뜻이
있다.

※ 達^{たち}는 복수의 접미사다.

◎ ソウルの人達^{たち}は出勤^{しゅっきん}する時電車^{ときでんしゃ}を利用^{りよう}する。
서울 사람들은 출근할 때 전차를 이용한다.

★ **諸人^{もろびと}** : 많은 사람·여러 사람·모든 사람을 나타내며 多くの人·おお
ぜいの人·衆人^{しゅうじん}과 비슷한 말이다.

※ 諸人은 しょじん·しょにん이라고 발음하여 많은 사람을 나타낸다.

◎ 諸人こぞりて迎^{むか}えまつれ。　여러 사람이 모여 맞아들여라.
◎ 諸人こぞりて歌^{うた}う。　여러 사람이 함께 노래 부르다.

避難(ひなん)

亡命^{ぼうめい}。逃避^{とうひ}。隠遁^{いんとん}。

피난, 망명, 도피, 은둔, 피신

★ **避難** : 재난을 피하여 안전한 장소로 이동하거나 도망치는 것, 달아나는

것을 말한다.

◎ 南侵のため田舎に避難する。 남침 때문에 시골로 피난하다.

◎ 避難暮らしは苦しい。　　　피난살이는 고통스럽다.

★ 亡命 : 정치, 종교 등의 이유로, 자국에서 외국으로 도피하는 것을 말한다.

◎ 米国へ亡命を申し入れる。　　미국에 망명을 신청하다.

◎ 李承晩の亡命政権は上海にあった。 이승만 망명 정권은 상해에 있었다.

★ 逃避 : 현 사회에서 벗어나 몸을 숨기거나 재산을 은닉하거나 대처하지

　　　않고 곤란한 일에서 도피하는 것을 말한다.

◎ 現実から逃避する。　　　　현실에서 노피하다.

◎ 恋の逃避行。　　　　　　사랑의 도피행.

★ 隠遁 : 속세를 버리고 죽은 듯이 조용하고 쓸쓸하게 숨어 사는 생활을

　　　말한다.

◎ 山中に隠遁する。　　　　산중에 은둔하다.

◎ 隠遁生活。　　　　　　　은둔 생활.

病院(びょういん)

医院。診療所。保健所。クリニック。

> 병원, 의원, 진료소, 의료원, 보건소, 클리닉

★ **病院** : 의사가 환자의 진찰·치료를 행하는 시설을 말하며 의료법에서
는 환자 20명 이상의 입원 설비를 갖춘 곳을 말한다.

※ 한국에서는 30명 이상이 입원할 수 있는 설비가 되어 있는 곳을 병원이라고 한다.

◎ 大学病院は治療費が高い。　대학병원은 치료비가 비싸다.

◎ 病院に見舞いに行く。　병원에 병문안하러 가다.

★ **医院** : 의사가 개인적으로 경영하는 의료 기관으로서 질병의 진찰·치
료를 하는 곳을 가리킨다.

※ 병원보다 시설이 작은 곳을 말한다.

◎ 金外科の医院は親切だ。　김 외과의 의원은 친절하다.

◎ 医院で手術を受ける。　의원에서 수술을 받다.

★ **診療所** : 진찰하고 치료하는 곳으로, 환자의 입원 수용 능력이 19인 이
하인 곳을 말한다.

◎ 明日は診療所に行け。　　　내일은 진료소에 가거라.

◎ 診療所に通う看護婦。　　　진료소에 다니는 간호사.

※ 남성은 看護士였지만, 平成 14년에 看護婦와 통일시켜 看護師로 개칭하였다.

★ **保健所** : 공중위생 활동 중심으로, 지역 주민의 건강 상담 · 위생 지도 ·

　질병 예방 등을 행하는 공적 기관이다.

◎ 保健所は住民の保健に力を入れる。

　보건소는 주민의 보건에 역점을 두다.

◎ 保健所は老人病を診る。

　보건소는 노인병을 진찰한다.

★ **クリニック** : 영어의 Clinic에서 온 외래어로, 진료소와 같은 뜻이다. 昭和

　시대부터 사용한 말이다.

◎ クリニックは不妊 · 肥満治療もする。

　클리닉은 불임 · 비만 치료도 한다.

病者(びょうしゃ)

患者。病人。

 병자, 환자, 병객, 병인

★ **病者** : 질환・질병에 걸려있는 사람을 나타내며 びょうじゃ라고도 발음하며 한자식(漢字式) 말이다.

◎ 戦傷病者。　　　　　　　전상 병자.

★ **患者** : 병이나 상처를 치료받는 사람으로, 치료를 담당한 편에서 사용하는 말이다.

◎ 入院患者。　　　　　　　입원 환자.

★ **病人** : 병이 걸려 앓고 있는 사람을 나타내며 病難人이라고도 한다.

◎ 病人をなぐさめる。　　　병자를 위로하다.
◎ 病人のような顔色。　　　병자 같은 안색.

雛(ひよこ)

ひな ひなどり
雛。 雛鳥。

 병아리, 닭의 새끼, 어린 닭, 추아, 계추

★ 雛 : 알에서 부화하여 얼마 되지 않은 병아리를 나타내며, ひよっこ라고
  도 한다.

　◎ 鶏がひよこをかえす。　　　닭이 병아리를 까다.

★ ひな : 알에서 갓 부화한 날짐승의 새끼를 나타내는 말로 사용하며, 닭의
  새끼인 병아리도 가리킨다.

　◎ 鳥の子はひなというんですが、鶏の子もひなと言います。
　　날짐승 새끼는 히나라고 합니다만, 병아리도 히나라고 합니다.
　◎ ひなどりは鳥のひな、鶏のひなの意味がある。
　　ひなどり는 날짐승, 병아리의 의미가 있다.

※ ひなまつり는 3월 3일 ひな人形, 평소 사용하는 도구류, 복숭아 꽃 등으로 장식하고 白酒
　・마름모꼴로 자른 떡(3色餠)을 차려놓고 여아의 행운을 비는 행사이다. ひなあそび, ひい
　なまつり라고도 한다.
※ 男児의 경우는 5월 5일 단오절에 こいのぼり(잉어 깃발)를 올리고 입신출세를 기원하는
　행사로, さつきのぼり・さつきの鯉라고도 한다.

昼飯(ひるめし)

お昼。中食。昼食。昼げ。

점심, 중식, 오찬, 런치

★ **昼飯** : 낮에 먹는 점심 식사를 나타내며 昼ご飯, ひるはん이라고도 한
다. ひるごはん은 ひるめし의 존칭어이다.

◎ 私は昼飯は正午に食べる。 나는 점심밥은 정오에 먹는다.

★ **おひる** : 낮・점심밥의 공손한 말씨로 사용한다.

◎ あの学生はおひるの時分も忘れた。 저 학생은 점심시간도 잊었다.

★ **中食** : 낮에 먹는 점심 식사로, 昼食로 표기하는 것이 낫고 ちゅうじき
라고 하면 노년층의 말씨다.

◎ 中食はいっしょに食事をする場合よくある。
점심은 함께 식사하는 경우가 자주 있다.

★ **昼げ** : 고풍스러운 말씨로, 점심 식사를 나타낸다. け, げ는 食事의 뜻으
로, 어원은 食이며 식사와 밥을 의미한다.

◎ 御食 식사(천황의 식사)   ◎ 朝食 아침밥・조반

★ **ランチ** : 영어 Lunch에서 온 외래어로, 점심을 나타내는 말이지만 가벼운

식사·간단한 식사·또는 정식(定食)을 의미하기도 한다. 이
말은 大正 시대부터 사용하였다.

◎ ランチは構内食堂で食べる。 점심은 구내식당에서 먹는다.
◎ ランチは弁当を取る。　　　점심은 도시락을 먹는다.

部下(ぶか)

> 手下。家来。使いばしり。権助。腰巾着。小者。小僧。手先。
> 下役。作男。子分。手の者。配下。下人。下部。召し使い。奴婢。
> 奴婢。奴隷。小使。でっち。ボーイ。給仕。下男。賤人。奴。
> 賤者。端女。

> 하인, 부하, 졸개, 머슴, 종, 노비, 노예, 천인, 하녀

★ **部下** : 어떤 사람 밑에 속하여 그의 지도·명령을 받아 일하는 사람을
말한다.

◎ 部下を統率するのは難しい。　부하를 통솔하는 것은 어렵다.
◎ 上官のご機嫌を取る部下。　상관의 기분을 맞추는 부하.

★ **手下** : 어떤 사람의 밑에서 명령·지시를 받아 그대로 움직이는 사람을
나타낸다.

◎ 彼は手下が多い。　　　　그는 부하가 많다.

◎ 徳川家の手下に入る。　　　도쿠가와 집안의 부하로 들어가다.

★ **家来** : 주군에 따라 종사하는 하인이나 가신(家臣)을 나타내며 현재는 부하의 뜻으로도 사용한다.

◎ 家来とならねば家来は使われぬ。하인이 되지 않으면 하인을 쓸 수 없다 (하인을 부리기 위해서는 하인이 되어야 한다.)

★ **使いばしり** : 용무를 부탁하여 이곳저곳에 심부름 보내는 사람, 즉 심부름꾼을 나타낸다.

※ 使いはしり라고도 한다.

◎ 使いばしりは地形に詳しい。　　심부름꾼은 지형에 밝다.

★ **腰巾着** : 지위 있는 사람의 신변을 항상 수행하면서 시중드는 사람을 뜻하는 말이다. 한편으로는 대개 윗사람에 붙어 다니며 비위를 맞추는 사람을 경멸해서 사용하는 말이다.

◎ 社長の腰巾着は私生活がない。
사장의 시중을 드는 자는 사생활이 없다.

★ **小者** : 신분이 낮은 고용인・남자 하인을 나타내는 말이지만 나이가 젊은 사람・연소자의 뜻도 있다.

◎ 小者は身分の低い奉公人を言う。
하인은 신분이 낮은 고용인을 말한다.

★ **小僧** : 원래는 나이 어린 승려를 나타내는 말이지만 속어적으로 나이 어린 점원·사환 아이를 말하기도 한다.

◎ 小僧は商店などで使われている店員を言う。

사환은 상점 등에 고용되어 있는 점원을 말한다.

※ 小僧は盗人仲間の隠語では犬だ。 사환은 도둑 패거리의 은어에서 개를 뜻한다.

★ **手元** : 부하가 되어서 명령·지시를 하는 대로 움직이는, 앞잡이 노릇을 하는 부하를 뜻하는 말이다.

◎ 手元となって働く。　　　앞잡이가 되어 일하다.

※ 手元는 손끝·아주 가까운 곳을 나타내기도 한다.

★ **下役** : 직장 등에서 지위가 자신보다 낮은 사람의 뜻으로, 부하를 나타내는 말이다.

◎ 下役に残業をさせる。　　부하에게 잔업을 시키다.

★ **ごんすけ** : 江戸 시대에 下男에 많은 이름이었던 것에서 유래된 말로, 하인·머슴을 나타내게 되었다.

◎ ごんすけはやや古い言葉で召使い·下男の意味だ。

곤스케는 조금 예스러운 말로, 머슴·하인의 의미이다.

★ **作男** : 농촌에 고용되어서 농사일을 하는 일꾼을 나타낸다.

※ 作女는 여자를 뜻한다.

◎ 作男は田畑を耕作する男だ。　일꾼은 논밭을 경작하는 남자다.

★ **子分** : 두목이나 우두머리에 딸린 부하를 나타내고 있다.

　　◎ 子分は親分に従う部下だ。　　부하는 두목에 딸린 부하다.

★ **手の者** : 한 사람의 손에 속하는 사람의 뜻으로, 심복이나 부하를 나타
　　　　　낸다.

　　◎ 手の者をやる。

　　　부하를 보내다.

　　◎ 手の者はその人の手に属する者だ。

　　　심복은 그 사람의 손에 속하는 자이다.

★ **配下** : 지배하에 있는 사람이라는 뜻으로, 手下, 組子, 組下를 나타낸다.

　　◎ 配下の多い山賊の頭目。　　부하가 많은 산적 두목

　　◎ 中村さんの配下に入る。　　나카무라 씨의 부하로 들어가다.

★ **下人** : 신분이 낮은 사람으로, 고용인・하인의 뜻이다. 下郎와 비슷한
　　　　말이다.

　　◎ 現在は下人という人はどこにもいない。

　　　현재는 하인이라는 사람은 어디에도 없다.

★ **下部** : 고용되어 잡일을 하는 사람 또는 신분이 낮은 사람인 하인・종을
　　　　나타낸다.

◎ 下部は雑事に使われた。　　　하인은 잡일에 고용되었다.

★ **召使い** : 잡일을 하기 위하여 고용된 사람으로, 下男, 下女 등과 같은
뜻이 있는 말이다.

◎ 召使いを雇う。　　　　　머슴을 고용하다.
◎ 召使いを置く。　　　　　고용인을 두다.

★ **奴婢** : '종'이라는 뜻에 가까운 말인 노비는 남녀 머슴과 계집종의 造語
이다.

※ 奴婢라고도 발음하며 율령제 시대의 최하위층 신분인 사람들로, 奴는 남자 婢는 여자를
나타내며 매매나 희사, 양도의 대상이 되었다.

◎ 奴婢制度は悪習だ。　　　노비 제도는 악습이다.
◎ 奴婢は官奴婢と私奴婢があった。 노비는 관노비와 사노비가 있었다.

※ 奴는 江戸 시대의 무가의 하인으로, 창 따위를 들고 시중을 들었다.

★ **奴隷** : 인간으로서의 권리·자유를 누리지 못하고 타인의 사유 재산으
로 취급되던 사람으로, 노동을 강요당하고 양도·매도의 대상이
되기도 하였다.

◎ 奴隷は自由が利かない。　노예는 자유가 없다.
◎ 金銭の奴隷となった現代人。 금전의 노예가 된 현대인.

★ **ボーイ** : 영어의 boy에서 온 외래어로, 레스토랑, 호텔 등에서 요리 배달

이나 손님의 시중드는 사람을 나타내며 明治 시대부터 사용하
였다.

◎ ホテルのボーイ　　　　　　호텔 보이

★ **給仕** : 관청, 회사, 학교 등에서 잡일을 하며 근무하던 사환 또는 음식점
　　에서 시중드는 사람을 나타내는 말이다.

◎ 給仕は学校の雑用に従事する人だ。
　　급사는 학교의 잡무에 종사하는 사람이다.

※ 給仕는 사환의 뜻으로 사용되는 말이다.

不幸(ふこう)

不運。逆運。非運。不遇。悲惨。悲痛。

불행, 불운, 비운, 불우, 비참, 비통

★ **不幸** : 행복하지 않은 것을 나타내며 가족이나 친척 등 가까운 사람이
　　죽는 것을 완곡하게 표현하는 말이다.

◎ 身内に不幸があった。
　　집안에 불행이 있었다.

◎ 幸か不幸がよくわからないことだ。
　　행인지 불행인지 잘 알 수 없는 일이다.

★ **不運** : 좋지 않은 운명 또는 자연히 돌아오는 나쁜 운수나 순조롭게 이행
되지 않는 상태를 나타낸다.

◎ 不運に泣く。　　　　　　불운에 울다.

◎ 不運児に生まれる。　　　불운아로 태어나다.

★ **逆運** : 생각대로 진행되지 않는 운명의 뜻으로, 불운과 비슷한 말이다.

◎ 素手で逆運と戦って行く。　맨손으로 불운과 싸워가다.

★ **非運** : 운명이 막힌 것으로, 좋은 운의 혜택이 없는 불행한 운수를 나타
내며 悲運과 같은 뜻의 말이다.

◎ 悲運に遭って志を屈する。　비운을 만나서 뜻을 꺾다.

◎ 悲運に泣く。　　　　　　비운에 울다.

★ **不遇** : 세상의 혜택을 받지 못하여 출세도 못하고 운이 나빠서 재능을
펴보지도 못하며 생활도 어려운 상태를 나타낸다.

◎ 不遇な一生を送る。　　　불우한 일생을 보내다.

◎ 身の不遇を託つ。　　　　일신의 불우를 한탄하다.

★ **悲惨** : 대단히 슬프고 참혹한 것을 나타낸다.

◎ 不遇を極める。　　　　　비참함을 보이다.

◎ 不遇な光景。　　　　　　비참한 광경.

★ **悲痛** : 매우 슬퍼서 마음이 괴롭고 아픈 상태를 나타낸다.

◎ 悲痛な別離。　　　　　　비통한 이별.

◎ 悲痛な表情。 비통한 표정.

節(ふし)

調子。拍子。曲。調べ。メロディー。旋律。曲節。

가락, 멜로디, 선율, 박자, 곡, 곡절

★ 節 : 음악이나 가요의 곡절, 선율을 나타내는 말이다.

　◎ 声もよく,節も上手だ。

　　목소리도 좋고, 가락도 능숙하다.

　◎ 節は楽器の旋律に対して特に歌の旋律を言う。

　　가락은 악기의 선율에 대해서 특히 노래의 선율을 말한다.

★ 調子 : 음악에서 음률의 고저, 음성의 강약, 장단 등을 조절하는 것을 나타낸다.

　◎ 調子が合っていない。　　가락이 맞지 않는다.

★ 拍子 : 음악에서 사용하는 말로, 선율의 진행에서 일정한 박자인 2박자, 3~4박자 등이 있고 강약과 리듬의 기초를 이룬다.

　◎ 行進曲は4拍子が多い。　　행진곡은 4박자가 많다.

　◎ 手足で拍子を取る。　　손발로 박자를 맞추다.

★ メロディー : 영어의 melody에서 온 외래어로, 선율・가락을 나타내며 大正 시대부터 사용한 말이다.

◎ 聞き慣れたメロディーだ。　　귀에 익숙한 멜로디이다.

★ **旋律** : 음악의 기본 요소 중의 하나로, 음의 고저・장단이 리듬에 맞춰
진행되는 연속적인 흐름을 나타내는 말이다.

◎ 静かな旋律が流れる。　　　조용한 선율이 흐르다.

★ **曲節** : 악곡의 가락・멜로디 또는 가락의 마디를 말한다.

◎ この歌は曲節が牧歌的歌だ。 이 노래는 가락이 목가적 노래다.

富者(ふしゃ)

金持ち。長者。物持ち。財力家。金満家。大尽。財産家。素封家。
身上持ち。富豪。巨富。財閥。

부자, 재산가, 부호, 거부, 재벌, 재력가

★ **富者** : 재물이 많아 살림이 넉넉하고 부유한 사람을 말한다.

◎ 富者は一人なら三つの村が滅ぶ。 부자가 하나면 세 동네가 망한다.
◎ 富者は幸福に暮す。　　　　　부자는 행복하게 살다.

★ **金持ち** : 금전, 재보를 많이 소유한 사람을 말한다.

◎ 金持ちの家に生まれる。　　부잣집에 태어나다.

◎ 金持ちの総領嫁。　　　　　　부잣집 맏며느리.

★ 長者 : 재력이 있고 지위, 덕망이 높은 큰 부자를 나타낸다.

　◎ 百万長者になる。

　　백만장자가 되다.

　◎ 長者は大金持ちで, 長者は年上の人だ。

　　長者는 큰 부자이고, 長者는 연상의 사람이다.

★ 物持ち : 재산을 많이 가지고 있는 재산가를 말한다.

　◎ 彼は村いちばんの物持ちだ。 그는 마을에서 가장 큰 부자다.

　◎ 物持ちは多くの財産を所持する人だ。

　　부자는 많은 재산을 소유한 사람이다.

★ 金満家 : 대부호를 나타내는 예스러운 말씨이다.

　◎ 金満家の一人娘は美しい。　부잣집의 외동딸은 예쁘다.

　◎ 金満家になりたい。　　　　부자가 되고 싶다.

★ 大尽 : 재산을 많이 가지고 있는 사람으로, 金持ち의 옛날 말씨이다.

　◎ 大尽は財産をたくさんもっている人だ。

　　부자는 재산을 많이 가지고 있는 사람이다.

　◎ 田舎の大尽は都会の大尽とは違う。

　　시골 부자는 도시의 부자와는 다르다.

★ 素封家 : 상업으로 축재하여 부자가 된 사람으로, 벼슬이나 영지(領地)

　　　　가 없는 사람을 말한다.

◎ 彼は素封家だ。　　　　　　그는 부자다.

◎ 彼女は素封家の奥さんだ。　그녀는 부잣집 부인이다.

★ **身上持ち** : 재산가, 부자를 나타낸다.

◎ 彼はたいした身上持ちだ。　그는 대단한 재산가이다.

※ 身上는 재산, 身上는 일신상의 일 등을 나타낸다.

★ **財閥** : 여러 개의 기업을 소유하며 재력과 자본을 가진 일족, 일문을 나타내며 속어로 부자의 뜻으로 사용한다.

◎ 財閥はコンチェルンの形態をとり、大企業を独点的に支配する。

재벌은 콘체른의 형태를 취하고 대기업을 독점적으로 지배한다.

◎ 財閥の二世は堕落しやすい。

재벌의 자녀는 타락하기 쉽다.

不足(ふそく)

不十分。欠。欠如。欠乏。

부족, 결핍, 미흡, 불충분, 결여, 빠짐, 모자람

★ **不足** : 일정 기준에 모자라거나 충분하지 못하여 만족할 수 없는 상태를 나타낸다.

◎ 材料が不足する。　　　　　재료가 부족하다.
◎ 千円が不足する。　　　　　천 엔이 부족하다.

★ **不十分** : 부족한 것이 있어서 만족할 수 없는 상태를 말한다.

※ 不充分으로도 표기한다.

◎ 説明が不十分で誤解を受ける。　설명이 부족하여 오해를 받다.
◎ 証拠不十分。　　　　　　　증거 불충분.

★ **欠** : 마땅히 있어야 할 것이 없어 부족하거나 모자라는 것을 나타내고
있다.

※ 欠는 원래 '하품'인 あくび의 뜻이 있지만 현대 표기에서는 缺・闕의 대용 한자로 사용하
며 발음은 けつ와 けん의 漢音독이 있다.
・缺員 → 欠員。결원　　　・闕員 → 欠員。결원　　　・闕席 → 欠席。결석
・欠を補う。부족을 채우다.　・欠損家庭。결손가정

★ **欠如** : 있어야 할 것이 없어서 부족한 상태를 말한다.
◎ 道徳心の欠如。　　　　　　도덕심의 결여.
◎ 責任感が欠如している。　　　책임감이 결여되어 있다.

★ **欠乏** : 필요한 물건, 있어야 할 것이 모자라거나 없어서 부족한 상태를
말한다.
◎ 酸素の欠乏は危ない。　　　산소의 결핍은 위험하다.

◎ 食糧が欠乏する。　　　　　　식량이 결핍되다.

※ 未洽이란 말은 일본어에서 사용하지 않는다. 대신 不十分, 不足 등으로 표현할 수 있다.
　・不十分な考え。미흡한 생각.　・至らぬ者ですが。미흡한 사람입니다만.
※ 자신을 나타낼 때는 者를 사용하고 타인일 때는 人이나 方를 사용한다.
　・この者。이 놈(자신)　　　・この人。이 사람　　　・この方。이 분

舟(ふね)

船。船舶。舶。艦艇。筏。帆船。丸木舟。ヨット。カヌー。カーフェリー。ボート。漁船。

배, 선박, 함정, 뗏목, 돛단배, 범선, 쪽배, 항공모함, 여객선, 요트, 카누, 카페리, 보트, 어선

★ 舟 : 사람이나 화물을 싣고 물위를 다니는 교통 기관으로, 규모가 비교적 소형이고 수동식인 것을 말한다.

◎ 小舟。　　　　　　　　작은 배.
◎ 舟をこぐ。　　　　　　배를 젓다.

★ 船 : 舟보다는 큰 형태의 배를 말하며 일반적으로 사용하는 말이다.

◎ 船が港を出る。　　　　　배가 항구를 떠나다.
◎ 船に乗る時船酔いしてひどいめに会った。
　　배를 탈 때 뱃멀미를 해서 혼이 났다.

★ 舶^{つむ} : 옛날의 대형 선박을 뜻하는 말로, つみ라고도 한다.

◎ 百済^{くだら}の王様^{おうさま}が舶に乗ってまかり帰^{かえ}る。

백제 왕이 큰 배를 타고 귀국하다.

★ 船舶^{せんぱく} : 대형의 배를 일컫는 말이며 여객 운반·무역 등 상업적으로 이용하는 선박을 나타낸다.

◎ 船舶の入港を検査する。　　선박의 입항을 검사하다.

★ 艦艇^{かんてい} : 각종의 군함을 말하며 艦(함)은 큰 배, 艇(정)은 작은 배를 뜻한다.

◎ 海軍の艦艇は西海を監視する。 해군 함정은 서해를 감시한다.

★ いかだ : 목재, 대나무 등을 엮어서 만든 배, 뗏목을 나타낸다.

◎ 筏は木材の運搬に利用する。　뗏목은 목재 운반에 이용한다.

★ 帆船 : 돛단배로, 바람의 힘을 이용하여 떠다니는 배를 칭한다. 읽기는 はんせん 또는 ほぶね라고 한다.

◎ 帆かけ船は帆船と言う。　　돛단배는 범선이라 한다.

★ 丸木舟 : 한 개의 통나무 속을 파내서 만든 작은 통나무배를 말하며, 또는 くりふね·くりぶね라고도 한다.

◎ 丸木舟は上代舟である。　　통나무배는 상대의 배이다.

★ ヨット : 스포츠나 유람할 때 사용하는 소형의 범선을 말하고 있으나 요즘은 발동기를 이용하는 대형의 요트도 있다. 明治 시대부터 사

용한 말이다.

◎ ヨット競技は風を利用する。 요트 경기는 바람을 이용한다.

★ **カヌー** : 노를 이용하는 원시적인 소형의 배로, 나무줄기, 동물 가죽, 나무껍질 등으로 만든 경우가 많다. 明治 시대부터 사용한 말이다.

◎ カヌーの前進は人力の櫓で動く。

카누의 전진은 사람의 힘에 의해 노로 움직인다.

★ **ボート** : 노를 저어 앞으로 나가는 작은 배로, 영어의 boat에서 온 외래어이다. 明治 시대부터 사용하였다.

不平(ふへい)

文句。 言い分。 苦情。 慾望。 愚痴。 不満。 反抗。 恨み。

불평, 불만, 투정, 푸념, 게정, 반항, 원망, 앙심

★ **不平** : 마음에 들지 아니하여 못마땅하게 생각하거나 만족할 수 없는 것, 불유쾌한 생각 또는 그 생각을 말하는 것을 나타낸다.

◎ 不平とは心の穏やかならないことだ。

불평이라는 것은 마음이 공손하지 않은 것이다.

◎ 不平を並べる。　　　　　　불평을 늘어놓다.

★ **文句** : 상대에 대한 불평, 불만을 토로하는 것을 나타내며 원래는 문장
　　　　중의 어귀, 文言를 뜻하는 말이다.

◎ いちいち文句をつける。　　일일이 트집을 잡다.
◎ 文句を言うな。　　　　　　불평을 말하지 마라.

★ **言い分** : 말하고 싶은 내용을 말하며 특히 불평, 반론, 변명 등으로서 말
　　　　하고 싶은 것을 나타낸다.

◎ 言い分があれば遠慮なく言いなさい。
　　할 말이 있으면 거리낌 없이 말하시오.
◎ 学生には学生の言い分がある。
　　학생에게는 학생의 주장이 있다.

★ **苦情** : 타인에게서 받은 귀찮음이나 해악에 대한 불평, 불만의 기분 또는
　　　　그것을 표현하는 말을 나타낸다.

◎ 国民から苦情が出る。　　　국민으로부터 불평이 생기다.
◎ 苦情を訴える。　　　　　　불만을 호소하다.

★ **怨望** : 분하게 생각하고 불평을 품는 것을 나타내며 또는 못마땅하게 여
　　　　겨 탓하거나 분하게 여겨 미워하는 것이다.

◎ 人に怨望することはしていない。 남에게 원망하는 일은 하지 않는다.
◎ 課長に怨望はない。　　　　과장님에게 원망은 없다.

★ **愚痴** : 말해도 방법이 없는 것을 말해서 푸념을 토로하는 것을 나타낸다.

※ 이 말은 불교에서 사용할 때는 어리석어서 생각이 미혹하고 사물의 시비를 모르는 것을
나타내기도 한다.

◎ 愚痴をこぼす。

푸념을 하다.

◎ 愚痴を練(ね)る。

자백을 하는 것을 말한다.(은어로 소매치기꾼이 사용하는 말이다.)

★ **不満** : 만족하지 못하고 부족하다고 생각하거나 못마땅함을 나타낸다.
不満足(ふまんぞく)에서 비롯된 말이다.

◎ 不満を抱(いだ)くのは精神病(せいしんびょう)になる。 불만을 품는 것은 정신병이 된다.

◎ 不満の意(い)を表(あらわ)す。   불만의 뜻을 나타내다.

★ **反対** : 남의 의견 등에 대하여 찬성하지 않고 거역하는 것 또는 대항하는
것. 그 외에 대조, 대비의 상태를 나타낸다.

◎ 法案(ほうあん)に反対する。   법안에 반대하다.

※ 反対の方向へ進(すす)む。 반대 방향으로 가다.(방향의 역행 관계를 표현한다.)

★ **恨み** : 원한이나 유감을 나타낸다. 또는 반발이나 불평불만의 뜻이 있다.

◎ 恨みを飲(の)む。

원한을 꾹 참다.(마음속의 분함을 담고, 말과 행동으로 나타내지 않는 것)

◎ 恨みを買(か)う。 → ある事して人に恨まれる。   원한을 사다.

文化人(ぶんかじん)

文明人。未開人。野蛮人。原始人。現代人。

문화인, 문명인, 미개인, 야만인, 원시인, 현대인

★ **文化人** : 정신적인 활동에 의하여 만들어진 사상, 종교, 과학, 예술 등에 고유의 행동 양식, 생활양식을 갖춘 사람이다.

　◎ 文化人の生活は共同社会の教養を身につけた教養人だ。
　　문화인의 생활은 공동 사회의 교양을 쌓은 교양인이다.

　◎ 文化人は芸術・学問などの分野で活躍している人だ。
　　문화인은 예술, 학문 등의 분야에서 활약하고 있는 사람이다.

★ **文明人** : 물질적, 기술적인 발달에 의한 혜택을 누리고 있는 사람으로, 인간의 지식이나 기술 향상에 노력의 대가를 바라는, 물질적인 것에 비중을 두는 사람이다.

　◎ 文明人は物質の利器に敏感だ。　문명인은 물질의 이기에 민감하다.
　◎ 文明人は物質を重視する。　　　문명인은 물질을 중시한다.

★ **未開人** : 문명이 아직 충분하게 발전되지 않고 문화 수준도 낮은 상태에서 생활하는 사람이다.

　◎ 文化的な生活を営まない未開人。
　　문화적 생활을 영위하지 못하는 미개인.

◎ 未開人は現代文明のカテゴリーの外にある。

　미개인은 현대 문명의 범주 밖에 있다.

★ **野蛮人** : 문화가 낮거나 없는 상태에서 생활하는 사람으로, 인간적 교양

　　　　이 없고 무례한 짓을 하는 사람이다.

◎ 野蛮人は文明人の対称語だ。　　야만인은 문명인의 대칭어이다.

◎ 野蛮人は密林地帯で住んでいる。야만인은 밀림 시대에서 살고 있다.

★ **現代人** : 현재 살고 있는 사람으로, 역사적 시대 구분에 따르면 明治 유

　　　　신 이후 또는 태평양 전쟁 이후의 사람을 말한다.

◎ 現代人の夢はなんですか。　　　현대인이 꿈은 무엇입니까?

◎ 現代人は物質の奴隷になっている。현대인은 물질의 노예가 되어 있다.

★ **原始人** : 태곳적 자연 속에서 어떤 문명, 문화의 혜택 없이, 진보나 변화

　　　　가 없던 시대에 살던 고대의 미개, 야만적 단계에 있던 사람이다.

◎ 原始人の生活方式は自給自足のそのままだ.

　원시인의 생활 방식은 자급자족 그대로이다.

◎ 原始人の体は毛深い.

　원시인의 신체는 털이 많다.

部屋(へや)

間。居間。ルーム。客間。オンドル部屋。納戸。母屋。寝間。

방, 거실, 구들방, 개실, 수납 방, 사랑방, 침실, 침방

★ 部屋 : 집 안을 벽 또는 가구 등으로 막은 독립된 공간으로, 침식을 할
때 이용하는 곳을 말한다.

◎ 私の家には3部屋がある。　　우리 집에는 방 3개가 있다.

◎ 私は弟と相部屋に泊る.　　나는 동생과 한 방에 묵는다.

★ 間 : 대게 ~の의 형식으로 造語를 만들어 가옥의 구간을 이루고 있는 방
을 나타낸다.

◎ 茶の間。　　거실(가족이 모여 식사하는 방)

◎ 客間に案内する。　　응접실로 안내하다.

★ 居間 : 집 안에서 가족이 모여서 생활하는 방으로, 居室이라고도 한다.

◎ 和風の居間。　　일본식 거실.

◎ 洋風の居間。　　서양식의 거실.

※ ・小間 : 작은 방　　・大部屋 : 큰 방　　・客間 : 손님방, 응접실

★ ルーム : 외래어이고, 방, 실을 나타내며 明治 시대부터 사용하였다. 대게
호텔 등의 洋風의 방을 나타내며 간혹 学級, クラス의 뜻으로

사용한다.

◎ ホテルのルーム。

호텔방

◎ ホームルーム。

홈룸(학급의 자치 활동을 육성하기 위하여 만든 학급 활동과 그 시간을 나타낸다.)

★ **納戸** : 의복, 가구 등을 간수하여 두는 방이다.

◎ 屋内の物置部屋を納戸と言う。

실내의 물건을 두는 방을 수납 방이라고 한다.

★ **オンドル部屋** : 한국, 만주 지방에서 난방이 되는 방을 말한다. 明治 시
대부터 사용한 말이다.

◎ 韓国の部屋は温突部屋が多い。   한국의 방은 온돌방이 많다.
◎ 下宿部屋。   하숙방
◎ 寝台部屋。   침대 방
◎ ベッドルーム。   베드룸
◎ 貸し間。借間。   셋방
◎ 和室。日本間。   다다미방
◎ 洋室。洋間。   서양식 방
◎ 母屋。   집에서 주가 되는 방
◎ 庇。   행랑방

勉強(べんきょう)

学習。授業。学業。研磨。練磨。修学。学習。研修。温習。講習。補修。予習。復習。おさらい。

공부, 수업, 학습, 학업, 연마, 수학, 연수, 강습, 보습, 예습, 복습, 자습

★ **勉強** : 학문, 지식, 기술 등을 배우기 위하여 공부하거나 경험을 쌓고 노력하는 것을 나타낸다.

※ 상인이 가격을 할인해주는 뜻도 있다.

◎ 日本語を勉強している。　　일본어를 공부하고 있다.
◎ この旅でいい勉強になった。이 여행에서 좋은 경험이 되었다.

※ おい、もっと勉強してください。여보게, 좀 더 할인해 주세요.

★ **学習** : 학교 등의 교육 기관에서 기초적인 기술, 지식을 체계적으로 배우는 것이나 경험을 반복하여 환경에 적응하는 행동 등을 습득해가는 것을 나타낸다.

◎ 新しい単元を学習する。　　새로운 단원을 학습하다.
◎ 自立学習は放課後の勉強だ。자율학습은 방과 후의 공부다.

★ **授業** : 학교 등에서 체계적이고 조직적으로 학문이나 기술을 교수하는

것을 말한다.

◎ 学校で授業を受ける。　　　　学교에서 수업을 받다.

◎ 大学校の授業料がちょっと高い。대학교의 수업료가 매우 비싸다.

★ 学業 : 학교에서 공부하는 것을 나타낸다.

◎ 学業成績がよくない。

성적이 좋지 않다.

◎ 学業をおろそかにする学生は終生悔やむ。

학업을 소홀히 한 학생은 평생토록 후회한다.

★ 研磨 : 학문, 기술, 정신 등을 힘써 닦고 단련하는 것을 나타낸다. 한편,
돌·금속·보석·유리 등의 표면을 갈아서 윤을 내는 것을 말하기
도 한다.

◎ 技術を研磨する。　　　　기술을 연마하다.

◎ レンズを研磨する。　　　　렌즈를 연마하다.

★ 研修 : 직무상의 지식이나 기능을 높이기 위하여 일정 기간 특별 학습,
실습을 하는 것을 말한다.

◎ 研修を受ける。　　　　　　연수를 받다.

◎ 海外研修は費用がたくさんかかる。해외 연수는 비용이 많이 든다.

★ 温習 : 반복하여 배우고 복습하는 것을 말한다.

◎ ピアノの温習をする。　　피아노 복습을 하다.

◎ 温習会。　　　　　　　　연습, 복습한 것을 발표하는 모임.

★ **練磨** : 육체, 정신, 기예 등을 단련하여 힘써 닦는 것을 말한다.

   ◎ 心身を練磨する。   몸과 마음을 연마하다.

   ◎ 技芸を練磨する。   기예를 연마하다.

★ **修学** : 학문을 익혀서 익숙하게 하는 것을 나타낸다.

   ◎ 修学能力試験。   수학능력시험

   ◎ 修学のため日本に行くはずです。 수학을 위하여 일본에 갈 예정입니다.

★ **学修** : 공부하여 학문을 갖추는 것을 나타낸다.

   ◎ 歴史を学修するは即ち祖先の仕業がわかる。

      역사를 학습하게 되면 선조가 하신 일을 알 수 있다.

★ **講習** : 희망자를 모집하여 일정 기간 학문, 기예 등을 배우고 익히도록

    지도하는 것을 말한다.

   ◎ 生け花の講習を受ける。

      꽃꽂이의 강습을 받다.

   ◎ 英語の会話講習は夏休みに開く。

      영어 회화 강습은 여름 방학에 연다.

★ **補修** : 정규 수업 이외에 학력을 보충하기 위하여 학습하는 것을 말한다.

   ◎ 放課後の特別補修がある。   방과 후의 특별 보습이 있다.

   ◎ 補修教育は遅進児のためにする。 보습 교육은 지진아를 위하여 한다.

★ **予習** : 아직 배우지 않은 내용을 앞서서 학습하는 것을 말한다.

◎ 国語の予習をする。　　　　국어 예습을 하다.

◎ 予習せずに学校に行く。　　예습하지 않고 학교에 가다.

★ **復習** : 한번 배운 내용을 거듭 반복하여 공부하는 것을 말한다.

◎ 習ったことは家に帰ってから一度復習する。

배운 것은 집에 돌아와서 한번 복습한다.

◎ 復習する学生は優等生になる。

복습하는 학생은 우등생이 된다.

★ **おさらい** : 가르침 받은 학문, 기예 등을 몸에 익숙하게 되도록 스스로 한 번 더 연습하거나 실행하는 것을 나타낸다. 한편, 예능 지도 선생님이 제자들을 모아서 가르친 것을 실연시키는 일을 말하기도 한다.

◎ バイオリンのおさらいをする。 바이올린의 복습을 하다.

◎ ピアノのおさらい会がある。　 피아노 발표회가 있다.

便所(べんじょ)

手洗い。トイレ。厠。ご不淨。せっちん。用場。化粧室。後架。
手水場。ｗ.ｃ.。お手洗い。はばかり。ひどめ。東可。

변소, 화장실, 토일렛, 뒷간, 측간, 작은집

★ **便所** : 소변, 대변을 하기 위해 설치된 장소를 말한다.

※ 便所를 びんしょ로 발음하면 적당한 곳·편의소의 뜻이다.

◎ 公衆便所。

공중변소.

◎ 下痢のために便所にしきりに出入りをする。

설사 때문에 변소에 자주 드나들다.

★ **手洗い** : 손을 씻는 곳으로, 변소를 완곡하게 표현하는 말. お手洗い라
고도 한다.

◎ お手洗いはどちらですか。 변소는 어디 있습니까?

◎ お手洗いに立つ。 변소에 가다.

★ **トイレ** : 영어의 toilet에서 온 외래어로, 원래는 トイレット이나 줄여서
トイレ라고 하며 大正 시대 때부터 사용된 말이다.

※ 영어에서는 변소를 lavatory, water closet, toilet room, bathroom, washroom, restroom, convenience라고 표현한다.

◎ トイレはどこですか。　　변소는 어디 있습니까?
◎ 殿方用のトイレはここです。 남자용 화장실은 여기입니다.

★ 厠 : 대소변을 배설하는 곳으로, 예스러운 말씨이다.

◎ 厠は川屋・河屋・側屋などの表記のあることばだ。

厠은 川屋・河屋・側屋 등의 표기가 있는 말이다.

★ ご不浄 : 변소를 완곡하게 또는 정중하게 표현한 것으로, 여성들이 사용
하는 고풍스러운 말씨이다.

◎ ご不浄は便所の古風な言い方だ。　부성은 변소의 고풍적 말투다.

★ せっちん : 雪隠의 せついん이 변화한 것으로, 예스러운 말씨이다.

◎ せっちんは北の方にある。　변소는 북쪽에 있다.

★ 化粧室 : 화장이나 몸단장을 하는 방을 나타내면서 변소, 세면소의 뜻으
로도 사용한다.

◎ 花子は化粧室に入って出て来るとぷっと笑った。

하나코는 화장실에 들어가서 나오자 픽 웃었다.

※ 변소를 나타내는 말로는 이외에도 後架・手水場・w.c・はばかり・ひどめ・東可(변소
를 지키는 神의 이름에서 유래하여 변소의 뜻으로 사용한다)등이 있다.
※ W.C는 수세식 화장실이라는 뜻으로, 영어의 water closet에서 온 말이다. 明治 시대부터
사용하였다.

方向(ほうこう)

方角。方位。方面。向き。方。

방향, 방위, 방면, ～쪽

★ **方向** : 물체가 바라보는 쪽・진행하는 쪽을 나타내며, 동서남북・전후・좌우・상하 모두를 포함시켜 폭넓게 가리킨다.

◎ 方向がわからないときは羅針盤が必要だ。

　방향을 모를 때는 나침반이 필요하다.

◎ 山の中で方向感覚を失う。

　산속에서 방향 감각을 잃다.

★ **方角** : 동서남북으로 규정되어 있는 방향을 나타낸다.

◎ 月が昇る方角は東だ。　　달이 뜨는 방향은 동쪽이다.

◎ ソウル駅は反対の方角です。　서울역은 반대 방향입니다.

★ **方位** : 동서남북의 四方面을 기준으로 하여 정해진 방향으로, 일반적으로 8방위・16방위・32방위로 구분한다.

◎ 方位を見る。　　　　　방위를 보다.

◎ 方位線。　　　　　　　방위선

★ **方面** : 어떤 장소나 지역이 있는 방향이나 그 주변을 나타낸다.

◎ 釜山は南の方面に有る。　부산은 남쪽 방면에 있다.
◎ 南山方面に市庁が有る。　남산 방면에 시청이 있다.

※ 市庁 ⇔ 市役所

★ **向き** : 향하고 있는 쪽으로, 방향과 같은 뜻이 있다.

◎ 南向きの教室　　　　　남향의 교실
◎ 風の向きが変わる。　　바람 부는 방향이 바뀌다.

★ **方** : 방향·방면을 나타내는 말이다.

◎ 東の方に行く。　　　　동쪽으로 가다.
◎ 私の方を見てください。　내 쪽을 봐주세요.
◎ 駅の方まで行く。　　　역까지 가다.

彷徨(ほうこう)

流浪。流離。放浪。浮浪。漂泊。徘徊。さすらい。流れ。

방황, 유랑, 방랑, 배회, 부랑, 표박, 유리

★ **彷徨** : 일정한 목적이나 방향이 없이 헤매고 떠돌아다니는 것을 말한다.

◎ 深山の中で正体を失って彷徨する。

　　깊은 산속에서 제정신을 잃고 방황하다

◎ 果てしない荒野を彷徨する。　끝없는 황야를 방황하다

★ **流浪** : 정처 없이 떠돌아다니거나 생활 거처를 잃고 거리에서 헤매는 것을 나타낸다.

◎ 仏の道を修行して所所に流浪する。
불교의 길을 수행하고 곳곳에 유랑하다

◎ 諸国を流浪する。
여러 지방을 유랑하다

★ **流離** : 고향을 떠나 멀리 떠돌아다니거나 거처를 잃고 여기저기를 헤매는 뜻이다

◎ 故郷を離れて他の土地を流離する。　고향을 떠나 타지방을 유리하다

★ **放浪** : 한곳에 머물지 않고 여기저기 옮겨 다니며, 목적도 없이 헤매는 것과 마음대로 구애받지 않고 떠돌아다니는 것을 나타낸다.

◎ 外国を放浪し祖国はない。　　외국은 방랑하고 조국은 없다.

◎ 放浪生活する。　　　　　　방랑 생활을 하다.

★ **浮浪** : 일정한 주소·직업이 없어 여기저기 떠돌아다니는 것과 奈良·平安 시대 농민이 과역을 피하기 위하여 고향을 떠나 타지방으로 떠나는 것을 말한다.

◎ 浮浪者は定まった住所がない。　부랑자는 정해진 주소가 없다.

◎ 満州には浮浪人が多い。　　　만주에는 부랑인이 많다.

★ **漂泊** : 일정한 주거나 생업이 없고, 여러 곳을 헤매며 떠돌아다니는 것을
　　　　나타낸다.

　　◎ 漂泊の詩人である杜甫。　　　유랑 시인 두보.
　　◎ 中国の各地を漂泊する。　　　중국의 각지를 유랑하다.

★ **徘徊** : 목적도 없이 여기저기를 어정버정 돌아다니는 것을 말한다.

　　◎ 市内を徘徊する。　　　　　시내를 배회하다.
　　◎ 花街の回りを徘徊する。　　　유흥가 주위를 배회하다.

★ **さすらい** : 목적도 없이 여기저기를 헤매며 돌아다니는 것을 나타내며,
　　　　　　동사 さすらう에서 나온 말이다.

　　◎ 他郷をさすらいする身の上。 타향을 방랑하는 신세.

★ **流れ** : 목적도 없이 떠돌아다니는 것으로, 특히 유녀나 유곽의 구역을
　　　　나타내기도 한다.

　　◎ 流れの女は酒が涙だ。　　　떠돌아다니는 여자는 술이 눈물이다.
　　◎ この流れはいつ止めるかな。 이 방랑은 언제 그만두나.

方法(ほうほう)

仕方。やり方。仕様。調子。すべ。手だて。手段。方式。仕法。
方。方案。もくろみ。対策。方針。手口。作法。やり口。

방법, 수단, 방식, 방안, 방도, 대책, 방침, 수법, 기법, 작법, 요령

★ **方法** : 목적 달성을 위한 수단이나 방식 등을 말한다. 방법은 추상적인
생각이나 순서·절차에 중점이 있는 것이 보통이다.

◎ 正しい方法でそれをした。　　　　바른 방법으로 그것을 하였다.
◎ どんな方法ですればいいでしょうか。어떤 방법으로 하면 좋을까요?

★ **手段** : 목적을 달성하기 위한 구체적인 방법·순서에 중점이 있는 말
이다.

◎ あらゆる手段を講じてみる。　모든 수단을 다 써보다.
◎ 勝つためには手段を選ばない。이기기 위해서는 수단을 가리지 않는다.

※ 連絡の方法。연락 방법(누가·언제·어떻게 할 것이냐에 중점)
※ 連絡の手段。연락 수단(전화·편지·직접 대면 등 구체적인 것에 중점)

★ **仕方** : 사물을 향하는 방법이나 수순을 나타낸다.

※ し는 する동사의 연용형이고 仕는 취음자이다.

◎ 仕方がない。

　방법이 없다.(불만족하지만 포기하는 수밖에 없다는 뜻)

※ 위의 뜻과 비슷한 표현으로 다음과 같은 것들이 있다.

　・どうしようもない。 어떻게 할 도리가 없다.

　・どうすることもできない。 어떻게 할 수도 없다.

　・やむを得ない。 어쩔 수 없다.

★ **やり方** : 사물을 행하는 방법을 나타낸다.

　　◎ 説明のやりかたが悪い。　　설명의 방법이 나쁘다.

　　◎ やり方がまずい。　　　　하는 방법이 서툴다.

★ **仕様** : 사물을 행하는 방법 · 행동의 수단을 나타내며, しょう라고도 발음한나.

　　◎ 仕方がない。　　　　　　방법이 없다. 할 수 없다.

※ 제품이나 일의 내용 · 취급 방법을 나타낸다.
　・特別仕様の車。 특별 취급용 자동차

★ **調子** : 사물이 순조롭게 진전되는 것을 나타낸다.

　　◎ 調子を変えてやってみる。　방법을 바꾸어 해보다.

　　◎ その調子でやれ。　　　　그 요령으로 해라.

★ **すべ** : 수단 · 방법을 나타내며 그렇게 하면 좋다는 뜻의 말이다.

　　◎ なすすべがない。　　　　어찌할 방법이 없다.

◎ なすすべを知らない。　　어찌할 바를 모르다.

★ **手だて** : 어떤 일을 달성하는 순서·방법·책략을 나타낸다.

◎ 救う手だてがない。　　구제할 방법이 없다.
◎ 手だてを講じる。　　방도를 강구하다.

★ **方式** : 어떤 일정한 취급 방법·형식·수속 등을 나타낸다.

◎ 新しい方式を採用する。　　새로운 방식을 채용하다.
◎ 協議の方式が変る。　　경기 방식이 바뀌다.

★ **仕法** : 사물을 행하는 방법·수단 또는 취급 방법을 나타낸다.

◎ 学生の仕法より先生の仕法が良い。

　　학생의 방법보다 선생님의 방법이 좋다.
◎ 商いの仕法は経験。

　　장사 방법은 경험.

★ **方** : 수단·방법·취급 방법을 나타내며 대개 동사의 연용형에 결합하여 사용한다.

◎ 書き方。　　　　　쓰는 방법
◎ やり方。　　　　　하는 방법

★ **方案** : 일을 처리해나갈 방법이나 계획을 나타낸다.

◎ 改定の方案を立てる。　　개정 방법을 세우다.
◎ 最終方案も否決された。　　최종 방안도 부결되었다.

★ **もくろみ** : 동사인 もくろみ에서 나온 말로, 계획・기도・의도를 나타낸다.

◎ 事業のもくろみを立てる。　사업의 계획을 세우다.

◎ もくろみ書きは可決去れる。계획서는 가결되다.

★ **対策** : 상대방의 태도나 사건의 형편과 결과에 대응하여 취하는 방법・
수단을 말한다.

◎ 失業対策は政府の重要な役割だ。실업 대책은 정부의 중요한 몫이다.

◎ 災害対策は平素から備えている。　재해 대책은 평소부터 마련하고 있다.

★ **方針** : 어느 사항을 행할 때 지향하는 방향이나 원칙・계획을 나타낸다.

◎ 基本教育の方針を立てる。　기본 교육 방침을 세우다.

◎ 政策の方針を決める。　　　정책 방침을 결정하다.

★ **手口** : 범죄 등을 실행할 때의 방법・수단을 나타내며, 특히 범죄를 행할
때 개인적인 성질이나 버릇을 말한다.

◎ 巧妙な手口で盗み取る。　교묘한 방법으로 훔치다.

◎ 犯罪の手口が似ている。　범죄 수단이 비슷하다.

★ **作法** : 시가나 문장을 만드는 방법을 나타내며, さほう로 발음하면 예의
범절・エチケット의 뜻이 된다.

◎ 文章作法。　　　　　　　문장 작법

◎ 短歌の作法。　　　　　　단가의 작법

※ 食事の作法。식사하는 예절
※ 礼儀作法。예의, 예법, 에티켓

★ やり口 : 일을 행하는 법을 나타내며 대개 좋지 않은 내용에서 사용하는
경우가 많다.

◎ きたないやり口。　　　　더러운 수법
◎ いかにも汚いやり口だ。　매우 더러운 수법이다.

干し物(ほしもの)

洗濯物。すすぎ物。

빨랫감, 세탁물

★ 干し物 : 햇볕에 말리는, 세탁 후의 깨끗한 세탁물을 나타낸다.

◎ 干し物をする。　　　　빨래를 널다
◎ 干し物を取りこむ。　　빨래를 걷다

★ 洗濯物 : 더러워진 옷 등을 말하며 세탁해야 할 것을 나타낸다.

◎ 今日は洗濯物が多い。　오늘은 세탁물이 많다

募集(ぼしゅう)

収集。採集。選抜。公募。招聘。採用。収去。聚合。集合。

모집, 수집, 채집, 선발, 공모, 초빙, 채용, 수거, 취합

★ **募集** : 널리 알려서 조건에 적합한 사람이나 사물을 뽑아서 모으는 일을 나타낸다.

◎ 学生を募集する大学。　　　학생을 모집하는 대학

◎ よいアイデアを募集する。　좋은 아이디어를 모집하다.

★ **収集** : 물건을 한 장소로 모으는 것을 나타내고 있다.

※ 蒐集은 취미나 연구 등을 위하여 특정 물건을 모으는 일을 나타내지만 収集으로 대용하고 있다.

◎ ごみを収集する。　　　　　쓰레기를 수집하다.
◎ 切手の収集は趣味に属する。 우표 수집은 취미에 속한다.

★ **採集** : 표본이나 자료가 되는 것 등을 취집하는 것을 나타낸다.

◎ 昆虫を採集する。　　　　　곤충을 채집하다.
◎ 方言を採集する。　　　　　방언을 채집하다.

★ **選抜** : 많은 것 중에서 어떤 기준에 따라서 선택하여 뽑는 것이나 골라내

는 것을 말한다.

◎ 国家代表の選抜を選抜する。 국가 대표 선수를 선발하다.
◎ 小学生の選抜に漏る。　　　 장학생 선발에서 빠지다.

★ **公募** : 일반에게 널리 공개하여 모집하는 것, 주식 시장에서 신 주식이나
　　　　 공사채를 특정 다수의 투자가를 대상으로 하여 모집하는 것을 말
　　　　 한다.

◎ 志願者を公募する。　　　　 지원자를 공모하다.
◎ 標語を公募する。　　　　　 표어를 공모하다.
◎ 新株式を公募する。　　　　 신 주식을 공모하다.

★ **招聘** : 예의를 다하여 人士를 받아들임을 나타낸다.

◎ 外国人の教授を招聘する。　 외국인 교수를 초빙하다.
◎ 社長として会社に招聘する。 사장으로서 회사에 초빙하다.

★ **採用** : 관청·기업 등에서 적절한 사람을 선발하여 고용하거나 적절한
　　　　 의견·방법 등을 채택하여 사용하는 것을 말한다.

◎ 職員を採用する。　　　　　 직원을 채용하다.
◎ 新人の企画案を採用する。　 신입사원의 기획안을 채용하다.

★ **収去** : 모아서 거두어 가거나 없애거나 제거하는 뜻이다.

◎ 表門の前にあるごみを収去する。 대문 앞에 있는 쓰레기를 수거하다.
◎ 糞尿収去は一年おきにする。　　 분뇨 수거는 1년마다 한다.

★ **聚合** : 한데 모아서 합치는 것을 나타낸다.

※ 集合와 같은 뜻이며 여러 개의 것이 한 곳으로 모이는 것을 나타낸다.
※ 수학에서는 기초 개념의 하나로, 요소·원소를 가리킨다.

◎ 運動場に集合する。

　　운동장에 집합하다.

◎ 集合住宅。

　　집합 주택(한 채의 건물 내부를 몇 개로 나누어 다수의 세대가 살도록 된 주택)

◎ 偶数の集合。

　　짝수의 집합.

本国(ほんごく)

故国。 毋国。 祖国。 我が国。 本邦。

> 본국, 조국, 모국, 고국, 우리나라, 본방

★ **本国** : 자신이 태어나 자란 나라나 국적이 있는 나라. 또는 식민지에 대
　　　하여 본래의 영토를 가리킨다.

◎ 李大使は本国に召還去れる。 이 대사는 본국으로 소환되다.

◎ 留学生は本国に帰る。　　　 유학생은 본국으로 돌아가다.

★ **故国** : 자신이 태어난 나라 또는 대대로 살아온 나라의 뜻이다.

◎ 故国の山河。　　　　　　　고국산천
◎ 故国の土を踏む。　　　　　고국의 땅을 밟다.

★ 母国 : 자신이 태어나고 자란 나라를 말하며, 대개 외국에서 생활하고
　　　　있는 사람이 자기 나라를 일컫는 경우가 많다.

◎ 母国語。　　　　　　　　　모국어
◎ 母国訪問。　　　　　　　　모국 방문

★ 祖国 : 조상 선대부터 계속 살아온 나라의 뜻이고 자신의 국적이 있는
　　　　나라를 가리킨다.

◎ 祖国統一。　　　　　　　　조국 통일
◎ 在日同胞が祖国の土を踏む。재일 동포가 조국 땅을 밟다

★ 我が国 : 우리나라·자신의 나라를 말한다. 비슷한 말로 われわれの国
　　　　　가 있으며, '자신의 고향'이라는 뜻도 있다.

◎ 我が国は大韓民国。　　　　우리나라는 대한민국이다.

★ 本邦 : 본국과 같은 뜻으로, 이 나라 또는 우리나라라는 말이다.

◎ 邦と国は同じ意味である。　방과 국은 같은 뜻이다.

※ 邦은 '큰 나라'의 뜻이 있고, 国은 '나라'·'고향'·시골의 뜻도 지닌 말이다.
※ 邦人: 나라 사람·외국에 있는 자국인도 나타낸다.
※ 国人 : 국민·나라 사람

本姓(ほんせい)

天性。素姓。持ち前。本心。心底。本音。野生。本能。

본성, 천성, 본심, 야성, 태생, 본능

★ **本姓** : 태어날 때부터 지닌 성질 또는 본래의 성질·본심을 나타내는 말이다.

◎ 酔うと本姓がわかる。　　　　취하면 본성을 알 수 있다.

◎ 本姓は生まれつきの本質である。　본성은 타고난 성질이다.

★ **天性** : 하늘로부터 받은 성질이나 선천적 성질을 말한다.

◎ 習慣は第二の天性である。　습관은 제2의 천성이다.

◎ 彼は天性の楽天家だ。　　　그는 선천적 낙천가다.

※ 性의 せい는 漢音이고, しょう는 呉音이다.
　·性格 : 성격　　　　　·性分 : 성분·성질

★ **素姓** : 본디 타고난 성품을 나타낸다. 한편, 가문·혈통 또는 성장한 환경·경력을 말하기도 한다.

◎ 素姓は生まれつきの質だ。　소성은 선천적 성질이다.

★ **持ち前** : 그 사람이 원래 지니고 있는 선천적인 성격·성질을 말한다.

◎ 持ち前の長所を生かす。　　타고난 장점을 살리다.

★ **本心** : 그 사람의 본마음이나 진실한 마음・거짓 아닌 참 마음을 나타낸다.

◎ 人の本心はわからない。　　사람의 본심은 알 수 없다.

◎ 本心から言ってください。　　본심으로 말해 주세요.

★ **心底** : 속마음 즉 본심을 나타내는 말이다.

◎ 心底から愛している。　　마음속으로 사랑하고 있다.

◎ 心底を打ちあける。　　속마음을 털어놓다.

★ **本音** : 진정한 마음이나 생각을 말로 표현하는 것을 나타낸다.

◎ 君の本音を聞きたい。　　　자네의 본심을 듣고 싶다.

◎ 日本人の本音は誰もわからない。 일본인의 본심은 누구도 모른다.

★ **野生** : 자연 그대로의 성질이나 본성 그대로의 거친 성질을 나타낸다.

◎ 荒削りな性質の野生。　　성질의 야성

◎ 野生美はなんだろう。　　야성미는 뭘까?

★ **本能** : 지니고 태어난 능력이나 습관 또는 선천적으로 갖고 있는 심신의 통일된 반응을 나타낸다.

◎ 母性本能。

모성 본능(자식에 대한 무한한 애정과 보호하고자 하는 마음)

◎ 本能のままに空気を呼吸する。　본능대로 공기를 호흡하다

舞(まい)

踊り。舞踊。ダンス。バレエ。舞踏。

춤, 무용, 댄스, 발레, 무도

★ 舞 : 음악이나 가요에 맞춰 몸, 손발을 움직여 여러 가지 동작을 상징적
으로 연출하는 것을 말하며, 선회 운동이 주가 되는 것이고 舞い는
동사 舞う에서 온 명사화한 말이다.

◎ 舞を舞う。　　　　　　　춤을 추다
◎ 獅子舞。　　　　　　　　사자춤

★ 踊り : 음악에 맞춰 몸과 손놀림을 교합하여 몸을 움직이는 것이며 도약
운동이 주체가 되는 춤사위이다. 동사 踊る에서 명사화한 말이다.

◎ 踊りを踊る少女を踊り子と言う。　춤을 추는 소녀를 무희라고 한다.
◎ 踊りが上手な日本人。　　　　춤을 잘 추는 일본인

★ 舞踊 : 舞い와 踊り가 합쳐진 동작으로, 음악에 맞춰 손발이나 몸을 움
직여서 감정이나 의사 표시를 하는 예술적 동작을 말한다.

◎ 舞踊は長い期間の練習が必要だ。　무용은 긴 기간의 연습이 필요하다.
◎ 彼女は現代舞踊の研究生だ。　　　그녀는 현대 무용의 연구생이다.

★ ダンス : 외래어로, 사교춤이나 무도회에서 추는 춤을 말한다.

◎ ダンスをする人はダンサーで、ダンス-ズは女の舞踊家で、ダンス-ル
は男の舞踊家である。

춤추는 사람은 댄서, 댄스즈는 여성 무용가이고, 당쇠르는 남성 무용가이
다.

★ **舞踏** : 舞와 踊り의 동작을 합친 춤사위로, 서양 댄서를 지칭하는 것이
일반적이고 발레까지 포함되는 것이 보통이다.

◎ 舞踏は明治時代以降は西洋のダンスを言う。

무도는 명치 시대 이후로는 서양 댄스를 말한다.

★ **バレエ** : バレーラ고도 하며 프랑스 말이고 大正 시대부터 사용한 말이
고 서양 중세 유럽 궁정의 무언극이나 가면극에서 독립하여 발
달한 무용과 음악·마술 등이 동원되는 종합 예술이다. 발레의
특징은 다리의 동작 기법이 중심이 되고 극적·음악적 내용이
대사를 대신한다.

◎ バレエは西洋の高級舞台の舞踊である。

발레는 서양 고급 무대의 무용이다.

真似(まね)

模倣。踏襲。

흉내, 모방, 답습

★ **真似** : 어떤 행태를 그대로 따라하는 동작으로, 흉내 내는 행위를 말한다.

◎ 泣く真似をする。　　　　우는 흉내를 내다.

◎ 人の真似がうまい。　　　남의 흉내를 잘 낸다.

★ **模倣** : 창조의 대칭어로, 흉내 내거나 닮게 하여 진짜처럼 모조하는 것
이다.

◎ 模倣は創造の母だ。　　　모방은 창조의 어머니다.

◎ 模倣本能は動物的欲望だ。　모방 본능은 동물적 욕망이다.

★ **踏襲** : 어떤 방식이나 형태를 그대로 변함없이 좇아 행하는 것을 말한다.

◎ 先輩の学習を踏襲する。　선배의 학습을 답습하다.

◎ 祖先の耕作方を踏襲する。　선조의 경작법을 답습하다.

水(みず)

お水。お湯。上水。下水。飲料水。液体。お冷や。吸い。

물, 액체, 수돗물, 음료수, 상수, 하수, 차, 냉수, 식수, 더운물, 숭늉, 해수, 조수, 담수, 염수, 민물

★ 水 : 자연계에 보통 존재하는 무색투명의 액체로, 빗물·눈·강물·지하수·바닷물 등을 총칭한다.

　◎ 水は生命力の根源である。　물은 생명력의 근원이다.
　◎ 水は低い所へ流れていく。　물은 낮은 곳으로 흐른다.

★ お水 : 식수나 냉수 등을 나타내는 물의 美称으로, 오는 접두어이다.

　◎ おみずが飲みたい。　　　물을 마시고 싶다

★ お湯 : 끓인 물·더운물을 나타내는 경칭이다.

　◎ お湯お願いします。　　　더운물을 부탁드립니다.
　◎ 湯にはいる。⇒ 風呂にはいる。목욕물에 들어가다

★ 上水 : 수도관을 통하여 공급되는, 깨끗하고 마실 수 있는 식수를 나타낸다.

　◎ ソウルの上水はきれいだ。　서울의 수돗물은 깨끗하다

★ 下水 : 가정·공장 등에서 배출하는, 사용 후의 더러운 물을 말한다.

◎ 下水は浄水場に溜る。　　　하수는 정수장에 모인다.

★ **飲料水** : 마시기 적합한 물을 말하며 사이다・청량음료 등 여러 종류의
　　　　　것이 포함된다.

◎ 夏は飲料水が飛ぶように売れる。
　　여름은 음료수가 날개 돋친 듯 잘 팔린다.

★ **液体** : 물・기름과 같이 일정한 부피는 있으나 일정한 형태가 없는 유동
　　　　성 물질로, 기체・고체 등과 함께 분류된다.

◎ 水　　　　　　　　　　물(액체)
◎ 氷　　　　　　　　　　얼음(고체)
◎ 水蒸気　　　　　　　　수증기(기체)

★ **お冷** : 마실 수 있는 냉수・찬물(ひやみず)을 나타낸다.

◎ おひやを一杯ください。　　냉수 한잔 주시오

★ **水** : 물을 나타내며 造語에서 보통 사용한다.

◎ 地下水。　　　　　　　지하수
◎ 水害。　　　　　　　　수해(큰물 피해)
◎ 海水。　　　　　　　　바닷물

물과 관련된 단어

- 눈물：涙
- 샘물：泉の水
- 오줌：尿小・水・ゆばり・いばり・小便・小用・おしっこ
- 땀：汗
- 콧물：はなみず・はなじる・みずっぱな
- 빗물：雨水。天水。
- 피：血・血液
- 수돗물：水道の水
- 피눈물：血涙
- 민물：淡水
- 염수：塩水

店(みせ)

店。店。小売商。おろしや。店舗。八百屋。軒店。百貨店。デパート。商店。〜屋。雑貨屋。本屋。茶屋。茶店。スーパー。ショップ。ストア。

가게, 상점, 구멍가게, 백화점, 채소 가게, 잡화점, 서점, 상회, 대리점, 도매상, 소매상, 양행, 상가, 노점

★ 店：상품을 진열하여 놓고 손님의 눈에 띄게 하여 파는 장소를 나타내는 말이며, 원래는 みせだな의 약어이다.

◎ 店は見世棚の略語である。　가게는 가게 진열장의 약어이다.

◎ 店をたたむ。　　　　　　 가게를 그만두다.

★ 店：상가・가게・상점을 나타내며, 종업원 입장에서 보면 이 말은 상점 주인을 지칭하는 말이다. 원래는 みせだな의 약어로, 상품 진열대에

서 가게를 의미하는 말로 변하였다.

◎ 店さき。 　　　　　가게 앞

◎ おたな。 　　　　　주인(상점주인)

★ **小売商** : 구입한 상품을 소비자에게 직접 전문으로, 소매가격으로 판매
하는 가게·상점을 나타낸다. 또는 종사자를 의미하기도 한다.

◎ 小売商は店とそれを業する人を表す。

소매상은 가게와 업주의 뜻이 있다.

◎ 小売り店は小売価格で売る。

소매점은 소매가격으로 판다.

★ **おろしや** : 도매상을 나타내는 말로, おろしうりどんや의 약어이고 대량
의 상품을 구입하여 소매상에게 팔아넘기는 업종의 가게와 관
련자를 지칭한다. 비슷한 말로 問屋·おろしうりしょう·と
いや가 있다.

◎ おろしやでは生産者から大量の商品を仕入れる。

도매상에서는 생산자로부터 대량의 상품을 사들인다.

★ **店舗** : 상품을 진열하여 판매하는 건물.

◎ 店舗を構える。 　　　　　점포를 차리다

◎ 店舗を広げる。 　　　　　점포를 늘리다

★ **八百屋** : 채소류를 파는 가게나 청과물을 취급하는 곳을 말한다.

◎ 八百屋は野菜類を売る。 　　채소 가게는 야채류를 판다

◎ 八百屋は青果商や青物屋と同類の店だ。

채소 가게는 청과상이나 청물 가게와 같은 종류의 가게다

★ **軒店** : 도로변에 처마 지붕 밑을 빌려 만든 좁은 가게로, 구멍가게 小店
을 말한다.

◎ 軒店は韓国語でクモンガゲと同じ商店だ。

작은 가게는 한국어로 구멍가게와 같은 商店이다

★ **百貨店** : 상품 품목별로 넓은 매장을 만들어 여러 종류의 상품을 진열·
판매하는 대규모 종합 상점을 나타내며 외래어로는 デパート
라고 한다. 이 말은 明治 시대부터 사용하던 말인데 원래는 デ
パートメントーストアー를 줄여서 デパート라고 한다.

◎ ソウルのデパートはロッテが有名だ。

서울에 있는 백화점은 롯데가 유명하다.

◎ 百貨店には多数の商品と女の従業員がある。

백화점에는 다수의 상품과 여종업원이 있다.

★ **商店** : 상품을 진열하여 판매하는 가게를 말한다.

◎ 商店が立ち並んでいる。   상점이 늘어서 있다

★ **~屋** : 名詞와 결합하여 상점을 운영하는 사람이나 그 상점을 나타내는
접미사로 사용한다.

◎ 料理屋。   요리 음식점·음식점 주인
◎ 肉屋。   푸줏간·고깃간

★ **雑貨屋** : 일상생활에 사용하는 자질구레한 용품을 취급하여 파는 가게
　　　　　　를 말한다.

　　◎ 雑貨屋にはよろずの品がある。 잡화점에는 많은 상품이 있다

가게 종류 보기

- 本屋 : 서점 · 책방
- 茶屋: 차를 제조 · 판매하는 가게
- 茶店 : 찻집 · 다방
- パン屋 : 빵 가게 · 빵집
- スーパー : 슈퍼마켓(現代)
- ショップ : shop · 가게(明治)
- ストアー : store · 가게(明治)
- コンビニエンスストア · コンビニ : 편의점(便宜店)
- 洋装店 : 양장점
- 理髪店 · 床屋 · 理容店 · 散髪屋 : 이발소
- うどん屋 : 우동집 · 가락국수 가게
- 魚屋 : 생선 가게
- 喫茶店 : 찻집 · 다방
- 露店 : 노점
- 支店 : 지점
- 本店 : 본점
- レストラン : 레스토랑(서양 음식점)

道(みち)

道路。通路。鉄路。航路。往来。行路。大道。大路。歩道。坂道。
路地。辻。坑道。十字路。小道。地下道。間道。近道。王道。

> 길, 도로, 통로, 십자로, 골목길, 대로, 언덕길, 옆길, 고갯길, 철도,
> 사거리, 네거리, 비탈길, 샛길, 신작로, 지름길, 항로, 왕도, 보도,
> 갱도, 철로, 지하도, 오솔길, 논길, 외딴길

★ 道 : 사람·자동차 등이 왕래하는 공간을 나타내며 みは 접두어이고 ち
　　가 도로·길을 나타내는 말이다. 한자로는 路·送·径와 같은 의미
　　로 사용한다.

　◎ この道はいつもこんでいる。　　이 길은 항상 복잡하다.
　◎ すべての道はローマに通ずる。 모든 길은 로마로 통한다.

★ 道路 : 사람이나 자동차가 통행하기 위하여 정비된 길을 나타낸다.

　◎ 高速道路は車の専用の道路だ。 고속도로는 자동차의 전용 도로다.
　◎ 道路の工事が完成した。　　　　도로 공사가 완성되었다.

★ 通路 : 통행하기 위하여 열려 있는 장소로, 通り 라고도 한다.

　◎ 地下通路。　　　　　　　　　지하 통로
　◎ 狭い通路は事故の原因だ。　 좁은 통로는 사고의 원인이다.

★ 鉄路 : 기차·전차의 선로를 말하며 철도(鉄道)라고도 한다.

　◎ 東海の浜辺に鉄路が走っている。　동해 해변에 철로가 뻗어 있다.

★ **往来** : 어느 장소를 통행하는 도로나 街道를 말한다.

◎ 京仁街道にある街路樹。　　경인가도에 있는 가로수

★ **行路** : 왕래를 위하여 만든 넓은 길을 말한다.

◎ 行路の変更　　　　　　행로 변경

★ **大道** : 길의 폭이 넓은 길을 나타내고, 大路는 고풍스러운 말이다.

◎ 君子は大路。　　　　　군자는 대로
◎ 大道をかっぽする。　　　큰 길을 활보하다

★ **歩道** : 행인・보행자용의 길로, 車路와 구별하여 설치한 人道를 말한다.

◎ 歩道は右側通行。　　　　보도는 오른쪽으로 통행

★ **坂道** : 언덕길・고갯길・비탈길을 말한다. 峠道라고도 한다.

◎ 坂道をやすみやすみ登る。　언덕길을 쉬엄쉬엄 오르다.

★ **路地** : 골목길을 뜻하며, 문 안이나 뜰 안의 좁은 통로의 길을 말한다.
　　　　露地라고도 표기하기도 한다.

◎ 路地裏に住んでいる。　　골목 안에 살고 있다

★ **辻** : 도로가 십자로 교차되는 십자로(十字路)・네거리를 나타내는 일본
　　식 한자이다.

◎ 辻は四つ角の意味だ。　　네거리는 사거리의 뜻이다.

★ **小道** : 폭이 좁은 길인 오솔길을 말하며 細道・横道・小径・わき道・
小路라고도 한다.

◎ 小道で子供が遊んでいる。　좁은 길에서 아이가 놀고 있다.

★ **地下道** : 지하・땅속에 설치한 도로이다.

◎ 地下道を抜ける。　　　　　지하도를 빠져나가다

★ **間道** : 주요한 도로에서 벗어난 샛길을 말한다.

◎ 間道の反対語は本道だ。　간도(샛길)의 반대어는 본도이다.

★ **近道** : 다른 길보다 거리가 짧고 목적지까지 빨리 도달할 수 있는 길로,
王道와 같은 뜻을 나타낸다.

◎ ソウルに行く近道はどちらですか。서울 가는 지름길은 어느 쪽입니까?
◎ 学問に王道はない。　　　　　학문에 지름길은 없다.

★ **航路** : 배나 비행기가 다니는 길을 말한다. 비슷한 말로는 船路・潮路
가 있다.

◎ 航路変更。　　　　　　　항로 변경

도로를 나타내는 말 보기

- アベニュー(avenue) 외래어(明治)
- ハイウェー(highway) 외래어(現代)
- 구도(옛길) : 旧道
- 다니는 길 : 通い路
- 사도(개인소유길) : 私道
- 여행길 : 旅路
- 외길 : 一筋道・一本道
- 등산길 : 登山道・登山路

- ルート(route) 외래어(昭和)
- ストリート(street) 외래어(大正)
- 신도(새길) : 新道
- 미로 : 迷路
- 기찻길 : 鉄道・線路
- 복도 : 廊下(낭하)
- 귀로 : 帰り道

- ※ 花道: 배우들의 통로・씨름꾼이 출입하는 길
- ※ 闇路: 저승길
- ※ 夢路: 꿈길

- よけ道 : 샛길・옆길
- 枝道 : 옆길・샛길
- 小路 : 소로・좁은 골목길

- わき道 : 곁길
- 袋小路 : 막다른 골목길

土産(みやげ)

贈り物。手土産。下賜品。賜物。頂き物。記念品。プレゼント。
進物。お礼。ギフト。お待たせ。お年玉。賄賂。まいない。

선물, 사례물, 선사품, 뇌물, 하사품, 증정품, 프리젠트, 기프트

★ 土産 : 여행지나 출장지 등에서 구입한 토산품으로, 집에 가지고 오는
것 또는 타인의 집을 방문할 때 가지고 가는 선물. 또는 무슨 일이
있을 때마다 가까운 사람에게 보내는 선물을 말한다.

◎ お隣さんが土産を持って来た。　이웃집 아저씨가 선물을 가지고 왔다.
◎ これは子供へのいい土産になる。 이것은 아이에게 좋은 선물이 된다.

★ 贈り物 : 타인에게 주는 물품으로, 선사품 · 선물의 뜻이고 손님이 귀가
할 때 그 손님에게 주는 물품도 가리키는 말이다.

◎ 誕生日の贈り物をする。　　生일 선물을 하다.
◎ お餅を贈り物にする。　　　떡을 선물로 하다.

★ 手土産 : 남의 집을 방문할 때 가지고 가는 부담 없는 간단한 선물을 가
리킨다.

◎ お菓子はいい手土産の一つです。과자는 좋은 선물의 하나입니다.
◎ 手土産を持っていく。　　　　간단한 선물을 가지고 가다.

★ **下賜品** : 천황·대통령·국가 원수 등과 같이 신분이 높은 사람이 아랫
사람·부하·신하에게 내리는 금품이나 물품 등을 말한다.

◎ 大統領の下賜品は時計でした。 대통령의 하사품은 시계였습니다.

◎ 天皇の下賜品は金一封。　　　천황의 하사품은 금일봉.

★ **賜物** : 포상·은상과 같이 윗사람에게서 받은 선물·하사품. 또는 자연
의 혜택 같은 것에 의하여 얻은 좋은 결과를 나타내는 말이다.

◎ 天皇、功を定め、賜物を行いたまふ。

천황, 공훈을 정하고 하사품을 내리시다.

◎ この豊漁は海の賜物だ。

이 풍어는 바다의 선물이다.

★ **お年玉** : 새해를 축하하며 주는 선물을 가리키는 말로, 현재는 아이들이
나 아랫사람 또는 사용자·직원에게 주는 금품을 말한다.

◎ 今年のお年玉は人形にする。 금년 새해 선물을 인형으로 하다.

◎ お年玉はお金が第一だ。　　새해 선물은 돈이 제일이다.

※ お年玉에 세뱃돈의 뜻도 있다.

◎ プレゼント

영어의 present에서 온 외래어로, 선물의 뜻이다. 大正 시대부터 사용된
말이다.

◎ クリスマースプレゼント。

크리스마스 선물

◎ ギフト

영의의 gift에서 온 외래어로, 선물의 뜻. 현대에 들어와서 사용되기 시작한 말이다.

◎ ギフトーショップ。

선물 용품 가게(외국인들을 위한)

★ **賄賂** : 보답이나 보상을 생각하며 부정으로 선의를 계산하면서 건넨 금품을 말하며, 법률적으로는 공무원 중개인 등이 직무를 이용하여 수수한 불법적인 금품 보수나 유흥 접대 등을 위한 비용, 뇌물을 가리킨다. 비슷한 말로 賄賂・袖の下가 있다

◎ 賄賂は公務員には猫いらずだ。 뇌물은 공무원에게는 쥐약이다.

◎ 賄賂で買収する。   뇌물로 매수하다.

※ 賄賂는 '회뢰'라고 읽는다.
※ 賂物은 뇌물의 한자 표기다.

魅力(みりょく)

人気。人受け。花形。魅了。魅惑。魔力。眩惑。グラマー。

매력, 마력, 인기, 매혹, 매료, 글래머, 현혹

★ **魅力** : 사람을 끌어당겨 자신을 잊고 열중하게 하는 힘이나 사람의 마음을 사로잡아 끌리게 하는 힘을 나타낸다.

◎ 人の魅力はどこにあるか。　사람의 매력은 어디에 있는가.
◎ この価格は魅力的だ。　이 가격은 매력적이다.

★ 人気 : 세간의 일반 사람들에게 호감을 받으며 많은 관심과 칭찬을 받는
　　　것을 말한다.

◎ 人気のある番組。　인기가 있는 프로.
◎ 人気は寿命が短い。　인기는 수명이 짧다.

※ 人気는 사람의 기풍이나 기질을 나타내고 人気로 발음하면 '인간다움'·'인간미'를 나타낸다.

★ 人受け : 한 사람에게서 타인이 받는 호악의 인상이나 남에게 주는 감
　　　　정·평판을 말한다.

◎ 人受けのいい人は幸福な人だ。　인기가 좋은 사람은 행복한 사람이다.
◎ 人受けを狙った映画。　인기를 겨냥한 영화.

★ 花形 : 화려하여 인기가 있는 사람. 이 말은 花形役者(인기배우)에서 나
　　　온 말로, 나이가 젊고 인기가 있는 사람·중심적 인물이 되는 화
　　　려한 사람·시류(時流)에 부응하여 인기가 있는 사람을 나타낸다.

◎ 花形選手は急に金持ちとなる。
　인기 있는 선수는 벼락부자가 된다.
◎ 花形隠語で金持ちの役を演じる者だ。
　하나가타는 은어로, 부자 역을 연출하는 사람이다

★ 魅了 : 사람의 마음을 끌어당겨 넋을 잃고 열중하게 하는 것을 말한다.

◎ 観客を魅了する歌手は南珍だ。 관객을 매료하는 가수는 남진이다.
◎ 彼の歌にすっかり魅了された。 그의 노래에 완전히 매료되었다.

★ **魅惑** : 매력으로 사람을 끌어당겨서 마음을 유혹하는 것을 나타낸다.

◎ 魅惑的な瞳でひきつける。　매혹적인 눈동자로 마음을 끌다.
◎ 魅惑する力は真善美にある。 매혹하는 힘은 진선미에 있다.

★ **魔力** : 사람을 현혹시키는 불가사의한 힘을 말한다.

◎ 煙草は人中毒させる魔力がある。

담배는 사람을 중독시키는 마력이 있다.
◎ 彼女の肉体には性的魔力がある。

그녀의 육체에는 성적 마력이 있다.

★ **眩惑** : 눈이 부셔 어찌할 바를 모르고, 정신이 몽롱하여 홀림을 당하는

것을 나타낸다.

◎ 彼女の美しさに眩惑去れる。

그녀의 아름다움에 현혹되다.
◎ 誇大宣伝で消費者は眩惑してしまった。

과대 선전으로 소비자는 현혹되고 말았다.

★ **グラマー** : 영어의 glamor에 온 외래어로, 육체미와 성적 매력을 지닌 것

을 나타낸다.

◎ グラマーガール　　　　　　글래머 걸(매력이 있는 여성)

昔(むかし)

過去。昔日。往時。大昔。古。往年。太古。先代。

옛날, 과거, 왕년, 옛적, 태고, 지난날, 옛적

★ 昔 : 시간적으로 멀리 거슬러 올라간 과거의 어떤 시점 · 시기나 오래된
지난날을 말한다.

◎ 昔、昔、大昔にここは宮殿の跡であった。

옛날옛날 아주 옛날에 여기는 궁전의 터였다.

◎ 昔話はおもしろい。

옛날이야기는 재미있다.

★ 過去 : 현재를 기준으로 하여 지나간 때를 나타낸다.

◎ 過去五年間の物価変動。　　과거 5년간의 물가 변동

◎ 過去は一切問わない。　　과거는 일체 문제 삼지 않는다.

★ 昔日 : 과거의 나날을 나타내며 옛날 · 옛적 · 예전 · 지나간 날을 말한다.

◎ 昔日を追慕する。　　옛날을 추모하다.

◎ 昔日のおもかげ無し。　　옛날의 모습은 없다.

★ 古 : 먼 옛날이나 오래된 이전으로 지나가 버린 때를 나타내는 말. 예스
러운 말씨다.

◎ 古の都のお宮。　　　　　옛날 도읍의 신사.

◎ 古を偲ぶ。　　　　　　옛날을 그리워하다.

★ **往年** : 지나가 버린 해(年)를 말하며, 옛날의 뜻이 있는데, 이 말은 과거
　　　에 왕성하였던 것을 회상하며 사용하는 경우가 많다.

◎ 往年の名歌手の李美子さん。 왕년의 명가수인 이미자 씨

◎ 往年の黄金時代。　　　　왕년의 황금시대

★ **太古** : 아주 오랜 옛날을 말하며, 대개 有史 以前 시대를 나타내는 말이다.

◎ ここは太古のドルメンが多い。 여기는 태고의 고인들이 많다.

◎ 旧石器時代は太古と言える。　구석기 시대는 태고라고 말할 수 있다.

息子(むすこ)

子息。せがれ。子。和子。長男。末子。童子。童。

아들, 자식, 사내자식, 남아, 아드님, 영식, 옥동자, 장남, 막내아들,
도련님, 왕자

★ **息子** : 부모에게 있어서 남자아이를 일컫는 말.

◎ 道楽息子。　　　　　　방탕한 자식

◎ 孝行息子。　　　　　　효도하는 자식・효자

★ **せがれ** : 자기 자식을 낮추어 말할 때 사용하거나, 타인의 자식이나 소년

을 스스럼없이 소홀하게 말할 때 사용하는 말이다.

◎ これが私のせがれです。　　이놈이 제 자식 놈입니다.
◎ せがれをよろしく頼みます。　자식 놈 잘 부탁드립니다.

★ **子** : 부모에게서 태어난 사람으로, 양자 · 의붓자식은 친자식과 동등한
　　입장에 있는 자식을 칭한다.

◎ 子ができる。　　　　　　자식이 생기다
◎ 私は二人の子がある。　　나는 자식이 둘 있다

★ **子息** : 남자아이를 가리키는 말로, 대개 접두어를 붙여 타인의 남자아이
　　를 나타내는 경우에 자주 사용한다.

◎ ご子息。　　　　　　　　아드님

★ **長男** : 형제 중에서 최초로 태어난 맏아들 · 남자아이로, 長子 · 総領라
　　고도 한다.

◎ 長男の金さん。　　　　　장남인 김 군
◎ 長男を偏愛する。　　　　장남을 편애하다

★ **末子** : 최후로 태어난 자식.

◎ 甘ったれの末子。　　　　응석받이 막내
◎ 末子を溺愛する。　　　　막내를 흠뻑 빠져 사랑하다

※ 次男은 둘째 아들인데 법률적으로 표기할 때는 二男으로 한다.

★ **童子** : 어린 남자아이를 나타내는 文語이다.

◎ 三尺の童子でもこれを知る。　　삼척동자라도 이것은 안다.

◎ 童子は修学する年齢の子どもだ。동자는 수학하는 연령의 아이이다.

★ **和子** : 옛날 양가집이나 손윗사람의 남자아이를 나타내는 말로, 봇
　　　 챤(도련님)과 비슷한 말이고 본디는 내 애들의 뜻에서 유래
　　　 된 말이다.

◎ 和子は貴人の男の子の意味だ。　　和子는 귀인의 아들이라는 의미이다.

아들(남자 아이)과 관련된 단어

· 王子 : 왕자　　　　　　　　　　· 愛児 : 사랑하는 자식

· いとしご : 귀여운 자식　　　　· ひとりっこ : 외아들

· おとご : 막내자식　　　　　　· 庶子 : 서자

娘(むすめ)

お嬢さん。長女。娘子。末女。末娘。

딸, 여식, 여아, 따님, 장녀, 낭자(娘子), 막내딸, 딸내미, 딸자식,
아가씨, 맏딸, 왕녀

★ **娘** : 부모에게 있어서 딸아이를 나타내고 미혼의 젊은 여성을 말한다.

◎ 娘を片付ける。　　　　　　딸을 시집보내다

◎ 一人娘。　　　　　　　　　　　외동딸

★ **おじょうさん** : 다른 사람의 딸 또는 젊은 낭자를 친숙하게 부르는 구어체의 말이다.

◎ お嬢さんはきれいです。　　따님이 예쁩니다.

※ お嬢様는 남의 딸에 대한 존칭이다.

★ **長女** : 자매 중에서 제일 먼저 태어난 맏딸을 일컫는다.

◎ 長女は小学校の先生です。　맏딸은 초등학교 선생님입니다.
◎ 長女は20歳です。　　　　　장녀는 스무 살입니다.

※ 才는 歳의 代用 漢字로 초등학교에서 사용한다.
※ 王女 : 왕녀
※ お姫様 : 아가씨(귀인의 딸)
※ 次女 : 둘째딸
※ 二女 : 대개 호적·서류에서 사용하는 말이다.

無料(むりょう)

ただ。無償。無給。ロハ。

무료, 공짜, 무상, 거저

★ **無料** : 요금이 필요 없는 것을 나타낸다.

◎ 無料給食。　　　　　　　무료 급식
◎ 無料入場。　　　　　　　무료입장

★ **ただ** : 대금이 필요 없고 보수가 필요 없는 공짜를 나타낸다.

　　◎ ただより高いものは無い。　　공짜보다 비싼 것은 없다.
　　◎ 65歳の老人は電車のただの乗客だ。65세 노인은 전차의 공짜 승객이다.

★ **無償** : 보수가 없거나 요구하지 않는 것·또는 대가를 지불하지 않는 것
　　　　을 말한다.

　　◎ 無償奉仕。　　　　　　무상의 봉사
　　◎ 無償援助を受ける。　　무상 원조를 받다

★ **無給** : 급료가 지불되지 않는 것을 나타낸다.

　　◎ 無給休暇。　　　　　　무급 휴가
　　◎ 無給で働く。　　　　　무급으로 일하다

★ **ロハ** : 무료를 나타내는 속어로, 한자의 只의 파자를 片仮名로 분리 표기
　　　　한 데서 나온 말이다.

　　◎ 私の本はロハでも読まない。내 책은 공짜인데도 읽지 않는다.
　　◎ ロハはろはだ。　　　　공짜는 공짜다

目(め)

眼。 眼。 瞳。 黒目。 白目。 目。 肉眼。

눈, 눈알, 눈동자, 눈구멍, 눈깔, 육안

★ 目 : 사람이나 동물에 있는 감각기관의 하나로, 색·광선·등을 감지하여 뇌에 전달하는 몫을 한다. まは 雅語이다.

◎ 目がいい。 눈이 좋다.(시력이 좋고, 물체를 잘보고, 감식력이 있는 뜻이다.)

◎ 目が回る。 눈이 돈다.(현기증이 있거나 아주 바쁜 상황을 나타낸다)

★ 眼 : 눈알·수정체를 나타내며 目·眼球·目玉·白目·黒目의 총칭이다.

◎ 眼をつける。　　　　주목하다.

◎ 眼で人を切る。　　　상대방의 얼굴을 날카롭게 노려보다.

★ 眼 : 눈·눈알의 漢字音이고 접미사에서는 보는 눈·안목을 나타내며 がん은 漢音이고 げん은 吳音이다.

◎ 眼前。　　　　　　　눈앞

◎ 審美眼。　　　　　　심미안(아름다움을 살펴 찾는 안목)

※ 眼鏡。 안경
※ 仏眼。 부처님의 눈·불안

★ **めんめ** : 어린아이들의 말로, 幼児語에 속하고, おめめ라고도 한다.

　◎ 泣き顔のめんめ。　　　　　우는 얼굴의 눈

★ **瞳** : 눈동자・동공을 나타내며 어원은 人・見에서 온 말이다.

　◎ 瞳をこらす。　　　　　　뚫어지게 바라보다

★ **目** : 눈을 나타내며, 造語에서 사용하며 もく는 呉音이고 ぼく는 漢音
　이다.

　◎ 目前。　　　　　　　　눈앞
　◎ 面目。　　　　　　　　면목・체면・명예

★ **黒目** : 안구 중앙 부분의 검은 눈동자를 나타내는 말이다.

　◎ 黒目勝ちの女。　　　　검은 눈이 크고 아름다운 여자.

★ **白目** : 안구의 하얀 부분을 말하고, 노했을 때와 냉담한 태도를 의미한다.

　◎ 白目勝ちの目。　　　　마음 상태가 좋지 않은 시선

★ **肉眼** : 안경・망원경・현미경 등을 사용하지 않은, 타고난 그대로의 맨
　눈으로 보는 것을 나타낸다.

　◎ 肉眼では見られない細菌。　맨눈으로는 볼 수 없는 세균

命令(めいれい)

命。訓令。指示。指図。示達。号令。勅命。王命。下命。用命。下知。

명령, 훈령, 지시, 분부, 호령, 칙명, 어명, 하명, 시달

★ 命令 : 윗사람으로부터 아랫사람에게 대하여 분부하는 행위나 그 내용을 말하며, 특히, 군대에서 지휘관이나 상급자가 부하 또는 하급자에게 행동 요령을 지정하는 것, 국가 기관에서 특정인·단체에 대하여 구체적인 처분·공무원의 직무에 관해서 상사가 일정한 사항을 명하는 것, 재판관이 재판의 결정·판결을 나타내는 말이다.

◎ 社長の命令を守る。

사장의 명령을 지키다.

◎ 上司の命令に忠実に従わなければなりません。

상사의 명령에 충실히 따르지 않으면 안 됩니다.

★ 命 : 지시나 명령을 나타내며 그밖에도 생명·수명·운명을 나타내는 뜻으로도 사용한다.

◎ 命に従う。 명령에 따르다

◎ 命を受ける。 명령을 받다

※ 命로 발음하면 목숨·생명의 뜻이다.

※ 命의 めい는 관용음이고 みょう는 呉音, みこと는 일본의 고유 訓音이다.

　· 寿命。 수명

　· 命：みこと·上代·神이나 貴人의 이름 아래 붙이던 경칭이다.

★ **訓令**：훈시하여 명령하거나 상급 관청에서 하급 관청에 대하여 지휘·

　　　감독상의 명령을 내리는 것 또는 그 명령 내용을 나타낸다.

　◎ 内閣訓令。

　　내각 훈령

　◎ 政府の訓令に従って大使が本国に召還される。

　　정부의 훈령에 따라서 대사가 본국으로 소환되다.

★ **指示**：남에게 알리거나 통지 또는 지휘, 명령하는 뜻이 있다.

　◎ 課長の指示事項は残業だ。

　　과장의 지시 사항은 잔업이다.

　◎ 先輩は夜遅くまでリハーサルすることを指示した

　　선배는 밤늦게까지 리허설 할 것을 지시하였다.

★ **指図**：일의 방법·순서·배치 등을 지시하거나 지휘하는 명령을 나타

　　　내고, 법률에서는 증권상 기재하는 것에 의해서 어떤 사람을 권리

　　　자로서 지정하는 것을 말한다.

　◎ 人の指図は受けない。　　남의 지시는 받지 않는다.

　◎ 部長の指図で作業する。　　부장의 지휘로 작업하다.

★ **示達**：상급 관청으로부터 하급 관청에 사무의 운영에 관한 주의 등을

　　　　지시, 하달하는 것을 나타낸다.

　　◎ 下級官庁に示達する。　　　하급 관청에 시달하다

　　◎ 上級官庁の示達により行う。 상급 관청의 시달에 의하여 행하다

★ **号令** : 많은 사람에 대하여 큰 목소리로 명령이나 지시하는 것 또는 지
　　　　　배자가 사람들에게 따라오게 하기 위하여 명령을 내리는 것을
　　　　　말한다.

　　◎ 部下に号令する。　　　　부하에게 호령하다.

　　◎ 気をつけ、大声で号令する。 차렷, 큰 소리로 호령하다.

★ **勅命** : 천황의 명령 또는 임금의 명령을 나타내는 말이다.

※ 王命과 비슷하나, 일본은 天皇의 정치 제도로, 천황이라고 해석하였다.

　　◎ 勅命が下る。　　　　　칙명이 하달되다.

　　◎ 勅命を奉ずる。　　　　칙명을 받들다.

★ **下命** : 명령을 내리는 것 또는 그 명령의 내용을 말한다.

※ 命令의 존칭어이다.

　　◎ 下命を受ける。　　　　하명을 받다.

★ **用命** : 분부·명령과 같은 뜻이며 요즘은 상품 주문에서 사용한다.

◎ ご用命はなんでしょうか。　　　　분부는 무엇입니까?

◎ ご用命の品を持参いたしました。주문하신 상품을 가져왔습니다.

★ **下知** : 명령・지시・지휘하는 뜻이 있으며 げぢ 또는 げじ라고도 한다.

◎ 下知を下す。

명령을 내리다.

◎ 社員に社長が業務を下知して行わせる。

사원에게 사장이 업무를 지시하여 이행시키다.

※ 下의 か는 漢音이고, げ는 呉音이다.

・下人 : 하인　　　　・下宿 : 하숙　　　・下位 : 하위

面会(めんかい)

面接。対面。会見。対顔。面談。対談。インタビュー。見合い。

면회, 면접, 회견, 대면, 면담, 대담, 인터뷰, 맞선, 알현

★ **面会** : 방문하여 사람을 만나거나 내방한 사람을 만나는 것을 나타내며 특정인과 수속을 거쳐 만날 때 또는 출입이 제한된 곳을 찾아가 대면하는 경우를 말한다.

◎ 面会謝絶。　　　　　　面会 사절

◎ 社長の面会に行く。　　사장의 면회를 하러 가다.

★ **面接** : 직접 사람을 만나는 것으로, 당사자의 인품·능력을 알기 위하여
시험하는 경우도 나타낸다.

※ 面接試験의 준말로도 사용한다.

◎ 入学の受験者を面接する。 입학 수험자를 면접하다.
◎ 入社時は社長が面接する。 입사 시에는 사장이 면접하다.

★ **対面** : 서로 얼굴을 마주보고 만나는 것을 나타내며 면회하는 것을 말한다.
◎ 初対面。 초대면(첫 만남)
◎ はからずも対面する。 뜻밖에 대면하다.

★ **会見** : 만나서 얼굴을 보는 것으로, 보통 일정한 장소에서 사람을 만나는
것을 나타낸다. 또는 대표·사절 등이 공식 석상에서 만나는 경
우에 자주 사용한다.
◎ 記者会見。 기자 회견
◎ 大統領に会見を申し入れる。 대통령에게 회견을 신청하다.

★ **対顔** : 얼굴을 마주 대하는 것으로, 대면·면회와 같은 뜻을 나타낸다.
◎ 対顔は向かい合って座ることだ。 대안은 마주보고 앉는 것이다.

★ **面談** : 직접 만나서 서로 이야기하는 것을 말한다. 비슷한 말로 面話·
面議가 있다.
◎ 担任の先生と面談する。 담임선생과 면담하다.

◎ 委細面談。　　　　자세한 내용은 면담할 때 '상의합시다'라는 뜻이다.

★ インタビュー : 영어의 interview에서 온 외래어로, 면접・회견・방문의
　　　　　　　뜻이다. 昭和 시대부터 사용하였다.

◎ インタビューは新聞記者の取材訪問を言う。

인터뷰는 신문 기자의 취재 방문을 말한다.

◎ インタビューを申しこむ。

인터뷰를 요청하다.

★ 見合い : 서로 얼굴을 맞대고 보는 것으로, 결혼 상대를 구하고 있는 남
　　　　　녀가 중매자를 통하여 상대방을 알기 위하여 만나는 일을 나타
　　　　　낸다.

◎ 見合い結婚。　　　　　　　중매결혼

※ 균형의 뜻으로, 'つりあいを保つこと'를 나타내기도 한다.
・需給の見合い。수급의 균형

目標(もくひょう)

目当て。目安。目途。目処。見当。見込。的。目的。狙い。標的。

목적, 목표, 의도, 취지, 기준, 표준, 표적

★ **目標** : 어떤 것을 실현·달성하기 위한 목적과 어떤 장소에 도달하기 위한 표적이나 그 대상을 나타낸다.

◎ 人生の目標を立てる。　　　인생의 목표를 세우다.
◎ 頂上を目標に歩く。　　　정상을 목표로 걷다.

★ **目当て** : 진행하는 방향의 지침이 되는 목표를 나타낸다.

◎ 鉄塔を目当てに進む。　　　철탑을 목표로 나아가다.
◎ 優勝の賞金目当てに出場する。　우승 상금을 목적으로 출전하다.

★ **目安** : 목표나 기준으로 설정하는 것 또는 판단이나 행위의 기준·기반이 되는 것을 나타낸다.

◎ 目安を立てる。　　　　　목표를 세우다.
◎ 2015年度を達成の目安に置く。 2015년도를 달성 목표로 삼다.

★ **目途** : 목적·목표를 나타낸다.

◎ 年内完工を目途に工事を急ぐ。 연내 완공을 목표로 공사를 서둘다.
◎ 来る4月を目途として努力する。오는 4월을 목표로 하여 노력하다.

★ **目処** : 목표로 삼는 것 또는 전망을 나타낸다.

◎ 事業の目処がつく。　　　사업 목표가 서다.
◎ 問題の解決の目処が立つ。　문제 해결의 전망이 서다.

★ **見当** : 전망·예상·예측의 뜻을 나타내는 말이다.

◎ 見当がつく。　　　　　짐작이 가다.

◎ 見当が外れる。　　　　　　예상이 벗어나다.

★ **見込** : 예사·전망·목표의 뜻 외에 장래성이나 희망을 나타낸다.

　　◎ 南北関係の見込はどうですか。남북 관계의 전망은 어떻습니까?
　　◎ 見込のある選手だ。　　　장래성이 있는 선수다.

★ **的** : 일을 할 때 목표가 되는 것이나 핵심·요점을 나타내며, 화살·총탄
　　을 발사할 때 목표가 되는 표적을 말한다.

　　◎ 関心の的はなんですか。　관심의 대상은 무엇입니까?
　　◎ 矢を的にあてる。　　　　화살을 과녁에 맞히다.

★ **目的** : 실현하려고 하는 목표나 나아가는 방향을 나타낸다.

　　◎ 目的を果たす。
　　　목적을 달성하다.
　　◎ 実践的な意思は目的で、行為はこの手段となる。
　　　실천적 의지는 목적이고, 행위는 이 수단이 된다.

★ **狙い** : 동사 狙う에서 연용형의 명사화한 말로 목표·의도가 되는 것을
　　나타낸다.

　　◎ 事業の狙いを説明する。　사업의 목적을 설명하다.
　　◎ この研究の狙いはなんですか。이 연구의 목표는 무엇입니까?

★ **標的** : 사격·궁술 등에서 사용하는 과녁이나 목표가 되는 물건·표점
　　을 나타낸다.

◎ 標的が外れる。　　　　　　표적이 빗나가다.

◎ 敵の標的にする。　　　　　적의 표적이 되다.

望月(もちづき・ぼうげつ)

満月。望。

보름달, 만월, 망월, 명월

★ 望月 : 음력 15일 밤의 달을 나타내지만 음력 8월 15일의 둥근달을 가리
키는 경우가 많다.

　　◎ 陰暦8月望15日は仲秋と言う。　음력 8월 15일은 중추라고 한다.

※ 仲秋는 8月(음력)의 다른 이름이며, 가을의 한창 때, 한가을을 나타낸다.

★ 満月 : 둥근달로, 음력 15일 밤 달을 나타낸다.

　　◎ 今夜は満月だ。　　　　　오늘 밤은 보름달이다.

★ 望 : 보름달을 표현하는 雅語이고, もちづき의 약어로, 음력 또는 매달
15일을 나타낸다.

　　◎ 8月望の夜にて会おう。　　8월 보름달 밤에 만나자. (にて⇨で)

門(もん)

窓。大門。門。戸。とばくち。出入口。裏口。玄関。障子。
ゲート。城門。あみど。表門。出口。入口。非常口。小門。正門。
後門。禁門。雨戸。裏門。エントランス。ドア。脇戸。とびら。
シャッター。エキジット。大戸。裏木戸。

문, 창문, 뒷문, 성문, 출입문, 출입구, 정문, 소문, 후문, 본문, 앞문,
현관, 덧문, 사립문, 미닫이, 셔터, 궁궐 문, 도어, 게이트, 비상구,
엔트런스, 엑스트

★ 門 : 건물이나 집 등에서 出入을 위해 만든 여닫는 시설을 총칭하며, 造
語에서는 사물의 출입 하는 곳, 가문·집안과 학문 분야, 대포의 수
를 셀 때 사용한다.

◎ 門を入る。　　　　　　문을 들어가다·문을 들어오다.
◎ 校門。　　　　　　　　교문
◎ 肛門。　　　　　　　　항문(똥구멍)
◎ 専門大學。　　　　　　전문대학
◎ 3門の大砲。　　　　　삼문의 대포

★ 窓 : 채광·통풍·전망 등을 위해 벽면이나 처마 밑에 만든 작은 문으로,
유리·종이 등으로 밖과의 단절을 시켜 놓은 것이다.

◎ 窓を閉める。　　　　　창문을 닫다.
◎ 窓から光がさす。　　　창문으로 빛이 비치다.
◎ 目は心の窓。　　　　　눈은 마음의 창문.

★ **大門** : 규모가 큰 문으로, 절(寺)・신사(神社)・궁궐 등의 정문을 말하고
　　　 궁궐은 禁門이라고도 한다.

　　◎ 大門をあける。　　　　　대문을 열다.
　　◎ 禁門は皇居の門である。　금문은 황거의 문이다.

────────────────────────────

※ 大門はおおもんとも言う。대문은 おおもん이라고도 말한다.

────────────────────────────

★ **門** : 집의 바깥 출입구를 나타내는 말로, 雅語에 속하며 문 이외에도 집
　　　 앞・집 안・집 주변의 뜻도 있다.

　　◎ 笑う門には複来る。　　웃는 집에는 복이 들어온다.
　　◎ 門で待つ。　　　　　　집 앞에서 기다리다.

★ **戸** : 건물의 출입구나 창문 등 내, 외부를 구별하기 위하여 개폐할 수
　　　 있는 시설물을 나타낸다.

　　◎ 戸を開ける。　　　　　문을 열다
　　◎ 部屋の戸。　　　　　　방문

★ **とばくち** : 입구・출입구를 나타내며 속어이고 とばぐち라고도 한다.

　　◎ ここはとばくちではない。　여기는 입구가 아니다.

★ **出入口** : 사람이 출입하는 곳을 나타낸다. 어떤 구체적인 門이 있는 것
　　　　 이 아닐 경우도 있다.

　　◎ 出入口をふさぐ。　　　출입구를 막다.

★ **裏口** : 건물의 뒤편에 있는 뒷문, 출입구를 나타내며 정상적이 아닌 방법
　　　이나 비밀스럽게 행하는 일을 말하기도 한다.

　　◎ この建物の裏側に小さい裏口がある。　이 건물 뒤편에 작은 뒷문이 있다.
　　◎ 裏口入学。　　　　　　　　　　　　부정 입학(뒷구멍 입학)

※ 裏口는 뒤편에 있는 출입구나 문을, 裏門은 뒤편에 있는 문(門)을 나타낸다.

★ **玄関** : 큰 건물 정면의, 사람들이 많이 드나드는 중요한 출입구를 나타내
　　　며 보통 가정집의 정면 출입문을 지칭하고 절・서원의 입구・禅
　　　寺의 문도 말한다.

　　◎ 玄関にはげた箱がある。　　　현관에는 신발장이 있다.

★ **障子** : 방안 내부의 여닫이식의 문이나 창을 말한다.

　　◎ 障子をぴしゃりと閉める。　　미닫이문을 탁 닫다.

★ **ゲート** : 출입구・문・관문을 나타내는, 영어의 gate에서 온 외래어이다.

　　◎ この飛行機の搭乗は15番ゲートです。
　　　이 비행기의 탑승은 15번 게이트입니다.

★ **城門** : 성곽의 문이나 성을 드나드는 출입문을 말한다.

　　◎ 南漢山城には城門が4個ある。　　남한산성에는 성문이 4개 있다.

★ **あみど** : 방충망을 한 창문으로, 網戸라고 한자 표기하기도 한다.

◎ 虫の侵入を防ぐための網戸を取りつける。

벌레 침입을 방지하기 위하여 방충망을 설치하다.

★ **正門** : 건축물의 앞면에 있는 문으로, 表門이라고도 한다.

◎ この建物の正門はどこですか。　이 건물의 정문은 어딥니까?

★ **小門** : 규모가 작은 문을 나타낸다.

◎ この門はこの城の小門ですか。　이 문은 이 성의 작은 문 입니까?

★ **後門** : 건물 뒤편에 있는 문으로, 뒷문이며, 裏門・裏口등과 비슷한 뜻
　　　　이나.

◎ この建物の後門はどちらにありますか。

이 건물의 뒷문(후문)은 어느 쪽에 있습니까?

★ **雨戸** : 비・바람・눈 등을 막기 위하여 덧문 형식으로 되어있는 日本式
　　　　가옥의 특징에 속한다.

◎ この雨戸は風雨の防止や防犯・保温などの役割をする。

이 덧문은 비바람의 방지, 방범・보온 등의 구실을 한다.

★ **ドア** : 외래어로, 대개 서양식을 나타내며 영어의 door이다. 江戸 시대부
　　　　터 사용한 말이다.

◎ このホテルのドアは取っ手が金色だ。

이 호텔의 도어는 손잡이가 금빛이다.

★ **エントランス** : 영어에서 온 외래어로, 입구나 현관 등을 나타내며 昭和 시대부터 사용하였다.

◎ エントランスとエキジットは同じ意味の外来語だ。
entrance와 exit는 같은 의미의 외래어이다.

※ エキジットは 大正 시대부터 사용하였다.

★ **シャッター** : 외래어로, 원래는 사진기의 개폐 장치를 나타내지만 상점이나 차고 등의 입구에 설치한 철문을 뜻한다. 이 말은 현대에 들어와서 사용하기 시작한 말이다.

◎ この商店のシャッターは午後5時頃閉じる。
이 상점의 셔터는 오후 5시에 닫는다.

※ シャッターは よろい戸라고 하여 쇠살문을 말한다.

★ **非常口** : 긴급한 상태에 사용할 수 있도록 만든 출입문이다.

◎ 非常口は火事の時に利用する。 비상구는 화재 시에 이용한다.

★ **大戸** : 일상 출입하는 정면 입구의 큰 문을 말한다.

◎ 大戸をあけて出る。 대문을 열고 나오다.
◎ 大戸を下して寝た家が多い。 가게 문을 닫고 잠든 집이 많다.

★ **裏木戸** : 집 뒤에 있는 나무로 된 문이나 연극・스모우의 가설 흥행장 등의 뒤에 있는, 관계자만 출입이 가능한 쪽문을 말한다.

◎ 芝居小屋に裏木戸がある。　연극 흥행장에 뒤쪽 문이 있다.
◎ 台所に裏木戸がある。　부엌에 출입문이 있다.

約束(やくそく)

口固め。誓約。宣誓。確約。契約。

약속, 언약, 맹서, 선서, 확약, 가약

★ **約束** : 당사자 간에 장래의 사항을 정하는 것이나 사회나 단체 등에서
사전에 지킬 사항을 결정하는 것을 나타낸다.

◎ 彼と結婚を約束する。　그와 결혼을 약속하다.
◎ 会の約束を果たす。　회의 약속을 이행하다.

★ **口固め** : 조금은 예스러운 말씨로, 굳은 언약을 나타내는 말이다.

◎ 夫婦の口固めをする。　부부의 굳은 언약을 하다.

※ 이 말에는 '언약' 이외에도 '입막음'·'함구'의 뜻이 있다.
・お金をやって口固めをする。돈을 주어 입막음을 하다.

★ **誓約** : 맹세를 다짐하며 약속하는 것을 나타낸다.

◎ 秘密を守ると誓約する。　비밀을 지킨다고 서약하다.
◎ 誓約書を作成する。　서약서를 작성하다.

★ **宣誓** : 많은 사람들 앞에서 맹서를 하는 것과 재판에서 증인 등이 진술
　　　　전에 진실을 다짐하는 것을 나타낸다.

　　◎ 代表選手宣誓。　　　　대표 선수 선서
　　◎ 就任の宣誓をする。　　취입 선서를 하다.

★ **確約** : 확실하게 약속하는 것을 나타낸다.

　　◎ 再会を確約する。　　　재회를 확약하였다.
　　◎ 出席の確約はできない。　출석의 확약은 할 수 없다.

★ **契約** : 당사자의 합의에 의하여 법적 효력을 갖도록 약속하는 것을 나타
　　　　낸다.

　　◎ 球団が選手と契約する。　구단이 선수와 계약하다.
　　◎ 販売の契約を破棄する。　판매 계약을 파기하다.

薬局(やっきょく)

薬屋。薬店。薬舗。売薬店。

약국, 약방, 약점, 약포

★ **薬局** : 약제사가 의약품의 조제 및 판매를 하는 가게나 병원·진료소 등
　　　　에서 약의 조제를 취급하는 장소를 말한다.

◎ 日本では薬局の開設には許可を必要とする。

  일본에서는 약국 개설에 허가를 필요로 한다.

◎ 薬局では処方箋がなければ薬を売らない。

  약국에서는 처방전이 없으면 약을 팔지 않는다.

★ **薬屋** : 약을 만들거나 팔거나 하는 곳이다.

◎ 薬屋では一般医薬品も売る。 약방에서는 일반 의약품도 판다.

◎ 薬屋は薬を売る人も言う。　薬屋는 약을 파는 사람도 말한다.

※ 屋는 사람과 가게를 나타낸다.
  ・料理屋。(요릿집 · 요리사)　　　・魚屋。(생선 가게 · 생선 장수)

★ **薬店** : 약을 파는 가게를 말한다.

◎ 薬店は薬を売る。　　　약국은 약을 판다.

◎ 田舎は薬店がない。　　　시골은 약방이 없다.

★ **薬舗** : 약을 파는 가게로, 한문 투의 말씨이다.

◎ 薬舗は漢方薬を売る。　　　약포는 한방약을 판다.

★ **売薬店** : 미리 제조 · 처방된 일반 약을 시판하는 가게이다.

◎ 風邪薬は売薬店で買える。　감기약은 각 약국에서 살 수 있다.

夕方(ゆうがた)

夕べ。日暮れ。夕暮。宵。夕。晩。イブニング。黄昏。

저녁, 초저녁, 황혼, 땅거미

★ **夕方** : 일몰 후 밤이 되기까지의 사이를 나타낸다.

　◎ 夕方に退勤する。　　　　　　저녁때에 퇴근하다.

　◎ 夕方になると、この花が咲く。　저녁때가 되면 이 꽃은 핀다.

★ **夕べ** : 해가 저무는 저녁때를 나타내는 雅語이다.

　◎ 夕べの祈りは教会でささげる。　저녁 기도는 교회에서 드린다.

　◎ 春の夕べに春雨が降っている。　봄날 저녁에 봄비가 내리고 있다.

★ **日暮れ** : 일몰하는 시각을 나타낸다.

　◎ 日暮れ前の時分から雨が降った。　일몰 전부터 비가 왔다.

★ **夕暮** : 해가 저물 때, 땅거미가 찾아올 무렵을 나타낸다.

　◎ 夕暮ごろ友達が遊びに行った。　해질 무렵 친구가 놀러왔다.

★ **宵** : 초저녁을 가리키는 말로, 해가 지고 얼마 안 되는 사이를 나타낸다.

　◎ 今宵の月の出は美しい。　　　　오늘 밤 달돋이는 아름답다.

★ 夕: 일몰하여 밤이 되려는 사이의 뜻으로, 造語에서 사용된다.

◎ 夕に食べる夕餉は何ですか。 저녁에 먹는 저녁밥은 무엇입니까?
◎ 夕刊 저녁 신문

※ 夕는 漢音이고, 七夕의 たなばた는 관용어 읽기이다.
· 朝夕: 조석(아침과 저녁) 또는 あさゆう라고도 읽는다.

★ 晩: 저녁때와 밤(夜)을 동시에 나타내는 말로 사용하며 ばん은 漢音이
다. 造語에서는 시기가 늦은 것을 나타낸다.

◎ 晩餐 만찬·저녁 식사
◎ 毎晩 매일 밤
◎ 晩春 만춘·늦은 봄

遊興所(ゆうきゅうじょ)

花街。 娯楽室。 遊技場。 歓楽街。 盛り場。 カラオケルーム。

유흥가, 오락실, 유기장, 환락가, 노래방

★ 遊興所: 흥겹게 놀 수 있는 장소, 주색이나 연회에 이용되는 장소를 말
한다.

◎ 今年、忘年会は遊興所で催す。 금년, 망년회는 유흥업소에서 개최한다.
◎ 遊興所はお酒と歌が必須の要素だ。 유흥업소는 술과 노래가 필수 요소다.

★ 花街 : はなまち・かがいらと 발음하며 芸者屋・遊女屋가 밀집되어

　　　　 있는 거리를 나타낸다.

　　◎ 今は花街がない。　　　　　　　지금은 화류가가 없다.

　　◎ 花街には芸者屋と遊女屋がある。화류가에는 기생집과 유곽이 있다.

★ 娯楽室 : 오락을 위하여 설치된 방이나 심신의 피로를 푸는 것을 돕는

　　　　　 방 또는 오락 시설을 구비한 방을 말한다.

　　◎ 若い人は読書室より娯楽室のほうがすきだ。

　　　　젊은 사람은 독서실보다 오락실을 좋아한다.

　　◎ 娯楽室は金の徒費が多い。

　　　　오락실은 돈의 허비가 많다.

★ 遊技場 : 사격・파친코・당구・볼링 등 게임을 하는 곳을 말한다.

　　◎ 遊技場は遊園地の周辺に多い。

　　　　유기장은 유원지 주변에 많다.

　　◎ 遊技場は学校の近所に設置するのはできない。

　　　　유기장은 학교 근처에 설치할 수 없다.

★ 歓楽街 : 흥행장이나 음식점 등 많은 향락 시설이 있는 번잡한 구역을

　　　　　 말한다.

　　◎ 東京の新宿は歓楽街だ。

　　　　도쿄의 신주쿠는 환락가이다.

　　◎ 歓楽街には娯楽室や飲食店が多い。

　　　　환락가에는 오락실이나 음식점이 많다.

★ 盛り場 : 음식점・상점・오락시설이 집중되어 있고 사람들이 많이 모여
　　　　번잡한 곳을 말한다.

　◎ 盛り場は都会の繁華街をいう。　유흥가는 도시의 번화가를 말한다.
　◎ 盛り場を飲み歩く。　　　　　　유흥가・술집을 돌아다니며 마시다.

★ カラオケルーム : 여러 사람이 모여 반주 기계 녹음으로 노래를 부를 수
　　　　　　　　있는 방・노래방을 말한다.

※ 空와 オーケストラ의 합성이다.

　◎ 市内の所々にカラオケルームがある。　시내 곳곳에 가라오케 룸이 있다.
　◎ カラオケルームは和製英語だ。　　　　가라오케 룸은 일제 영어다.

雄弁(ゆうべん)

弁論。論弁。演説。獅子吼。遊説。大弁。達弁。能弁。弁舌。
おしゃべり。駄弁。雑談。

웅변, 변론, 연설, 유세, 대변, 능변, 잡담, 사자후

★ 雄弁 : 화술이 능숙하여 설득력이 있고 힘차게 거침없이 당당하게 말하
　　　　는 것을 나타낸다.

◎ 雄弁は銀、沈黙は金。　　웅변은 은, 침묵은 금

◎ 雄弁大会で優勝する。　　웅변대회에서 우승하다.

★ **弁論** : 어떤 문제에 대하여 많은 사람들 앞에서 조리 있게 의견을 말하는 것을 나타낸다.

※ 법률용어에서는 민사 소송에서 대립하는 당사자가 서로 각자의 주장을 내세워 공격, 방어의 방법을 다하는 것을 나타낸다.

※ 형사 소송에서는 공판 기일에 당사자를 관여시켜 행하는 일체의 심리 절차를 말한다.

◎ 弁論大会で一等をした。　　웅변대회에서 1등을 하였다.

◎ 被告のために弁論する。　　피고를 위해 변론하다. (법률적 용어이다)

★ **論弁** : 議論하여 理非를 명확히 하거나 의견을 말하여 설득하는 것을 말한다.

◎ 論弁家は論弁する人だ。

논변가는 논변하는 사람이다.

◎ 論弁は議論して物事を明らかにすることだ。

논변은 의논하여 사항을 명확히 하는 것이다.

★ **演説** : 많은 사람 앞에서 자신의 주장・의견・주의를 말하는 것이나 도리나 의의 등을 진술하고 설득하는 것 또는 설명하는 것을 말한다.

◎ 演説は政治家の生命だ。　　연설은 정치인의 생명이다.

◎ 演説とは英語でスピーチという。 연설은 영어로 스피치라고 한다.

★ **獅子吼** : 연설회 등에서 의기 왕성하게 열변하는 것을 나타낸다. 원래
는 불교에서 나온 말로, 부처님의 설법을 사자가 포효하는 것
에 비유하여 표현한 말이며 글자의 뜻은 사자가 포효하는 것을
말한다.

◎ 獅子吼は仏の説法をたとえた語だ。

사자후는 부처의 설법을 비유한 말이다.

◎ 演説家が獅子吼をふるう。

연설가가 사자후를 떨치다.

★ **遊説** : 자기의 의견·주장 등을 각지를 돌아다니며 선전하는 것으로, 특
히 정치가 등이 각지를 연설하며 돌아다니는 것을 뜻한다.

◎ 選挙遊説は当選の早道だ。

선거 유세는 당선의 지름길이다.

◎ 遊説は政治家が各地を演説してまわることだ。

유세는 정치가가 각지를 연설하며 돌아다니는 것이다.

★ **大弁** : 대단히 훌륭한 구변·변설을 나타낸다.

◎ 大弁は訥なるが如し。 능변은 말을 더듬거리는 것과 같다.

(훌륭한 구변가는 가벼운 말을 하지 않기 때문에 오히려 말주변이 없는 것 같이
생각할 수도 있다는 뜻)

★ **達弁** : 막힘없이 능숙하게 하는 말솜씨를 나타낸다.

◎ 達弁だが内容は乏しい。 달변이지만 내용은 부족하다.

◎ 金中大は達弁家だ。 김중대는 달변가이다.

★ **能弁** : 말솜씨가 능숙한 것을 나타낸다.

  ◎ 金三永は能弁家だ。　　　　김삼영은 능변가이다.

  ◎ 能弁の反対語は訥弁だ。　　능변의 반대어는 눌변이다.

★ **弁舌** : 말을 잘하는 재주 또는 말하는 방법・태도 및 말하는 것을 나타
  낸다.

  ◎ 弁舌家だ。　　　　　　　유명한 변설가이다.

  ◎ 弁舌をふるう。　　　　　변설을 토하다.

★ **おしゃべり** : 지껄임・잡담을 하는 것을 나타낸다.

  ◎ 彼はおしゃべりだ。　　　그는 수다쟁이다.

  ◎ 女はおしゃべりの名人だ。　여자는 수다쟁이의 명인이다.

★ **駄弁** : 쓸데없는 잡담을 나타낸다.

  ◎ 駄弁を弄する。　　　　　잡담을 늘어놓다.

  ◎ 駄弁で時間をつぶす。　　잡담으로 시간을 보내다.

★ **雑談** : 쓸데없이 지껄이는 말이나 여러 가지 이야기를 하는 것 또는 명확
  하지 않은 세상 이야기를 하는 것을 나타낸다.

  ◎ 雑談は有益ではない。　　잡담은 유익하지 않다.

  ◎ 雑談する時間がない。　　잡담할 시간이 없다.

容疑者(ようぎしゃ)

犯罪者。嫌疑者。被疑者。

 용의자, 혐의자, 범죄자, 피의자

★ **容疑者** : 기소되지는 않았지만 범죄의 의심을 받아 수사의 대상이 되는
사람을 나타내고 법률적으로는 피의자라고 한다.

◎ 殺人事件の容疑者は行方を暗ましてしまった。

살인 사건의 용의자는 잠적해버렸다.

◎ 容疑者を捕らえる。

용의자를 잡다.

★ **犯罪者** : 죄를 범하거나 범죄 행위를 한 사람으로, 犯罪人・犯人이라고
도 한다.

※ 은어로 星라고 하여 경찰 관계에서 범인・용의자를 나타낸다.

◎ 犯罪者の末路は惨い。　　　범죄자의 말로는 비참하다.

◎ 性犯罪者はますます増える。 성 범죄자는 점점 늘어나다.

★ **嫌疑者** : 범죄를 저지르지 않았는지 의심받는 사람을 말한다.

◎ テロの嫌疑者が検挙される。　　テ러 혐의자가 검거되다.

◎ 強盗の嫌疑者として警察に捕まる。 강도 혐의자로 경찰에게 잡히다.

★ **被疑者** : 수사 기관에서 범죄의 혐의를 받고 있지만 공소의 제기를 받지
않은 사람 또는 기소되지 않은 사람을 나타낸다.

※ 기소 후에는 피의자 신분에서 피고인으로 바뀐다.

◎ 被疑者は何時でも弁護人を選任することができる。

피의자는 언제든지 변호인을 선임할 수 있다.

◎ 被疑者の資格で調査を受ける。

피의자의 자격으로 조사를 받다.

用心(ようじん)

注意。警告。警戒。戒め。留意。

조심, 주의, 경고, 유의, 경계, 유념

★ **用心** : 나쁜 일이 발생하지 않도록 마음을 기울이는 것이나 만일에 대
비하여 주의를 하는 일 또는 사전에 경계심을 갖고 태만하지 않
는 것을 나타내며, 특히 불도를 수행하는 사람의 마음 배려를
말한다.

◎ 用心に飽きはない。

주의에 싫증은 없다.(만일을 대비하는 것에 지나치다는 말은 있을 수 없다)

◎ 火の用心は寝ても覚めても。

　불조심은 자나 깨나.

★ **注意** : 어떤 일에 특별히 정신 차리는 것이나 경계하고 마음을 기울여

　　　　조심하는 것을 나타낸다.

◎ 車に注意する。　　　　　　　자동차에 주의하다.

◎ 風邪をひかないように注意する。 감기에 걸리지 않도록 주의하다.

★ **警告** : 좋지 않은 사건이 일어나지 않도록 사전에 알려서 주의를 촉구하

　　　　는 것을 말한다.

◎ 絶壁に近づくなと警告する。

　절벽에 가까이 가지 말라고 경고하다.

◎ 警告文に「禁止」と書いてある。

　경고문에 금지라고 쓰여 있다.

★ **警戒** : 피해·손실 등을 입지 않도록, 사전에 조심·주의하여 대비하는

　　　　것을 나타낸다.

◎ 金正一は警戒すべきの人物である。 김정일은 경계해야 할 인물이다.

◎ 警戒網を破る。　　　　　　　경계망을 뚫다.

★ **戒め** : 실수·과오·오류가 없도록 사전에 지켜야 할 주의·훈계·경고

　　　　를 통하여 행동을 금지·억제하는 것을 나타낸다.

◎ 親の戒めをよく守ること。　　부모의 훈계를 잘 지킬 것

◎ 戒めを厳重にする。　　　　　경계를 엄중히 하다.

★ **留意** : 어떤 사항을 마음에 간직하고 항상 조심하는 것을 나타낸다.

◎ 健康に留意する。　　　　　건강에 유의하다.

◎ 留意事項をよく読んでください。유의사항을 잘 읽어주세요.

要点(ようてん)

要所。核心。ポイント。ピント。正鵠。図星。急所。精ずい。

眞ずい。エッセンス。骨子。

요점, 핵심, 정수, 급소, 진수, 정곡, 포인트, 골자

★ **要点** : 사물의 귀중하고 필요한 것이나 중요하고 중심이 되는 골자를 나타내는 말이다.

◎ この本の要点はなんですか。책은 요점이 무엇입니까?

◎ 要点をまとめる。　　　　　요점을 정리하다.

★ **要所** : 중요한 장소·지점을 나타내며 또는 중요한 골자·관점을 말한다.

◎ 戦略上の要所だ。　　　　　전략상의 요소이다.

◎ この研究所の要所をおさえる。이 연구서의 골자를 파악하다.

★ **核心** : 사물의 가장 중심이 되는 중요한 부분이나 요점을 말한다.

◎ この事件の核心に触れる。　이 사건의 핵심에 이르다.

◎ 政党の核心人物となる。　　정당의 핵심 인물이 되다.

★ **ポイント** : 영어의 point에서 온 외래어로, 요점·득점 외에 점·소수
　　　　　점·활자 크기를 나타내는 단위 등의 뜻이 있다. 明治 시대부
　　　　　터 사용하였다.

◎ ポイントを押える。　　　요점을 파악하다.

※ ポイント를 활자 단위로 사용한 것은 明治 시대이다.

★ **ピント** : 네덜란드어의 brandpunt에서 온 외래어로, 초점과 사물의 요점
　　　　　을 나타내는 말. 江戸 시대부터 사용하였다.

◎ ピントが外れた話だ。　　요점이 벗어난 이야기다.
◎ ピントは英語では focusだ。　핀트는 영어에서는 포커스이다.

★ **正鵠** : 사물의 급소·요점·목표 또는 핵심을 말하며 과녁의 중심을 나
　　　　　타낸다.

◎ 彼は正鵠を得た批評をした。그는 정곡을 이해한 비평을 하였다.
◎ 正鵠を失する演説。　　　핵심을 잃은 연설

★ **図星** : 과녁의 중심이 되는 점을 말하며 급소·핵심을 나타낸다.

◎ 図星を突く話。　　　　　핵심을 찌르는 이야기
◎ 図星を指される。　　　　핵심을 딱 알아맞히다.

★ **急所** : 사물의 아주 중요한 부분을 말하며, 신체 중에서 생명에 매우 관

계되는 부위를 나타낸다.

◎ 問題の急所突く。　　　　문제의 급소를 찌르다.
◎ 先方の急所を打つ。　　　상대방의 급소를 치다.

★ **精ずい** : 사물의 본질이 되는 매우 중요한 부분이나 대단히 훌륭한 점을
　　　　나타낸다.

◎ 仏教の精ずいを習う。

　　불교의 정수를 배우다.

◎ 近代文学の精髄はリアリズムにある。

　　근대 문학의 정수는 사실주의에 있다.

★ **真ずい** : 사물의 본질적인 부분이나 현상의 가장 중요한 점을 뜻하는 말
　　　　이다.

◎ 文学の真ずいを味わう。　　문학의 진수를 음미하다.
◎ キリスト教の真ずいは愛だ。기독교의 참뜻은 사랑이다.

★ **エッセンス** : 영어의 essence에서 온 외래어로, 본질·정수를 나타내는
　　　　　말. 大正 시대부터 사용하였다.

◎ 日本文学にみる美のエッセンス　　일본 문학에서 보는 미의 정수.

★ **骨子** : 사물을 구성하는 것의 중심이 되는 부분을 말한다.

◎ 法案の骨子をまとめる。　　법안의 골자를 정리하다.

預金(よきん)

貯金。貯蓄金。信託。

 예금, 저금, 저축금, 신탁

★ **預金** : 은행 등의 금융 기관에 금전을 맡기는 것을 말한다.

◎ 普通預金。 보통예금

◎ 預金をおろす。 예금을 찾다

★ **貯金** : 우체국·농업협동조합 등에 금전을 맡기는 경우에 말한다.

◎ 郵便局で貯金を引き出す。 우체국에서 저금을 꺼내다.

★ **貯蓄金** : 금전을 모아 두는 것을 말하며 소득 가운데 소비하지 않고 장래를 위하여 모아 두는 돈을 나타낸다.

◎ 老年期には貯蓄金が要る。 노년기에는 저축금이 필요하다.

予見(よけん)

見込み。先見。予感。予覚。虫の知らせ。予想。見当。推測。予測。望み。予期。推量。はず。予算。予言。予定。つもり。予備。

예견, 선견, 예감, 예상, 예측, 가망, 예기, 예비, 추측, 예산, 예언, 예정, 짐작, 가능, 어림, 추량, 작정, 속셈, 의도, 예지

★ **予見** : 어떤 사건이 발생하기 전에 그 일을 사전에 예측하고 앞일을 내다본다는 뜻이다.

◎ 未来を予見する。　　　　미래를 예견하다.
◎ 洪水の發生を予見する。　홍수의 발생을 예견하다.

★ **見込み** : 앞서서 하는 예상·예정과 장래성·가능성을 나타낸다.

◎ 見込みのある選手。　　　장래성이 있는 선수
◎ 今年中にできる見込みです。금년 안에 될 예정입니다.

★ **先見** : 앞을 내다보는 능력과 사건이 발생하기 전에 미리 앞을 내다보고 아는 것을 말한다.

◎ 先見の明が人だ。　　　　선견지명이 있는 사람이다.
◎ その学者は先見の明がある。그 학자는 선견지명이 있다.

★ **予感** : 뭔가 일이 생길 것이라고 미리 사전에 느끼는 감정을 말한다.
◎ 危険を予感して注意する。　위험을 예감하고 주의하다.

◎ 悪い予感がする。　　　　　나쁜 예감이 든다.

★ **予想** : 어느 사건이 되어가는 과정·형편이나 결과를 미리 앞서서 헤아려 추측하는 것을 말한다.

◎ 成敗を予想する。　　　　성패를 예상하다.
◎ 予想が外れる。　　　　　예상이 어긋나다.
◎ 予想が的中する。　　　　예상이 적중하다.

★ **見当** : 전망·예상·예측·짐작 등을 나타낸다.

◎ 見当がつく勝負だ。　　　짐작이 가는 승부다.
◎ 見当が違う。　　　　　　예상이 틀리다.(어긋나다)

★ **はず** : 이유와 근거가 없다는 뜻으로, 어떤 사항을 강하게 부정하거나 현실이 당연히 귀결되어 성립하는 것을 표현한다.

◎ 彼がそんなことを言うはずがない。 그가 그런 것을 말할 이유가 없다.
◎ はずが合わない。　　　　　예상이 빗나가다.

★ **予測** : 장래에 어떻게 될지를 미리 아는 것. 지식·경험·정보 등에 기초하여 추측하고 헤아려 보는 것을 말한다.

※ 予想은 장래를 추측하는 뜻으로 광범위하게 사용하고, 予測은 구체적인 테마 등에 기초·근거하여 사용하는 경우가 많다.

◎ 景気の動向を予測する。　　경기의 동향을 예측하다.
◎ 工事の経費がかかるか予測する。 공사의 경비가 소요될까 예측하다.

★ **推量** : 사물의 사정·상태·정도 등이나 타인의 마음·심사 등을 헤아
려 보는 것, 문법 용어에서는 상상한 사항이나 불확실한 판단 등
을 일컫는 표현을 말한다.

◎ それは単に推量に過ぎない。 그것은 단지 추량에 불과하다.
◎ 相手の胸中を推量する。　상대의 마음을 추량하다.

※ 文法에서 **推量**을 표현하는 단어는 「よう」、「う」、「らしい」의 조동사와 「だろう」의 연
어가 있다.

★ **予算** : 어떤 목적을 위해 미리 필요한 비용을 어림하여 예정하는 것을
나타낸다.

◎ 予算の枠をはみだす。　예산의 범위를 초과하다.
◎ 国会で予算審議をする。　국회에서 예산 심의를 하다.

★ **望み** : 기대·희망등 바라는 마음을 나타낸다.

◎ 子の将来に望みをかける。　자식의 장래에 희망을 걸다.
◎ 成功の望みはない。　성공의 가망은 없다.

★ **つもり** : 말하는 사람의 지속적인 의지·의향 등을 표현하고, 제삼자의
의지·의향을 나타낼 때는 아래에 의문이나 추량 등의 문장을
이룬다.

◎ 私は日本へ行くつもりです。
나는 일본에 갈 예정입니다.
◎ 彼は日本大学に留学するつもりらしい。
그는 일본 대학에 유학할 작정인 것 같다.

★ **予言** : 미래의 일을 예측하는 것과 그와 관련된 말을 나타낸다.

　◎ 予言が的中する。　　　　　예언이 적중하다.

　◎ 予言者は将来を見通す。　　예언자는 장래를 예견하다.

★ **予期** : 그렇게 될 것이라고 사전에 기대하고 각오하는 것으로, 예상과
　　　　비슷한 말이지만 기대나 각오를 가지고 기다리는 마음이 강하다.

　◎ 予期したとおりの成果を得る。기대한 대로의 성과를 얻다.

　◎ 予期しない事態にとまどう。　예기치 않은 사태에 당황하다.

★ **予備** : 미리 사전에 준비해두는 것을 나타낸다.

　◎ 予備調査。　　　　　　　　예비 조사

　◎ 予備タイヤで修理する。　　예비 타이어로 수리하다.

夜(よる)

夜。夜分。夜間。晩。ナイト。夜。夜さり。夜半。

밤, 야간

★ **夜** : 일몰에서 일출까지의 사이를 나타내며, '어두운 동안'이라는 뜻이다.

　◎ 夜遅くまで勉強する。　　　밤늦게까지 공부하다.

　◎ 夜がふける。　　　　　　　밤이 깊어가다.

★ 夜 : 일몰에서 일출까지의 사이, 밤중을 나타낸다.

    ◎ 夜があける。   날이 밝다.

    ◎ 夜毎TVを見る。   밤마다 TV를 보다.

    ◎ 夜桜の見物。   밤 벚꽃 구경

★ 夜分 : 밤을 나타내는 한자말이며 야간의 뜻이다.

    ◎ 夜分おじゃまします。   밤중에 실례합니다.

    ◎ 夜分は家にいます。   밤중에는 집에 있습니다.

★ 夜間 : 일몰하여 일출까지의 사이를 나타낸다.

    ◎ 夜間には英語を学ぶ。   야간에는 영어를 배운다.

    ◎ 夜間競技は野球試合が多い。 야간 경기는 야구 시합이 많다.

★ 晩 : 夜와 같은 뜻으로도 사용하고 저녁의 뜻도 있다.

    ◎ 今晩。 오늘 밤 (今夜)   ◎ 毎晩。 매일 밤 (夜毎)

※ 宵 〈 夕 〈 晩 〈 夜의 순으로 어둠이 깊어가는 느낌이 있다.

★ ナイト : 영어의 night에서 온 외래어로, 복합어를 만들어 사용하며 明治
시대에 사용을 시작하였다.

    ◎ ナイトーゲーム。   야간 경기(야간 시합)

    ◎ ナイトークラブ。   나이트클럽(야간 사교장)

※ knight와 표기와 발음이 같아 혼동하기 쉬운 말이다.

★ 夜 : 밤을 나타내는 말로, 漢音이고 造語에서 사용된다.

◎ 夜景　야경(밤의 경치)　　◎ 徹夜　철야(밤샘)

※ 夜さり : 밤을 나타내는 雅語. さり는 来る의 뜻으로, 오늘 밤의 뜻으로 사용하기도 함.
・夜さりなぜ官が来たのか。밤중에 왜 관리가 왔는가.
※ 夜半 : 한밤중을 나타내는 말로, 雅語에 속한다. やはん이라고 읽으며 의미는 같다.
・夜半の月は望月です。　한밤중의 달은 추석 보름달입니다.
・夜半の雨は私の涙わよ。한밤중의 비는 나의 눈물이어요.

世論(よろん)

輿論。公論。衆論。世論。民声。世評。時論。

여론, 공론, 중론, 세론, 민성, 세평, 시론

★ 世論 : 세간의 일반인들 생각이나 의견 또는 사회 대중의 공통된 민심을 나타내는 말이다.

※ 世論은 輿論의 대치된 말로, 世論이 輿論이라고 오독된 것이 일반화된 말이다.

◎ 世論に耳を傾ける。　　여론에 귀를 기울이다.

◎ 世論調査。　　　　　　　　여론 조사

★ **公論** : 사회 일반의 공통된 의견이나 여럿이 모여 공정하게 의논된 내용
을 나타내는 말이다.

◎ 民主政治は公論を重視する。
민주 정치는 공론을 중시한다.

◎ 公論に従って開発事業に取りかかる。
공론에 따라서 개발 사업에 착수하다.

★ **衆論** : 많은 사람의 의견이나 의논을 나타내는 말이다.

◎ 衆論を無視する政治家。　　중론을 무시하는 정치가.

◎ 衆論が期せずして一致する。　중론이 우연히 일치하다.

★ **民声** : 국민・인민의 목소리 또는 사회의 여론을 나타낸다.

◎ 民声は民衆の心だ。　　　　민성은 민중의 마음이다.

◎ 民声は民意の声だ。　　　　민성은 민의의 목소리다.

★ **世評** : 세간의 일반적 평판과 떠도는 소문을 나타낸다.

◎ 世評に気にする。　　　　　세평에 신경을 쓰다.

◎ 世評を無視して出馬する。　세평을 무시하고 출마하다.

★ **時論** : 그 당시의 사회 전반에 퍼져 있는 견해나 시사에 관한 평론을 말
한다.

◎ 時事の時論は変わりやすい。시사의 시론은 변하기 쉽다.

落成(らくせい)

竣工。完工。完成。完了。出来上がり。

낙성, 준공, 완공, 완성, 완료

★ **落成** : 공사가 끝나고 건조물 등이 완성되는 것을 나타낸다.

◎ 新庁舎が3年ぶりに落成した。　신청사가 3년 만에 낙성되었다.
◎ 落成式は明日ある。　　　　　낙성식은 내일 있다.

★ **竣工** : 건축 공사나 토목 공사 등이 마무리되어 마치는 것을 나타낸다.

※ 竣은 終わる의 뜻이다.

◎ 漢江大橋が竣工する。　　한강 대교가 준공되다.
◎ 今年竣工した校舎。　　　금년 준공된 교사

★ **完工** : 공사를 끝내고 완성하는 것을 나타낸다.

※ 반대어로는 着工・起工이 있다.

◎ 錦江のダムが完工した。　　금강의 댐이 완공되었다.
◎ 地下鉄の工事が完工する。　지하철 공사가 완공되다.

★ **完成** : 완전하게 성공적으로 일을 끝내어 다 된 것을 나타낸다.

◎ 人生は自己完成の機会だ。

인생은 자기완성의 기회다.

◎ まず、線路を完成することが必要だ。

우선 선로를 완성하는 것이 필요하다.

★ **完了** : 완전하게 끝나는 것 또는 끝내는 것을 나타내며 文法에서 사용하면 동작·작용 사건이 완결되고 완결 상태가 된 것을 나타내는 표현 형식을 말한다.

◎ 補修工事が完了する。　　보수 공사가 완료되다.

◎ 準備完了。　　　　　　준비 완료.

★ **出来上がり** : 완성이나 성과를 나타내는 말.

◎ 出来上がりを待つ。　　　　완성을 기다리다.

◎ 出来上がりまで20日はかかる。완성까지 20일은 걸린다.

落葉(らくよう)

落ち葉。紅葉。紅葉。枯れ葉。

낙엽, 단풍, 고엽

★ **落葉** : 나무의 잎이 시들거나 말라서 떨어진 것이나 또는 그 잎사귀를

말한다.

◎ 落葉は秋だ。　　　　　　　낙엽은 가을이다.
◎ 秋風に散る落葉の如し。　　가을바람에 떨어지는 낙엽 같다.

★ 落ち葉 : 낙엽의 뜻으로, 시들어 떨어진 잎을 말한다.

◎ 落ち葉の雨。　　　　　　　낙엽 비

(낙엽이 비 오듯 떨어지는 것과 낙엽의 소리를 비 오는 것에 비유한 말)

★ 紅葉 : 늦은 가을에 나뭇잎이 붉은색이나 노란색 등으로 물드는 것, 또는
　　　 그 잎사귀를 말한다.

◎ 雪嶽山の紅葉は美しい。　　설악산 단풍은 아름답다.
◎ 紅葉狩りに行く。　　　　　단풍놀이 가다.

★ 紅葉 : 가을이 되어 낙엽관목의 잎이 황색으로 변하는 것 또는 그 잎사귀
　　　 를 말한다.

◎ 山山が紅葉する。　　　　　산들이 단풍들다
◎ 丹楓は日本語で紅葉と言う。단풍은 일본어로 홍엽이다.

★ 枯れ葉 : 마르고 시든 나뭇잎이나 풀잎을 말한다.

◎ 枯れ葉を踏む。　　　　　　고엽을 밟다.

羅列(られつ)

陳列。列挙。並び。行列。並列。隊列。

나열, 진열, 열거, 행렬, 병렬, 대열

★ **羅列** : 여러 개를 죽 늘어놓거나 한 줄로 나란히 늘어선 모양을 나타낸다.

　◎ 名前を羅列する。　　　　　이름을 나열하다.

　◎ 美辞麗句を羅列する。　　　미사여구를 나열하다.

★ **陳列** : 여러 사람에게 보이기 위하여 상품이나 물품 따위를 늘어놓는 것
　　　을 말한다.

　◎ 商品を陳列する。

　　　상품을 진열하다.

　◎ 陳列台の上に新刊書が陳列されている。

　　　진열대 위에 신간 서적이 진열되어 있다.

※ 陳列과 구별해야 할 단어이다.

★ **列挙** : 하나하나씩 늘어놓는 것과 여러 가지 사실이나 사례를 낱낱이 들
　　　어 말하는 뜻이다.

　◎ 罪状を列挙する。　　　　　죄상을 열거하다.

　◎ 条件を列挙する。　　　　　조건을 열거하다.

★ 並び : 동사 並ぶ에서 전성된 명사로, 같은 방향으로 향하여 줄을 만들
거나 질서정연하게 배열하는 뜻이다.

◎ 病院の並びにある薬局。　　병원과 같은 줄에 있는 약국.
◎ 花屋の並びのパン屋。　　　꽃가게 줄에 있는 빵집.
◎ 歯の並びがきれいだ。　　　치열이 예쁘다.

★ 行列 : 많은 사람들이 질서 있게 줄선 모양. 수학에서 行은 가로의 열
이고 列은 세로의 열을 말한다.

◎ 祝賀行列が続く。　　　　축하 행렬이 계속되다.
◎ デモの行列が道路を埋める。 데모 행렬이 도로를 막다.

★ 並列 : 두 개 이상의 것이 줄지어 나란히 늘어선 모양이나 건전지 따위가
같은 극끼리 연결되어 이어지는 것을 말한다.

◎ 木材を一定間隔に並列する。 목재를 일정 간격으로 병렬하다.
◎ 並列回路。　　　　　　　병렬 회로

★ 隊列 : 줄을 지어 늘어선 모양으로, 하나의 군대나 모임의 행렬을 말한다.

◎ 隊列を組んで行進する。　　대열을 지어 행진하다.
◎ 行軍の隊列を整える。　　　행군의 대열을 정돈하다.

理由(りゆう)

訳。原因。由。故。口実。理屈。弁明。遁辞。言い訳。弁解。
文句。言い分。事由。事訳。縁故。愚痴。

이유, 까닭, 원인, 구실, 핑계, 빌미, 푸념, 변명, 트집, 곡절, 연유,
사유, 불평, 연고, 영문, 형편, 꼬투리, 시비, 둔사

★ **理由** : 어떤 사항이 그렇게 될 수밖에 없는 사정이나 근거와 변명·구실
을 나타낸다.

　◎ 経済的な理由で事業を中止する。　경제적인 이유로 사업을 중지하다.
　◎ 疾病を理由に学校を休む。　　　　질병을 이유로 학교를 쉬다.

★ **訳** : 사물의 이유·사정 또는 일의 경과·경위를 나타낸다.

　◎ 理解できるように訳を説明してください。
　　할 수 있도록 이유를 설명해 주세요.
　◎ 彼女は訳もなく泣きだす。
　　그녀는 이유도 없이 울기 시작한다.

★ **原因** : 어떤 사항이나 상태가 생기는 근원·기원·이유를 말한다.

　◎ 交通事故の原因を明らかにする。　교통사고의 원인을 밝히다.
　◎ 火事の原因はタバコの火だった。　화재의 원인은 담뱃불이었다.

★ **由** : 이유·까닭·연유·사정의 뜻을 지닌 말로, 사물이 일어나는 이유
및 관계성을 나타낸다.

◎ 由ありげな顔をしている。　이유 있음직한 얼굴을 하고 있다.

◎ 由もなく反対する野党。　이유도 없이 반대하는 야당

★ **故** : 깊은 이유와 원인 및 사물의 확실한 이유·원인을 나타내며, 체언·

활용어의 연체형에 결합하여 원인·이유의 뜻을 지닌다.

◎ 故あって離婚しました。　이유가 있어 이혼하였다.

◎ 故なき辱しめを受ける。　까닭 없이 욕을 듣다.

★ **口実** : 변명·핑계의 발뺌이나 비난·공격에 대한 트집·억지나 그와

관련된 말을 나타낸다.

◎ 病気とか、家の中が片付かないとか、口実を設けて拒んでしまった。

병이라든가, 집안이 어수선하다든가 구실을 붙여 거절하였다.

★ **理屈** : 불평·투덜댐·핑계의 뜻으로 사용하여, 자기주장을 합리화 하

려는 표현이다.

◎ 理屈をこねる。

억지를 부리다(이것저것 핑계를 댄다는 뜻)

◎ 理屈屋。

이론만 내세우는 사람.

★ **弁明** : 설명하여 사항을 확실하게 하는 것, 또는 弁解의 뜻으로, 핑계와

같은 뜻으로도 사용한다.

◎ 発言の意図について弁明する。　발언의 의도에 대하여 변명하다 .

◎ 弁明の余地がない。　　　　　　변명의 여지가 없다.

★ **遁辞** : 발뺌하는 말·변명의 뜻으로 사용하는 말이다.

　◎ 遁辞弄する。　　　　　　　발뺌하는 말을 지껄이다.

★ **文句** : 상대에 대한 불평·불만 등의 자기 할 말을 나타낸다. 비슷한 말로 言い分·苦情등이 있다.

　◎ いちいち文句をつける。　　빠짐없이 트집을 걸다.

※ 文句는 문구·문장 중의 어귀를 나타내는 뜻도 있다.
　· 読本の文句にある詩歌。 독본의 문구에 있는 시가.

★ **事由** : 어떤 사건에서 발생한 원인·이유를 나타내며, 법률에서는 직접적인 이유·원인이 되는 사실을 말한다.

　◎ いかなる事由があろうが入場は許さない。
　　어떠한 사유가 있더라도 입장은 허락하지 않는다.
　◎ 事由書を出してください。
　　사유서를 제출해주시오.

★ **縁故** : 어떤 사항의 근거·원인을 나타낸다.

※ 혈연·인척 관계·타인과의 관계를 나타내는 말이다.

　◎ 何か縁故があることでしょう。 뭔가 연고가 있는 것이겠지요.

※ 縁故権。 연고권(어떤 사항에 깊은 관련이나 인연 등이 있어서 우선권·기득권을 행사할 수 있는 권한·권리를 말한다.)

★ **愚痴** : 푸념・게정・불평을 나타내는 말로, 말해도 방법이 없는 것을 말
하며 분개하는 뜻이 있다.

◎ 愚痴をこぼす。　　　　　　　푸념을 하다.

※ 불교에서 사용하는 말로, 어리석어 생각이 미혹한 것・사물의 시비를 모르는 것을 나타낸다.
・愚痴の闇。　어리석어 사물의 이치를 모르는 것을 어둠에 비유하여 표현한 말.

了承(りょうしょう)

承諾。承知。許諾。許し。許可。黙認。承認。納得。合点。理解。
会得。

> 납득, 양해, 승낙, 허락, 허가, 승인, 수긍, 이해

★ **了承** : 사정을 이해하고 요구하는 사항을 동의하고 들어주는 것 또는 알
아들어서 받아들이는 뜻을 나타낸다.

◎ 提案を了承する。　　　　　제안을 받아들이다.
◎ よろしく御了承下さい。　　잘 양해하여 주십시오.

★ **承諾** : 상대방의 의뢰・요구 등을 양해하여 받아들이는 뜻이다.

◎ やむなく承諾する。　　　　어쩔 수 없이 승낙하다.
◎ 事前承諾。　　　　　　　　사전 승낙

★ **承知** : 상대의 의뢰・희망사항・명령 등을 들어주는 것과 상세한 내용
　　　이나 사정을 자세히 알고 있는 것을 나타낸다.

　　◎ 確かに承知いたしました。　정확히 알겠습니다.

　　◎ ご承知のとおり。　　　　　잘 아시는 바와 같이.

※ ~しない의 문형으로 하여 '용서하지 않다'의 뜻이 된다.
・今度の約束をほごにすると承知しない。이번 약속을 파기하면 용서하지 않는다.

★ **許諾** : 상대의 요구・희망을 받아들여 승낙하는 의미가 있다.

　　◎ 申請者に許諾を与える。　　신청자에게 허락을 부여하다.
　　◎ 青少年の入場を許諾する。　청소년의 입장을 허락하다.

★ **許し** : 허가하는 뜻과 죄나 과실 따위를 책망하지 않고 용인하는 것을
　　　나타내며 예도에서는 스승이 제자에 주는 면허를 뜻하는 말로 사
　　　용한다.

※ 동사 許す에서 명사화한 말이다.

　　◎ 先生の許しを得る。　　　선생님의 허가를 얻다.
　　◎ 許しを請う。　　　　　　용서를 빌다.

※ 許しを取る。면허를 따다(스승에게서 인정받는 의미)

★ **許可** : 출원한 사항에 대하여 그 내용을 인정하고 허락하는 뜻이다.

　　◎ 入学を許可する。　　　　입학을 허가하다.

◎ 入山するとき許可が要る。　　입산할 때 허가가 필요하다.

★ **黙認** : 모르는 체 하면서 잠자코 있는 상태로, 슬며시 인정하거나 허락하
는 뜻이다.

◎ 学生の遅刻を黙認する。　　학생의 지각을 묵인하다.

◎ この件は黙認しがたい。　　이번 건은 묵인하기 어렵다.

★ **承認** : 어떤 사항이 정당하고 사실이라는 것을 인정하여 허락하거나 유
효성을 부여한다는 뜻이 있다.

◎ 事後承認は裁量にまかせる。　　사후 승인은 재량에 맡긴다.

◎ 出張について上役の承認を得る。　출장에 대하여 상사의 승인을 득하다.

★ **納得** : 타인의 생각이나 행위 등을 잘 알아차려 이해하고 인정하는 뜻
이다.

◎ 彼は納得のいかない話をしている。

　　그는 납득되지 않는 이야기를 하고 있다.

◎ 十分に説明して納得させる。

　　충분히 설명하여 납득시키다.

★ **合点** : がってん에서 나온 말로, 상대방의 말 등을 승낙하여 수긍하는
뜻이 있고, 일본의 시가를 비평할 때 좋다고 하는 것에 점을 찍는
것을 나타낸다.

◎ 合点がいかない。　　　　　수긍이 안 간다.

◎ 頼みます。はい、合点です。부탁합니다. 네, 알았습니다.

★ **理解** : 사물의 이치나 도리를 알고, 의미 · 내용 등을 정확하게 판단하는
것 또는 타인의 입장이나 심정을 짐작하는 것을 말한다.

　◎ 彼女の話理は理解しにくい。　그녀의 이야기는 이해하기 어렵다.
　◎ 他人を理解させるのは難しい。 타인을 이해시키는 것은 어렵다.

★ **会得** : 충분히 이해하여 자기의 것으로 하는 뜻이다.

　◎ 運転する方法を会得する。　운전하는 방법을 터득하다.
　◎ 水泳の骨を会得する。　　수영의 요령을 터득하다.

旅館(りょかん)

> 宿屋。宿。旅屋。はたごや。ホテル。モーテル。ユースホステル。
> イン。どや。

> 여관, 여인숙, 주막집, 호텔, 모텔, 유스호스텔, 인

★ **旅館** : 손님, 여행객 등이 숙박하는 것을 영업으로 하는 집으로, 대개 日
本風의 것을 나타낸다.

　◎ 駅前の旅館に泊る。　　역 앞의 여관에 머물다.
　◎ この旅館は和風である。　이 여관은 일본식이다.

★ **宿屋** : 여행객을 숙박시켜서 영업하는 집을 나타내고, 여관보다는 규모
가 작고, 대개 노인들의 말이다. 또는 유곽에서 유녀들을 불러와

유흥을 하는 집을 말한다.

※ 유녀들과 노는 집을 置屋라고 한다.

◎ 宿屋は宿泊所だ。だが、宿泊所はやや古い言葉だ。

여인숙은 숙박소이다. 그렇지만 숙박소는 조금 옛말이다.

★ 宿 : 여행지에서 묵을 수 있는 宿를 나타내면서 宿屋와 비슷한 말이다.

◎ 海辺の宿はすこし高い。　　해변의 숙소는 조금 비싸다.

★ 旅屋 : 여행자가 숙박하고 머물 수 있는 곳으로, 旅宿와 비슷한 말이다.

◎ この辺にはよい旅屋がある。 이 주변에 좋은 여인숙이 있다.

★ はたごや : 江戸 시대 여행객의 식사・숙박이 가능하였던 여인숙이다.

◎ はたごに泊る。　　　　여인숙에 묵다.

★ ホテル : 서양식 설비를 갖춘 숙박 시설로, 고급 여관을 말한다. 일본식
으로 좀 고급스러운 여관을 나타내기도 한다. 이 말은 외래어로
明治 시대부터 사용하였다.

★ モーテル : 자동차를 이용하고 있는 여행자를 위한, 차고가 설치된 숙박
소로, moter와 Hotel의 합성 외래어이다. 이 말은 현대에 와서
사용되었다.

◎ モーテルには駐車場が必ずある。 모텔에는 주차장이 반드시 있다.

★ **ユースホステル** : 청소년 여행자를 위하여 설치한 건전하고 저렴한 숙박

소이다. 외래어이고 현대에 들어와서 생겼다.

◎ 日本の国内なはよいユースホステルが多い。

일본 국내에는 좋은 유스호스텔이 많다.

★ **イン** : 작은 호텔이나 여관 종류로, 여인숙에 가까운 시설의 숙박소. 영

어의 inn이다.

★ **どや** : 宿屋의 역순으로 표기한 말로, 간이 여관을 나타내는 속어이다.

◎ どやは宿泊料が安い。　　　간이 여인숙은 숙박료가 싸다.

隣国(りんごく)

外国。他国。異国。外邦。異邦。とつくに。敵国。友邦。

인국, 외국, 타국, 이국, 외방, 이방, 적국, 우방

★ **隣国** : 거리가 가까운 나라로, 이웃 나라의 뜻이며 隣邦이라고도 한다.

◎ 日本は隣国だ、　　　　　일본은 이웃 나라다.
◎ 隣国の領海を侵す。　　　이웃 나라 영해를 침범하다.

★ **外国** : 자기 나라 이외의 모든 나라를 말한다.

◎ 農産品を外国に輸出する。　농산품을 외국에 수출하다.

◎ 外国にいる兄弟が見たい。　외국에 있는 형제가 보고 싶다.

★ **他国** : 다른 나라・남의 나라의 뜻이다.

◎ 他国の文化に触れる。　　타국 문화에 접하다.

★ **異国** : 문화・풍습 등이 전혀 다른 남의 나라를 말한다.

◎ 濟州道は異国的な風物が多い。　제주도는 이국적인 풍물이 많다.

★ **とつくに** : 예스러운 말씨로, 외국을 나타내며 外つ国라고 표기하기도 한
다. つ는 현대어이 조사 の와 같다.

◎ 外つ国は外国の意味だ。　　외국은 외국의 뜻이다.

★ **友邦** : 상호 친밀하게 교류하는 국가라는 뜻이다.

◎ 米国は我が国の友邦である。　미국은 우리나라의 우방이다.

★ **敵国** : 상호간 적대 관계에 있는 나라 또는 전쟁 상대국의 뜻이다.

◎ 敵国は何時が友邦となる。　적국은 언젠가는 우방이 된다.

倫理(りんり)

道徳。人倫。モラル。道理。

윤리, 도덕, 인륜, 도리, 모럴

★ **倫理** : 사람으로서 마땅히 이행하고 인간관계에서 지켜야 할 도리를 말한다.

◎ 倫理にもとる行為。　　　　윤리에 어긋나는 행위.
◎ 現代の政治には倫理が見えない。　현대 정치에는 윤리가 보이지 않는다.

★ **道徳** : 사람이 지켜야 할 정당한 원리와 원리에 따라서 육성된 사람이 행해야 할 습관과 규범으로, 사회생활의 질서를 성립시키기 위한 정신적 기준이 되는 것을 나타낸다.

◎ 道徳は人間生活の基本的な規準だ。
　도덕은 인간 생활의 기본적 규준이다.
◎ 交通道徳を守る。
　교통도덕을 지키다.

★ **人倫** : 사람으로서 지키고 행해야 할 도덕으로, 군신·부자·형제·부부 등의 관계 및 인간관계에서 질서를 유지하는 도리를 나타내는 말이다.

◎ 人倫にもとる行為。　　　　인륜에 어긋나는 행위.
◎ 人倫道徳。　　　　　　　　인륜 도덕

★ モラル : 영어의 moral에서 온 외래어로, 도덕을 나타내며 明治 시대부터
　　　　 사용하였다.

◎ モラルは行為の正邪とその区別に関する態度だ。

　　모럴은 행위의 바른 일・사악한 일과 그 구별에 관한 태도이다.

◎ 道徳とは西洋の語でモラルと言う。

　　도덕이라는 것은 서양어로 모럴이라고 한다.

★ 道理 : 올바른 윤리・당연한 일을 나타내고 인간으로서 마땅히 지켜야
　　　　 할 일을 말한다.

◎ 道理に適った説明だ。　　　두리에 맞는 설명이다.

◎ 夫の道理を果たす。　　　　남편의 도리를 다하다.

累計(るいけい)

総計。合計。合算。トータル。

누계, 총계, 합계, 합산, 토털

★ 累計 : 小計한 내용을 거듭 합산하여 合算하는 뜻이다.

◎ 選挙の得票数を累計する。　선거 득표수를 누계하다.

◎ 支出の累計を出す。　　　　지출 누계를 내다.

★ **総計** : 전체의 수를 합산하여 계산하는 것을 나타낸다.

◎ 総計を出す。　　　　　　　총계를 내다.

★ **合計** : 모든 수량을 가산하여 총수량을 나타내는 것이다.

◎ 合計金額。　　　　　　　합계 금액

◎ みんなで合計1万円です。　모두 합계 만 엔입니다.

★ **合算** : 몇 개의 수량을 합쳐서 계산하는 것으로, 合計와 비슷한 뜻의 말이다.

◎ ここには飯代も合算されています。

　여기에는 식비도 합산되어 있습니다.

★ **トータル** : 합계하는 것이나 총계를 나타내는 외래어로, 영어의 total에서 온 말. 大正 시대부터 사용되었다.

◎ トータルを出す。　　　　　합계를 내다.

礼儀(れいぎ)

行儀。作法。仕来り。習わし。エチケット。礼節。マナー。

예의, 예절, 예법, 에티켓, 매너, 관습, 관례

★ **礼儀** : 사회생활의 질서와 원활한 인간관계를 지키기 위하여 해야 할 행

동 규범 및 상대에게 경의를 표하는 것을 말한다.

◎ 礼儀に外れた行動。　　　예의에 벗어난 행동

◎ 礼儀正しい学生。　　　예의 바른 학생

★ **行儀** : 일상생활에서 예의에 맞는 행동이나 태도를 나타낸다.

◎ 行儀のよい学生は成績もよい。

예의 있는 학생은 성적도 좋다.

◎ 最近は行儀を強要するのは無理だ。

최근에는 예절을 강요하는 것은 무리다.

★ **作法** : 어떤 행동을 할 때, 관례가 되어 있는 방법・또는 관습을 말한다.

또는 행동의 본보기가 되는 올바를 법식을 나타낸다.

◎ 教室の作法はくずれている。　교실의 예절은 흐트러졌다.

◎ 食事作法。　　　　　　　식사 예절

★ **仕来り** : 일정 지역이나 집단 안에서 관례나 관습에 의하여 정해진 법식

을 말한다.

◎ 安東の仕来りに従う。　　　안동의 관습에 따르다.

※ 이 단어는 かな書き도 많다.

★ **習わし** : 관습・습관・풍습을 나타내는 말이다.

◎ 冬至に小豆がゆを食べる習わし。　동지에 팥죽을 먹는 풍습.

◎ 江陵の習わしの中で仮面舞いある。 강릉의 풍습 중에 가면 춤이 있다.

★ **エチケット** : 프랑스 말에서 온 외래어로, 사교상의 예의・예절을 나타내며, 昭和 시대부터 사용하였다.

  ◎ 食卓でのエチケット。 　　식탁에서의 에티켓.
  ◎ 公衆浴場でのエチケット。 　공중목욕탕에서의 에티켓.

★ **礼節** : 예의와 절도나 범절・예법을 나타내는 말이다.

  ◎ 衣食足りて礼節を知る。 　　의식의 부족함이 없어야 예절을 안다.
  ◎ 韓国人は礼節を大切にする。 한국인은 예절을 소중히 한다.

★ **マナー** : 영어의 manner에서 온 외래어로, 예의범절・몸가짐의 뜻. 현대에 들어와서 사용한 말이다.

  ◎ マナーは民衆市民の身ごなしだ。
    매너는 민주 시민의 몸가짐이다.
  ◎ 運転のマナーは運転手の基本的義務だ。
    운전 매너는 운전사의 기본적 의무이다.

連日(れんじつ)

毎日。 日日。 一日一日。 日ごと。 その日その日。 日日。

> 매일, 날마다, 일일, 하루하루, 나날, 그날그날, 연일

★ **連日** : 어느 기간 동안 계속하여 매일 이어지는 것을 나타낸다.

◎ 連日の雪で交通事故が多い。　연일 눈으로 교통사고가 많다.

◎ 連日日本語に励む。　　　　　연일 일본어에 힘쓰다.

★ **毎日** : 그날그날・날마다의 뜻으로, 日ごと・日日・毎ひ毎ひ・まい
じつ와 같은 의미가 있다.

◎ 充実な毎日を送る。　　　　충실한 매일을 보내다.

◎ 毎日朝7時に出勤する。　　매일 아침 7시에 출근하다.

※ 毎日毎日는 毎日을 강조한 말이다.

※ 일본어는 같은 말을 거듭 사용하면 강조의 뜻이 있거나 복수의 의미가 있다.

- 毎日毎日 : 매일매일(강조)　　　　· 山山 : 산들(복수)
- 花花 : 꽃들(복수)　　　　　　　· 人人 : 사람들(복수)
- 毎度毎度 : 매번・ 항상(강조)

★ **日日** : 매일・하루하루를 나타낸다.

◎ 日日の生活に困る。　　　　하루하루의 생활이 곤란하다.

◎ 日日これ好日。　　　　　　날마다 좋은 날　↔　日日これ好日。

老人(ろうじん)

年寄(としよ)り。老翁(ろうおう)。隠居(いんきょ)。老爺(ろうや)。老頭児(ロートル)。ご老体(ろうたい)。翁(おきな)。翁(おう)。爺(や・じじい)。
老婆(ろうば)。嫗(おうな)。おいぼれ。ばばあ。老(お)い。

 노인, 노야, 영감, 늙은이, 노틀, 늙정이, 늙으신네, 노파, 할아버지,
할머니

★ **老人** : 나이를 많이 먹은 사람・늙은이의 뜻으로, 대게 65세 이상을 노인
이라고 하는 경우가 많다.

◎ 老人(ろうじん)の日(ひ)は9月(くがつ)15日だ。
노인의 날은 9월 15일이다.

◎ 老人(ろうじん)の日(ひ)が敬老(けいろう)の日(ひ)で改称(かいしょう)された。
노인의 날이 경로의 날로 개창되었다.

★ **年寄り** : 나이 든 사람・노인을 말하며, 옛날에는 武家에서 정무에 참여
하던 중신을 가리키던 말이다. 또는 스모에서 은퇴한 사람으로
일본 씨름 협회의 평의원이나 운영, 지도하는 사람을 말한다.

◎ 年寄(としよ)りは年寄男(としよりおとこ)と年寄女(としよりおんな)の総称(そうしょう)だ。
노인은 남자 노인과 여자 노인의 총칭이다.

◎ 年寄(としよ)りは健康(けんこう)が一番(いちばん)だ。
노인은 건강이 제일이다.

★ **老翁** : 나이 든 남성을 나타내는, 늙은 남자의 문어적 표현어이다.

◎ 白髪(はくはつ)の老翁(ろうおう)はひとり住(す)む。   백발의 노옹은 혼자 산다.

★ **隠居** : 일터에서 벗어난 노인이라는 뜻이 있고 自称으로 사용한다.

※ 이 말의 뜻에는 세상살이를 피하여 한적한 산·시골에서 거처하는 것을 나타낸다.

◎ 山中に住んでいるご隠居さん。　산속에 살고 있는 영감님.

★ **老爺** : 나이 든 남성을 나타낸다. 대개 손윗사람이나 노인을 존경하는 뜻이 있다.

※ 爺는じじい 또는 じじ로 訓読하면 남자 늙은이, や로 읽으면 아버지의 속칭 또는 노인의 뜻이다.

◎ 老爺が花見に行く。　　노인이 벚꽃 구경하러 가다.

★ **老頭児** : 중국어(lao-t'ou-rh)에서 온 외래어로, 노인이라는 뜻이며 明治시대부터 사용하였다.

◎ ロートルより若者のほうが碁の実力がうまい。
　노인보다 젊은이 쪽이 바둑 실력이 좋다.

★ **ご老体** : 나이든 몸·노인의 체구를 나타내며 접두어를 붙여 노인의 존칭어로 사용한다.

◎ ご老体を煩わす。　　노인을 귀찮게 하다.

※ 老体와 비슷한 말로 老躯·老骨이 있다.

★ 翁^{おきな} : 예스러운 말씨로, 나이를 먹은 남성 노인을 나타낸다.

◎ 竹取^{たけとり}の翁^{おきな}。

다케토리의 영감(노인)(전설 및 문학 작품에서 등장하는 인물)

※ 竹取物語는 2권으로 되어있고 작자는 미상이며 平安초기에 성립된 이야기집이다.

★ 爺^や : 이 말은 父와 老人의 존경의 뜻이 있고 じじい로 읽으면 老年의 남자를 나타낸다.

◎ 好好爺^{こうこうや}。   마음 좋은 할아버지.

★ 老婆 : 나이 든 여성을 나타내며 늙은 여자·할머니의 뜻이다.

◎ 老婆の手^てはしわくちゃになる。   노파 손은 쭈글쭈글하다.

★ 婆 : 나이 많은 늙은 여성을 말한다.

◎ 80あまりの婆が杖^{つえ}にすがる。   80 남짓한 노파가 지팡이에 의지하다.

★ 媼 : 예스러운 말씨로, 나이를 많이 먹은 여성을 나타낸다.

◎ 媼と翁は人生^{じんせい}の苦^{くる}しい立場^{たちば}に置^おかれる。

할머니와 할아버지는 인생의 괴로운 입장에 놓인다.

※ お爺^{じい}さん : 할아버지·영감님
※ お婆^{ばあ}さん : 할머니.
※ お祖父^{じい}さん : 할아버지·조부님
※ お祖母^{ばあ}さん : 할머님·조모님

★ **おいぼれ** : 노인이 자신을 비하하여 일컫는 말이고 노인을 조소하는 의
　　　　　미도 있다.

　　◎ 私みたいなおいぼれもう駄目だ。　나 같은 늙은이는 이젠 틀렸다.

★ **翁** : 나이든 남성 노인을 나타내며 접미사로 존경의 뜻이 있다. 노인을
　　　친숙하게 호칭할 때도 사용한다.

　　◎ 李翁！どちらへいらっしゃいますか。이 옹! 어디에 가십니까?
　　◎ 翁ひとり住んでいる。　　　　　　노옹 혼자 살고 있다.

★ **老い** : 동사에서 파생된 말로, 나이 먹은 사람 또는 老人・老年을 나타낸다.

　　◎ 老いの歩みはのそのそ、お話はくどくどしい。
　　　늙은이의 걸음은 어정어정, 말씀은 장황하다.

論述(ろんじゅつ)

論評。陳述。論考。告白。自白。説明。口述。解説。コメント。
発言。口演。

논술, 논평, 진술, 논고, 고백, 자백, 설명, 구술, 해설, 발언, 구연

★ **論述** : 사리를 분명히 하여 논리적으로 서술하는 것을 말한다.

　　◎ 大学の入試に論述試験がある。　대학 입시에 논술 시험이 있다.

◎ 国際情勢を論述せよ。　　국제 정세를 논술하라.

★ **論評** : 어떤 사항을 논하여 비평하는 것을 말한다.

◎ 現政府の経済政策を論評する。 현 정부의 경제 정책을 논평하다.
◎ 人の作品を論評する。　　　남의 작품을 논평하다.

★ **陳述** : 구두로 의견이나 생각을 고하는 것과 그 내용을 나타내며, 민사 소송에서 당사자가 재판소에 대하여 사건에 관한 사실이나 법률 상의 주장을 구두로 또는 서면으로 고하는 것을 말한다. 국문법에 서는 언어 표현을 정돈하여 문장으로서의 통일성을 부여하는 작 용을 일컫는다.

◎ 証人は被告に不利な陳述をした。

증인은 피고에 대해서 불리한 진술을 하였다.

◎ この陳述書は虚偽である。

이 진술서는 허위이다.

★ **論考** : 어떤 것을 논하여 고찰하는 것 또는 그와 관련된 문장 · 서적 명에 서 사용한다.

◎ 古代文学を論考する。　　고대 문학을 논고하다
◎ 日本書紀論考。　　　　日본 서기 논고

★ **告白** : 심중의 생각이나 비밀을 사실대로 숨김없이 말하는 것 또는 기독 교에서 자기의 죄를 하나님에게 고하고 지은 죄의 용서를 구하는 것을 말한다.

◎ 愛を告白する。　　　　　　사랑을 고백하다.

◎ ありのまま告白する。　　　있는 대로 고백하다.

★ **説明** : 어떤 사항의 내용이나 의미를 상대가 잘 이해할 수 있도록 말하는 것을 나타낸다.

◎ 私がその事件について説明しましょう。

제가 그 사건에 대하여 설명하겠습니다.

◎ 平たい言葉で説明する。

쉬운 말로 설명하다.

◎ 簡単には説明がつかない。

간단히는 설명할 수 없다.

★ **口述** : 구두(입)로 말하는 것을 나타낸다.

◎ 口述試験は面接試験と同じだ。　구술시험은 면접시험과 같다.

◎ 口述は口頭と同じ意味の言葉だ。구술은 구두와 같은 뜻의 말이다.

★ **コメント** : 영어 comment에서 온 외래어로, 어떤 문제・사건 등에 대하여, 의견이나 견해를 말하는 것을 나타낸다.

◎ ノーコメント。　　　　　　노코멘트(의견・논평 없음).

◎ コメントを求める。　　　　코멘트를 요구하다(논평을 요구하다).

※ コメント는 타인의 의견 또는 논문이나 사건에 대하여 보충적인 논평・의견을 나타낸다.
・コメントを付け加える。코멘트를 덧붙이다.

★ **発言** : 입으로 의견을 말하는 것을 나타낸다.

※ 発言은 呉音으로 経書에서 사용한다.

　◎ 私に発言をする。　　　　나에게 발언할 권리가 없다.

　◎ 自由に発言をする。　　　자유롭게 발언을 하다.

★ **口演** : 동화・야담 등을 여러 사람 앞에서 몸짓을 섞어 이야기하는 것으
　　　　로 浪曲・講談 등을 말한다.

※ 浪曲는 대중예능의 하나로. 三味線을 반주로 하는 唱이다.

※ 講談은 연예의 하나로. 군담・무용전 등에 독특한 박자를 붙여서 들려주는 일종의 야담
이다.

　◎ 口演童話。　　　　　　　구연동화

　◎ 落語の口演を語った聞かせる。　만담의 구연을 이야기하여 들려주다.

★ **解説** : 어떤 사항의 내용・본질 등을 알기 쉽게 설명하는 것을 말한다.

　◎ ニュースの要点を解説する。　뉴스의 요점을 해설하다.

　◎ 英語問題解説集。　　　　　영어 문제 해설집.

和語(わご)

日本語。国語。漢語。外来語。大和言葉。倭語。

일본어, 국어, 한어, 외래어, 순수 일본어, 고유어

★ **和語** : 일본어로, 특히 중국의 漢字語가 들어오기 이전부터 일본에서 사용하던 일본 고유어를 말한다.

◎ 和英辞典。 일영 사전
◎ 洋人が和語を習う。 서양인이 일본어를 배우다.

※ 倭語도 같은 뜻이다.

★ **日本語** : 일본 국민이 사용하는 언어로, 일본의 공용어이고 모음으로 끝나는 개음절이 특징이며 교착어에 속한다. 일본에는 平仮名・片仮名・漢字・ローマ字・外来語 등이 사용되고 있다.

◎ 日本語は分かりにくい点がある。
일본어는 이해하기 어려운 점이 있다.
◎ 日本語は助詞の使い方が難しい。
일본어는 조사의 사용법이 어렵다.

★ **国語** : 일본 국내에서 자국어를 말할 때 사용한다. 일본어는 외국어에 대한 대칭적 표현이고 외국인에게 말할 때 사용한다.

◎ 日本大学の国語科は有名だ。 일본 대학의 국어과는 유명하다.

◎ 小学館の国語大事典。　　　소학관의 국어 대사전.

★ **漢語** : 옛날 중국에서 전래된 한자를 이용하여 일본어로 만들어진 말을
字音으로 읽는 단어이다.

※ 漢語의 종류에는 漢音・呉音으로 된 것 외에 일본어에 漢字를 이용한 것, 일본에서 만든
단어 등이 있다.

◎ 国民。국민(漢音)　　　　◎ 人間。인간(呉音)

◎ 峠。　고개(일본 한자)　　◎ 珈琲。커피(외래어)

★ **外来語** : 광의로는 漢語도 외래어에 속하지만 보통 漢語는 제외하고, 주
로 室町 시대 이후 欧米 여러 나라에서 들어온 말을 중심으로
외국에서 유입된 말을 일컫는다.

◎ テレビ。　　　　　　　TV・텔레비전

◎ ギョーザ。　　　　　　餃子・교자

※ 근・현대에 중국에서 들어온 외래어이다. → ギューザ・ラーメン(라면)
・オンドル。온돌방 (한국에서 건너간 말)

★ **大和言葉** : 일본 고유의 말을 말한다.

◎ おとことおんな。　　　남자와 여자

◎ やまとかわ。　　　　　산과 강

※ 일본어에서 訓으로 발음되는 단어로, 순수 일본어에 속한다.
※ 표기는 한자를 이용하여 나타낸다.
・男と女。남자와 여자　　　・山と川。산과 강

技(わざ)

技術。 技量。 技法。 技能。 腕前。 才能。 芸。 芸能。

기술, 기량, 기법, 기능, 솜씨, 재주

★ 技 : 어떤 일을 하기 위하여 필요한 기술·기능을 나타내며 技로 발음하
여 造語에서 사용된다.

◎ 技を研く。 기술을 연마하다.

◎ 糸竹の技が上手だ。 악기 다루는 재주가 능숙하다.

★ 技術 : 물건을 만드는 재주나 사용·취급하는 솜씨와 과학 이론 지식을
응용하고 실생활에 도움이 되는 방법·수단으로 유용하게 변화
시키는 능력을 말한다.

◎ 先進国の先端技術を導入する。 선진국의 첨단 기술을 도입하다.

◎ 技術を身につける。 기술을 익히다.

※ ・先端 ⇔ 尖端(첨단)
・일본 한자 사용 중 발음이 같은 경우 대용하는 사례이다.
知恵(지혜) ⇔ 智慧(지혜)

★ 技量 : 어떤 일을 행하는 기술적인 솜씨·수완·재능을 말한다.

◎ 名匠の技量に感服する。 명장의 기량에 감복하다.

◎ 大会で技量を十分に発揮する。 대회에서 기량을 충분히 발휘하다.

※ 技量(일본 표기) ⇔ 技倆(한국 표기)

★ **技法** : 기술상의 방법·기교를 나타낸다.

　　◎ 新しい技法を見いだす。　　　새로운 기법을 발견하다.
　　◎ 水彩画の技法。　　　　　　수채화의 기법.

★ **技能** : 일을 행할 때 기술상의 능력·재능·기량을 나타낸다.

　　◎ この機会の技能検査をする。　이 기계의 기능 검사를 하다.
　　◎ 技能オリンピック大会。　　기능 올림픽 대회.

★ **腕前** : 몸에 익힌 기술이나 기능·기량·솜씨를 나타낸다.

　　◎ 料理の腕前を競う。　　　　요리의 솜씨를 겨루다.
　　◎ 見事な腕前を見せる。　　　훌륭한 기량을 보이다.

★ **才能** : 어떤 일에 재주와 능력이 훌륭한 것을 나타낸다.

　　◎ 音楽の才能がある。　　　　　음악적 재능이 있다.
　　◎ 天才の才能は遺伝的要因がある。　천재의 재능은 유전적 요인이 있다.

※ 才는 태어날 때 타고난 능력·재능의 뜻으로 사용하고, 秀才·多才와 같이 造語에서 사용
된다.
※ 才는 초등학교 한자에서 歳의 대용 한자로 사용한다.
　　·3才。3세, 세 살
　　·5才⇔ 5歳, 다섯 살

★ **芸** : 배워서 익힌 기술이나 재주를 나타내는 말로, 특히 배우의 연기·예

능 등의 기술을 말한다.

※ 예능(芸能)이란 영화·연극·무용·경음악 등 오락성이 강한 대중적인 연예를 말한다.

◎ 芸を習う。　　　　　　재주를 배우다.

◎ 芸がない。　　　　　　평범하여 재미가 없다.

私(わたし)

私。私。私。僕。俺。我。我が。自分自身。おのれ。我が輩。
予。本人。手前。私。小生。やつがれ。拙著。それがし。朕。私。

나, 저, 자신, 본인, 짐, 자기, 자아, 소생

★ 私 : わたくし의 変化語이며, 自称의 표준적이고 스스럼없는 말로, 현재
　　보통 남녀가 사용하는 일인칭 대명사이다.

※ 近世에는 여성이 많이 사용하였고 武家 계급의 남성은 사용하지 않았다.

◎ 私は教師をしています。　나는 교사입니다.

◎ 私はりんごが好きです。　나는 사과를 좋아합니다.

★ 私 : 일인칭 대명사로, 손윗사람에게 대하여 격식을 차린 말. 자신을 가
　　리키며 남녀 모두 사용한다.

◎ 私は田舎の者です。　　　　저는 시골 놈입니다.

◎ 私は日本語を学んでいます。　저는 일본어를 공부하고 있습니다.

★ 私 : わたし의 변형된 말씨로, 일인칭의 대명사이고, 近世에는 주로 여
성이 사용하였지만 현재에는 노인이나 남성이 사용하며 손아랫사람
에게 사용하는 경우가 많다.

◎ 私はこの酒を飲もう。　　　나는 이 술을 마시겠다.

◎ 私の話を聞きなさい。　　　내 이야기를 들어봐.

★ 私 : 일인칭 대명사이며 주로 여성이 사용하는 속어이고, 조금은 스스럼
없는 느낌이 있는 말씨이다.

◎ もう12時よ。お昼私も食べるわよ。벌써 12시네. 저도 점심 먹어요.

◎ 私もそろそろ行こうのよ。　　　저도 이제 슬슬 가겠어요.

★ 私 : わたし의 변형된 말씨로, 특히 화류계 여성들이 사용하는 말이지만
간혹 일반 여성이나 어린이가 사용하는 경우도 있다.

◎ 私は花子です。　　　　　저는 하나코입니다.

◎ 今晩は私と遊びましょう。　오늘밤은 저와 놀아요.

★ 僕 : 일인칭 대명사로, 젊은 남성이 사용하며 동등한 관계 이하의 상대에
게 사용한다. 이 말은 ぼく로 표기하는 것이 좋다. 僕는 平安시대
이후에는 やつがれ였고, 明治 이후부터는 ぼく로 되었으며 현재는
자주 사용하는 말이다.

◎ ぼくは君の間柄じゃないか。나는 자네의 친척이 아닌가?

◎ ぼくは野球選手だ。   나는 야구 선수다.

★ 俺 : 일인칭의 말로, 처음에는 남녀의 귀천을 불문하고 폭넓게 사용하였지만 현재는 남자 용어로, 손아랫사람에게 사용하는 말로 변화하였다.

◎ おれが何とかしよう。   내가 어떻게 해보지.
◎ おれとお前は飲み仲間だ。   나와 자네는 술친구다.

★ 我 : 일인칭 대명사로, 격식 차린 딱딱한 말씨. わたくし 느낌과 가깝다.

◎ 我を忘れる。   나를 잊다.
◎ 我よりあの方が立派だ。   저보다 저 분이 훌륭하다

★ 我が : 일인칭 내명사 わ에 が의 조사가 결합하여 연제어로 자기 자신을 가리키는 의미. 造語에서 사용되는 경우가 많다.

◎ 我が国   우리나라

※ 我が는 자기의 소유나 깊은 관계가 있는 것을 자신의 입장에서 지시할 때 사용하는 것이 보통이다. 즉, 私の의 뜻과 같다.

★ 自分自身 : 일인칭 대명사로, 自分의 강조어로 볼 수 있고 自分은 군대 용어로 사용하는 경우가 있다. 또한 自分은 주로 남성이 격식 차린 자리에서 사용하는 말이다.

◎ 自分自身の問題。   나의 문제
◎ 自分のことは自分でしょう。   자신에 관한 것은 스스로 하시오.
◎ 自分は二等兵です。   저는 이등병입니다.

★ **おのれ** : 일인칭·이인칭의 의미가 있는 말로, 자기와 다른 사람을 나타
낸다. 한자 표기는 俺·己이고 스스럼없는 말씨로, 남성이 사
용한다. 이인칭의 경우는 손아랫사람을 비하하는 뜻이 있고 한
자 표기는 爾로 한다.

◎ おのれの責任を感じる。　　나 자신의 책임을 느낀다.(일인칭)
◎ おのれの態度はなんだ。　　자네의 태도는 뭐야.(이인칭)

★ **我が輩** : 거만하고 익살스러운 말씨. われわれ·われら의 의미로, 남성
이 사용한다. 또는 단수의 われ·私의 뜻으로 사용한다.

◎ 我が輩(吾が輩)は猫である。　나는 고양이로소이다.(夏目漱石의 소설제목)

★ **予** : 일인칭 대명사로, 平安 시대에는 주로 남성이 사용하였지만 明治
이후에는 격식 차린 말이나 약간은 존대(尊大)한 표현으로 사용되
었다.

◎ 予はいまだにぜんざいを食べたことがない。
나는 지금까지 팥죽을 먹은 적이 없다.
◎ 予は王なり。
나는 왕이니라.

★ **手前** : 대명사일 경우에는 自称을 나타내며 조금은 겸손한 느낌이 있고
わたくし·自分·自己·わらんべ의 말과 같은 뜻이 있다. 또한
対称의 뜻도 있어 대등한 관계나 손아랫사람에게 사용하며 お
前·汝와 같은 뜻이 있다.

◎ てまえがこの店<ruby>店<rt>みせ</rt></ruby>の主人<ruby>主人<rt>しゅじん</rt></ruby>でございます。

제가 이 가게의 주인입니다. (일인칭)

◎ てまえの名<ruby>名<rt>な</rt></ruby>は。

자네 이름은? (이인칭)

★ **小生** : 자신을 낮추는 겸양어로, 拙者・やつがれ・野生 등이 비슷한 뉘 앙스의 말씨이다.

◎ 小生も毎日勉学に急<ruby>急<rt>いそ</rt></ruby>んでおります。

소생도 매일 면학에 힘쓰고 있습니다.

◎ やつがれ

자기를 낮추는 말씨이다.

◎ 拙者

무사나 상급 상인들이 사용한 말씨

◎ それがし

에도(江戸) 시대 무사들의 말씨

◎ 朕<ruby>朕<rt>ちん</rt></ruby>

천황・제왕이 스스로를 가리키는 말씨

◎ 私<ruby>私<rt>わ</rt></ruby>

남녀 모두 사용하는 말로, 조사 が를 결합하여 사용하며 上代에는 조사 は・に・を도 사용하였다.

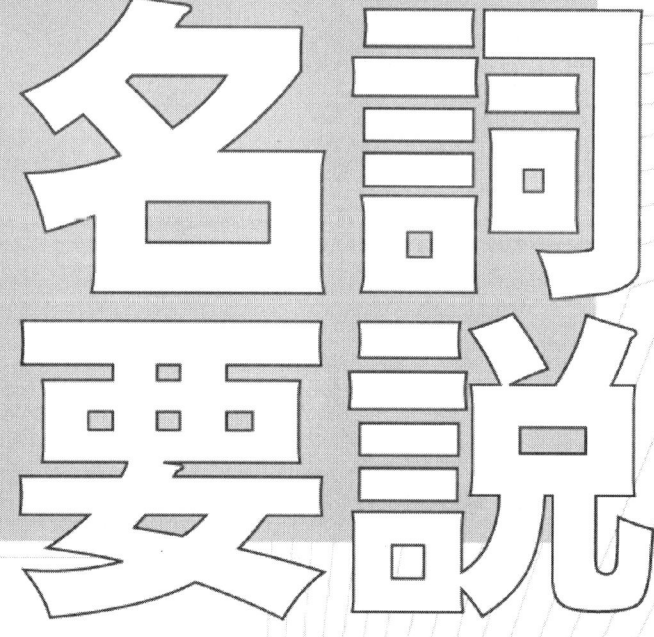

日本語 일본어 명사 요설

名詞要説

부록

▶ 日本語와 外来語 対照

日本語	外来語	意味
匙 (さじ)	スプーン	수저, 숟가락, 스푼
旅館 (りょかん)	ホテル	여관, 호텔
事務 (じむ)	ビジネス	사무, 비즈니스
手洗い (てあら)	トイレ	변소, 토일렛
氷 (こおり)	アイス	얼음, 아이스
野球 (やきゅう)	ベースボール	야구, 베이스볼
麦酒 (ばくしゅ)	ビール。ビヤ	맥주, 비어
米国 (べいこく)	アメリカ	미국, 아메리카
英国 (えいこく)	イギリス	영국, 잉글랜드
独逸	ドイツ	독인, 도이칠란트
仏蘭西	フランス	불란서, 프랑스
耳かざり (みみ)	イヤリング	귀걸이, 귀고리, 이어링
注文 (ちゅうもん)	オーダー	주문, 오더
歌劇 (かげき)	オペラ	가극, 오페라
案内者 (あんないしゃ)	ガイド	안내자, 가이드
写真機 (しゃしんき)	カメラ	사진기, 카메라
牛乳 (ぎゅうにゅう)	ミルク	우유, 밀크
暦 (こよみ)	カレンダー	달력, 캘린더
鍵 (かぎ)	キー。ロック	열쇠, 키
台所 (だいどころ)	キチン	부엌, 키친
接吻。ちゅう (せっぷん)	キス	입맞춤, 키스, 뽀뽀
箱 (はこ)	ケース	상자, 케이스
試合 (しあい)	ゲーム	시합, 게임
外套 (がいとう)	コート	외투, 코트

日本語	外来語	意味
署名 <ruby>署名<rt>しょめい</rt></ruby>	サイン	서명, 사인
場面 <ruby>場面<rt>ばめん</rt></ruby>	シーン	장면, 신
季節 <ruby>季節<rt>きせつ</rt></ruby>	シーズン	계절, 시즌
果汁 <ruby>果汁<rt>かじゅう</rt></ruby>	ジュース	과즙, 주스
砂糖 <ruby>砂糖<rt>さとう</rt></ruby>	シュガー	설탕, 슈거
汁 <ruby>汁<rt>しる</rt></ruby>	スープ	즙, 스프
小刀 <ruby>小刀<rt>こがたな</rt></ruby>	ナイフ	칼, 나이프
様子 <ruby>様子<rt>ようす</rt></ruby>	スタイル	모양, 스타일
持久力 <ruby>持久力<rt>じきゅうりょく</rt></ruby>	スタミナ	지구력
焼き肉 <ruby>焼<rt>や</rt></ruby>き<ruby>肉<rt>にく</rt></ruby>	ステーキ	불고기, 스테이크
ぶどう酒	ワイン	포도주, 와인
玄関 <ruby>玄関<rt>げんかん</rt></ruby>	ロビー	현관, 로비
報告書 <ruby>報告書<rt>ほうこくしょ</rt></ruby>	レポート	보고서, 리포트
録音機	レコーダー	녹음기, 리코더
口紅 <ruby>口紅<rt>くちべに</rt></ruby>	ルージュ	입술연지, 립스틱
部屋 <ruby>部屋<rt>へやへや</rt></ruby>	ルーム	방, 룸
洋灰 <ruby>洋灰<rt>ようかい</rt></ruby>	セメント	양회, 시멘트
零 <ruby>零<rt>れい</rt></ruby>	ゼロ	영, 제로
中央 <ruby>中央<rt>ちゅうおう</rt></ruby>	センター	중앙, 센터
走者	ランナー	주자, 러너
線	ライン	선, 라인
独唱	ソロ	독창, 솔로
卓子。机 <ruby>卓子<rt>たくし</rt></ruby>。<ruby>机<rt>つくえ</rt></ruby>	テーブル	탁자, 테이블
手拭い <ruby>手<rt>て</rt></ruby><ruby>拭<rt>ぬぐ</rt></ruby>い	タオル	수건, 타월
煙草 <ruby>煙草<rt>えんそう</rt></ruby>	タバコ	연초, 담배
会員	メンバー	회원, 멤버

日本語	外来語	意味
備忘録	メモ	비망록, 메모
献立表	メニュー	차림표, 메뉴
賞牌	メダル	상패, 메달
仮面	マスク	가면, 마스크
塔	タワー	탑, 타워
白墨	チョーク	백묵, 분필, 초크
旅行	ツアー	여행, 투어
切符	チケット	표, 티켓
検査	テスト	검사, 테스트
庭球	テニス	정구, 테니스
赤なす	トマト	토마토
夜間試合	ナイター	야간시합
番号	ナンバー	번호, 넘버
さるまた	ペンツ。ペンティー	잠방이, 팬츠
長靴	ブーツ	장화, 부츠
贈り物	プレゼント	선물, 프리젠트
寝台	ベッド	침대, 베드
鐘	ベル	종, 벨
帯革	ベルト	혁대, 벨트
球	ボール	공, 볼
尻	ヒップ	궁둥이, 히프
鞄	バッグ	가방, 백
強勢	アクセント	강세, 악센트
共同住宅	アペート	공동주택, 아파트
間諜	スパイ	간첩, 스파이
運動	スポーツ	운동, 스포츠

日本語	外来語	意味
腸詰め <ruby>ちょうづ</ruby>	ソーセージ	순대, 소시지
終点 <ruby>しゅうてん</ruby>	ターミナル	종점, 터미널
車輪 <ruby>しゃりん</ruby>	タイヤ	바퀴, 타이어
隧道 <ruby>すいどう</ruby>	トンネル	굴, 터널
消息 <ruby>しょうそく</ruby>	ニュース	소식, 뉴스
裸体 <ruby>らたい</ruby>	ヌード	나체, 누드
帳面 <ruby>ちょうめん</ruby>	ノート	공책, 노트
百分率 <ruby>ひゃくぶんりつ</ruby>	パーセント	백분율, 퍼센트
取っ手 <ruby>と</ruby> <ruby>て</ruby>	ハンドル	손잡이, 핸들
卓球	ピンポン	탁구, 핑퐁
流行	ブーム	유행, 붐
副業 <ruby>ふくぎょう</ruby>	アルバイト。バイト	부업, 아르바이트
昇降機 <ruby>しょうこうき</ruby>	エレベーター	승강기, 엘리베이터
帳 <ruby>とばり</ruby>	カーテン	장막, 커튼
切断 <ruby>せつだん</ruby>	カット	절단, 컷
聖誕祭 <ruby>せいたんさい</ruby>	クリスマス	성탄절, 크리스마스
指導 <ruby>しどう</ruby>	コーチ	지도, 코치
奉仕 <ruby>ほうし</ruby>	サービス	봉사, 서비스
給料	サラリー	급료, 셀러리
見本 <ruby>みほん</ruby>	サンプル	견본, 샘플
作法 <ruby>さほう</ruby>	エチケット	예의범절, 에티켓
出発	スタート	출발, 스타트
暖炉 <ruby>だんろ</ruby>	ストーブ	난로, 스토브
はけ	ブラシ	솔, 브러시
水泳場 <ruby>すいえいじょう</ruby>	プール	수영장, 풀
制動機 <ruby>せいどうき</ruby>	ブレーキ	제동기, 브레이크

日本語	外来語	意味
面(めん)	ページ	쪽, 페이지
小使(こづか)い	ボーイ	사환, 보이
牛肉	ビーフ	쇠고기, 비프
豚肉(ぶたにく)	ポーク	돼지고기, 포크
賞与金(しょうよきん)	ボーナス	상여금, 보너스
ふところ	ポケット	호주머니, 포켓
郵便箱(ゆうびんばこ)	ポスト	우체통, 포스트
親分(おやぶん)	ボス	두목, 보스
支配人	マネージャ	지배인, 매니저
菓子(かし)	ケーキ	과자, 케이크
事務所	オフィス	사무소, 사무실
番組	プログラム	프로그램

▶韓・日 漢字 造語 対照表

韓国語	日本語	意味
苦生	苦労（くろう）	고생, 수고, 애씀
去処	行方（ゆくえ）。目的地（もくてきち）	행방, 목적지
失手	失策（しっさく）。失敗（しっぱい）	실수, 잘못
生鮮	生魚（なまざかな）	생선
客談	駄弁（だべん）	객담, 잡담
尖端	先端（せんたん）	첨단
去来	取引（とりひき）	거래
去日	昔日（せきじつ）	거일, 지난날
居処	居所（いどころ）	거처, 거소
蒐集	収集（しゅうしゅう）	수집
分付	用命（ようめい）	분부
口令	号令（ごうれい）	구령
御名	王命（おうめい）	어명, 왕명
放学	休み（やすみ）	방학
引導者	案内者（あんないしゃ）	인도자, 안내자
先山	先塋（せんえい）	선산, 선영
田	畑（はたけ）	전, 밭
男同生	弟（おとうと）	동생, 아우
男便	夫（おっと）。主人（しゅじん）	남편
複道	廊下（ろうか）	복도, 낭하
再修生	浪人（ろうにん）	재수생
期約	約束（やくそく）	기약, 약속
奇別	消息（しょうそく）。通知（つうち）	기별, 소식, 통지
斑指	指輪（ゆびわ）	반지, 지환, 가락지

韓国語	日本語	意味
圖章	印章。判子	도장, 인장
盞	杯。盃	잔, 술잔
美国	米国	미국
教人	教徒	교인
空冊	筆記帳ノート	공책, 필기장, 노트
交叉	交差	교차
坊坊曲曲	処処方方。津津浦浦	방방곡곡
江辺	川辺。川岸	강변
長点	長所	장점, 좋은 점
短点	短所	단점, 나쁜 점
強点	強み	강점
江風	川風	강풍, 강바람
来日	明日	내일
初等学校	小学校	초등학교
労動	労働	노동
老處女	老嬢	노처녀
弄談	冗談	농담
學點	単位	학점
單層	一階	단층, 일층
丹楓	紅葉	단풍
答狀	返事。返信	답장
待接	供応。ごちそう	대접
江	川。河	강
食口	家族	식구, 가족
家口	世帯	가구, 세대
食母	女中。下女。家政婦	식모, 가정부, 하녀

韓国語	日本語	意味
家統	血筋。家筋	가통, 혈통
各別	格別。特別	각별, 특별
可観	見物	가관
雪糖	砂糖	설탕, 사탕
泄瀉	下痢	설사, 배탈
景致	景色。風景。風光	경치, 풍경, 풍광
間或	間間	간혹
渇求	渇望	갈구, 갈망
感氣	風邪	감기
甲富	大金持ち	부자, 갑부
子正	零時	자정
江山	山川	강산, 산천
可望	見込み	가망
本銭	元金。本金	본전, 밑천, 본값
求乞	乞食	구걸, 거지
具格	格式	구격, 격식, 양식
茶房	喫茶店	다방
冊床	机	책상
移徙	転居	이사
家神	先祖神	가신, 조상신
各其	各自	각기, 각자
長官	大臣。長官	장관, 대신
房	部屋。間	방
各色	各様。各種	각색
各處	各所。各処	각처
編輯	編集	편집

韓国語	日本語	意味
亡身	恥（はじ）	망신
垈地	敷地（しきち）	대지
大學校	大学（だいがく）	대학교, 대학
工夫	勉強（べんきょう）	공부
歐美	欧米（おうべい）	구미
舊米	古米（ふるごめ）	묵을 쌀, 구미
親舊	親友（しんゆう）。友人（ゆうじん）	친구
近間	近近（きんきん）	근간, 근래
近族	近親（きんしん）	근친
時節	時代（じだい）	시절, 시대
高明	高尚（こうしょう）	고명, 고상
巡警	巡査（じゅんさ）	순경
計定	勘定（かんじょう）	계정, 감정
景況	状況（じょうきょう）	경황, 상황
補充	補足（ほそく）	보충, 보족
各層	各階（かくかい）	각층
山所	墓（はか）	산소, 묘
滯症	渋滞（じゅうたい）	체증(교통 체증)
窓門	窓（まど）	창문, 창
壬辰倭乱	文禄（ぶんろく）の役（えき）	임진왜란
送年会	忘年会（ぼうねんかい）	송년회, 망년회
呼客	客引（きゃくひ）き	호객
平生	生涯（しょうがい）	평생, 일생
疏忽	粗忽（そこつ）	소홀
處事	仕打（しう）ち。仕向（しむ）け	처사
處身	身持（みも）ち	처신, 품행

韓国語	日本語	意味
去來	取引き。取り引き。取引	거래
沐浴湯	風呂場(屋)	목욕탕
點心	昼飯。中食。昼食	점심
手帖	手帳	수첩
名銜	名刺	명함
壯談	大言。壮語	장담
大談	大口。大言	대담
對答	返事。返答	대답
屍體	死体	시체
影幀	影像	영정
謝過	謝罪	사과
未洽	不十分	미흡
留念	留意	유념, 유의, 조심
操心	用心	조심, 주의
放心	油断	방심
技倆	技量	기량
人事	挨拶	인사, 절
開學	始業	개학
時節	時代	시절
始點	起点	시점
新作路	新道	신작로
韓方	漢方	한방
漆板	黒板	칠판
容恕	容赦	용서

저자　최춘길崔春吉

학 력　서울교육대학 졸
　　　　서경대학교 일어일문학과 졸
　　　　중앙대학교 교육대학원 일어교육학과 졸
　　　　日本(にほん)대학 대학원 일문과 연구과정 수료

경 력　성심외국어대학 조교수
　　　　한림성심대학 외래강사
　　　　한양여자대학 외래강사

저 서　일본어 뉘앙스 강설(上) (연문사)
　　　　일본어 뉘앙스 용례집 (제이앤씨)
　　　　일본어 부사 요설 (제이앤씨) 외 다수

日本語名詞要説

조판인쇄　2013년 05월 10일
초판발행　2013년 05월 16일

저　　자　최춘길
발 행 인　윤석현
발 행 처　제이앤씨
등록번호　제7-220호
편 집 인　주수련
책임편집　이신

우편주소　132-702 서울시 도봉구 창동 624-1 현대홈시티 102-1106
대표전화　(02) 992-3253(대)
전　　송　(02) 991-1285
홈페이지　www.jncbms.co.kr
전자우편　jncbook@hanmail.net

ISBN 978-89-5668-949-4 13730　　　　**정가** 29,000원